Wenn es Krieg gibt, gehen wir in die Wüste

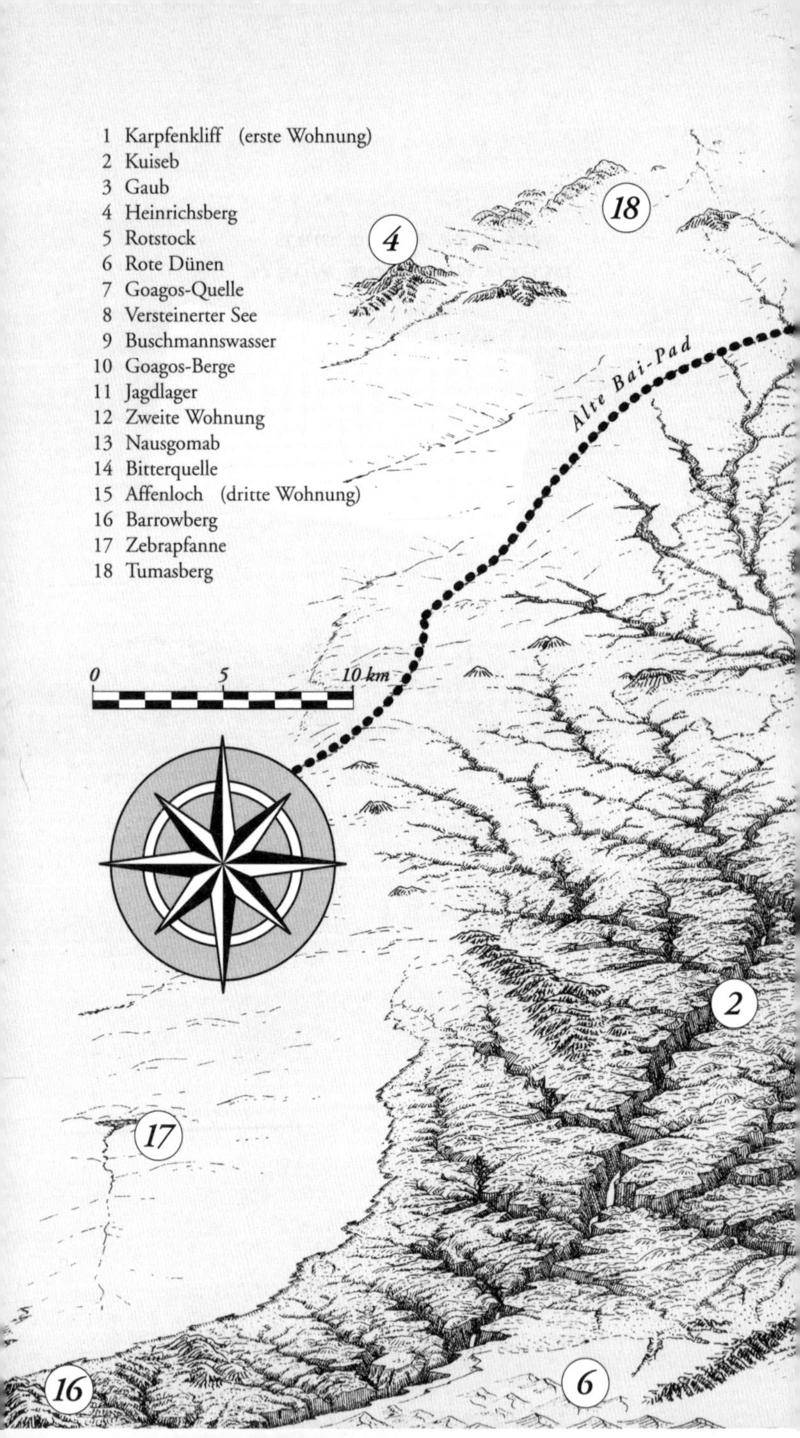
1 Karpfenkliff (erste Wohnung)
2 Kuiseb
3 Gaub
4 Heinrichsberg
5 Rotstock
6 Rote Dünen
7 Goagos-Quelle
8 Versteinerter See
9 Buschmannswasser
10 Goagos-Berge
11 Jagdlager
12 Zweite Wohnung
13 Nausgomab
14 Bitterquelle
15 Affenloch (dritte Wohnung)
16 Barrowberg
17 Zebrapfanne
18 Tumasberg
0
5
10 km
Alte Bai-Pad
4
18
2
17
16
6

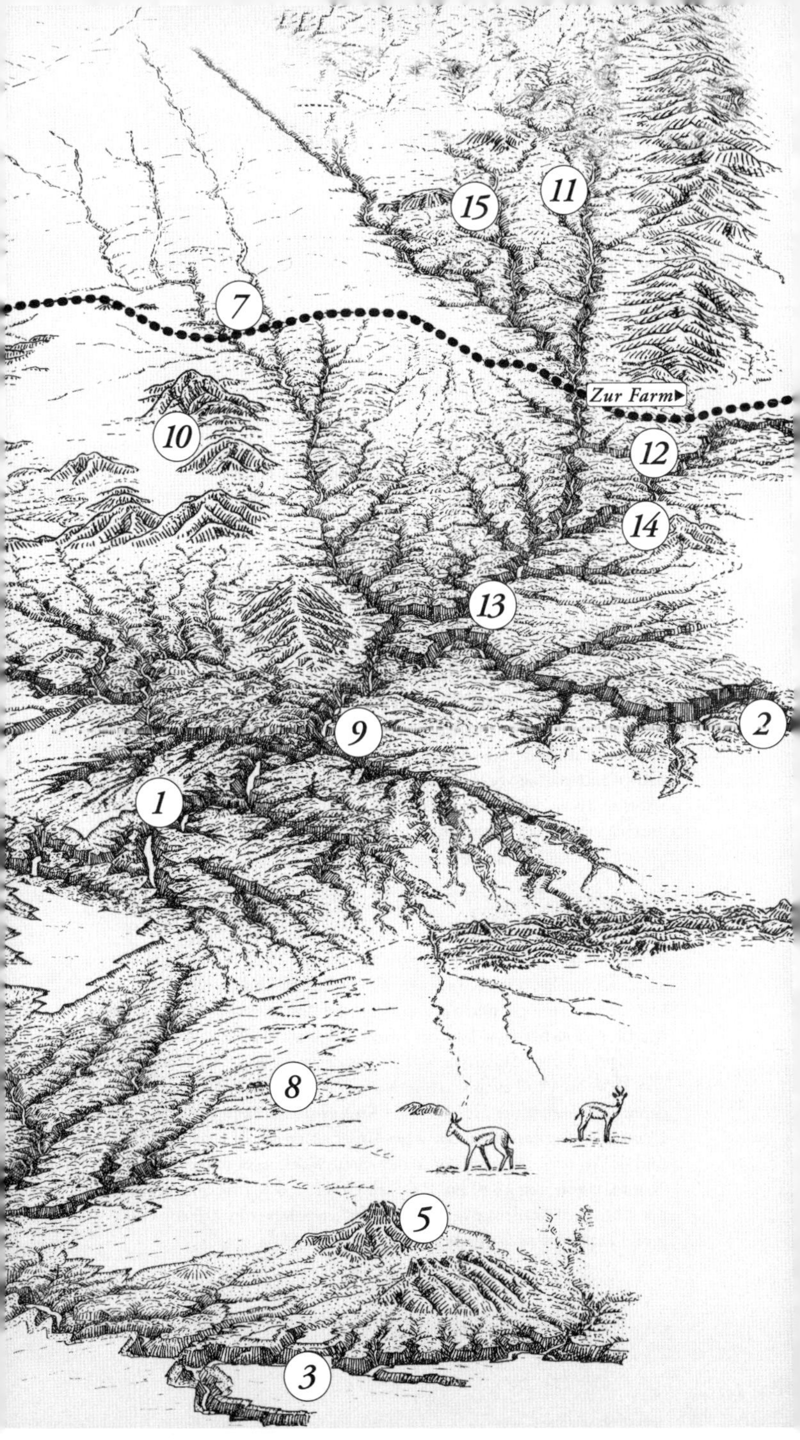
15
11
7
Zur Farm
10
12
14
13
2
9
1
8
5
3

Zum Buch:

Am 8. September 1935 kommen zwei junge Männer, frischgebackene Doktoren der Geologie, an der Küste von Südwest-Afrika an. Sie haben Nazideutschland verlassen, beginnen geologische Forschungen im Naukluftgebirge und erkunden Wasservorkommen für die Farmer des Landes. Der Zweite Weltkrieg holt sie ein, aus Furcht vor der drohenden Internierung als »feindliche Ausländer« – ein Treppenwitz der Geschichte – fliehen Henno Martin und Hermann Korn in die Wüste, kämpfen dort mehr als zwei Jahre um das nackte physische Überleben, Hunger und Durst quälen sie, ihre wechselnden Unterkünfte, provisorisch, primitiv, bilden den Ausgangspunkt für wechselndes Jagdglück auf der Suche nach Nahrung und Wasser. Sie leben (fast) wie die Menschen der Urzeit, bewundern die karge Schönheit der Wüste, deren extreme Spannung von Tod und Leben sie zu neuen Einsichten über das Werden und Vergehen von Natur und Menschheit führt. Eine existenzbedrohende Vitaminmangelerkrankung von Hermann Korn zwingt zum Abbruch des »Abenteuers in der Wüste«, für kurze Zeit schließen sich Gefängnistore hinter Henno und Hermann.

Zum Autor:

Henno Martin, geb. 1910 in Freiburg, lebte seit 1965 in Göttingen, wo er am 7. Januar 1998 starb. Er folgte einem Ruf als Ordinarius an das Institut für Geologie und Paläontologie der dortigen Universität. Henno Martin verbrachte viele Jahre in Afrika, arbeitete als Wissenschaftler am Geological Survey Südafrika, war Professor an der Universität Kapstadt, von 1958 bis 1960 auch Gastprofessor in São Paulo. 1935 hatte er gemeinsam mit seinem Freund und Kollegen, Hermann Korn, Deutschland verlassen. In Südwest-Afrika waren sie als Geologen tätig und flohen nach dem Beginn des Zweiten Weltkrieges in die Wüste Namib, wo sie von 1940 bis 1942 lebten. Henno Martin war Mitglied der Göttinger Akademie der Wissenschaften und veröffentlichte eine große Zahl wissenschaftlicher Arbeiten.

Wenn es Krieg gibt, gehen wir in die Wüste

Henno Martin

two BOOKS

Schwarzweiß-Photographien:
Henno Martin und Hermann Korn

1. Taschenbuchausgabe von two books 2002

Umschlaggestaltung: Tom Otten
unter Verwendung des Originaltagebuchs von Henno Martin von 1941/42
und einer Photographie von Hermann Korn
Satz & Produktion: two books, Hamburg
Druck: Himmer, Augsburg
Printed in Germany

ISBN-13: 978-3-935453-02-8

www.twobooks.de

Hermann und Otto zum Gedächtnis,
geschrieben für meine liebe Frau.

Vorwort

Es gibt Bücher, die einen ganz besonderen Platz in meiner Bibliothek einnehmen, nicht, daß ich ihnen einen speziellen Platz im Regal zuordnen würde. In Wirklichkeit geraten meine Bücher immer durcheinander. Nein, ich meine, es gibt Bücher die leuchten, wenn man mit ihnen alleine ist. Sie scheinen sich zu öffnen, wenn man sie anblickt, sie formen einen Spalt in Zeit und Raum, durch den man in ferne Welten sehen kann. Es sind Bücher, die einem das Sternenzelt in ein Zimmer zaubern können, einem das Gefühl geben, an ihrem Geheimnis nicht unbedeutend teilzuhaben. Ich habe viel Zeit meines Lebens damit zugebracht, Bücher zu verschlingen, in ihnen – wie in unvorstellbar wertvollen Schätzen – herumzugaunern, in ihnen zu reisen und mich ihren phantastischen Welten hinzugeben. Und tatsächlich würde man manchesmal gerne die Welten einzigartiger Bücher gegen die Eigentliche eintauschen, wären sie ein Lesekontinuum. Ist doch der Mensch dazu verurteilt, sich seine Welt im Geiste zu erschaffen, sie unter Inkaufnahme aller Risiken und Wagnisse zu erleben, zu leben. Wer würde aber den Wert des Lebens in Zweifel stellen, wenn er mit einem goldschillernden Glas schottischen Whiskeys vor sich und einer gutgestopften Pfeife im Mund in »Nacht und Eis« segelt oder in Gedanken Chatwins nie vollendetes Werk zu Papier bringt.

Als Verleger fällt es mir heute schwer, Bücher, die schon Teil meines Lebens geworden sind, mit anderen zu teilen. Was Nietzsche aphoristisch als Verrat am eigenen Geist für den Philosophen in Anspruch nahm, trifft den Verleger nicht selten noch viel härter. Würde man nicht viel lieber seine Schätze den intimsten Freunden vorbehalten, sie mit einem stillen Augenzwinkern einem geliebten Gefährten als Unikate zum Geschenk machen? Als ich Henno Martins Buch »Wenn es Krieg gibt, gehen wir in die Wüste« in einer seit Jahrzehnten vergriffenen Auflage im Bücherschrank meines Vaters entdeckte und es in einem Zug las, wurde mir sofort die Bedeutung dieses Buches bewußt. Da war es wieder: das Leuchten. Geschrieben in einer Zeit, in der sich die Menschheit zerfleischte, die nicht im Schein des Höhlenfeuers funkelnde Malereien von Tieren und Gottheiten, sondern Bacons »schreiende«, zerissene Körper hervorbrachte. Mir schien als hielte in der Erinnerung dieses Buches – und bis zum heutigen Tag hat sich daran nichts geändert – jemand einsam mitten in einer trostlosen, mondartigen Landschaft die Fackel des Lebens hoch, während in der trotz aller Verzweiflung blühenden und mit lebensspendendem Regen gesegneten Landschaft Europas sich Menschen auf grausamste Weise beinahe mechanisch das Leben nahmen. In einem dem deutschen Leserkreis bis zur Gegenwart weithin unbekannten Buch hatte einer das geschrieben, was in den unzähligen Büchern, die von der Weltkriegszeit zeugen, kaum einem geglückt ist: von Menschlichem zu schreiben, die Bedeutung von Tod und Lebensfeindlichkeit erkennend, dem Leben aber bis zum Letzten Sinn abringend. Was Henno Martin und Herrmann Korn in der Wüste des südlichen Afrikas erlebten, ist ein Abenteuer im ursprünglichen Sinn: es führte zu Unbekanntem.

Nils Robert Meyer († 2001)
Hamburg, September 1996

Mehr als ein halbes Jahrhundert ist vergangen seit Hermann Korn und ich, frischgebackene Doktoren der Geologie, uns einschifften, um nach Südwestafrika auszuwandern. Für diese Wahl hatten wir zwei Hauptmotive. Das erste, das bei mir vielleicht stärker als bei meinem Freund ausgeprägt war, war der Wunsch, viel von der Welt zu sehen, das zweite unsere Überzeugung, daß Hitler einen Krieg plante, von dem wir ebensoweit entfernt sein wollten wie vom wachsenden innenpolitischen Druck zur »Gleichschaltung aller Lebensbereiche« und »allgemeinen Bespitzelung«.

Ich erinnere mich an den Spätherbst 1934. Jemand, der uns unbekannt blieb, hatte eine Versammlung aller Geologiestudenten für einen Samstagabend angekündigt. Es sollte eine NS-Geologenschaft gegründet werden. Es kam niemand. Nur in der Bibliothek und an meinem Arbeitsplatz über dieser brannte Licht. Ich hörte das Einschnappen der schweren Portaltür des Institutes, hörte jemanden durch die Bibliothek stapfen, eine Amtsverwalteruniform, ein zackiges »Heil Hitler«, es sei doch sehr merkwürdig, daß niemand zu der anberaumten Versammlung erschienen sei. Ich verwies auf die zu kurzfristige Ankündigung, meine Doktorarbeit, Abgabetermin, schaute ihn genauer an. Er wurde plötzlich freundlich, er habe einmal Geologie studiert, besitze noch Institutsschlüssel. Noch freundlicher: ich möge bedenken, daß es für meine Karriere sehr förderlich sein könnte, wenn ich ihm ab und zu einen Bericht über die Einstellung meiner Kommilitonen und Professoren zur »Bewegung« geben würde. Er ging mit Hakkenschlagen und »Heil Hitler«.

Mein zwei Jahre jüngerer Bruder ließ sich von der Naziideologie einnehmen, wurde Organist, dann Musiklehrer und

Dozent an der Musikhochschule in Heidelberg, im Krieg Offizier. Er fiel im Frühjahr 1945 in Ostdeutschland, als russische Panzerspitzen nach Berlin vorstießen.

Inhalt

Endstation Gefängniszelle

Rasselnd fiel das schwere Eisentor des Gefängnisses von Windhoek hinter uns zu. Ich drehte mich noch einmal um. Über dem inneren Torbogen stand in großen, etwas verblaßten Buchstaben: »Alles zur Besserung!« Ich hätte lachen mögen, aber uns war nicht nach Lachen zumute. Die tröstlichen Worte stammten sicher noch aus deutscher Zeit. Die Formalitäten erledigten sich schnell. Unsere Namen: Hermann Korn und Henno Martin, Beruf: Geologen, wurden in ein großes Buch geschrieben, und unsere Gürtel und Schuhriemen wurden uns abgenommen. Dann schlossen sich auch die Zellentüren hinter uns. Wir waren getrennt worden; mein kranker Freund lag in der Nachbarzelle.

Ich fühlte mich nicht sehr wohl. Einen ganzen langen Tag waren wir unterwegs gewesen, um bei einbrechender Dunkelheit dieses Ziel zu erreichen. Der Schlaf floh mich; durch das vergitterte Fenster fiel schwacher Lichtschein von einer auf dem Hof brennenden Lampe.

Ich lag auf dem Rücken und starrte in das Halbdunkel. Wie eng und bedrückend wirkte der geschlossene Raum nach den weiten Horizonten und dem hohen Himmel der freien Wüste, in der wir so lange gelebt hatten!

Welch phantastische Zeit lag hinter uns! Wir hatten versucht, der vom Kriegsfieber geschüttelten menschlichen Gesellschaft zu entrinnen, hatten uns, wie man damals zu sagen pflegte, »erfolgreich abzusetzen« versucht. Zweieinhalb Jahre lang hatten wir uns in der Wüste versteckt gehalten und ein primitives Jägerleben geführt, untertan nur dem harten Gesetz der Wildnis, gebunden nur durch die Grenzen, die unserer eigenen Leistungsfähigkeit gesetzt waren.

Ich durchlebte noch einmal, was nun endgültig hinter uns lag. Die unendlich vielen Bilder tauchten vor mir auf: die Schönheit der freien Natur, die Tiere der Wüste, Hunger, Durst und Müdigkeit, die uns so oft gequält hatten, die stillen Nächte unter silbernen Sternen. Was kam nun? Am nächsten Morgen würden wir nicht gezwungen sein, unser Frühstück zu »beschleichen«; man würde es uns in die Zelle bringen. Jedenfalls, was auch geschehen mochte: die menschliche Gesellschaft hatte uns wieder. Ich schloß die Augen und ließ den Film unserer Wüstenzeit vor mir abrollen.

Die Flucht

Es war im ersten Jahr des Zweiten Weltkrieges. Die deutschen Armeen hatten Holland besetzt und brachen gerade die ersten Festungen der Maginot-Linie. Windhoek war aufgewühlt von der Propaganda der kriegführenden Mächte. Begeisterung, Furcht und bange Sorge beherrschten alle Gespräche. In dieser von Hysterie erfüllten Kriegsatmosphäre konnte auch ein Wissenschaftler kaum hoffen, sich einen klaren Kopf zu bewahren. Aber wir, mein Freund Korn und ich, waren der Meinung, dies sei nicht unser Krieg. Wir hatten ihn lange vorher herankommen sehen und hatten aus diesem Grunde Europa verlassen. Wir wollten keinen Teil haben an dem Selbstmord zivilisierter Völker.

Nun aber schien der Krieg selbst uns einzuholen. Immer mehr Deutsche verschwanden hinter dem Stacheldraht der Internierungslager. Jeden Tag konnte uns das gleiche Schicksal ereilen. Das war ein mehr als grausiger Gedanke für zwei Männer, die gewohnt waren, forschend die Einsamkeit von Wüsten und Steppen zu durchstreifen. Wir waren entschlossen, uns unsere persönliche Neutralität und unsere Selbständigkeit zu bewahren.

Eines Abends besprachen wir, auf der Steintreppe vor unserer Wohnung sitzend, die Situation. Was konnten wir tun? Und dann war da plötzlich ein Gedanke, den einer von uns früher einmal im Scherz geäußert hatte: »Wenn es Krieg gibt, gehen wir in die Wüste!«

Der Gedanke war da, er faszinierte uns. Erregt begannen wir die Möglichkeiten zu besprechen, das Für und Wider abzuwägen. Und als der Silberschein des Tierkreislichtes über den westlichen Bergen stand, wurde der Gedanke zum festen Entschluß: Wir würden zusammen in die Wüste gehen und dort irgendwo in völliger Einsamkeit das Ende des Krieges abwarten. Nur unseren Hund wollten wir mitnehmen, und ihn brauchten wir nicht zu fragen; er war immer bereit, und wenn er sah, daß gepackt wurde, wedelte er vor Freude mit dem Schwanz. Er hieß Otto. Diesen Namen hatten wir ihm gegeben, als er noch ganz klein war und vorn und hinten beinahe gleich aussah wie die Buchstaben dieses Namens. Das hatte sich längst verwachsen, jetzt konnte man Ottos Vorder- und Hinterteil schon lange nicht mehr verwechseln.

Vier Tage vergingen unter unseren Reisevorbereitungen, dann brachen wir mit unserem hochbepackten Lastkraftwagen auf. Unser Ziel war der schwer zugängliche Canyon des Kuiseb Rivieres*. Für südwestafrikanische Verhältnisse war das gar nicht sehr weit — etwa zweihundert Kilometer von Windhoek entfernt. Am einfachsten wäre der Weg über die Pad** gewesen, die durch das Kuiseb-Tal vom Hochland

* Trockenfluß. ** Jede Art fahrbaren Weges.

hinunter in die Namib* führte, aber wir durften die Pad nicht benützen. Auf den abgelegenen Farmen wäre unser Fahrzeug zweifellos aufgefallen und der Polizei sicher schon bei der ersten Umfrage gemeldet worden. Wir beschlossen deshalb, den weiten Umweg über Okahandja und Karibib zu nehmen. Nach Karibib hatten wir uns übrigens legal abgemeldet. Sobald wir den Ort hinter uns ließen, begann für uns das Abenteuer, und wir waren nur noch dem harten Gesetz der Wüste untertan.

Wir passierten Karibib und rasteten in den Bergen, bis die Dunkelheit einbrach, wollten wir doch vermeiden, daß wir von den weiter abgelegenen Farmen aus gesehen werden konnten. Während der Nacht fuhren wir am Rande der Chuosberge entlang, die ausgedehnte Sphinx-Fläche hinunter. Einmal gewahrten wir im Licht unserer Scheinwerfer mehrere Gemsböcke**. Ein paar Stunden schliefen wir in einer sandigen Kuhle. Schließlich verblaßten die Sterne, und unser Wagen glitt in eine kahle graue Wüstenschlucht, die in den tiefen Canyon des Swakop Rivieres hinunterführte. Die Fahrt durch den Canyon war des tiefen, lockeren Sandes wegen gefürchtet. Da wir das wußten, ließen wir Luft aus den Reifen, bis sie uns breit und flach genug erschienen; dann jagten wir mit heulendem Motor durch den losen Sand. Das Wagnis gelang; nachdem wir die Strecke passiert hatten, pumpten wir die Reifen wieder auf. Dann führte uns auf der Südseite eine graue, gleichfalls sandige Schlucht wieder zur Oberfläche der Namib hinauf, und wir gelangten auf eine kaum benützte Pad, die die wild zerklüftete Swakopkante bis zur Küste begleitet.

* Die Wüste zwischen dem Hochland und dem Atlantischen Ozean. Namib ist ein Hottentottenwort und bedeutet »Wüste«.

** Oryx-Antilopen; starke, wehrhafte Antilopen, die ungefähr so groß werden wie Esel.

Selbst bei heller Sonne zeigt die Wüste hier nur graugetönte Farben; und dann und wann nur wird die Eintönigkeit durch das schwarze Band eines Basaltganges unterbrochen. In der fahlen Morgendämmerung verschwammen Himmel und Wüste in unsicherem Licht. Es war absolut unmöglich, eine Entfernung zu schätzen. Wir glaubten einmal eine baufällige Hütte zu sehen; sie entpuppte sich schon im nächsten Augenblick als ein kleiner verrosteter Benzinkanister. Aber dann tauchte eine große, dunkle Gestalt vor uns auf, die nicht kleiner wurde. Bald sahen wir: es war eine Kuh. Sie stand mitten auf der Pad, neben ihr lag ein gerade erst geworfenes Kälbchen, tot und zerfetzt. Auf einem nahegelegenen Schutthügel drückten sich drei Wilde Hunde* herum; mit ihren häßlichen Hyänengesichtern starrten sie lauernd auf unser Auto.

Die Kuh gehörte vermutlich der Mischlingsfamilie, die unten in der Swakopschlucht in einer kleinen Lehmhütte hauste. Mager und halb verhungert suchte das arme Tier sein zerrissenes Kälbchen mit gesenkten Hörnern gegen die hungrigen Steppenhunde zu verteidigen. Es wandte den Kopf und blickte hilfesuchend zu uns herüber, aber wir konnten nicht helfen; wir konnten es uns nicht leisten, auch nur einen Schuß unserer kostbaren Munition zu verschwenden.

Aufmerksam beobachteten die wilden Hunde unsere Bewegungen; sie freuten sich bestimmt, als unser Wagen davonglitt, nunmehr sicher, daß ihnen die gierig erhoffte Mahlzeit nicht entging. Für uns bedeutete die kleine grausige Szene am ersten Morgen unserer Wüstenfahrt gleichsam eine symbolische Einführung in den erbarmungslos grausamen Existenzkampf, der uns erwartete.

* Lycaon pictis. Gleich Wölfen in Rudeln jagend, richten die Wilden Hunde großen Schaden unter dem Wild und unter Rinder- und Schafherden an.

Wir mußten die Pad schon bald verlassen, um uns quer durch die Wüste nach Südosten zum Kuiseb durchzuschlagen. Autospuren bleiben in diesem Teil der Wüste lange Zeit erkennbar, deshalb drehten wir auf das schwarze, vom Wind polierte Steinpflaster eines Basaltganges ab und verwischten mit Hilfe eines alten Sackes das erste Stück unserer Reifenspur.

Mittlerweile war es Tag geworden. Die Sonne schoß lange Strahlenbündel über die endlosen Flächen; in den Senken liefen die weichen Schatten wie dunkles Wasser zusammen; unser nächstes Ziel war ein sandiger Paß in einem dunklen Schieferrücken. Lange durften wir aber hier nicht fahren. Wir befanden uns unter der Flugstrecke Windhoek - Swakopmund in völlig kahler Wüste, wo ein Kraftwagen mit blitzenden Fenstern und langer Staubfahne nicht gut zu übersehen ist. Als wir ein flaches Trockental mit salzverkrustetem Boden, bestanden von ein paar graugrünen Tamariskenbüschen, erreichten, fuhren wir unser Fahrzeug an eine niedrige Felswand heran. Wir nahmen einen kleinen Imbiß zu uns und betrachteten unser Lager mit prüfenden Blicken. Unser Wagen kam uns ungewöhnlich groß und glänzend vor. Wir rieben ihn rundherum mit einem ölgetränkten Lappen ab und bewarfen ihn mit Sandstaub. So schien er uns schon weniger auffällig.

»Es wird schon werden«, meinte Hermann, »zehn Tage werden sicher vergehen, bevor sie überhaupt anfangen, uns zu suchen.«

»Richtig«, bestätigte ich, »und dann werden sie ihre erste Aufmerksamkeit auf den Brandberg richten.«

»Warum?« Hermann zog die Augenbrauen hoch.

»Nun«, sagte ich, »zunächst ist das die Gegend, wo wir zuletzt gearbeitet haben. Zweitens habe ich einige Sicherheitsmaßnahmen getroffen.«

»Was für Sicherheitsmaßnahmen?«

»Ich habe etwas auf meinem Schreibtisch zurückgelassen. Und zwar habe ich auf einem Löschblatt eine Benzin- und Meilenrechnung aufgestellt, ganz klein gekritzelt, und die Ortsnamen nur durch Anfangsbuchstaben angedeutet. Wenn ein Detektiv sich mit dem Löschblatt beschäftigt, muß er zu dem Schluß kommen, daß wir zum Brandberg gefahren seien.«

Hermann lachte, und das mit gutem Grund, denn der Brandberg lag gute dreihundert Kilometer weiter nördlich. Sehr viel später erfuhren wir, daß die erste Suchexpedition der Polizei tatsächlich den Brandberg zum Ziel gehabt hatte.

Unter glühender Sonne warteten wir bei trockenem Ostwind auf den Abend. Wir hatten ein Segeltuch schräg über den Wagen gespannt; das gab uns ein bißchen Schatten. Wir schlossen unseren Radioapparat an die Autobatterie an und legten den Antennendraht über ein paar kleine Salzbüsche. Als wir das Radio einschalteten, bekamen wir mitten in der Einsamkeit der Wüste die neuesten Kriegsberichte zu hören. Sie berichteten von dem Vorstoß deutscher Panzer in Frankreich. Die Stimme aus dem Äther erschien uns phantastisch, unwirklich und doch lebendig wie in einem Traum. Fast glaubten wir, durch die heißen, scharfen Stöße des Ostwindes das ferne Dröhnen der schweren Motoren zu vernehmen.

Otto, der Hund, lag japsend unter dem Wagen. Auch uns plagte der Durst; wir waren nach der Nachtfahrt zu erschöpft, um lange über die Kriegsberichte zu diskutieren. Wir mußten mit unserem kleinen Wasservorrat sehr sparsam umgehen.

Endlich begann die Sonne tief im Westen zu sinken, und wir gestatteten uns ein paar Schlücke Wasser. Dann fuhren wir weiter durch kleine versandete Riviere und über weite, windpolierte Steinfelder. Zuerst setzte sich Hermann ans Steuer. Er war noch nicht lange gefahren, als der Wagen im losen Bett eines Trockenlaufes steckenblieb. Wir mußten Luft ablassen, um wieder freizukommen, und danach die Reifen wieder aufpumpen; es war keine sehr angenehme Arbeit. Unsere Nerven begannen schon zu rebellieren. Als ich eine spitze Bemerkung fallen ließ, sagte Hermann kurz: »Fahr weiter! « Ich setzte mich schweigend hinter das Steuer.

Die langen Abendschatten hoben die vielgestaltigen Rillen, Rippen und Schuttstreifen des Wüstenbodens mit tintenschwarzen Strichen heraus. Aus den Senken stieg die Dämmerung auf und begann den Horizont zu verdunkeln. Wir wollten unter allen Umständen noch ein paar Kilometer hinter uns bringen. Plötzlich schlug mein Arm – ich mußte das Steuer vor einem Felsblock herumreißen – gegen die Hupe; der Kontakt verklemmte sich; unaufhörlich gellte das Horn durch die Stille. An sich war es ausgeschlossen, daß hier irgendwo ein Mensch in Hörweite war. Trotzdem klopfte mir das Herz, als ich aus dem lärmenden Fahrzeug hinaussprang und mit fahrigen Händen nach einem Schraubenzieher suchte. Hermann schimpfte, und Otto, der nicht wußte, was der Lärm bedeuten sollte, sprang laut bellend um das Auto herum und vergrößerte den Krach. Hermann schrie ihn an, und er verstummte, aber das Horn dröhnte noch immer. Es schien mir eine Ewigkeit zu dauern, bis der Kontakt gelöst war und das Lärmen verstummte. Da war plötzlich lautlose Stille, und uns wurde bewußt, wie lächerlich wir uns mit unserer Aufregung aufgeführt hatten. Wir sahen uns an und lachten, und das veranlaßte Otto zu lauten Freudenkundgebungen.

Aber uns reichte es nun für heute. Ein paar hundert Meter weiter scharrten wir uns im Schutze einer windzerfressenen Felswand Schlafkuhlen in den Sand. In der vorangegangenen Nacht hatten wir kaum geschlafen, aber nun überfiel uns die Müdigkeit. Bald lagen wir in unseren Schlafsäcken und schlossen die Augen. Otto hatte sich zwischen uns zusammengerollt. Die Nacht hüllte uns ein.

Die erste Jagd

Am nächsten Morgen fand die Sonne uns schon auf dem Weg. Wir fuhren über eine Fläche von weißem Steppenkalk; die Nase unseres Wagens zielte nach den blauen Pyramiden des Tumas- und Amichabberges. Inseln im Meer gleich ragten sie über die kahlen, horizontweiten Flächen empor; sie dienten uns als Richtpunkte für unsere Fahrt. Die klare Luft war noch herrlich kühl, es war angenehm zu fahren. Otto befand sich in heller Aufregung, denn links vor uns tummelten sich einige Springböcke* mit silbern wehenden Prunkhaaren; der aufkommende Ostwind trieb dem Hund die frische Witterung direkt in die Nase.

Zwei Stunden später suchten wir uns zwischen zerschluchteten Bergfüßen mühsam einen Weg. Danach durchfuhren wir eine rote Sandfläche, auf der außer fünf einzelnen Kameldornbäumen weit und breit nichts zu erblicken war. Etwas später wendeten uns ein paar Gemsböcke ihre grotesk schwarzweiß gezeichneten Gesichter zu; wir schienen sie aber nicht weiter zu interessieren, denn sie trabten ruhig davon. Mit Besorgnis stellten wir fest, daß es weit und breit keinen Halm frischen Grases gab; nur grau verwitterte vorjährige Stubben ragten hier und da aus dem roten Sand.

Eine lange, sanft ansteigende Fläche mit einem Panzer brauner rundlicher Felsblöcke brachte das Kühlwasser unseres Wagens zum Kochen; wir mußten uns unseren Weg förm-

* Mittelgroße Antilopen

lich ertasten. Bald mußten wir uns dazu entschließen, den Kühler aus unserem Wassersack* frisch aufzufüllen. Und wieder lag vor uns eine weite, rot schimmernde Senke, von hitzeflimmernden Luftschwaden, bläulichen Rauchfahnen gleich, überzogen. Zwei kleine Inselberge mit gezackten Felsgraten waren unser nächstes Ziel. Wir erkletterten den östlich gelegenen Grat, um einen Überblick zu gewinnen. Mit schmerzhaft verkniffenen Augen spähten wir durch die flirrenden Lichtfluten. Am fernen südlichen Ende der riesigen Kalkfläche entdeckten wir eine weiß leuchtende Felsbastion. Dort irgendwo mußte der Kuiseb Canyon liegen. Von dort aus griffen auch scharfrandige Schluchten, feingefiedertem Astwerk gleich, in die hellen Flächen hinein.

In dem hitzeflimmernden Licht war es nicht leicht, die Hauptwasserscheide auszumachen. Wir versuchten mit unseren Gläsern die spärlichen Landmarken in den kahlen Flächen zu finden, wollten wir doch so nahe wie nur eben möglich an den Hauptcanyon herankommen, ohne uns zwischen den unzähligen Seitenschluchten zu verirren. Nur im Kuiseb Canyon konnten wir mit Sicherheit Wasser erwarten.

Im Schneckentempo kroch unser Wagen über scharfes, reifenfressendes Kalkgeröll. Der erste Richtpunkt, den wir passierten, war ein verdorrtes Kameldornbäumchen. Erst mehrere Kilometer weiter stießen wir auf den zweiten: die weiße Felsbastion schien noch kaum nähergerückt. Ein Springbock lief über die schimmernde Fläche; er schien zu schweben, von der flirrenden Luft grotesk verzerrt. Unsere Augen brannten, von der Backofenhitze überanstrengt. Und dann gewahrten wir einen grünen Punkt; er zog uns an wie ein Magnet. Ein kleines Vley war es, eine runde Mulde, in der sich alle paar Jahre ein-

* Segeltuchsack, der ein paar Liter faßt. Das Wasser in einem solchen Sack bleibt durch die Verdunstung selbst an den heißesten Tagen kalt.

mal ein paar Wassertropfen sammeln mochten, eine armselige, wasserlose Oase, von ein paar Bäumen umstanden.

Es war nicht viel, und doch, welche Wohltat war es schon, im spärlichen Schatten der Arubäume Atem zu schöpfen. Wir beschlossen zu lagern und uns dann nach einem geeigneteren Wohnplatz umzusehen.

Als wir abgeladen und etwas gegessen hatten, war der Nachmittag schon vorgerückt; frischer Westwind hatte die Hitze verdrängt. Unter der schrägen Sonne sahen wir, daß zwischen dem Kalkgeröll in weiten Abständen vereinzelte Grashalme wuchsen. Es schien hier also wenigstens etwas geregnet zu haben. Unter diesen Umständen mußte eigentlich auch Wild in der Nähe sein. Und richtig, nach einem Weilchen gewahrten wir vor dem dunklen Hintergrund einer Felskante zwei Punkte, die sich bewegten: weidende Springböcke. Ob es uns wohl gelingen würde, in der fast deckungslosen Ebene auf Schußweite heranzukommen? Die Schwierigkeit bestand darin, daß wir kein Gewehr hatten: wir hatten unsere Jagdwaffen bei Kriegsbeginn abgeben müssen. Eine große Parabellum-Pistole und eine Schrotflinte hatten wir »gerettet«. Auch unser Munitionsvorrat war spärlich genug: wir verfügten über vierundvierzig Schuß Munition für die Flinte und über rund dreihundert Schuß für die Pistole.

Hermann war, als wir berieten, wie gewöhnlich optimistisch, und Otto deutete durch aufgeregtes Schwanzwedeln an, daß er sich anheischig mache, den Springbock allein zu fangen. Ich bezog schließlich nach eingehendem Kriegsrat in ziemlich weiter Entfernung von den Tieren Stellung. Zwischen zwei Kalkblöcken liegend, die Schrotflinte neben mir, beobachtete ich durch das Glas, wie Hermann und Otto sich langsam an die Felskante heranarbeiteten. Jetzt bekam Otto den Wind der Springböcke in die Nase, das Jagdfieber packte ihn, er machte Anstalten loszurasen; Hermann drohte mit der Hand, und der Hund gehorchte, er blieb etwa dreißig Meter hinter Hermann zurück, der sich zunächst geduckt gehend, dann kriechend vorwärtsbewegte.

Schließlich war Hermann an der Felskante. Näher konnte er sich kaum heranwagen; die Springböcke waren sicher noch an die hundert Meter vor ihm. Ich sah, wie er langsam die Pistole hob und mit aufgestütztem Arm zielte. Vor Erregung verhielt ich den Atem, ließ die Tiere keine Sekunde aus dem Blick. Und dann fiel der Schuß. Der rechte Bock machte zwei Sprünge, dann blickten beide Tiere offensichtlich verblüfft zu der Felskante hinüber. Hermann zielte abermals, aber bevor er schießen konnte, war Ottos Geduld zu Ende. In wilden Sätzen jagte der Hund an ihm vorbei. Die Antilopen rasten in langen, federnden Sprüngen davon – leider nicht in meine Richtung.

Wir trafen uns im Vley wieder und verloren nicht viele Worte. Wir begriffen, daß wir augenscheinlich noch viel zu lernen hatten. Otto kam erst viel später zurück; er verkroch sich japsend unter dem Auto.

In der Tiefe des Canyons

Wie herrlich war die erste Morgenstunde in der Wüste! Die scharfkantigen Felsblöcke warfen lange blaue Schatten, die Windharsch über einem Schneefeld glichen. Im Osten stand das Hochland vor uns wie eine stahlblaue Wand; die leuchtende Kalkbastion schien nur wenige Minuten entfernt. Aber als wir endlich an ihrem Fuß hielten, war der Zähler um acht Kilometer weitergerückt.

Wie sollten wir hinaufkommen? Ein steiler Geröllhang schien mir befahrbar. Im ersten Gang jagte ich den Wagen hinauf, daß die Kiesel spritzten. Ich schaffte es und atmete erleichtert auf. Aber mein Lächeln blieb gleich im Ansatz stecken, denn die Welt schien plötzlich vor dem Kühler unseres Autos zu Ende. Ich riß das Steuer herum, wobei mein Ellbogen Ottos Nase traf, dann stand der Wagen quer. Wir befanden uns nicht auf einem Plateau, sondern auf einem schmalen Grat. Beklommen blickten wir in die Tiefe hinab, in eine Unterwelt von wilden grauen Felsgraten, schwarzen Schatten und wirren Schluchten. Aber dann sahen wir auch den tiefen Einschnitt des Hauptcanyons: ein weißes Sandbett zwischen unzähligen dunklen Schründen und Klüften. Leuchtende Kalktafeln breiteten sich vor unserem Blick aus, dahinter schimmerten blau die gezackten Inselberge; fern unter dem Horizont gewahrten wir die roten Dünen.

Fasziniert starrten wir in die grausige Tiefe. Welch grandiose, erbarmungslose Landschaft, undenkbar unter dem milden Himmel gemäßigterer Breiten! Einem phantastischen Irrgarten gleich umgaben jäh abstürzende, grausam nackte Felsschluchten den Hauptcanyon wie verfilztes, verdorrtes Aderwerk. Das waren die »Gramadullas«, von denen einmal jemand gesagt hatte, der Teufel habe sie in einer bösen Stunde erschaffen.

Der Gedanke, daß dieses barbarische Land nun, vielleicht für lange Zeit, unsere Heimat werden sollte, erfüllte mich mit Schrecken und zugleich mit einem Gefühl wilder Freude. Hermann sprach einen nüchterneren, aber zweifellos richtigen Gedanken aus: »Hier dürfte uns so leicht niemand finden!«*

* In diesem Gebiet geht die Wüste ostwärts in die Grassteppe über, die aber in Trockenjahren zur Wüste wird.

Wir erreichten das Hauptplateau unserer Felsbastion über einen schmalen Paß. Es umfaßte eine Fläche von rund drei Kilometern in der Länge und fünfhundert Metern größter Breite und war bis auf einen kleinen Kameldornbaum und ein paar knorrige Nonibüsche in einem tiefen, kleinen Vley vollkommen kahl. Im Vley versteckten wir unseren Wagen und suchten uns dann einen Abstieg in den Canyon. Wir mußten uns vor allem Klarheit über die Wasserverhältnisse verschaffen, bevor wir irgendwelche weiteren Entschlüsse faßten.

Ein Zebrawechsel führte uns an starren weißen, vom Wind ausgehöhlten Wänden und haushohen kantigen Blökken vorbei, die von den überhängenden Simsen herabgestürzt waren. Unten begann dann der Irrgarten von scharfen Schluchten und gerippten Glimmerschiefergraten. Wo sollten wir den Einstieg versuchen? Die unteren steilen, oft überhängenden Wände des Hauptcanyons waren sicher nur an wenigen Stellen gangbar: von oben waren sie nicht einzusehen. Das sicherste schien uns, weiter einem großen Zebrawechsel zu folgen. Die Tiere lebten hier seit Jahrtausenden; auf ihren Instinkt konnten wir uns verlassen.

Der Wechsel hielt sich an die Grate, denn die Seitenschluchten vermochten den Höhenunterschied nur mit hohen, glattgeschliffenen Fallstufen zu überwinden. Hier war alles nackter Fels, ein unwegsames Gewirr scharfer Schichtrippen und seidig glänzender Schieferplatten. Die niedrigen grauen Fahlbüsche und die vereinzelt wachsenden kahlen Balsamsträucher glichen kaum lebenden Pflanzen. Es schien uns ein Wunder, daß in dieser heißen Felsenwildnis überhaupt etwas Lebendiges existieren konnte.

Plötzlich vernahmen wir ein paar kurze scharfe Pfiffe. Aufblickend gewahrten wir ein Klippspringerpärchen, gemsenartige kleine Antilopen. Sie standen auf hoher Felsenkante und lugten neugierig nach den Eindringlingen aus. Abermals ertönte ein Pfiff, und Gummibällen gleich schnellten die Tiere von Sims zu Sims, um in einer nahegelegenen Schlucht zu verschwinden.

Schwerfällig bewegten wir uns auf unserem Zebrawechsel weiter und erreichten bald das breite Sand- und Kiesbett des Canyons. Ein paar hundert Meter aufwärts entdeckten wir einen Wasserkolk. Zunächst tranken wir; auch Otto war glücklich, endlich seinen Durst löschen zu können. Und dann – wir trauten zunächst kaum unseren Augen – sahen wir vor uns eine riesige Fährte. Riesig jedenfalls im Vergleich zu den Zebra- und Gemsbockspuren, die daneben im nassen Schlamm abgedrückt waren. Es war eine Zweihuferfährte. Hermann, mit dem leicht die Phantasie durchging, murmelte etwas von Giraffen. Ich lachte ihn aus. Und dann kam uns die Erleuchtung: es war eine Rinderfährte! Wer hätte hier auch gleich an Rinder gedacht? Jetzt erinnerten wir uns, auf den Farmen weiter oben am Kuiseb einmal von verwilderten Rindern gehört zu haben. Aber so weit draußen in der Wüste hatten wir mit solcher Möglichkeit nicht gerechnet. Sicher, es gab Wasser im Canyon. Aber gab es auch Nahrung? Nirgends war auch nur ein Grashalm zu sehen. Bald darauf fanden wir noch eine kleinere und eine ganz kleine Spur. Kein Zweifel, es handelte sich um eine Rinderfamilie, Bulle, Kuh und Kalb. Welch hypothetische Bereicherung unserer Speisekammer zeichnete sich da ab! Erregt, äußerst vorsichtig nun, gingen wir weiter. Von jeder Ecke des gewundenen Canyons spähten wir aus; wir konnten es uns nicht leisten, die kostbaren Tiere zu vergrämen.

Allein, wir bekamen sie nicht zu Gesicht. Dafür stießen wir auf erfreulich viel Wasser. Fast an jeder Biegung der Schlucht fanden wir einen kleineren oder größeren Kolk.

Und dann machten wir die zweite große Entdeckung dieses Tages. In einem kleinen, fast ausgetrockneten Tümpel schwamm – wer hätte das zu denken gewagt? – ein toter Fisch. Ein Karpfen! Und das mitten in der Wüste! Nun, eines war klar, wo der eine war, mußten noch mehr sein. Wir wateten in das knietiefe Wasser und tasteten mit den Füßen den Schlamm ab. Plötzlich schrie Hermann: »Hier war einer!« Er tauchte mit den Armen in das trübe Wasser. Er bekam den Karpfen nicht gleich zu fassen, aber es gelang ihm, ihn an das seichte Ende des Kolkes zu treiben. Das Wasser spritzte, und Otto bellte, und schließlich gelang es Hermann, das Tier zu packen und zu überwältigen. Es war ein gut und gern vierundzwanzig Zentimeter langer Karpfen. Wir waren sehr stolz auf diesen Fang. Da es Mittag war und wir Hunger hatten, beschlossen wir, den Fisch unverzüglich zu verspeisen.

Da setzte gleich eine Schwierigkeit ein: Wie sollten wir den Karpfen ohne Topf und Pfanne zubereiten? Wir beschlossen, ihn auf einem flachen Stein zu braten. Trockenes Schwemmholz gab es genug. Aber wir hatten kein Salz. Bisher hatten wir auch an keinem der Kolke Salzausblühungen gesehen. Unsere Blicke fielen auf ein paar graugrüne Tamariskenbüsche. Diese Büsche pflegen Salz auszuschwitzen. Sie können deshalb auch noch in salzigem Grundwasser wachsen, wo kein anderer Baum oder Busch mehr gedieh. In einer Felsennische entzündeten wir ein kleines Feuer, stäubten ein paar Tamariskenzweige über unsere erste Jagdbeute und warteten ungeduldig, daß sie gar werden möchte. Das brauchte auf der Steinplatte ziemlich viel Zeit. Später lernten wir bessere Arten der Fischzubereitung.

Woher aber kamen diese Karpfen? Vermutlich waren sie in der großen Regenzeit 1934 aus gebrochenen Farmdämmen im Hochland heruntergeschwemmt worden. Das lag jetzt sechs Jahre zurück. Die Kolke hatten also während dieser sechs Jahre immer Wasser geführt; das zu wissen war recht beruhigend. Der Zustand des Rivierbettes dagegen zeigte, daß der Kuiseb schon länger als ein Jahr lang nicht mehr gelaufen war, und das war beunruhigend.

Nun jedenfalls: Fische in der Wüste, das war eine herrliche Entdeckung. Dankbar tauften wir unsere Felsbastion »Karpfenkliff«.

Bis zum Einbruch des Abends streiften wir noch umher und durchsuchten die Westabbrüche des Kliffs nach einem geeigneten Wohnplatz. Wir fanden keinen Ort, der uns passend erschien. So fuhren wir denn für die Nacht zum Arubaum-Vley zurück. Auf dem exponierten und leicht einzusehenden Plateau wollten wir kein Feuer entfachen.

Die erste Wohnung

Die Ostecke des Karpfenkliffs wurde vom Hauptteil des Plateaus durch einen Paß mit häßlichen scharfen Kalkstufen getrennt. Wir waren gezwungen, eine provisorische Pad zu schaffen und zu diesem Zweck Felsbrocken beiseite zu wälzen und Stufen mit Steinplatten aufzufüllen, um mit dem Wagen durchzukommen. Die Mühe lohnte, denn schon im nächsten Felserker fanden wir eine große Halbhöhle, eine weit überhängende Felswand mit flachem Boden. Plätze dieser Art waren schon zur Steinzeit als Wohnungen benützt worden. Auch die Lage war gut. Nach Süden gerichtet, bot der Überhang den bestmöglichen Schutz vor der Sonne; zudem führte ein tief ausgetretener Zebrawechsel zum Canyon hinab. Uns aber war noch etwas anderes wichtig: die nächste Farm war über fünfzig Kilometer entfernt, und zu unserem Gramadulla-Versteck gab es nur einen einzigen, schwer aufspürbaren Zugang. Einen besseren Wohnplatz konnten wir uns nicht wünschen.

Der Westteil des Felsüberhanges war am tiefsten; hier beschlossen wir unser »Wohnzimmer« einzurichten. Wir stellten unsere zwei kleinen Klappstühle hinein, einen alten Blechkoffer, der als Tisch dienen mußte, und zwei leere aufeinandergestellte Benzinkisten als Schrank. Den Radioapparat stellten wir in die obere Kiste.

An das »Wohnzimmer« schloß sich die »Küche« an. Viel Holz gab es in der näheren Umgebung nicht, deshalb durfte der Ofen nicht zu viel Zug haben. Wir hoben eine lange rechteckige Grube aus und kleideten sie mit Steinplatten aus, die wir vom Fuß des Kalkkliffs holten. Den Küchenschrank bauten wir gleichfalls aus Benzinkisten; entlang der Felswand errichteten wir ein langes niedriges Sims, auf dem wir den Inhalt eines Kartoffel- und eines Apfelsinensackes ausbreiteten. Auch unseren Konservenvorrat: Marmelade, hier Jam genannt, Sauerkraut und Tomatenpüree, bauten wir dort auf. Mehl, Zucker, Reis, Dörrobst und ähnliche Lebensmittel sollten in der Kabine des Wagens verstaut werden. Leider wußten wir noch nicht, wo wir den Wagen selbst unterbringen sollten.

Hinter der »Küche«, am wenigsten geschützt, richteten wir unser »Schlafzimmer« ein. Dies geschah auf sehr einfache Weise. Wir gruben uns je eine flache Schlafkuhle mit sorgfältig abgemessenen Vertiefungen für Hüften und Schultern in den harten Höhlenboden, breiteten ein Segeltuch darüber und legten darauf unsere Schlafsäcke, Decken, Leinentücher und Kopfkissen. Tagsüber gedachten wir das große Segeltuch über die Betten zu ziehen.

Am Nachmittag betrachteten wir unser Werk. Unser Heim machte noch einen recht unwohnlichen Eindruck, aber immerhin befanden wir uns unter Dach. Da unser Wasservorrat zur Neige ging, packten wir Wassersäcke und Feldflaschen in unsere Rucksäcke und stiegen in die Unterwelt hinab, in deren Schluchten sich schon die Abendschatten sammelten. Der Zebrawechsel zeigte frische Fährten. Von der Felsenecke aus spähten wir hinunter und dachten dabei an die Rinderspuren, die wir gesehen hatten. Außer ein paar Tamarisken und einigen jungen Anabäumen* war das Flußbett leer.

Schon hundert Meter unterhalb der Einmündung des Wechsels fand sich ein Kolk, der an seinem unteren Ende zwischen schützenden Büschen dunklen, feuchten Schwemmbo-

* Acacia albida, große Bäume in Trockenflußbetten mit flachem Grundwasser.

den aufwies. Ich grub mit der Hand in der schweren, kühlen Erde. Hier mußte es möglich sein, einen Garten anzulegen. Wie eine Verheißung lagen die paar Quadratmeter fruchtbaren Bodens inmitten des staubtrockenen weißen Sandes unter der heißen grauen Felswand. Während wir Wasser schöpften, phantasierten wir schon von großen grünen Mangoldblättern und roten, saftigen Tomaten. Da plötzlich riß ein jäher Pfiff unsere Köpfe empor. Unmittelbar über uns stand ein Klippspringer in der Wand. Hermann konnte Otto mit einem schnellen Griff gerade noch am Schwanz packen; im gleichen Augenblick hob ich die Schrotflinte. Lauthallend dröhnte das Echo des Schusses von Wand zu Wand. Das Böckchen stürzte und schlug auf den Felsen neben dem Wasser auf.

Der Rückweg mit dem Wasser und der kleinen Antilope wurde uns bei dem Höhenunterschied von zweihundert Metern ziemlich sauer. Dafür nahmen wir die tröstliche Gewißheit mit, daß es uns zukünftig an Gelegenheit zum Training nicht fehlen würde.

Später stand eine schmale goldene Mondsichel am klaren westlichen Himmel. Wir aßen Leber und Hirn, während Otto sich mit dem Hals des Klippspringers begnügte. Dazu aßen wir das letzte Stück des von Windhoek mitgebrachten Brotes. Wir saßen noch lange und sprachen vom Krieg und von den uns gegebenen Möglichkeiten, uns in der Einsamkeit der Wüste zu behaupten. Das Kreuz des Südens stand funkelnd unter dem Felsendach, die Kanten der Kalkbastionen waren helle Linien zwischen den Sternen und der gestaltlosen Tiefe. Es war so still, als tropfe die tödliche Stille des Weltenraumes von den Sternen herab.

Wir wußten: wir würden ein Leben an der Grenze zu führen haben, rein körperlich an der Grenze der Lebensmöglichkeit überhaupt. Das war das Gesetz der Wüste. Aber auch seelisch würde es nicht anders sein. Wir würden ein primitives Leben führen und uns hart an der Grenze wilder, gestaltloser Rohheit bewegen müssen, wollten wir überleben. Und doch durften wir unsere feiner entwickelten Gefühle und die Oberwelt des wachen Verstandes nicht verleugnen, wenn wir geistig gesund bleiben wollten. Das waren sehr gegensätzliche Bedingungen, die vereint werden mußten. Oft waren Menschen, denen das nicht gelang, in ähnlicher Einsamkeit dem Wahnsinn verfallen. Nicht selten hatte Zwiespalt zu Mord und Totschlag geführt. In der sternweiten Einsamkeit dieser stillen Nacht fühlten wir, daß die Zukunft viel von uns fordern würde, daß zu den Abenteuern des Jägerlebens die Abenteuer des Geistes kommen mußten. Wir konnten vielleicht lernen, wie Buschmänner* zu leben, aber wir konnten niemals zurückfinden zu ihrer Art des Denkens und Fühlens.

Es kamen nun arbeitsreiche Tage. Der Windgenerator, der die Batterie für Radio und Auto in Betrieb zu halten hatte, mußte zusammengesetzt und neben der Wohnhöhle aufgebaut werden. Einen ganzen Tag lang suchte ich nach einem geeigneten Versteck für den Wagen. Schließlich fand ich, fünf Kilometer entfernt, in einer der nördlich gelegenen Schluchten eine mit dem Auto erreichbare überhängende Felswand. Es dauerte einen weiteren halben Tag, bis wir den Wagen durch die wüste Blockpackung der Schlucht bugsiert und unter der Felswand verstaut hatten. Die Räder nahmen wir ab und deckten sie zu, damit die Reifen nicht verdarben. Danach mußte die schwere Autobatterie zur Höhle zurückgetragen werden. Wir fragten uns, ob der alte Rucksack diese auf eine kleine Fläche konzentrierte Belastung aushalten würde. Wie leicht konnte die Batterie durchbrechen und auf

* Pygmäen, Ureinwohner Südafrikas, die von der Jagd leben.

dem Felsenboden zerschellen. Das durften wir nicht riskieren; es hätte uns restlos von der Welt abgeschnitten. Wir wanden eine alte Wickelgamasche um die Batterie, führten sie durch die Rucksacköffnung und als Traggurt über den Kopf. So gelang es, die wertvolle Last ohne Unfall durch das unwegsame Felsgewirr zu bringen.

Seit Tagen konnten wir nun zum erstenmal wieder Radio hören. Aber wir waren erschöpft und mißgestimmt; dazu blies ein kalter Südwestwind ununterbrochen direkt in unsere »Wohnung«. Frierend hockten wir in der Dunkelheit vor dem Apparat, und die einander widersprechenden englischen und deutschen Kriegsberichte, die wir hörten, waren nicht dazu angetan, unsere Stimmung zu bessern. Es fielen auch knurrige Worte zwischen uns, die keinerlei sachliche Berechtigung hatten, ja wir steigerten uns schließlich in einen regelrechten Zank hinein und sagten uns nicht einmal gute Nacht, als wir uns schließlich schlafen legten. Als wir am Morgen erwachten, war der sinnlose Streit vergessen. Unser Blick ging über die scharfen, ineinander verschlungenen Schattenmuster der tiefen Felsenschluchten, über die von der ersten Sonne vergoldeten Abbrüche der Kalktafeln, zu den blauen Marmorbergen, bis zu dem weiten Horizont der rotschimmernden Dünen. Das war erfrischender als ein Bad. Lachend wünschten wir uns guten Morgen. Und lächelnd rauchte Hermann im Bett eine Pfeife, während ich Kaffee kochte.

Hunger

Der strahlende Morgen änderte nichts daran, daß wir jämmerlichen Hunger hatten. Der Klippspringer war längst verzehrt; von den mitgebrachten Vorräten durften wir uns nur winzige Rationen zubilligen. Wir genehmigten uns für das Frühstück einen halben Becher Mehl, das wir der Ausgiebigkeit wegen zu Mehlsuppe verarbeiteten, und je einen Kaffeelöffel Zucker und einen Kaffeelöffel Marmelade. Wenn wir der Wüste nichts abzuringen vermochten, mußte das bis zum Abend reichen. Kein Wunder, daß wir es bei der an sich geplanten Tagesarbeit nicht lange aushielten. Nachdem wir eine Stunde lang Steine geschleppt hatten, mit denen wir zwischen »Küche« und »Wohnzimmer« eine Schutzwand gegen den kalten Südwind errichten wollten, gaben wir unter dem eindringlichen Protest unserer hungrigen Mägen auf.

Von der Felskante über unserer Höhle aus hielten wir Ausschau nach jagdbarem Wild. Wir verfolgten mit unseren Gläsern die Wechsel, die in den Canyon hinabführten, musterten die weiten Kalkflächen und spähten in die Ferne. Wir sahen nichts. Sehr aufmerksam beobachteten wir eine ganze Weile ein paar dunkle Punkte. Aber sie änderten weder Ort noch Form. Als wir fünf Minuten später die Gläser noch einmal auf die Stelle richteten, war die Gruppierung noch immer dieselbe. Also handelte es sich um Büsche.

Nach Norden und Nordosten lag ein trostloses Gewirr unübersichtlicher Schluchten, nach Süden zu vermochten wir einen Teil des Canyons zu überblicken. Weit dahinter leuchtete eine gelbliche Fläche. Wir beobachteten sie lange. Dort mußte Gras wachsen. Und wo in der Wüste Gras wuchs, da gab es auch Wild. Aber selbst wenn dem so wäre – wie sollten wir eine etwaige Jagdbeute durch die steilen Wände des Hauptcanyons hierher schaffen? Das erschien nahezu unmöglich. Noch einmal streiften wir das Gelände ab, dann gaben wir auf. Auf gut Glück in die Gegend zu rennen, erschien selbst Hermanns selten erlahmendem Optimismus sinnlos. Die Wüste erschien uns plötzlich unheimlich fremd. Und doch hatten wir uns oft und lange in der Namib aufgehalten und hatten geglaubt, einiges von der Wüste und ihren Lebensbedingungen zu wissen. Aber eine Forschungsfahrt mit wohlgefüllten Proviantkisten und ein dauerndes Leben in der Wüste waren doch wohl zwei sehr verschiedene Dinge.

Gegen den bohrenden Hunger halfen solche theoretischen Erkenntnisse nichts. Hermann zog die Konsequenz: er beschäftigte sich für den Rest des Vormittags mit dem Anfertigen von Angelhaken aus Stahldraht. Ich selbst machte mich daran, aus einem leeren Benzinkanister ein zehn Liter fassendes Traggefäß für Wasser herzustellen, mußten wir doch jeden zweiten Tag in den Canyon hinunter, um Wasser zu holen.

Danach begaben wir uns, mit zwei Leinen und ein paar scharfen Haken ausgerüstet, zu einem großen Kolk. Als Köder hatten wir ein paar Fleischbrocken, eigens zu diesem Zweck aufgehoben, einige aufgeweichte Makkaroni und ein paar dicke Fliegen mitgenommen. Wir waren uns nicht klar darüber, was die Karpfen bevorzugen würden, glaubten aber, daß Wüstenkarpfen kaum sehr wählerisch sein konnten.

Es dauerte gar nicht lange, bis Hermanns Angelleine sich bewegte. Unsere Augen funkelten vor Spannung, als er die Leine anzog. Heraus zog er – einen Frosch. Ich hatte nie viel vom Angeln gehalten, seit mir ein Feldhüter einmal – ich war damals noch ein kleiner Junge – mit einer großen Strafpredigt mein Angelgerät abgenommen hatte. Nun, ich versuchte es trotzdem und zog nach einiger Zeit – ebenfalls einen Frosch aus dem Wasser. Dabei befanden sich ohne Zweifel Karpfen in dem Tümpel; wir sahen dann und wann ihre schwebenden Schatten in dem dunklen Wasser. Wir versuchten es nun mit Stücken der mageren Froschbeine als Köder und fingen – abermals Frösche. Schließlich war unser Vorrat an Kraftausdrücken und auch unsere Geduld erschöpft. Wir überließen die Angelgeräte sich selbst und begannen canyonabwärts nach Klippspringern zu suchen. Wir bekamen nicht einen einzigen zu sehen und trafen auch auf keine frische Rinderfährte. Als wir zum Kolk zurückkamen, hatten die Frösche die Köder von den Haken gezupft. So brachten wir bei Sonnenuntergang nur den Wasservorrat für die nächsten anderthalb Tage und einen gefährlich gewachsenen Hunger nach Hause.

Wir kochten 220 Gramm Makkaroni mit ein paar winzigen Speckwürfelchen. Von diesem bescheidenen Gericht bekam auch Otto seinen Anteil.

In der Nacht polterten Zebras unterhalb unserer Höhle vorbei.

Am nächsten Tag hielten wir zunächst wieder von unserer Warte aus Umschau. Dann spürten wir, getrennt gehend, nach Osten und Westen die in den Canyon führenden Wildwechsel ab. Zwei Wechsel auf dem langen Ostgrat wiesen verhältnismäßig frische Gemsbockfährten auf. Vielleicht würde es uns gelingen, einen vom Wasser kommenden Bock abzufangen. Wir wußten noch nicht, daß die Gemsböcke gar nicht nachts oder morgens, sondern im Laufe des Tages zum Wasser gingen. Das lernten wir erst später.

Der Kampf mit dem Bullen

Wie grauer Nebel hing die Morgendämmerung über den Schluchten, als wir über das scharfe Kalkgeröll des Ostgrates hinunterstiegen. Hermann blieb, mit der Pistole ausgerüstet, an dem stärker belaufenen Wechsel, während ich mit der Flinte, Otto an der Leine führend, weiterging. Tief unten lagen zur Rechten zwischen jäh abfallenden Wänden die großen Windungen des Canyons; in jeder Biegung schimmerte zwischen den dunklen Felsen ein kleines Stück des weißen, sandigen Flußbettes.

Plötzlich fiel mir etwas auf. Mein Auge gewahrte einen auffälligen schwarzen Punkt in dem noch schattenlosen Grau der Morgenfrühe. Ich nahm das Glas zu Hilfe und hielt vor freudiger Erregung den Atem an: im Flußbett stand ein großer Stier; ohne Zweifel war es der Bulle, dessen Fährte uns am ersten Tage so verblüfft hatte. Er stand weidend neben einem kleinen Kolk.

Ich versetzte Otto vor Freude einen Klaps, dann rannten wir zurück. Hermann hockte in einer Felsnische und sah starren Blicks zum Wechsel hinunter. Ich schrie und fuchtelte mit den Armen, und Otto bellte und zerrte an der Leine. Hermann stand auf und kam herüber.

»Wollt ihr mir alles verjagen?« sagte er wütend.

»Der Bulle!« stieß ich heraus.

Er starrte mich an, aber es währte nur den Bruchteil einer Sekunde, dann hatte er begriffen. Mit langen Schritten rannte er los.

Über die schräg abfallenden Felsenrippen hinweg beobachteten wir den Bullen und hielten Kriegsrat. Was sollten wir tun? Uns unbemerkt auf Schußweite heranschleichen? Das war kaum zu machen; die paar Tamarisken gewährten kaum Deckung. Sollten wir ihn gleichzeitig von zwei Seiten angehen? Wenn er erschrak und davonrannte, war es so gut wie unmöglich, einen sicheren Schuß anzubringen. Zudem mußte er von dem Mann, der den Canyon herunterkam, schon früh Wind bekommen. Aber wie, wenn wir den leichten Fallwind ausnützten, um den Bullen langsam dem Schützen zuzutreiben? Vermutlich würde er, sobald er Witterung bekam, talwärts ausweichen. Seitlich konnte er der steilen Wände wegen nicht heraus. Der Plan schien gut. Wir beschlossen, daß Hermann unten mit der Pistole in Deckung gehen sollte. Otto und ich würden ihm das Tier dann zutreiben.

Otto hatte mittlerweile auch festgestellt, daß etwas Besonderes im Gange war; er wedelte vor Aufregung gleich mit dem ganzen Hinterteil und war offenbar sehr zufrieden damit, mich begleiten zu dürfen; wahrscheinlich glaubte er an die Schrotflinte. Hinter der nächsten Biegung fanden wir einen gangbaren Abstieg. Ich wartete noch eine Viertelstunde, um Hermann genügend Zeit zu geben. Die Sonne war inzwischen aufgegangen. Der Canyon selbst lag noch im Schatten, aber auf den unzähligen Graten lagen bereits schwarze Schatten neben gleißenden Schieferplatten; das Ganze glich einem ungeheuren, wuchtigen Holzschnittmuster.

Wir stiegen hinunter und stapften langsam durch den weißen Sand. Vor uns in der Biegung des Canyons überschnitten sich die hohen grauen Felskulissen. Schließlich schoben sie sich auseinander und gaben die neue Talstrecke frei. Vorsichtig hielten wir Umschau. Ich atmete auf: durch das leichte Geäst der Tamarisken sah ich den massigen schwarzen Körper des Bullen. Die Tamarisken standen in einer Reihe hintereinander, in Richtung auf den Stier, und gaben auf diese Weise doch recht gute Deckung.

Langsam, sehr vorsichtig tastete ich mich näher und näher heran; das Tier durfte unter keinen Umständen vorzeitig erschreckt und zu schneller Flucht veranlaßt werden.

Ich fragte mich schließlich, warum der Bulle nicht reagierte; er mußte doch längst unseren Wind haben. Durch das Glas konnte ich sehen, daß er junge Binsen fraß, die in dem feuchten Schlamm neben dem Kolk wuchsen. Nur noch zwei Tamarisken trennten uns von ihm, und er fraß immer noch. Mein Herz klopfte wild. Entschlossen trat ich hinter der letzten Tamariske hervor. Im gleichen Augenblick reckte der Bulle seinen mächtigen Kopf, und ohne sich eine Sekunde zu besinnen, stürzte er auf mich los. Ich ließ Ottos Leine fahren und schoß ihm auf zwanzig Schritt eine Schrotladung ins Gesicht. Der Schuß war noch nicht verhallt, da war er schon hinter mir. Ich versuchte ein paar Haken, aber der Bulle konnte ebensogut Haken schlagen wie ich. Beinahe hätte er mich gehabt, mit einem gewaltigen Satz rettete ich mich an die Felswand und erklomm schnell wie ein Affe den ersten Sims.

Der Bulle stand unten und glotzte zu mir herauf. Otto hing an seinem Schwanz. Da kam Hermann herangehetzt. Er hob die Pistole und schoß ihm, spreizbeinig stehend, hinter das Ohr. Der Bulle fiel wie vom Blitz getroffen; eine riesige schwarze Masse, lag er im weißen Sand. Welch ungeheure Menge Fleisch! Hermann und ich grinsten uns an. Aber war der Bulle schon tot? Ich ergriff einen großen Felsbrocken und warf ihn ihm auf die Stirn. Im selben Augenblick schnellte er in die Höhe, und ich saß, ebenso schnell, wieder auf dem Felssims.

Jetzt packte ihn Otto bei der Nase. Der Stier versuchte den Hund mit dem Kopf in den Sand zu drücken. Hermann ging ganz nahe heran und schoß ihm in die Stirn. Der einzige Erfolg dieses Schusses war eine herrische Bewegung des riesigen Bullenkopfes, die Otto wie einen Ball in den Sand schleuderte. Da zog es Otto vor, sich wieder an das sichere Hinterende des Stieres zu halten.

Wir versuchten es noch einmal mit einem Schuß hinters Ohr. Eine kleine Weile lag der Bulle bewegungslos im Sand, dann stand er wieder, trotzig und angriffsbereit. Wir zogen uns etwas zurück. Unser Munitionsvorrat war zu Ende; mit einer solchen Schießerei hatten wir nicht gerechnet. Ich hatte zwar noch eine Schrotpatrone, aber was sollte die schon helfen?

Doch der Bulle war immerhin recht mitgenommen. Er stand ziemlich unsicher und wackelte mit dem schweren Kopf. Ein Auge, vom Schrot verletzt, war zugeschwollen. Das arme Vieh tat uns leid, aber zugleich waren wir von wilder Freude erfüllt; wir waren nun sicher, daß er uns nicht mehr entgehen würde. Aber wir mußten erst zur Höhle hinauf, um Munition zu holen; außerdem brauchten wir ein Beil, ein großes Messer und ein Seil, um das Fleisch aufzuhängen. Auch unsere Schlafsäcke würden wir brauchen, denn wenn wir das tote Tier allein zurückließen, würden die Hyänen uns nicht viel übriglassen.

Während wir den steilen Hang hinaufkletterten, wurde uns eindringlich bewußt, was für eine furchtbare Arbeit es sein würde, das Fleisch hier hinaufzuschaffen, ganz abgesehen davon, daß auch noch Wasser hochgeschleppt werden mußte. »Das lohnt sich nicht«, sagte ich, »es ist viel gescheiter, wir siedeln uns bei dem Bullen an, bis wir ihn aufgefressen haben.«

Als wir schließlich wieder hinunterstiegen, waren wir hochbepackt. Wir schleppten unsere Schlafsäcke, Seile, eine Pfanne, zwei leere aufgeschnittene Benzinkanister, einen

Wasserkessel, leere Büchsen, Salz, etwas Mehl, ein Beil, Gewürze und viele andere Kleinigkeiten, die wir benötigen würden. Die Sonne stand schon im Westen, als wir wieder unten waren.

Der Bulle lag ein paar hundert Meter weiter im Sand. Sein Kopf war noch immer hochgereckt; trotzig sah er uns entgegen.

Wir ließen das Gepäck auf dem Felsen und pirschten uns vorsichtig heran. Sofort erhob sich der Stier und kam uns mit gesenkten Hörnern entgegen. Diese wilden Rinder waren Produkte einer harten Auslese; die Unbarmherzigkeit der Wüste hatte sie hart und zäh gemacht. Wie, um alles in der Welt, sollten wir die Kreatur erlösen und uns selbst zu dem so notwendigen Fleisch verhelfen? Ob ein Herzschuß Sinn hatte? Aber wo genau saß das Herz in diesem gewaltigen Körper? Weder Hermann noch ich hatten jemals einen Ochsen geschlachtet. Wir mußten es versuchen. Der Schuß fiel, der Bulle ging ein paar Schritte weiter und legte sich dann neben einem kleinen Anabaum nieder. Aber er war nicht tot, nach einer Stunde lebte er immer noch und war immer noch bereit und gewillt, sein Leben zu verteidigen. Ein weiterer Kopfschuß blieb gleichfalls ohne entscheidende Wirkung.

Wir waren verstört. Es war eine entsetzliche Quälerei; unser Unvermögen ärgerte und beschämte uns. Über all der Schinderei vergaßen wir das Nachdenken. Plötzlich kam uns der erlösende Gedanke. Ich warf dem Stier ein Seil über die Hörner und wand es um den Anabaum. Das verminderte den Bewegungsspielraum des Tieres beträchtlich. Hermann schoß ihm noch einmal sorgfältig hinter das Ohr, und während der Bulle bewußtlos lag, sprang ich zu und durchschnitt ihm mit einem großen Messer die Kehle. Wir atmeten auf. Endlich hatte diese wenig ruhmreiche Schlächterei ein Ende.

Als wir den Bullen ausgenommen hatten, war die Sonne schon hinter den weißen Bastionen des Karpfenkliffs versunken. Es wurde Zeit, daß wir einen geeigneten Wohnplatz fanden. Zweihundert Meter oberhalb unseres Standortes sprang eine überhängende Felsrippe aus der Talwand heraus. Der Boden darunter war beinahe eben und bestand aus altem, trockenem, weich und torfartig gewordenem Klippdachsmist*. Dorthin schafften wir nun unser Hausgerät und gruben uns unsere Schlafkuhlen.

Otto, der sich bereits vollgefressen hatte, rollte sich sogleich auf Hermanns Schlafsack zusammen. Wir mußten erst noch Holz sammeln. Endlich saßen wir am Feuer und brieten uns ein großes Stück Leber in Nierenfett. Wie unbeschreiblich schön war es, sich sattessen zu können! Schwerfällig erhoben wir uns schließlich. Die Beute mußte ja noch für die Nacht gesichert werden. In einiger Entfernung von dem Bullen lag ein großer, vom Rivier angeschwemmter Anabaumstamm. Wir steckten ihn in Brand. Der Baum würde sicher die ganze Nacht schwelen; das würde die Hyänen abhalten. Todmüde krochen wir in unsere Schlafsäcke.

Das grosse Fressfest

Es war eine kalte Nacht, wir brauchten nicht zu befürchten, daß das Fleisch verderben würde. Schon lange vor Sonnenaufgang waren wir dabei, den Bullen abzuhäuten und zu zerlegen. Das Häuten war sehr viel schwieriger, als wir gedacht hatten. Das Fleisch war so kalt, daß wir schon nach kurzer

* Klippdachse: Kleine entfernte Verwandte des Nashorns, Murmeltieren ähnlich, die in Felsspalten leben.

Zeit steife Finger bekamen. Wir mußten ein Feuer entfachen, um uns von Zeit zu Zeit die Hände zu wärmen. Die Sehnen waren unwahrscheinlich zäh; unsere Messer wurden sofort stumpf. Wir mußten uns zunächst ein paar Kiesel als Wetzsteine suchen; danach ging es dann.

Wir trugen die großen Fleischstücke zunächst zu einem schattigen Platz an der Felswand. Auch das kleinste Stückchen Fett wurde sorgfältig abgeschnitten und in einen Benzinkanister gesteckt. Es war ein schweres Stück Arbeit; wir waren schließlich keine gelernten Metzger. Die Stunden liefen; bald brannte die Sonne auf unsere schmerzenden Rükken, und der Schweiß verklebte uns die Augen. Die Hände waren mittlerweile nicht mehr kalt, dafür glitschten sie von Blut und Fett. Otto lag unter einer Tamariske und winselte leise im Schlaf. Träumte er vielleicht von dem Kampf mit dem Bullen?

Endlich konnten wir das kahle Rückgrat des Bullen aus der blanken Haut herausheben. Die Haut war aller Vorsicht ungeachtet an den Rändern etwas sandig geworden. Wir wuschen den Sand ab, gruben unmittelbar unter unserer Schlafstelle ein Loch in den Sand und legten die Haut mit den Haaren nach außen hinein, so daß sie eine Art Wanne bildete. Da hinein packten wir das Fleisch. Die Haut schlugen wir darüber. Es wurde auch höchste Zeit; schon summten überall die Schmeißfliegen: wir hatten bereits einige Fliegengelege abschneiden müssen.

Nun endlich gestatteten wir uns zur Belohnung ein Mittagessen: Leberklöße mit einer kleinen Portion Reis. Es war unser erstes Mittagessen seit vielen Tagen. Das Essen war eine solche Freude, daß wir beschlossen, künftig jeden Sonntag zu feiern, und sei es nur mittels eines Extralöffels voll Zucker oder eines Dutzends Rosinen.

Während des Nachmittags zerhackte ich auf einem Stück Schwemmholz das Fett, während Hermann es auf der kleinen Plattform vor unserem Schlafplatz in der Pfanne ausbriet. Es war wahrhaftig ein Wunder, daß der Bulle in diesem trostlos trockenen Jahr überhaupt etwas Fett hatte. Wir gossen die kostbare Flüssigkeit in unsere beiden Aluminium-Eßkummen, die wir am Rande des Kolks ins Wasser gestellt hatten. Wir gewannen auf diese Weise zwei schöne gelbe Fettkuchen.

Der mächtige Kopf des geschlachteten Tieres lag noch neben dem kahlen Rückgrat auf dem Kampfplatz im Sand. Ich machte mich daran, ihn aufzuhacken, um das Hirn herauszunehmen, das wir zum Abendessen verspeisen wollten. Dabei zeigte sich, daß keine unserer Kugeln ganz durchgedrungen war. Vielleicht waren die Knochen dieser in härtestem Existenzkampf stehenden wilden Rinder stärker und fester als die Knochen zahmer Tiere dieser Gattung; vielleicht war auch unsere teilweise ziemlich alte Munition zu schwach; wir wußten es nicht.

Nach Sonnenuntergang legten wir das Fleisch rund um unseren Schlafplatz auf dem Felsen aus, damit es während der Nacht gut auskühlen konnte. Es wurde Gott sei Dank wieder eine kalte Nacht. Das heißt, für uns selbst war das weniger angenehm. Es waren die ersten wirklich kalten Nächte dieses Winters. Aber für uns bedeuteten sie ein großes Glück, denn wir hatten recht wenig Erfahrung in der Fleischverarbeitung, und ohne die Kälte wäre uns sicher viel Fleisch verdorben. Welch ungeheure Menge Fleisch besaßen wir jetzt! Sicher mehrere Zentner. Sie verhießen uns viele satte Tage, wenn es uns gelang, die Vorräte richtig zu konservieren.

Wir verstanden uns darauf, Trockenfleisch, das man hierzulande Biltong nennt, zu machen, aber wir hatten den Ehrgeiz, Rauchfleisch herzustellen. Wir hatten das früher einmal, allerdings mit nicht sehr gutem Erfolg, versucht. Das wichtigste war jedenfalls, daß das Fleisch kalt blieb und daß keine Fliegen darankamen, bevor es eine trockene Kruste hatte. Und so waren wir denn schon wieder in dämmernder Morgenfrühe dabei, Biltong- und Rauchfleischstücke aus den Muskeln herauszuschneiden, die wir für Rauchfleisch gut armdick hielten, während wir für Biltong dünnere Streifen schnitten, die wir spalteten, um sie zum Trocknen über ein Seil hängen zu können.

Das Biltong hat in Afrika eine lange Geschichte. Als die Buren vor hundert Jahren ihren großen Treck durch den ungezähmten Kontinent machten, hatten sie Biltong als eiserne Ration in ihren Satteltaschen. Später hat ihnen das Biltong in ihrem tapferen Kampf gegen die englische Übermacht manchen aussichtslos scheinenden Patrouillenritt ermöglicht.

Schließlich hatten wir den Bullen zum größten Teil zerlegt und das Fleisch mit dazwischengestreutem Salz zum Pökeln in die Haut gepackt. Wir bedeckten das Ganze mit einer dicken Schicht von Tamariskenzweigen zum Schutz gegen die Sonne. Auf diese Weise sollte das Biltong zwölf, das Rauchfleisch achtundvierzig Stunden pökeln. Herz und Nieren hatten wir inzwischen gargekocht; ein feines Frühstück.

Nun gab es aber immer noch einen großen Haufen Abfallfleisch, häutige, sehnige Stücke, dünne Muskellappen und den riesigen, sehnigen Hals und Nacken. Was konnten wir damit beginnen? Nun, warum sollten wir nicht versuchen, Fleischextrakt herzustellen? Wir hatten die beiden Benzinkanister, die je achtzehn Liter faßten, mit heruntergebracht, die konnten wir dazu benützen. Wir versuchten es und mußten zunächst feststellen, daß man zu allem eine gewisse Erfahrung braucht. Die erste Portion brannte an, obwohl der

Kanister bis obenhin mit Fleischbrühe gefüllt war. Losgekochte Fleischfasern hatten sich auf dem Boden angesetzt. Es tat uns bitter leid, die schöne Brühe wegzuschütten. Aber was half es? Wir scheuerten den leeren Kanister mit Sand aus. Dann waren wir vorsichtiger. Wir gossen die allmählich immer kräftiger werdende Brühe alle zwei Stunden um und entfernten den Satz von Fleischfasern. Alle vier Stunden wurden die ausgekochten Stücke dann durch andere ersetzt.

Wir hatten den Hunger der letzten Tage noch keineswegs vergessen. Und so fischten wir uns denn von Zeit zu Zeit immer wieder besonders appetitliche Stücke aus der Brühe heraus, bestreuten sie mit Salz und verzehrten sie mit Behagen. Otto wurde immer rundlicher; er erinnerte bald schon wieder an das Bild, das er in seiner Jugend geboten hatte und dem er seinen Namen verdankte. Er lag meistens da und schlief.

Als es Abend wurde, waren unsere beiden Gefäße randvoll mit goldbrauner, duftender Bouillon gefüllt. Sie schmeckte herrlich, und Hermann schmunzelte. »Eine Tasse Bouillon von einem ganzen Ochsen«, sagte er, »das habe ich mir immer schon gewünscht.«

Am Morgen hoben wir die weiße Fettkruste, die wie eine Eisdecke auf den Kochgefäßen lag, ab und setzten die »Oxo«-Kocherei fort. Die Brühe wurde bald so dick, daß sie nur noch schwach über ein paar Holzkohlen brodeln durfte. Während Hermann den Kochprozeß beobachtete, verfertigte er gleichzeitig Drahthaken für das Rauchfleisch. Ich zerhackte auf einer sauberen Felsplatte die Markknochen. Nachdem wir das Knochenmark ausgebraten hatten, besaßen wir mehrere Büchsen weißen, weichen Markfettes. Dieser Besitz gereichte uns bald zum Segen, denn es kam der Tag, an dem wir ohne diesen Reichtum nur talgiges Antilopenfett gehabt hätten, das nur zum Braten und Kochen taugte.

Es gab dann noch mancherlei Arbeit. Zum Trocknen des Biltongs spannten wir ein Seil über unsere Schlafstätte; wir konnten nicht riskieren, es an die schwachen Tamarisken im Rivier zu hängen, hatten in der letzten Nacht Hyänen doch schon die Reste des Bullenkopfes fortgeschleppt. Von dem Biltong hätten sie bestimmt nichts übriggelassen. Nun, an einer Felswand befinden sich keine Kleiderhaken, an die man ein Seil binden könnte. Wir mußten uns also erst Holzpflöcke schnitzen und in dafür geeigneten Spalten festkeilen.

Schließlich brauchten wir noch einen Räucherofen. Etwas oberhalb unseres Schlafplatzes fand sich ein Felsdach mit einem waagerecht verlaufenden Sims in einer tiefen Nische. Hier würde sich der Rauch leicht zusammenhalten lassen. Wir bauten aus Steinplatten einen breiten Pfeiler bis zur Höhe des Simses und legten über Sims und Pfeiler einen Rost aus Tamariskenstangen, der das Fleisch aufnehmen sollte. Es war Abend, als wir mit dieser Arbeit fertig waren. Danach hängten wir das Biltong zum erstenmal an dem Seil über unseren Schlafstätten auf.

Der Abend war warm. Wir hatten uns jeder ein Häufchen Holzkohlen aus dem Feuer gekratzt und brieten uns an einer grünen Astgabel, die als Spieß diente, ein großes fettes Rippenstück. Das brutzelnde Fett tropfte auf die Kohlen; ab und zu loderte ein Flämmchen auf und warf tanzende Lichter über das Felsdach. Otto lag lang ausgestreckt, mit der Schnauze auf den Pfoten, neben Hermann, blinzelte ins Feuer und ließ sich den Bratenduft in die Nase treiben. Irgendwo heulte ein Schakal; über den samtschwarzen Wänden des Canyons funkelten silbern die Sterne.

Wir fühlten uns glücklich und zufrieden. Wir erlebten ein Stück Robinson-Daseins, wie wir es als Jungen manchmal erträumt hatten. Aber unsere Zufriedenheit kam wohl aus tieferen Schichten der Seele. Es mochten uralte ererbte Gefühle sein, die da in uns lebendig wurden. War doch für ungezählte Generationen geschichtsloser Vergangenheit ein Felsdach, ein Häuflein rotglühender Kohle und eine Jagdbeute der Höhepunkt behaglicher Zufriedenheit nach nagendem Hunger und gefahrvollen Anstrengungen gewesen.

Unser Behagen wurde etwas gedämpft, nachdem wir in unsere Schlafsäcke gekrochen waren. Unsere Streu aus Klippdachsmist roch in der warmen Nacht scharf und penetrant. Ich versuchte Hermann, der ziemlich ungeniert schimpfte, damit zu trösten, daß dergleichen kleine Unannehmlichkeiten unsere Steinzeitvorfahren wenig gestört haben dürften. Er erwiderte knurrend, daß wir keine Vorfahren wären. Den in der Nähe umherstreifenden Hyänen mochte unser Biltong in die Nase stechen, jedenfalls fühlten sie sich zu einem Heulkonzert veranlaßt, das schließlich so schaurig wurde, daß wir den Gestank darüber vergaßen. Es begann mit tiefen Uhutönen, steigerte sich zu der Tonfülle eines brünstigen Esels und endete, während das Echo der Felswände die Oberstimmen abgab, in hysterisch meckerndem Gelächter. Stundenlang währte das schaurige Konzert. Wir staunten über die Ausdauer der Bestien, begeistern konnte sie uns allerdings nicht.

BIENENJAGD

Im Morgengrauen galt unsere erste Sorge dem Biltong. Es war noch zu naß, um der Tageswärme und dem Angriff von Fliegen standzuhalten. Wir packten es deshalb wieder in die Haut und hängten dafür das Rauchfleisch an Haken in unserem Räucherwinkel auf. Es sah appetitlich rotgepökelt aus. Mit besonderer Liebe behandelten wir die große Zunge; wir hängten sie in den hintersten Winkel, wo sie den meisten Rauch abbekommen würde. Leider wußten wir nicht, wie lange wir räuchern sollten. Auf den heimatlichen Bauernhöfen im Schwarzwald hingen Schinken und Speckseiten während des ganzen Winters im Rauch, dagegen glaubte Hermann sich zu erinnern, daß man beim Metzger einen Schinken in zwei bis drei Tagen geräuchert bekam. Nun, wir wollten es mit zwei Tagen versuchen.

Unsere Gespräche drehten sich in dieser Zeit weiterhin vor allem um das Essen. Den akuten Hunger hatten wir zwar einstweilen überwunden, aber es fiel uns mittlerweile doch recht schwer, nur von Fleisch zu leben. Mittags gab es jetzt immer gewaltige Steaks von den Rückenstücken, die jede Nacht zum Auskühlen aufgehängt wurden. Tagsüber wickelten wir sie in die Schlafsäcke, da blieben sie kalt bis zum Abend. Zum Frühstück aßen wir auch weiterhin Mehlbrei mit einem Teelöffel Zucker und einem Teelöffel Jam; dazu tranken wir einen Becher Kaffee. Abends kochten wir uns ein paar Makkaroni oder erlaubten uns etwas Reis zu unserem Fleischgericht. Das war an sich eine ausreichende Ernährung, aber wir empfanden allmählich doch großes Verlangen nach Früchten oder Süßigkeiten. Eines Abends sagte Hermann: »Wir müßten ein Bienennest mit Honig finden«.

Es gab zweifellos noch Bienen irgendwo in der Umgebung. Sie tranken an den Wasserkolken und besuchten die kleinen Steinbrechpolster, die hier und da zwischen grauem Geröll auf dem Boden des Canyons blühten. Aber in welcher der unzähligen Felsspalten sollten wir ein Nest suchen? Wir fragten uns, auf welche Weise wohl die Eingeborenen nach Bienennestern suchten. Wir wußten, daß sie die Flugrichtung der Bienen beobachteten und das Nest schließlich dort fanden, wo die Fluglinien zusammenstießen. Diese Methode erforderte sicherlich ein großes Maß an Geduld, aber Zeit hatten wir schließlich unbeschränkt.

Und so setzte ich mich denn, während Hermann das Räucherfeuer hütete, neben ein Blütenpolster in den heißen Sand und beobachtete die Bienen. Ich sah ziemlich viele. Sobald es mir gelungen war, eine Hauptflugrichtung festzustellen, markierte ich sie durch einen langen Strich im Sand. Dann begab ich mich zu den nächsten Blüten. Mir wurde bald klar, daß die meisten Bienen talaufwärts zogen. Also ging ich an die hundert Meter in dieser Richtung und wiederholte dort das Manöver an einem Wasserkolk. Langsam manövrierte ich mich weiter vor. Die Sache ließ sich ganz vielversprechend an. Am Nachmittag lösten wir uns dann ab. Hermann versuchte Otto für die Bienenjagd zu interessieren; er meinte, der Hund müsse eine Honigflugstraße riechen können. Aber Otto wollte nichts von den Bienen wissen. Er hatte als kleiner Hund ein paarmal versucht, mit Bienen zu spielen. Seit dieser Zeit wußte er, daß Bienen sich schlecht als Spielzeug eignen, und strafte sie mit Verachtung. Immerhin, bis zum Abend hatte Hermann die Flugrichtung bis an die nächste Canyonecke verfolgt. Aber da flogen die Bienen so hoch, daß man sie nicht mehr sehen konnte.

Ich versuchte es deshalb am nächsten Tag ein gutes Stück oberhalb und stellte fest, daß die meisten Bienen von hier aus talwärts flogen. In der Nähe der Canyonecke verlor ich sie wieder aus den Augen. Also mußte sich das Nest irgendwo im oberen Teil der Wände befinden. Dort zu suchen schien von vornherein hoffnungslos. Und so wurde nichts aus dem Honigkuchen, für den wir uns schon ein Rezept ausgedacht hatten. Wir kamen zu dem Schluß, daß Samson mit seinem

Honig zwischen den Löwenrippen unter dem ganz besonderen Schutz Jehovas gestanden haben müsse, wie es in der Bibel ja auch zu lesen ist.

Gleichsam zur Entschädigung konnten wir feststellen, daß unser Rauchfleisch goldbraun geworden war. Diesen Erfolg feierten wir mit je einem Würfelchen Schokolade pro Mann und Hund. Die dringlichste Arbeit hatten wir nun hinter uns gebracht, und so konnten wir für die Dauer eines Tages wieder unsere Höhle aufsuchen.

Wie wunderbar war es, aus der engen und heißen Tiefe des Canyons in die weite, helle Oberwelt hinaufzusteigen! Wie unvergleichlich schön waren der weite Horizont und die reich gegliederte Landschaft! Wir grüßten die hohe lichtblaue Tafel des Gamsberges und winkten hinüber zu den scharfen Graten der Marmorberge von Tinkaneib. Und dann standen wir unter der hohen weißen Wölbung unserer Wüstenwohnung. Erst jetzt empfanden wir so recht, wie licht und luftig sie war; sie paßte wunderbar zu der grenzenlosen Weite der Namib.

Wir fanden alles genau so vor, wie wir es verlassen hatten. Auf dem Sims an der Wand lagen die goldenen Apfelsinen; wären sie von echtem Gold gewesen, sie hätten uns nicht so zu erfreuen vermocht. Das saftige Fruchtfleisch hatte einen herrlichen Geschmack. Wir fühlten uns glücklich, und unsere Seelen weiteten sich beim Ausblick in das helle Land über dem düsteren Irrgarten der wilden, ineinander verschlungenen Schluchten.

Wir stellten das Radio an. Leichte Musik, in Kapstadt gesendet, drang unter unser Höhlendach. Hermann pfiff leise die Melodie mit und legte ein großes Stück Rückenfleisch sauer. Danach maß er unsere Frühstücksrationen für die kommende Woche ab. Ich schnitt unterdessen aus zwei leeren

Dosen gut schließende Deckel für unsere beiden Zwei-Pfund-Büchsen mit Fleischextrakt zurecht, die wir mit nach oben genommen hatten.

Ganz plötzlich brachen die beschwingten Melodien ab, und dann hörten wir die Durchsage des fälligen Kriegsberichtes. Der jähe Übergang war erschütternd. Blitzartig wurde uns klar, daß in der großen, zivilisierten Welt ruhiges Behagen und wilder, verzweifelter Kampf genau so eng nebeneinander wohnten wie in der wilden, barbarischen Urzeitwelt, in die wir uns zurückgezogen hatten. Natürlich hatten wir das theoretisch auch schon früher gewußt, aber in diesem Augenblick traf uns das Erlebnis wie ein Faustschlag.

Der Ansager berichtete von dem Vorstoß deutscher Truppen auf Paris und von der Drohung, die Stadt zu bombardieren, falls sie verteidigt würde. Meine Gedanken liefen wie Pferde an einem Drahtzaun auf und ab. Den Zaun bildete die Erkenntnis, daß sich in den Jahrtausenden der Menschheitsgeschichte kaum etwas an den Bedingtheiten menschlichen Lebens geändert hatte, und nicht viel anders schien es sich mit der Entwicklung der menschlichen Seele zu verhalten. Nur, der Menschen waren inzwischen sehr viele geworden, und Zusammenarbeit, Wissen und technisches Können gaben den uralten grausamen Steinzeitinstinkten die Möglichkeit, millionenfaches Verderben zu bereiten.

Auch das war nicht eigentlich neu, für uns aber wurde es plötzlich in erschreckendem Maße deutlich, und der Zaun, der da aus grauer Vergangenheit in eine noch verdunkelte Zukunft hinüberreichte – fast glaubte ich ihn in der Unendlichkeit der flimmernden Wüste zu sehen –, war ein barbarischer Stacheldrahtzaun für meine Seele, die sich soeben nach Tagen blutiger Arbeit in der Unterwelt an der unendlichen Weite des Horizontes erfreut hatte.

Während des ganzen Nachmittages war ich wortkarg und mürrisch. Als wir dann am Abend in unseren »Betten« aus Klippdachsmist lagen, beschäftigten sich meine Gedanken immer noch mit dem imaginären Zaun. Meine erste Reaktion war ein heftiger Zynismus gegenüber all den geistigen und materiellen Werten, die sich die Menschen im Laufe einiger tausend Generationen geschaffen hatten. Dabei fühlte ich bereits mehr oder weniger unbewußt, daß ich den Zynismus würde überwinden müssen, wollte ich hier draußen in der Wüste bestehen. Zynismus ist keine schlechte Waffe im Gedränge übervölkerter Städte. Er verschaffte dort Ellbogenraum und verlieh ein Gefühl der Überlegenheit. Aber was nützt schon Ellbogenraum in der grenzenlosen Einsamkeit der Wüste? Was soll Zynismus helfen, wenn es nicht Menschen, sondern sengender Sonne und dörrenden Winden zu trotzen gilt? Wenn es nur darauf ankommt, unter den schnellen und sicheren, grausam schönen Tieren der Wüste zu bestehen?

Alles, was ich an jenem Abend empfand, war nicht mehr als ein unbestimmtes Gefühl. Unser Leben in der Wildnis hatte ja erst gerade begonnen. Noch waren wir fremd in der Wüste. Wir waren noch viel zu fest im Getriebe der Menschen verankert, deren Mitte wir gerade erst verlassen hatten. Wir ahnten noch nicht, daß die Zähigkeit und die ungeheure, in sich ruhende Geduld, die zu einem primitiven Leben erforderlich sind, nur durch eine völlige geistige Umstellung, durch eine Loslösung aus der Verflechtung erreicht werden kann; daß wir uns die Grundlagen unseres neuen Daseins erst unter Sonne und Wind, durch Hunger und Durst erringen mußten, bevor uns die Wüste zur Heimat werden konnte.

Karpfenjagd und Gartenbau

Biltong und Rauchfleisch wurden von Tag zu Tag trockener. Wir wollten indessen mit der Verfrachtung in die Kliffhöhle warten, bis der Austrocknungsprozeß das Gewicht des Fleisches auf einige Rucksacklasten verringert hatte. So lange mußten wir aber auch, der Hyänen wegen, unten im Canyon wohnen. Wir begannen den Canyon und seine Seitenschluchten nun immer gründlicher zu durchforschen. Dabei wuchs von Tag zu Tag unser Verlangen nach Abwechslung in der eintönigen Fleischnahrung.

Die Karpfen im »Bullenteich«, wie wir den Kolk am Schlachtplatz genannt hatten, stachen uns immer noch gewaltig in die Augen. Indessen förderten neuerliche Angelversuche wiederum nur Frösche zutage. Seufzend gaben wir wieder auf und gedachten uns mit der Ochsenzunge zu trösten. Hoffnungsvoll kochten wir die Zunge zwei Stunden lang, um uns dann voller Grausen abzuwenden. Die Zunge war im Inneren verfault. Niedergedrückt brieten wir wieder unsere Steaks, die durchaus nicht rutschen wollten, obwohl sie mürbe und zart genug waren. Ich bewältigte meine Portion trotz beträchtlichen Hungers nur mit Mühe; Hermann gab den Rest der seinen schließlich an Otto weiter. Dabei erklärte er kategorisch: »Morgen schieße ich einen Karpfen.« Er machte ein grimmiges Gesicht, deshalb verzichtete ich auf den naheliegenden Einwand: ein Karpfen schiene mir bei unserem schmalen Munitionsvorrat keine Kugel wert zu sein.

Auch als Hermann sich am nächsten Morgen mit der Pistole auf die Felsplatte über dem Bullenteich legte, sagte ich nichts. Ich verstand Hermann ja. Ein paarmal sah ich ihn zielen und wieder absetzen. Dann knallte der Schuß, und als das Wasser und der aufgeregt hin und her rennende Otto sich beruhigt hatten, trieb ein silbernschimmernder Bauch auf dem dunklen Kolk. Der gut vierpfündige Karpfen war sauber durch das Genick geschossen. Knusprig gebraten, schmeckte er uns wie Marzipan und Schlagsahne. Wir verzehrten ihn auf einen Sitz und leckten sogar noch die Gräten ab. Im Anschluß an dieses Festmahl kamen wir gemeinsam zu der Überzeugung, daß die Munitionsverschwendung sich gelohnt habe. Eifrig diskutierten wir alle uns bekannten Fischfangmethoden.

Die Auswahl war ja nicht sehr groß. Ein Netz besaßen wir nicht, und auch nicht genug Schnur, um eins zu knüpfen. Für Reusen fehlten uns die schmiegsamen Weidenruten. Aus krüppeligen Dornbüschen und brüchigen Tamarisken ließen sich beim besten Willen keine Reusen flechten. Mit Pfeil oder Spieß würde sich wohl etwas erreichen lassen, aber bei der Trübe des Wassers mußte die Ausbeute immer klein bleiben. Wie stand es mit einem Fischgift, ähnlich dem in Deutschland wachsenden Wiesenschaumkraut? Es mochte dergleichen wohl unter den verschiedenen Euphorbien und Succulenten der Wüste geben, aber es ist eine schwierige Sache, mit unbekannten Giftsäften zu operieren. Schließlich war der Gedanke an vergiftete Fische auch nicht sehr sympathisch.

Ein Netz, dachte ich, ein Netz! Nun, der einzig netzartige Gegenstand, den wir besaßen, war eine alte Netzunterhose. Wir überlegten, ob wir nicht ein Leintuch in Streifen schneiden und daraus ein Netz knüpfen könnten. Es schien kein schlechter Gedanke.

Und dann fanden wir die Lösung. Wir beschlossen Bettücher zusammenzunähen und mit Tamariskenstangen zu versteifen. Wir gedachten, die Karpfen in einer Ecke zusammenzutreiben und sie mit der Tuchwand einzukesseln. Ja, so mußte es gehen. Zufrieden wie nach der Lösung eines schwerwiegenden wissenschaftlichen Problems, belohnten wir uns mit je einem Stückchen Schokolade. Durch diese »Festmahlzeit« gestärkt, faßten wir auch noch den Beschluß, einen Garten anzulegen.

Am nächsten Morgen brachten wir zwei Rucksacklasten mit Rauchfleisch zur Höhle hinauf und stiegen dann, mit kleinen Samentüten ausgerüstet, zu unserem Trinkwasserkolk hinab. Das Fleckchen feuchter Erde lag zwischen kleinen Büschen unter der hohen grauen Felswand. Wir entfernten die wenigen Grasbüschel, die dort standen, gruben die feuchte, herrlich kühle Erde mit zwei scharfen Schwemmholzstücken um und ebneten sie ein. Wir machten aus den kümmerlichen drei Quadratmetern sechs kleine Beete.

Wie verlockend erschienen die Abbildungen auf den Samentütchen! Purpurne Radieschen, grüner Mangold, glänzende Tomaten, strotzende Gelbe Rüben! Die kleinen Bilder gaukelten vor uns in der heißen Wüstenschlucht gleich einer Fata Morgana vor einer verdurstenden Karawane. Sorgfältig, mit fast zärtlichen Händen, säten wir zwei Beete Radieschen, je eines mit Mangold, Petersilie, Tomaten und Karotten. In Gedanken erblickten wir bereits eine kleine Oase voller Herrlichkeiten.

Nachdem wir alles reichlich begossen hatten, schlugen wir dünne Dornzweige von einem jungen Anabaum und deckten den Garten damit zu, um ihn gegen Vögel zu schützen. Otto lag während der ganzen Zeit gelangweilt unter einem Busch. Er begriff uns wieder einmal nicht. Wo er uns doch beim Abstieg auf dem Wechsel auf eine frische Gemsbockspur aufmerksam gemacht hatte!

Als wir die Windungen der Schlucht hinter uns gebracht hatten, war es Abend. Wir hatten uns aus der Höhle zwei Kartoffeln mitgebracht; die brieten wir in der Asche, damit wir die Schalen mitessen konnten. Dazu rösteten wir halbtrockenes Biltong auf den Holzkohlen. Das Fleisch wurde auf diese Weise wieder weich und mürbe. Zu den Kartoffeln schmeckte es recht gut; mit Butter wäre es ein Genuß gewesen.

Am nächsten Morgen wehte starker Ostwind. In grauen Wirbeln trieb der Sand durch den Canyon. Wie das an den Felsen hochschlug! Es war kein Wunder, daß die Ecken, Erker und Wände unmittelbar über dem Flußbett vielfach eine glänzende Politur zeigten.

An der Felskante unseres Unterschlupfes hatte sich ein hartnäckiger Luftwirbel festgesaugt, aus dem unaufhörlich feiner, glitzernder Glimmerstaub auf uns und unsere Habe herabregnete. Als wir aufwachten, hatten wir schon Haare, Ohren und Augenlider voll Sand; auf dem schon vorher nicht mehr sauberen Kopfkissen bildeten sich rasch kleine Dünen. Die fettige Pfanne war mit grauem Staub überzogen, und unsere Aprikosenmarmelade – der Deckel der Büchse schloß nicht ganz dicht – war mit Sand und Glimmerschuppen überkrustet.

Als wir in das Flußbett traten, schlug uns der heiße Wind mit stechenden Sandkörnern ins Gesicht. Mit verkniffenen Augen betrachteten wir die hellen Sandfahnen, die an den dunklen Wänden flatterten, wir schauten den Canyon hinauf, als könnten wir dort etwas anderes erwarten, und blinzelten schließlich zu den weißen Bastionen unserer Wohnhöhle hinauf. Der Himmel selbst schien von einem staubigen Blau. Wir kannten diesen Winterostwind der Namib und wußten, daß er sicher an die drei Tage wehen würde.

Wir verloren nicht viele Worte. Schweigend packten wir unser Zeug zusammen, luden uns noch so viel Rauchfleisch auf, wie wir tragen konnten, und kletterten, ächzend unter der schweren Last, den steilen Zebrapfad zur Höhle empor. Noch zweimal bewältigten wir an diesem Tage den Weg, dann hatten wir alles Fleisch oben.

Wir spannten das lange Seil an der Wand unseres Schlafzimmers aus. Wo wir es nicht an herausgewitterten Felszapfen befestigen konnten, keilten wir Holzpflöcke in kleine Spalten. Da hingen nun die dunklen Fleischstücke, Rauchfleisch und Biltong, in langen Girlanden vor der hellen Wand, eine freundliche und zugleich nahrhafte Dekoration.

Arbeit und Besinnung

Zur Feier des Tages beschlossen wir uns etwas Besonderes zu leisten, und zwar: Rauchfleisch mit Sauerkraut. Wir hatten uns schon ein paar Tage lang der Vorfreude hingegeben. Besser wären wir etwas nüchterner gewesen. Das Fleisch im Kochtopf duftete herrlich. Als wir die gekochte Herrlichkeit dann probierten, verzogen wir die Gesichter: Unser schönes Rauchfleisch war entsetzlich versalzen!

Nun, es blieb uns keine Zeit, und es hätte wohl auch wenig Sinn gehabt, lange darüber zu philosophieren. Wieder einmal brach die leichte Musik, die aus dem Radio kam, plötzlich ab, und laute Fanfarenstöße kündeten eine Sondermeldung an. Es folgten Trommelwirbel, Marschmusik und wieder Fanfaren. Dann kam eine Zwischenmeldung des Ansagers: »Bleiben Sie am Apparat, wir bringen in Kürze eine Sondermeldung aus dem Führerhauptquartier.«

Es dauerte noch eine ganze Weile, bis die Sondermeldung kam. Wir saßen stumm und lauschten der flotten Marschmusik, die von dem über die Felsen streifenden Ostwind schaurig untermalt wurde. Es waren ziemlich trübe und beklommene Gedanken, die mich verfolgten und nicht losliessen: Radio und Film und Presse im Dienst totaler Propaganda! Menschliche Gefühle, Gedanken und Ansichten maschinell fabriziert und vervielfältigt! Wo, um alles in der Welt, sollte da in der Zukunft Raum bleiben für Vernunft und gegenseitiges Verstehen? War von allen technischen Errungenschaften die technische Beherrschung menschlicher Gefühle nicht die gefährlichste? Mußten Massenhysterie und Massenmord nicht die unausweichliche Folge sein, wenn die schöpferische Vielgestaltigkeit des Lebens mit Hilfe der Technik vergewaltigt wurde?

Schließlich vernahmen wir die Meldung, daß Frankreich sich bereit erklärt hatte, die Waffen zu strecken. Wir saßen noch lange zusammen und sprachen darüber. Die Stöße des Ostwindes punktierten unser Gespräch; in der warmen, aufgewühlten Luft flimmerten unruhig die Sterne. Was würde jetzt geschehen? Würde Hitler versuchen, in England zu landen? Wie lange würde es dauern, bis Amerika den Engländern zu Hilfe kam? Würde Hitler versuchen, Frieden zu schließen? Es gab eine Menge Gründe für jede mögliche Annahme. Die Zukunft sollte sie alle als falsch ausweisen.

Wir lagen noch stundenlang wach. Das mag nicht nur an den Nachrichten, sondern auch an dem vielen Tee gelegen haben, den wir auf die salzige Rauchfleischmahlzeit getrunken hatten. Jedenfalls schliefen wir bis tief in den kommenden Tag hinein. Der Ostwind orgelte immer noch in den Felsen; wir waren sehr froh, uns nicht mehr im Canyon aufzuhalten. Wir mußten trotzdem gleich hinabsteigen, denn nachdem wir Kaffee gekocht hatten, war unser Wasservorrat erschöpft.

Unser erster Blick galt dem Garten. Er sah traurig aus. Ein tolpatschiger Zebrahengst hatte auf den Beeten herumgetrampelt; das Rübenbeet war vollkommen zerstört. Es wurde uns klar, daß wir den Garten einzäunen mußten, wenn wir etwas ernten wollten. Der Gedanke war uns gar nicht sympathisch, denn ein eingezäunter Garten mußte auf weite Entfernung hin sichtbar sein. Kein Eingeborener würde ihn übersehen, und es bestand immer die Möglichkeit, daß einmal Hottentotten in die Nähe kamen. Wir diskutierten das Problem lange und ernsthaft, als wir wieder oben in unserer Höhle waren. Bisher hatten wir keine Hottentottenspuren gesehen, nur einmal waren wir auf eine Feuerstelle gestoßen, aber die konnte schon Jahre alt sein. Welche Wichtigkeit kam dem Garten zu? Das heißt, wie lange würde es uns gelingen, ohne Gemüse, nur von Fleisch lebend, gesund zu bleiben? Wir waren nicht sicher. Wenn Eingeborene uns entdeckten, würde die Polizei Kenntnis von unserem Aufenthaltsort erhalten? Das konnte als sicher vorausgesetzt werden.

Schließlich gab, wie so oft im Leben, der Hunger den Ausschlag: Wir beschlossen, unseren Garten zu schützen. Am Nachmittag stiegen wir noch einmal hinab und fällten ein paar junge Anabäume, die oberhalb des Wasserkolks ein stacheliges Gestrüpp bildeten. Es war keine schwere Arbeit; die Axt versank förmlich in dem weichen Holz dieser schnellebigen Bäume. Aber die Dornen waren sehr spitz und brüchig. Es kostete manchen Fluch, bis wir sie zum Garten geschleppt und dort zu einem dichten Verhau zusammengefügt hatten. Danach brachten wir den Garten wieder in Ordnung und begossen die Beete mit einer Feldflasche: der Ostwind trocknete den Boden sehr schnell aus. Wir schafften noch eine Last Wasser hinauf und beschlossen unser Tagewerk. Danach waren wir noch lange damit beschäftigt, die spitzen Anabaumdornen mit einer Nadel aus unseren zerstochenen Händen zu entfernen.

Unser Wasservorrat reichte nun für vier Tage, dafür wartete genug andere Arbeit auf uns. Unsere Wohnung war, vor allem bei Südwind, noch recht ungemütlich. Wir bauten deshalb nach Süden zu eine brusthohe Mauer; so waren wir vor dem Schlimmsten geschützt.

Das Wichtigste war nun, uns ernsthaft mit dem Karpfenfang zu befassen. Wir nähten zwei Bettücher und zwei aufgeschnittene Unterhosen zu einer langen Bahn zusammen. In die eine Längsseite nähten wir eine lange Schnur ein mit Schlaufen in Meterabständen. Durch diese Schlaufen sollten die Tamariskenstöcke gesteckt werden, mit denen wir unser primitives Fischnetz aufrecht halten und vorwärtsschieben wollten. Einem Netz glich unser Kunstwerk allerdings in keiner Weise, obwohl wir die Netzunterhose mit hineingearbeitet hatten. Wir waren trotzdem zufrieden.

Immer noch stand im Mittelpunkt all unserer Gedanken und Überlegungen die Ernährungsfrage. Das salzige Rauchfleisch konnten wir nur in kleinen Portionen genießen. Ja, wenn wir Brot gehabt hätten! Etwas Mehl von unserer Frühstücksration konnten wir vielleicht absparen, aber wie sollten wir an Holz zum Brotbacken kommen? Wir überlegten, ob es nicht eine Brotart gäbe, die sich schnell backen ließ. Schwedisches Knäckebrot fiel uns ein. Das mußte versucht werden!

Wir maßen zwei Rationen ab und rührten mit Wasser einen dünnen Teig ohne Salz an; das Rauchfleisch war schon salzig genug. Wir strichen den Teig auf ein Stückchen Blech, das wir sorgfältig eingefettet hatten, und dörrten ihn über ein paar Holzkohlen. Und wahrhaftig, es wurde ein schönes, knuspriges und goldbraunes Knäckebrot. Wir waren sehr stolz. Mit dem letzten Rest ranziger Butter und einem Häppchen Käse schmeckte es ausgezeichnet.

Die Marmeladenzuteilung richteten wir anders ein. In Zukunft sollte jeder von uns eine Büchse bekommen, mit der er dann zwanzig Tage auskommen mußte. Auf diese Weise konnte einer, wenn er gerade Appetit darauf hatte, auch einmal zwei oder drei Teelöffel essen und die »Verschwendung« in den nächsten Tagen wieder ausgleichen.

An diesem Tage hörten wir über das Radio die Meldung von der Unterzeichnung des Waffenstillstandes in Compiègne. Wie gedachte Hitler nach dieser öffentlichen Demütigung, die er Frankreich antat, jemals zu einer Verständigung zu kommen?

Endlich kam ein windstiller und relativ warmer Tag. Darauf hatten wir schon lange gewartet, um den Karpfen zuleibe gehen zu können; das Wasser der Kolke war jetzt im Winter außerordentlich kalt.

Wir brachen früh auf und stiegen zunächst zum Garten hinunter. Radieschen und Mangold streckten die ersten Keimblättchen aus der Erde, rührend zarte, verheißungsvolle Pflänzchen. Obwohl die Erde noch feucht war, begossen wir die Beete sorgfältig. Dann gingen wir den Canyon hinauf zum Bullenteich, den wir für unseren ersten Versuch auserkoren hatten. Unterwegs schnitten wir Tamariskenstöcke für unser »Netz«. Tamarisken waren die einzigen Büsche mit geraden Ästen, die es in der Gegend gab.

Das Wasser war so kalt, daß wir bald mit den Zähnen klapperten. Das war weiter kein Wunder, denn bei der trockenen Luft war die Abkühlung durch Verdunstung wesentlich größer als die Erwärmung durch die winterliche Sonne. Aber als wir erst einmal richtig naß waren, war es nicht mehr so schlimm. Langsam schoben wir das »Netz« vor uns her. Wo es nicht bis auf den Grund reichte, rührten wir mit den Füßen das Wasser auf, um die Fische am Ausbrechen zu hindern. Schließlich hatten wir den ganzen Tümpel durchgetrieben und eine Ecke abgesperrt. Wir bohrten die Stöcke fest in den zähen Schlamm. Freudig erregt spürten wir, wie die Fische gegen das ausgespannte Tuch stießen und zappelten. Es war nun nicht mehr schwer, sie in dem flachen Wasser mit Händen zu greifen. Gleich der erste Trieb brachte das stattliche Ergebnis von vierzehn großen Karpfen, der zweite noch einmal sechs. Viele junge Fische ließen wir wieder schwimmen.

Es war eine unerwartet große Beute. Aber was sollten wir mit zwanzig Karpfen beginnen? Unmöglich konnten wir sie alle auf einmal essen.

»Das ist doch einfach«, meinte Hermann. »Wir dämmen ein Ende des Trinkwasserkolks ab und machen auf diese Weise einen Karpfenteich.« Der Gedanke leuchtete mir ein.

Wir packten die lebendigen Fische in das nasse »Netz«. Das wurde eine ansehnliche Last für den Rucksack. Im Eilschritt liefen wir, uns im Tragen ablösend, zum Gartenkolk zurück. Der Weg dauerte trotzdem eine Stunde, und als wir ankamen, waren zehn Karpfen erstickt. Für die zehn lebenden dämmten wir eine Ecke des Kolkes mit einer Steinmauer ab. Das »Fischnetz« versteckten wir in einer Felsspalte. Die toten Karpfen trugen wir, nachdem wir sie ausgenommen und geschuppt hatten, zur Höhle hinauf. Wir brieten erst einmal die drei größten Tiere mit Rogen und Milch. Während wir sie verzehrten, grinsten wir uns fortgesetzt an und versicherten einander, wie gut es uns ging. Es blieb trotzdem noch eine Menge Fisch übrig. Da fiel mir das »Schwedische Frühstück« ein. Zu dem pflegte es immer, abgesehen von anderen guten Sachen, an die man hier in der Wüste gar nicht denken durfte, gebratenen, sauer eingelegten Hering zu geben. Wir legten den Rest unserer gebratenen Karpfen in Essig.

Die restlichen sieben Fische beschlossen wir zu räuchern. Aber da entstand gleich eine neue Frage: Wie räuchert man Fische? Warm oder kalt, und wie lange? Wir wußten es nicht. Während des Abendessens hatten wir uns darüber unterhalten und beschlossen, es mit möglichst kaltem Rauch zu versuchen, da Fisch ja leichter verderblich ist als Fleisch. Wir bauten uns neben unserem »Schlafzimmer« zwischen zwei Felsblöcken eine Räucherkammer, die mit Hilfe eines Sackes verschlossen werden konnte. Es fehlte nun noch eine Zuleitung für den Rauch. Zu diesem Zweck kratzten wir einen Kanal in den Boden sowie eine Grube für das Räucherfeuer; beides bedeckten wir mit Steinplatten. Der Rauchkanal mündete unter der Rauchkammer. Wir rieben die Fische mit Salz ein und hängten sie an Drahthaken auf. Dann saßen wir bis Mitternacht dabei, nährten fortgesetzt die träge schwelende Glut und löschten einige Male die Flammen, die ein leiser Nachtwind anfachte. Träge, mit langen Pausen, floß auch unsere Unterhaltung, während das südliche Kreuz einem gewaltigen, mit Leuchtpunkten versehenen Uhrzeiger gleich unter dem dunklen Höhlendach vorüberschwang.

Am Morgen war mein erster Gang dann zum Räucherofen. Die Fische waren goldbraun, wirkten aber doch noch ziemlich roh. Wir räucherten sie weiter bis zum Mittag. Dann aßen wir einen, gleichsam zur Probe; er schmeckte ausgezeichnet, aber das Fleisch war fester, als man es sonst von geräucherten Fischen gewöhnt ist.

Gute Tage

Ruhig und gleichmäßig flossen die Tage dahin. Der Karpfenreichtum hatte unseren Hunger gebannt. Wir hatten schon am nächsten Tag im Froschteich, dem Schauplatz unserer ersten vergeblichen Angelversuche, neunzehn weitere Fische gefangen. Bald schwammen über vierzig bildschöne Karpfen in unserem Fischteich. Wenn wir Wasser holten, konnten wir ohne Mühe ein paar Fische zum Abendbrot mitnehmen. Auch das Räuchern gelang uns allmählich besser. Wir verwandten mehr Kohle und räucherten die Fische nur noch fünf bis sechs Stunden. Später lernten wir dann eine noch bessere Methode.

Im Garten ernteten wir die ersten Radieschen und Mangoldblätter.

An einem Abend schossen wir, hinter Tamariskenbüschen am Wasser lauernd, einen Klippspringer. Auf diese Weise kamen wir auch wieder zu frischem Fleisch. Otto freute sich am meisten über diese Beute. Schwanzwedelnd leckte er unsere blutigen Hände blank. Fische zu fressen war wohl doch etwas unter seiner Würde.

Wir erforschten gemeinsam den Canyon bis unter die Goagos-Bergkette. Hier gab es noch eine ganze Anzahl Wasserkolke, in denen sich Karpfen befanden. Die Kuh schien mit ihrem Kalb ausgewandert zu sein, wir trafen auf keine Spur.

Eines Tages blieb Hermann zu Hause, um seine Schuhe zu reparieren. Ich machte mit Otto einen Vorstoß nach dem Südplateau. Wir vermuteten dort mehr Wild als auf unserer Seite.

Unser Blick ging jeden Tag dort hinüber. Unter den purpurnen Wänden des Rotstocks lagen die weiten, hellen Flächen. Sie wurden nach unserer Seite zu von einer weißen Felskante, dem Gegenstück des Karpfenkliffs, begrenzt. Unter der leuchtenden Kante lag ein Fries aus rötlichem Sandstein, ziseliert von Hunderten kleiner Schluchten. Von dort aus zogen sich lange Felsrücken, durch dunkle Klüfte voneinander getrennt, bis an die Kante des Canyons heran. Es schien nicht sehr weit, aber es war ein häßlicher Weg. Zunächst stiegen wir in den Canyon hinab und bahnten uns unseren Weg durch schweren, lockeren Sand. Dann kam eine jähe Seitenschlucht mit drohend überhängenden Wänden und wüster Blockpackung. Ein steiler Zebrapfad führte über einen Grat von gleißenden Schieferplatten, und schließlich ging es im Zickzackkurs durch heiße rote Felsenriffe. Die Winde hatten die niederen Sandsteinmauern hier zu phantastisch geformten Erkern, Pfeilern und Höhlen zerschliffen. Für Höhlenmenschen, die in Städten zu leben wünschten, wäre dies eine ideale Höhlenstadt gewesen. Ich hatte zuweilen den Eindruck künstlicher Gebilde, und diese Vorstellung war so stark, daß ich fast erwartete, aus der nächsten Höhle müsse ein bärtiges Gesicht herausschauen. Und doch war dies alles nur Wüste und das Werk ihrer unerbittlichen, grausamen Kräfte.

Dann nahm ich voller Freude alte Grasbüschel im Sand wahr, und auch die Wildfährten begannen sich zu mehren. Drei Zebras waren die ersten Lebewesen, auf die ich stieß. Ihr grelles Streifenmuster verschwamm nahezu vollständig mit dem sonnenflimmernden Felshang, so daß ich die Tiere überhaupt erst erblickte, als der Hengst zu schnauben begann. Prasselnd rollten die Kiesel unter ihren harten Hufen, als sie über den Grat verschwanden. Ich beschrieb noch einen stundenweiten Bogen über weite Ebenen und durch flache Täler, die hinter der Kalkkante lagen, und begab mich schließlich mit der frohen Botschaft nach Hause, daß ich siebenundvierzig Gemsböcke und zwei Springböcke erblickt hatte.

Den Hunger hatten wir bis auf weiteres gebannt, aber die unerbittliche Härte der Landschaft ließ uns keinen Augenblick vergessen, daß er immer hinter dem Horizont lauerte. Wir versuchten deshalb ständig neue Experimente, um unsere Ernährung sicherer und abwechslungsreicher zu gestalten. Besonders wichtig war es, unseren Mehlvorrat so weit wie möglich zu strecken. Wir versuchten es, indem wir Fleischmehl herstellten. Dazu zerklopften wir Biltong zu mehligem Staub und machten dann Knäckebrot aus einem Teig, der zur Hälfte aus Fleischmehl bestand. Es entstand ein pikantes dunkelbraunes Gebäck, das wir »Biltongbrot« tauften. Beim Backen bzw. beim Dörren war allerdings große Vorsicht vonnöten, denn sobald das Brot auch nur etwas anbrannte, schmeckte es scheußlich. Natürlich wurde es trotzdem gegessen. Wählerisch konnten wir nicht mehr sein.

Dann gab es die vielen kleinen, etwa fingerlangen Karpfen. Es tat uns in der Seele weh, diesen grätigen Reichtum nicht verwerten zu sollen. Wir versuchten es mit Räuchern; das ging zur Not, wir konnten in diesem Fall sogar die feinen Gräten mitessen. Aber wir fanden bald noch eine bessere Methode. Mit einem Schuß Essig zu Fischsülze verkocht, entstand daraus ein pikantes Gericht. Gräten und Schuppen wurden so weich, daß wir die kleinen Viecher sozusagen mit Haut und Haaren verspeisen konnten.

So ging es uns äußerlich gut. Leider hatten wir dadurch viel zuviel Zeit zum Denken und Grübeln, und so wurde es schließlich doch eine Zeit geistiger Unsicherheit und Haltlosigkeit. Mich traf das besonders; Hermann, mit seiner widerspruchsvollen Veranlagung, war mehr oder weniger daran gewöhnt, in geistiger Unsicherheit zu leben.

In der Erinnerung erscheint mir diese Zeit merkwürdig schwebend und losgelöst. Das mag teilweise in der ungeheuren Weite und Tiefe der Landschaft begründet sein, die unsere Wohnbastion einem Meere gleich umbrandete. Dazu kam aber, daß das Erlebnis der Wüste und die uns über den Äther erreichenden Kriegsnachrichten gleichsam zu einem Meer neuer Eindrücke zusammenflossen. Der irrsinnige, selbstmörderische Kampf, in den die zivilisierten Völker verstrickt waren, hatte für uns das geistige Band zu Kultur und Zivilisation weitgehend zerstört. Hatten nicht Jahrhunderte der Entwicklung schließlich nur einen Fortschritt zu Untergang und Vernichtung gebracht? Vielleicht war es unter diesen Umständen gut für uns, daß wir, abgeschnitten von aller Zivilisation, ganz auf uns gestellt, ein Leben führen mußten, das hart an der primitivsten Grenze der Lebensmöglichkeit lag. Vielleicht ließ sich auf dem harten Felsgrund der Wüste etwas Neues aufbauen. Aber zunächst überwog die Haltlosigkeit; alte Zweifel am Sinn des Daseins erwachten neu, halbe Gefühle und Gedanken trieben wie abgerissene Grashalme über die verbrannte Erde. Nur ganz langsam und allmählich vermochte sich eine Einwurzelung im kargen Wüstenboden zu vollziehen.

Ich mag Hermann in jenen Tagen oft genug auf die Nerven gegangen sein. Er aber brachte es immer wieder fertig, mich durch das Beispiel zielbewußter Tätigkeit zu beschämen und mich durch gelegentliche sarkastische Bemerkungen aufzurütteln. Wir bauten damals zum Zweck geistiger Hygiene eine große Mauer, die das »Wohnzimmer« gegen den Westwind sicherte und vor dem »Wohnzimmer« eine »Veranda« mit niedriger Steinbrüstung, sowie einen steinernen Tisch für unsere Abendstunden. Danach begannen wir mit der wissenschaftlichen Erforschung, Kartierung und Deutung der Wüstenlandschaft, die nun für einstweilen unabsehbare Zeit unsere Heimat werden sollte. Auch hier war der Anfang schwer; nicht selten fielen harte und verletzende Worte zwischen uns.

Die Erinnerung aber verklärt diese Zeit. Sie spielt in weißblauen Tagen. Einzelne Bilder tauchen vor mir auf und vergehen wie weiße Wolken an einem hellen Sommerhimmel.

Ich sehe drei neugierige Klippspringer auf glänzender, von scharfen Klüften zerrissener Felsenplatte, die großen Sprungmuskeln der Keulen vom scharfen Morgenlicht modelliert. Neben der Platte steht ein Moringabaum mit tonnenförmigem Stamm und silbern glänzender Rinde. Harte Schlagschatten fallen auf die Wände, die Farben durch gleißende Reflexe verwischt.

Welche Extreme der Anpassung! Da sind die flinken Antilopen, durch ihren Gliederbau dazu befähigt, in raschem Sprung drohenden Gefahren zu entgehen; daneben steht der unförmige Baum, fest an seinen Platz gebannt und doch in der Lage, in seinem Stamm Wasser für trockene Jahre zu speichern und mit seiner festen, spiegelnden Borke der Verdunstung zu trotzen.

Die bizarren Gramadullaschluchten der Höhlenstadt stehen vor mir, dicht wie die Rillen eines Waschbrettes, tief in roten Schotter und Sandstein geschnitten. Die tiefschwarzen Schatten der Höhlen kontrastieren mit dem heißen, rötlichen Glast der kahlen Hänge; tote Balsambüsche fangen mit bleichen, gewundenen Armen das Licht. An dieser Stelle schossen wir, nach stundenlanger vergeblicher Pirsch, unseren ersten Gemsbock. Wie müde und erschöpft waren wir an jenem Abend gewesen!

Wie die Erinnerung die schweren Tage verklärt!

Schönes, grausames Leben

Wir hatten immer gewußt, daß das Leben ein harter und grausamer Kampf ist, aufgebaut auf Leid und Tod anderer Geschöpfe. Aber es war ein abstraktes, rein verstandesmäßiges Wissen gewesen. Das in behüteter Kindheit gewachsene Gefühl glaubte es anders zu wissen. Jetzt aber drang die Erkenntnis unbarmherzig in unsere Seele. Wir mußten töten, um leben zu können, und wir hatten nur einen spärlichen Munitionsvorrat. Da mußte mancher Gnadenschuß, den man nur zu gern gegeben hätte, unterbleiben.

Ich denke an einen heißen, stillen Tag. Ich war allein auf die Pirsch gegangen und hatte auch Otto zu seinem Leid zurückgelassen. Ich gedachte das Gelände nach Norden abzusuchen. Unser Auto stand dort in einer Schlucht, aber wir waren noch nicht wieder dort gewesen.

Ich kam nicht sehr weit. Gleich am Rande des Plateaus jagte mein Schritt drei Springböcke auf, die in einer Schlucht gestanden hatten. Keine fünfzig Schritte vor mir suchten zuerst die beiden Geißen in langen, beschwingten Fluchten das offene Gelände. Etwas langsamer folgte ihnen der stattliche Bock. Es gab keinerlei Deckung für mich, aber ich hatte mich sofort niedergekauert. Der Bock sah mich, verhoffte mit jähem Pfiff und wendete sich mir, weitere Pfiffe ausstoßend, neugierig und beunruhigt zu. Was war das für ein stattliches Tier! Wie das streifende Licht den schlanken, gespannten Körper modellierte! Wie stolz trug der geschwungene Hals den aufmerksam sichernden Kopf! Gleich polierter Bronze glänzte das starke Leiergehörn im Sonnenlicht. Ich nahm das alles in mich auf, ohne zu denken. All mein Sinnen und Trachten war auf Beute gerichtet. Ich legte die Pistole auf dem aufgestützten Knie auf und zielte sorgfältig. Sekundenlanges Warten auf die Wirkung des Schusses. Es geschah nichts, der Bock stand noch immer. Ich zielte abermals und hörte das wilde Klopfen meines Herzens. Und ich fehlte zum zweitenmal. Da wendete sich der Bock, um den Geißen zu folgen, und zeigte mir das Blatt. Das war die letzte Gelegenheit. Und diesmal traf meine Kugel mit klatschendem Geräusch lebendiges Fleisch. Nach einem wilden Seitensprung brach das Tier zusammen, raffte sich aber wieder auf, fand sein Gleichgewicht und stürzte auf drei Beinen davon, während Blut das helle Fell seiner Hinterläufe färbte.

Ich hätte mich ohrfeigen können: ich hatte ihm wahrhaftig die Hinterkeulen durchschossen. Ich hatte in der Aufregung nicht daran gedacht, daß sich das verstellbare Visier der Pistole oft seitlich verschob, so daß man seine Stellung stets sorgfältig kontrollieren mußte. Wie oft hatten wir versucht, uns das einzuprägen, nun, als es darauf ankam, hatte ich es doch vergessen.

Ich folgte schnell, um den Bock in dem unübersichtlichen Gelände nicht zu verlieren. Als ich ihn wieder erblickte, hatte er sich in einer kleinen grauen Sandkuhle niedergelegt. Er bemerkte mich sofort, stand mühsam auf und war bald zwischen den Schieferrippen der Felsschluchten verschwunden. Hätte ich jetzt wenigstens den Hund bei mir gehabt! Eine Strecke weit vermochte ich noch der Schweißspur zu folgen, dann suchte ich in der allgemeinen Richtung weiter. Ich dachte schon, ich hätte ihn endgültig verloren, als er plötzlich vor mir hochpolterte. Und diesmal kam ich zum Schuß. Mit Hilfe des Glases sah ich den Einschuß hoch im Blatt, bevor er über die nächste Felsrippe verschwand. Ich folgte ihm langsam und vorsichtig, um ihn nicht aufzuscheuchen, falls er sich wieder gelegt haben sollte.

Er lag in einem kleinen, kahlen Talkessel, mit erhobenem Kopf aufmerksam sichernd. Ich konnte unbemerkt nicht näher als auf zweihundert Meter herankommen. Also lag ich auf dem heißen Felsen und wartete. Unbarmherzig brannte die Sonne auf Rücken und Schultern, die Luft zitterte über den gleißenden Schieferplatten. Es wurde eine lange, lange Stunde. Immer noch hielt das schöne Tier den Kopf erhoben, immer noch sah ich durch das Glas seine wachsamen Augen. Das Zucken der Ohren verriet mir, daß der verwundete Bock von Fliegen gequält wurde. Ich fühlte Mitleid für die Kreatur, und doch wartete ich immer noch voller Gier. Der Bock lag ganz still, nur die Ohren bewegten sich, die Sonne schickte ihre sengenden Strahlen in die kleine Wüstenschlucht; dicht neben meiner Hand befanden sich zwei dunkle Blutflecken auf dem grauen Felsgestein.

Eine zweite, grausam lange Stunde verging, bis der Kopf des Tieres langsam heruntersank, sich noch einmal hob, um gleich wieder zu sinken, bis er schließlich regungslos auf der Erde ruhte. Im Bogen schlich ich mich von hinten heran, bis auf fünfzig, auf zwanzig Schritt, da erhob sich der Bock mühsam mit zitternden Gliedern. Er torkelte und versuchte zu fliehen. Aber er war schon zu ermattet; mit zwei schnellen Sprüngen erreichte ich ihn, packte sein Gehörn und drückte ihn zu Boden. Eine schnelle, erschrockene Klage, dann fand mein Messer sein Genick.

Nachdem ich das Tier ausgeweidet und alles Fett von den Därmen gezupft hatte, wollte ich es nach Hause tragen. Aber es war mir zu schwer; auf einer Schulter konnte ich es nicht tragen, und wie man einen großen Bock über beide Schultern legt, lernte ich erst später. Es half alles nichts, ich mußte

Hermann zu Hilfe holen. Otto war womöglich noch begeisterter als mein Freund, aufgeregt vor Freude leckte er meine blutigen Hände. –

Wir hatten schon lange einmal den Rotstock besteigen wollen. Es war dies der höchste Berg in der Umgebung. Jeden Tag erblickten wir jenseits des Canyons seine roten Wände; am hinteren Gipfel erregte eine leuchtend weiße Wand unsere Neugier. Konnte das vielleicht ein goldhaltiger Quarzgang sein? Oder ein Pegmatitgang mit seltenen Mineralien? Es gab jedenfalls genug Möglichkeiten, die dazu angetan waren, einen Geologen zu verlocken. Wir hatten jetzt für ein paar Tage frisches Fleisch, da konnten wir uns wohl einen Forschungsausflug erlauben.

Am nächsten Morgen kündete eine Girlande von Zirrenwolken am Südhimmel einen Einbruch von Kaltluft an und damit gleichzeitig ein paar klare Tage. Wir brieten eine Springbockkeule als Wegzehrung und machten uns gegen Mittag bepackt auf den Weg. Bevor wir aus dem Canyon zum Südplateau hinaufstiegen, füllten wir am letzten Wasserkolk unseren Wassersack, eine Fünfliterkanne und eine Feldflasche. Langsam gingen wir mit dieser zusätzlichen Belastung im Schatten überhängender Felswände eine Seitenschlucht hinauf. Von einer weit vorspringenden Felsnase aus blickte ein Klippspringerpärchen neugierig zu uns herunter. Dann führte uns ein Zebrawechsel im Zickzack über einen steilen Schiefergrat auf eine der langen Rippen des Höhlensandsteins. Als wir das Westende des Südplateaus erreichten, stand die Sonne schon nahe am Horizont.

Etwas weiter ab lag eine rote Sandfläche zwischen weißen Kalktafeln. Wir hatten soeben den Rand erreicht, als ein Rudel Springböcke in federndem Trab herangesprengt kam. In langer Kette tanzten sie über den roten Sand. Silbern leuchteten die graziösen Körper in der flachen Sonne, und unter den schlanken Läufen quirlten kleine Wölkchen purpurnen Staubes.

Da plötzlich gewahrte uns der Leitbock. Einen Augenblick stutzte er, dann jagte er in hohen, übermütigen Sprüngen davon. Die anderen folgten seinem Beispiel. In gestrecktem Lauf erklommen sie eine kleine, schon im Schatten liegende Anhöhe und verschwanden einer nach dem anderen hinter dem Hügel; bei jedem einzelnen Tier sahen wir zum Abschluß noch einmal die silberne Flamme der Prunkhaare aufleuchten.

Wie still erschien auf einmal die Landschaft nach dieser Kavalkade sprühenden Lebens. Ich war froh, eine knusprige Springbockkeule im Rucksack zu haben und nicht schießen zu müssen. Nur Otto jagte enttäuscht hinter den Antilopen her und bedachte Hermann, der ihn zurückrief und festhielt, mit einem vorwurfsvollen Blick.

Etwa einen Stundenmarsch weiter trafen wir in einem kleinen Rivier auf ein paar große tote Ebenholzbüsche. Das schwarze Kernholz lieferte uns gute, lange glühende Kohlen für die kalte Nacht. Wir kochten Tee in einer alten Konservenbüchse, aßen kalten Braten und scharrten uns dann Schlafkuhlen in den weichen Sand neben dem Feuer. Trotz unserer Schlafsäcke und der guten Ebenholzkohlen wurde es eine bitterkalte Nacht, die nur wenig Schlaf brachte. Als gegen Morgen der Orion am Osthimmel erschien, hielten wir bereits unsere Hände über das Feuer und schlürften heißen Tee. Schließlich verblaßten die Sterne, wir versteckten Wasserkanne, Kochbüchse und den Rest des Bratens unter einem Felsen und machten uns auf den Weg.

Mit den leichten Rucksäcken war es ein flottes Gehen. Als es hell wurde, lag im Westen eine graue Nebelbank über der Wüste. Kurz vor Sonnenaufgang erreichten wir den Fuß des Berges, und eine Stunde später erstiegen wir den Gipfel.

Unser erster Blick ging nach Süden, denn dort lag unbekanntes Land. Wilde, senkrecht abfallende Wände aus rotem Granit führten in eine zerschluchtete Tiefe. Jenseits erhob sich ebenso steil der hintere Gipfel. Über seiner weißen Wand kreisten unzählige Geier. Damit war das Rätsel der weißen Wand schon gelöst. Dort auf der senkrecht ansteigenden Wand befand sich ein Geiersitzplatz. Vermutlich wurde er schon seit Jahrtausenden von den Vögeln als Rastplatz und Ausguck benützt. Es war dies der einzige von Geiern gemeinsam benützte Berggipfel, den wir jemals zu Gesicht bekamen. Die Wahl dieses Platzes war begreiflich. Der Berg, der letzte Vorposten des Hochlandes gegen die Wüste, stand wie ein Wachtturm über den grauen Flächen, den weißen Kalktafeln und dem Irrgarten der Schluchten und Schründe.

Noch fiel kein Sonnenstrahl in den finsteren Canyon des Gaubriviers. Dahinter spielte das Morgenlicht bereits über einen langen Marmorgrat. Seine Flanken fielen, den blauen Falten eines Königinnenmantels gleich, steil nach allen Seiten ab. Regelmäßig standen die zierlichen Seitengrate, durch tiefblaue Schatten voneinander getrennt, unter einer hohen Krone kühn geschwungener Federwolken, das Ganze eine zarte Skulptur des harten Wüstenklimas. Dahinter ragte noch ein gezackter Marmorberg auf. Die Schatten, durch die Entfernung lichtblau wirkend, ließen ihn fast durchsichtig erscheinen, als wäre er aus blauem Kristall geschnitten. Am Horizont schimmerten die roten Dünen, die purpurne Brandung grausamer Wüste. Was für ein herrliches, unerbittliches, lebensfeindliches Land war doch die Namib!

Aus den langen Schatten des Berges stieg ein kleiner Vogel jubilierend über dem Gipfel auf, ließ sich ins Dunkel zurückfallen und stieg nach Minuten abermals tirilierend hinauf ins Licht. Beglückt beobachtete ich dieses winzige Symbol glückhaften Lebens. Wir wandten den Blick und sahen nach Osten hinüber in die blendenden Lichtfluten, die das strahlende Tagesgestirn über den weitgeschwungenen Rand des afrikanischen Hochlandes warf. Hermann sagte leise: »Der erste Morgen nach der Erschaffung der Welt!«

Auch ich verspürte ein unsagbar beruhigtes Gefühl der Verbundenheit mit dem schönen, wilden und grausamen Leben des weiten Landes. Welch siegreiche Kraft mußte diesem Leben innewohnen, daß es selbst der harten, heißen Steppe noch Freude und Schönheit abzuringen vermochte! Welches Wunder, daß empfindliches Leben, dereinst dem Meer entstiegen, sich die Wüste zu erobern vermochte, allen tödlichen Gesetzen anorganischer Natur zum Trotz. Hier am Rande der Wüste war die Natur keine harmonische Einheit. Hier mußte das Leben um jeden Zollbreit Boden kämpfen, in unerbittlichem Widerstreit mit den gewaltigen Kräften der toten Materie.

Es war dies eine fruchtbare Erkenntnis, um die meine Gedanken künftig noch lange kreisen sollten. Schließlich waren wir selbst jetzt unmittelbar eingespannt in den verbissenen Vorpostenkampf des Lebens.

Es war, als hätte der frische Südwind meine zwiespältigen Gefühle und Gedanken verweht. Ich fühlte wieder festen Boden unter den Füßen.

Wir blieben den ganzen Tag auf dem Gipfel, photographierten, zeichneten und peilten. Der hohe Berg war einer der wichtigsten Punkte für unsere Vermessungen.

Als die Sonne den Boden der tiefen Gaubschlucht erreichte, brach ein kreisender Geier plötzlich seinen segelnden Flug mit starken Flügelschlägen ab und ließ sich in langem

Gleitflug in den Canyon hinab. Zwei andere folgten ihm; drei weitere lösten sich von dem Geierfelsen und segelten hinterher: dann rauschte die Luft bis zu uns herüber, als der ganze Schwarm in großen Spiralen in der Tiefe verschwand. Was hatten die Geier da entdeckt? Wir folgten ihnen mit den Gläsern und sahen einen nach dem anderen in dem tintenschwarzen Schatten einer Felswand verschwinden. War dort unten ein altersschwaches Tier am Verenden? Hatte ein Leopard in der Nacht ein Zebra auf dem Weg zum Wasser gerissen? Wir würden es nie erfahren. Sicher war nur, daß da unten in der Tiefe der Tod in einer seiner vielen Formen zugegriffen hatte, und daß die Geier dabei waren, ihre hungrigen Mägen zu füllen.

Die Mittagsstunden verschliefen wir in einer Felsnische. Auch Otto hatte sich ein winziges Bett gekratzt. Dabei hatte er eine schön gearbeitete Steinklinge aus braunem Chalcedon zutage gefördert. Sie zeigte uns, daß schon vor Tausenden von Jahren Jäger der Mittelsteinzeit hier oben Ausschau nach jagdbarem Wild gehalten hatten.

Wir folgten ihrem Beispiel. Wieder und wieder gingen wir mit den Augen den großen Wildwechseln nach, um uns ihren Verlauf einzuprägen, vor allem die Stellen, an denen sie in die Schluchten hinabführten. Auf einem Wechsel gewahrten wir fünf Zebras; zwei Gemsböcke sahen wir unter einem einsamen Kameldornbaum. Aber so weit wir auch blickten, überall zeigten sich unseren Augen nur rote oder grauweiße Flächen, nirgendwo sahen wir das Gelb dichten, vorjährigen Grases. Wie gut, daß wir die Karpfen in den Wasserkolken des Canyons hatten!

Die Sonne senkte sich nach Westen, die roten Dünen glühten wie geschmolzenes Eisen. Langsam liefen die Schatten in den Schluchten zusammen, stiegen wie dunkles Wasser an den

Wänden empor und flossen in die flachen Mulden. Die weiten Flächen glichen gewaltigen Teppichen mit samtenen Falten, gesäumt von den Spitzenmustern gezackter Schiefergrate, die nach allen Seiten in die dunklen Schluchten abfielen.

So stieg die Nacht aus den Tiefen der Erde empor. Wir aber strebten in großen Sprüngen an den steilen Hängen hinab.

Ostwind

In der Nacht erwachte ich plötzlich. Sand rieselte mir in die Ohren, saugende Windstöße fuhren über das Land, die Sterne flackerten gleich kleinen Fackeln, und die Luft in Nase und Mund war trocken. Jeder neue Windstoß warf Sand über uns. Auch Hermann erwachte jetzt. »Ostwind«, murmelte er und vergrub sich tiefer in seinen Schlafsack. Noch im Halbschlaf hörte ich, wie die Windstöße immer regelmäßiger wurden und wie das Getön in ein pulsierendes Sausen überging.

Als die Sonne hochkam, waren wir halb mit Sand zugeweht. Haare, Ohren und Augen schienen von kleinen Dünen überdeckt, und das Springbockfleisch knirschte zwischen den Zähnen. Der Wind war merklich wärmer geworden; auf dem Kalkplateau mußten wir uns regelrecht dagegenstemmen. Eine rote Sandfahne wehte von einer kleinen Düne in den blauen Morgen hinein. Im Süden verhüllte Sandsturm wie roter Nebel das Dünenmeer.

In den Schluchten rauschte und heulte, pfiff und dröhnte und rumpelte der Sturm über Felsgrate, Felsnasen und Spalten. Es spielte ein tausendfältiges Orchester von wilden Felsinstrumenten unter den langen Strichen des Ostwindes.

Als wir den Canyon betraten, schlug der graue Sand uns stechend in die Gesichter, kaum vermochten wir noch die andere Seite der Schlucht zu erkennen. Ein paar hundert Meter weiter fanden wir dann unvermittelt eine windstille Stelle. Um so lauter dröhnte das Felsorchester. Einer wirbelnden Brandung gleich schlug der Sand an den Wänden empor und arbeitete unermüdlich an der glänzenden Politur der Felsen, die an vielen Stellen bis zu fünf Metern hinaufreichte. Feine Glimmerplättchen schienen vom blauen Himmel herabzuschweben.

Wir hatten eine volle Wasserlast zu schleppen, als wir zu unserer Höhle hinaufstiegen. Wir waren glücklich, aus dem wüsten Tosen des Sturmes in unsere geschützte Wohnung treten zu können; keuchend setzten wir die Rucksäcke ab. Hermann kochte uns einen duftenden Kaffee, und wir genehmigten uns zur Feier unserer Heimkehr eine Sonderration, bestehend aus einem Teelöffel Jam und einem Eckchen Schokolade. Otto bekam auch einen Würfel. Der Wind tobte und orgelte weiter an den Felskanten, und die Luft hatte sich so mit Staub gefüllt, daß der Rotstock kaum zu erkennen war. Oben im Hochland mußte es stark gefroren haben, also würde der Ostwind sicher drei Tage wehen.

Dieser Winterostwind der Namib gehört zu dem großen Atemrhythmus, mit dem Kontinent und Ozean das Gleichgewicht ihrer Luftmassen aufrechterhalten. Wenn die Luft über dem Hochland sich durch ein oder zwei Frostnächte so stark abgekühlt hat, daß sie kälter ist als die Luft über dem Atlantik, dann beginnt die schwere kalte Luft über die Hochlandkante herunterzufließen. Einem Wasserfall gleich rauscht sie über die Berge hinab, gewinnt an Geschwindigkeit, trifft auf das breite, glatte Pult der Namibflächen und rast dann ungehemmt, staubwirbelnd und sich von Meile zu Meile mehr erwärmend, hinunter zur See. Was im Hochland als kalter Wind begann, erdrückt dann als heißer, sandbeladener Oststurm die hohe Brandung des Atlantischen Ozeans, so daß das Meer nur noch mit blauer, niederer Dünung den Strand der Wüste erreicht.

Wegen des Umfanges der abgekühlten Luftmassen bedarf es meist dreier Sturmtage, bis das Gleichgewicht zwischen Kontinent und Ozean wiederhergestellt ist. Im Sommer vollzieht sich der gleiche Prozeß mit umgekehrten Vorzeichen. Der Sog der über dem Festland aufsteigenden warmen Luft zieht dann die kühlere Seeluft als Westwind herein. Auf diese Weise herrscht in der Namib im Winter überwiegend Ost-, im Sommer in der Regel Westwind.

Gegen Abend ließ der Wind, infolge der Erwärmung durch die Sonne, etwas nach; mit der Nachtabkühlung gewann er indessen neue Kraft, so daß wir sein Rauschen und Tosen bis in den Schlaf hinein vernahmen. Am Morgen brauste und dröhnte es dann in den Felsbastionen und in den Höhlen der langen Kliffkante. Wirbelnder grauer Sand deckte den Boden des Canyons wie Nebel.

Beim Frühstück sprachen wir wieder über unsere Jagdaussichten, hatten wir am Rotstock doch nur sehr wenig Wild gesehen. Ich sagte: »Wir dürfen keine weiteren Mißerfolge durch das lockere Visier riskieren; es ist unmöglich, vier Schuß an einen Springbock zu verschwenden, auf diese Weise wären wir mit der Munition bald am Ende.«

»Also müssen wir das Visier festlöten und auf die Verstellbarkeit verzichten«, entgegnete Hermann. »Mit großen Schußweiten haben wir übrigens noch nie Glück gehabt.«

Wir erhitzten unseren kleinen Lötkolben und löteten das Visier in der Fünfzig-Meter-Stellung fest. Hermann malte mit Tusche eine Zielscheibe. Wir maßen in der benachbarten Felsgalerie fünfzig Meter ab und opferten vier Schuß

Munition, so daß jeder von uns wußte, wie die Pistole mit der neuen Visiereinstellung schoß.

Der Sturm hatte unsere Batterie vollgeladen, und so konnten wir denn am Nachmittag ausgiebig Radio hören. Ein Beethovenkonzert paßte wunderbar zu dem wilden Orgeln des Wüstenwindes; uns war es, als gehöre beides zusammen.

Etwas später vernahmen wir die Stimme des deutschen Ansagers mit einem Wochenbericht. Er verkündete, daß die »Vergeltungsluftangriffe« auf England vor zwei Tagen begonnen hätten. Wir waren ziemlich bedrückt. War dies die Vorbereitung für eine Invasion Englands? Und wie lange würde es dauern, bis diesen »Vergeltungsangriffen« wiederum »Vergeltungsangriffe« folgten? Mir fiel ein, daß schon so manche Tierart an der Überentwicklung ihrer »Waffen« zugrundegegangen und ausgestorben war.

Der Wind tobte noch die ganze Nacht und mäßigte sich erst am folgenden Nachmittag. Da stiegen wir wieder in den Canyon hinunter, um Wasser zu holen. Unser wartete eine böse Überraschung: Das Wasser war um gut drei Fingerbreit gesunken. Das bedeutete, daß aus dem Kies des Flußbettes weniger Wasser nachsickerte, als in der trockenen Luft verdunstete. Was sollte da werden, wenn erst die Hitze begann?

Unseren kleinen Garten hatte ein Busch vor dem Wüten des Sturmes geschützt. Dafür war er halb unter Sand begraben, und der Mangold ließ trübe die Blätter hängen, weil das Grundwasser gesunken war. Wenn das weiterhin geschah, würden wir jeden Tag genötigt sein, die Beete zu gießen.

Während wir Wasser schöpften, schnupperte Otto an einer verwehten Hyänenspur herum, die sich dicht neben dem Karpfenteich im Schlamm abgedrückt fand. Wir zählten argwöhnisch unsere Fische und stellten fest, daß zwei große

Karpfen fehlten. Ohne große Hoffnung unternahmen wir es, den Fischtümpel mit Asten und Steinen zu verbarrikadieren. Sehr wahrscheinlich würden die Hyänen sich dadurch nicht abhalten lassen.

Der Fischräuber

Als wir wieder Wasser holten, zeigte sich, daß unsere Befürchtung nur zu begründet gewesen war. Die Barrikade hatte nichts genützt. Äste und Steine waren beiseitegeschoben, und es fehlte wieder ein Karpfen. Ich schwor grimmige Rache und beschloß, mich in der Nacht mit dem Schrotgewehr auf die Lauer zu legen. Hermann riet ab. Die Hyäne käme bestimmt nicht, wenn ich da sei, meinte er, und außerdem würde ich das Vieh in der mondlosen Nacht wahrscheinlich nicht einmal wahrnehmen. Aber ich war entschlossen, unsere kostbaren Karpfenmahlzeiten unter allen Umständen zu verteidigen.

Nach Einbruch der Dunkelheit bezog ich meinen Posten, einen weichen Sandflecken am Fuß der Felswand unmittelbar über dem Wasser. Ich scharrte mir eine Kuhle und machte es mir im Schlafsack bequem. Dabei sagte ich mir, daß ein Posten an einer der Kriegsfronten es sehr wahrscheinlich weit weniger bequem hätte. Die Flinte lehnte, mit einer groben Schrotpatrone geladen, neben mir an der Wand. Die Patrone hatte ich während des Tages in die Sonne gelegt, um sie recht brisant zu machen.

Allmählich verschluckte die Dunkelheit die Grate und Leisten der hohen Felswände. Über den gestaltlosen Kulissen schimmerte der Himmel noch hell; dazwischen lag, fast wie ein Spiegelbild des Himmels, der helle Sand des Flußbettes. Schließlich wurde der Himmel zwischen den samtdunklen Wänden nachtblau. Die beiden hellen Centaurussterne erschienen als winzige, unendlich ferne Lichtpunkte, und plötzlich war auch das südliche Kreuz zu sehen. Das Flußbett war nur noch ein dämmeriger Streifen zwischen dem undurchdringlichen Dunkel der Wände. Der Sand neben mir hatte seine Wärme an die klare Wüstennacht abgegeben und war schon empfindlich kalt. Allerlei Gerüche, tagsüber von der trockenen Luft erstickt, wurden jetzt bemerkbar. Da war der herrliche Geruch des nassen Schlamms vom Wasserkolk, und da war ein ganz leichter, feiner Vanilleduft, der von den drei kleinen Tamariskenbüschen kam, die am oberen Ende des Kolkes wuchsen.

Auch die ersten Nachtgeräusche begannen nun. Im Gebüsch neben dem Garten raschelte es; ein Eulenruf hallte laut zwischen den dunklen Wänden und erhielt von irgendwoher Antwort. Ich war hellwach und sonderbar erregt. Das Rascheln im Gebüsch stammte wahrscheinlich von einer Maus; ich hörte es jetzt wieder. Einen Augenblick war Stille, dann vemahm ich einen jähen, scharfen Pieplaut, der abbrach, bevor er noch richtig begonnen hatte: irgendetwas huschte über den Sand; von der Felswand kam das helle Klirren eines Steinsplitters, und dann war wieder alles still. Vielleicht hatte soeben ein Marder eine Nachtmahlzeit erbeutet.

Das gespannte Lauschen und Warten erregte und beruhigte mich gleichzeitig, mehr als es irgendein spannender Film oder ein gutes Buch je vermocht hätten. Ich mußte daran denken, daß sicherlich einige zehntausend Generationen meiner Vorfahren von der Jagd gelebt hatten, bis die letzten zweihundert schließlich zu Viehzucht und Ackerbau übergegangen waren und die Grundlage zu der Zivilisation gelegt hatten, die uns nun, neben Büchern und Filmen und manchem Wunderbaren, unvorstellbar blutige und sinnlose Kriege bescherte.

Die Sterne leuchteten, wie sie nur in der Wüste und im Hochgebirge zu leuchten vermögen. Mit dem Kreuz des Südens schwangen die hellen Centaurussterne einem gewaltigen Uhrzeiger gleich unaufhaltsam um den himmlischen Pol. Kein Lüftchen regte sich. Ich mußte daran denken, wie zufrieden und glücklich die reinen Jägervölker, Buschmänner, Indianer und Eskimos, lebten, solange sie von der Zivilisation verschont blieben. Sie kannten wohl Gefahr, gewaltsamen Tod und grausame Fehden. Wer aber konnte im Jahre 1940 behaupten, daß die Zivilisation die Menschen davor bewahrte? Die Zivilisation hatte das Gegenteil erreicht, sie hatte alle Gewalttaten mit Millionen multipliziert, mit Sinnlosigkeit potenziert und dem einzelnen weitgehend sogar die Würde der persönlichen Entscheidung geraubt. Aber die alten Instinkte waren noch so lebendig wie eh und je. In diesem Augenblick sahen Millionen von Menschen Cowboy-Filme über die Leinwand rollen, Millionen waren mit gehobenen Gefühlen zum Krieg bereit. Die alten Raubtierinstinkte waren in Bewegung, aber sie gewährten sicher nicht die tiefe innere Befriedigung, die mir der nächtliche Ansitz gab, denn durch die Zivilisation verbogen, ihres ursprünglichen Sinnes beraubt, dienten sie nicht mehr unmittelbar der Erhaltung des Lebens.

Mein Sinnen wurde unterbrochen. Irgendwo in der Ferne, links oben, klapperten Steine. Das Geräusch kam näher und verstärkte sich. Bald konnte ich auch das Trappen harter Hufe vernehmen. Eine Zebraherde kam auf einem der jahrtausendealten Wildwechsel zum Wasser herunter. Plötzlich war alles ganz still. Wahrscheinlich sicherte das Leittier vor dem letzten Abstieg ins Flußbett.

Minuten vergingen, dann begann das Klappern und Trappen von neuem; ich hörte das dumpfe Puffen der Hufe im Sand. Die Tiere kamen nun schnell näher. Ich spürte mein Herz lauter schlagen, obwohl ich ja nicht auf die Zebras lauerte. Jetzt war das Geräusch ganz dicht vor mir auf einer Kiesbank. Und dann, plötzlich, vernahm ich ein erschreckend lautes, prustendes Schnarchen unmittelbar vor mir. Die Tiere hatten mich gewittert. Der Sand knirschte, als sie sich jäh herumwarfen; ich hörte kurze, explosive Hufschläge, dann war wieder alles still.

Nein, es war keine vollkommene Stille. Ich unterschied das leise Schaben, mit dem die Körper der Tiere gegeneinanderrieben, sie standen wohl dichtgedrängt und waren unschlüssig, was sie tun sollten. Ich hatte mich aufgesetzt und spähte angestrengt in die Dunkelheit. Es war nichts zu sehen, so vollkommen löste das Streifenmuster die Formen in der Dunkelheit auf. Dabei konnten die Zebras nicht mehr als dreißig Meter entfernt sein. Wieder schnaubte der Hengst, wieder flohen die Tiere ein Stück, wieder hörte ich sie langsam näherkommen. Das wiederholte sich noch ein paarmal. Die Zebras waren neugierig. Sie benahmen sich, als wüßten sie, daß ihr gestreiftes Fell in der Nacht wie eine Tarnkappe wirkte.

Mir wurde das Spiel allmählich zu dumm. Ich griff einen Stein auf und wartete, bis sie wieder dicht in meiner Nähe waren. Zugleich mit dem Wurf zerriß wildes Schnauben die Stille, tosender Hufschlag ertönte, im Quarzgeröll einer Kiesbank stoben Funken, das gellende Wiehern wurde im Echo von den Bergwänden zurückgeworfen, und die Hufschläge verloren sich irgendwo in der Schlucht. Wieder setzte absolute Stille ein. Die Sternenuhr war ein Stück weitergerückt.

Meine Hände waren kalt geworden. Ich barg sie im Schlafsack zwischen den Knien, dachte, daß mir wahrscheinlich noch mancher nächtliche Ansitz bevorstünde, und war zufrieden. Ich machte mir klar, daß ich im Begriff war, in die Lebensweise von Buschmännern hineinzuschlüpfen wie in einen lange getragenen Schuh. Vermutlich würde es der Mühe wert sein, diesen Vorgang und seine geistigen und seelischen Begleiterscheinungen zu beobachten.

War vielleicht unsere ganze Kultur eine Fehlentwicklung, unvereinbar mit den Instinkten und Gefühlen, die unsere Steinzeitvorfahren uns vererbt hatten? Aber warum war es dann überhaupt zu dieser Entwicklung gekommen? – Nun, ich würde noch in mancher Sternennacht Gelegenheit haben, über diese Fragen nachzusinnen.

Ich war schläfrig geworden. Die Sternenzeiger waren wieder ein großes Stück weitergerückt. Einmal kam eine kurze Windbö pfeifend und sausend über die Talwände herab, eine kleine Decke kalter Luft, die sich irgendwo in den Bergen abgelöst hatte und sausend zu Tal geglitten war. Ein paar Minuten jagten sich die Windstöße, dann war alles wieder still. Noch einmal hörte ich in der Ferne Zebras trappeln; von der Hyäne, derenwegen ich hier lag, war, wie Hermann vorausgesagt hatte, keine Spur.

Als der Himmel im Osten heller wurde, schlotterte ich vor Kälte. Viel zu langsam verblaßten die Sterne. Endlich begannen die hohen Kanten des Canyons im Morgenlicht zu schimmern. Da stand auf einer schroffen Zinne plötzlich ein Klippspringerpärchen. Wie aus Bronze gegossen standen die Tiere unbeweglich im jungen Morgenlicht und blickten nach Osten, wo die Sonne nun bald erscheinen mußte.

Als ich mich gerade erhob, fing mein Auge eine Bewegung auf der Kiesbank ein. Ein kleines Tier kreuzte mit langsamen, bärenähnlichen Bewegungen das Flußbett. Ich eilte ihm neugierig mit langen Schritten nach. Als es mich hörte, wandte es sich kurz um und setzte dann seinen Weg ruhig fort. Es war unten herum schwarz, der Rücken und ein Band über der Stirn bis zur Nasenspitze schimmerten weiß, grau abgesetzt. Das Tier hatte etwa die Größe eines Dachses. Es war ein Honigdachs. Mir war neu, daß dieses Tier hier, so weit draußen in der Wüste, zu leben vermochte.

Ein alter Bur hatte mir einmal erzählt, der Honigdachs sei das tapferste und zäheste Tier, das er kenne, es ginge selbst einem Löwen nicht aus dem Wege. Drei große Hunde vermöchten es nicht zu töten, und selbst mit der Axt sei es nur schwer zu erschlagen.

Ich ging rasch näher heran. Als sich die Entfernung auf etwa zehn Meter verringert hatte, blieb der Honigdachs stehen und sah mich über die Schulter hinweg an. Ich ging noch ein Stück näher, da drehte er sich um, kam zwei gravitätische Schritte auf mich zu und sah mich herausfordernd an, mit einem Blick, wie ihn Schuljungen gebrauchen, wenn sie breitbeinig voreinanderstehen und sagen: »Willst du was?« Nun, ich wollte ihn mir nur besehen, deshalb trat ich einen Schritt zurück, worauf er langsam kehrtmachte und seinen Weg gemächlich fortsetzte. Die Begegnung hatte etwas so Urkomisches an sich, daß ich noch laut vor mich hinlachte, während ich einen Karpfen für das Mittagessen aus dem Kolk fischte.

In der Höhle wartete Hermann auf mich mit einem guten Becher Kaffee, und diese Gabe der Zivilisation schmeckte mir ausgezeichnet. Ich legte mich hin und schlief bis in den Nachmittag.

Ob ich es noch einmal versuchen wolle?, fragte Hermann mich am Abend; ich sah, daß er sich den Spott nur mühsam verkniff. Ich sagte mir selbst, daß es wenig Sinn haben würde. Die Zebras hatten mich sogleich gewittert, und ich hatte sie nicht einmal sehen können, obwohl sie ganz nahe gewesen waren. Mit der Hyäne würde es mir vermutlich ähnlich gehen. Aber Hermanns unausgesprochener Spott stachelte mich auf, und ein bißchen rechnete ich auch mit der beispiellosen Frechheit der Hyänen.

Eine zweite Nacht auf dem Ansitz ist nie so spannend wie die erste. Ich duselte schon bald ein, und auch das hatte Hermann mir vorausgesagt.

Ein höllisches, ohrenbetäubendes Geheul weckte mich. Mit zitternden Händen tastete ich nach der Flinte. Das Geheul ebbte ab und schloß mit widerlich meckernden Tönen. Über ein solches Tonrepertoire verfügt nur eine Hyäne. Das Vieh mußte dicht vor mir im Rivier sitzen; sicher hatte es mich gewittert und gab mir nun unmißverständlich zu verstehen, was es von einem Menschen hielt, der Karpfen nur für sich haben wollte. Sehen konnte ich sie natürlich nicht. Ihr schmutzig-braun geflecktes Fell war eine ebenso gute Tarnkappe wie das schöne schwarz-weiße der Zebras.

Mit Tönen, die an einen riesigen Uhu erinnerten, begann die neue Arie. Ich suchte vor dem Sternenschein des Nachthimmels den Flintenlauf und senkte ihn langsam in Richtung des Geheuls. Als das satanische Meckern begann, glaubte ich die Richtung zu haben. Einer roten Lanze gleich stieß der Feuerstrahl in die Nacht; tosend brach der Donner sich an den Wänden. Gleich darauf hörte ich ein kurzes, jaulendes Geheul, ein wildes Schnaufen und Kratzen. Ich triumphierte, nunmehr sicher, daß ich nicht gefehlt hatte. Den Fischräuber hatte es erwischt. Ich hörte ein schweres Schleifen im Sand, das sich langsam entfernte. Ich lauschte noch ein Weilchen, dann rollte ich mich in den Schlafsack und schlief, bis die Morgenkälte mich weckte.

Sobald es hell genug war, ging ich voller Spannung, um mich von dem Ergebnis meines Schusses zu überzeugen.

Zwanzig Meter jenseits des Fischteiches fand ich den Sand von großen Pranken zerwühlt. Ich sah keinen Schweiß, aber eine breite Schleifspur führte zur anderen Talseite hinüber. Die Hyäne mußte gelähmt sein; ich würde sie bald finden.

An der Talwand sah ich, daß die Bestie mehrmals versucht hatte, in die Felsen zu gelangen, daß sie aber immer wieder abgerutscht war. Die Spur führte weiter talwärts, ich sah die großen Abdrücke der Vorderpfoten, dazwischen die Schleifbahn des Hinterleibes. Die Vorderbeine einer Hyäne sind viel stärker gebaut als die Hinterbeine, und so hatte sich das Tier sehr viel weiter fortgeschleppt, als ich angenommen hatte.

Ich überlegte eben, ob ich nicht zur Höhle gehen und Hermann und Otto holen sollte, als ich vor mir ein Geräusch hörte. Etwa hundert Meter weiter lag ein angeschwemmter Anabaum mit breitem Wurzelfächer. Dort bewegte sich etwas. Bei genauem Hinsehen erblickte ich einen dicken Kopf mit runden schwarzen Ohren. Er duckte sich tiefer unter die Wurzeln, als ich näher kam. Wie abgrundhäßlich war dieses Vieh! Groß wie eine Dogge, mit nacktem schwarzen Bauch, einem strähnigen, schmutzig gefleckten Fell und einem wüsten breiten Kopf mit runden schwarzen Ohren.

Wie sollte ich die Hyäne töten? Ich dachte nicht daran, noch eine Kugel an sie zu verschwenden. Auf einen Steinwurf hin duckte sie sich knurrend. Ich stieß mit dem Ast eines Anabaumes nach ihr; mit einer wilden Bewegung schnappte sie zu und zerbiß den armdicken Ast wie ein Streichholz. Das Holz des Anabaumes ist weich, trotzdem ließ die Art, wie die Hyäne den dicken Ast mit einer einzigen Bewegung ihrer Kiefer zerbiß, es ratsam erscheinen, diesem gefährlichen Gebiß nicht zu nahe zu kommen.

Ich suchte mir einen Vorrat faustgroßer Steine und begann sie der Hyäne aus zwei, drei Schritt Entfernung an den

Kopf zu werfen. Nach ein paar Treffern ließ sie ein klägliches Meckern hören und kam unter dem Baum hervor und auf mich zu gerutscht. Das Meckern des scheußlichen Tieres versetzte mich in Wut. Ich wich dem nach mir schnappenden Maul aus und bombardierte den Hinterkopf der Bestie, bis ich schwitzte. Endlich sackte sie zusammen. Ich suchte mir ein schweres Stück Schwemmholz. Als ich einen passenden Knüppel gefunden hatte, saß die Hyäne wieder aufrecht, schien aber sehr benommen. Ein mit aller Kraft geführter Schlag ins Genick ließ sie wütend herumfahren.

Die mächtigen Nackenmuskeln schützten die Wirbelsäule vollkommen. Aber schließlich gelang es mir doch, das Vieh totzuschlagen. Als es endlich so weit war, stand die Sonne schon über dem Canyon.

Irgendeine Trophäe der zwar nicht ruhm-, aber doch siegreichen Schlacht wollte ich mit nach Hause nehmen. Deshalb wetzte ich mein Messer an einem glatten Quarzitgeröll und begann der Hyäne das Fell abzuziehen. Ich sah nach, wo mein Schuß sie getroffen hatte. Es war wirklich ein Glücksschuß gewesen. Nur drei Schrotkörner hatten sie überhaupt getroffen, und nur eins war zwischen zwei Wirbeln eingedrungen.

Stolz betrat ich unsere Wohnhöhle und warf das Hyänenfell lässig wie irgendeinen alltäglichen Gegenstand über einen Felsen. Otto schob sich vorsichtig heran und schnupperte knurrend mit gesträubten Nackenhaaren und eingezogenem Schwanz. Hermann aber schenkte mir zu meinem Frühstücksmehlbrei aus seiner Dose einen Teelöffel Jam. Während wir aßen, erzählte ich.

Vor uns lag die phantastische Welt der Schluchten, Grate und Zinnen unter der strahlenden Sonne; aus Hermanns Pfeife ringelte sich feiner blauer Rauch in die stille Luft.

Eine Nachricht, die ich mitgebracht hatte, bereitete uns Sorge. Das Wasser im Kolk ging unaufhaltsam von Tag zu Tag zurück. Die Erde unseres Gartens, die bei unserer Ankunft feucht gewesen war, wurde trocken und spröde. Nur tägliches Gießen vermochte den Garten zu retten. Dazu war der Weg in den Canyon aber zu beschwerlich. Wir mußten den Garten wohl oder übel aufgeben.

Auch der Froschteich wurde kleiner. Eine flache Sandbank hatte ihn in zwei Hälften geteilt. Auf dieser Sandbank wollten wir es mit einem neuen, größeren Garten versuchen.

Am nächsten Morgen ernteten wir schweren Herzens das alte Gartenstück ab. Wir gewannen acht Radieschen verschiedener Größe, ein kleines Bund Mangold, ein paar Blättchen Petersilie und ein Dutzend streichholzdünner Karotten.

Auf der feuchten Sandbank im Froschteich richteten wir saubere kleine Beete ein und säten Radieschen, Möhren, Mangold, Kohlrabi, Zwiebeln und Tomaten. Hermann bestand auch auf einem Beet Tabak. Ich versuchte ihm zu beweisen, daß das Wasser längst ausgetrocknet sein würde, bevor er sich eine Zigarre drehen könnte, aber er meinte, der Mensch könne ja auch einmal Glück haben. Da meine Hyänenjagd das schlagend bewiesen hatte, verzichtete ich auf weitere Einwände.

Als wir schließlich noch ein stacheliges Verhau aus jungen Anabäumen errichtet hatten, brannte schon die Mittagssonne heiß auf unsere Rücken.

Der warme Tag eignete sich herrlich zu einem übrigens sehr notwendigen Bad. Als wir erst einmal im Wasser waren, beschlossen wir, auch noch unsere Hemden und Hosen zu waschen. Danach setzten wir uns nackt in den Schatten der überhängenden Wand und aßen Biltong, das wir mit dem Messer in dünne Streifen schnitten.

Ein Felsvorsprung verdeckte uns den unteren Teil des Tümpels. Plötzlich begann Otto auffällig zu winseln und machte Anstalten, loszurennen. Hermann hielt ihn an einem Hinterbein fest. Ich beugte mich vor und erblickte einen Gemsbock, der keine zehn Meter von uns entfernt am Kolk stand und ruhig und geräuschlos trank. Auf ein Zeichen von mir rutschte Hermann vorsichtig nach vorn. Noch nie hatten wir einen unverletzten Gemsbock auf so nahe Entfernung gesehen. Jetzt hob er den Kopf und blickte sich argwöhnisch um. Wir zuckten mit keiner Wimper, das Herz klopfte mir bis in den Hals. Die langen Spieße glänzten im Sonnenlicht wie Bronze; ruhig blickten die dunklen Kuhaugen aus dem grell schwarzweiß gezeichneten Gesicht. Zierlich spiegelten sich die Beine mit den schwarzen Binden und den weißen Strümpfen im stillen Wasser.

Trotz der Nähe schien es dem Bock nicht möglich, uns als Wesen auszumachen, die ihm gefährlich werden könnten. Die starken Nackenmuskeln spielten unter dem grauen Fell. Langsam senkte er wieder den Kopf, und das schwarzweiße Gesicht näherte sich seinem Spiegelbild wie zu einem Kuß. Schnauze berührte Schnauze, da zerfloß das Spiegelbild in kleinen Wellenringen.

Es war eine ideale Gelegenheit für einen Kopfschuß, aber die Pistole befand sich in der Höhle. So kämpfte Hermann denn nur einen stillen Kampf mit Otto aus, bis der Gemsbock fertig getrunken hatte, langsam das Flußbett hinunter getrottet war und außer Riechweite kam.

Wir hatten wieder etwas Neues, sehr Wichtiges gelernt. Bisher hatten wir angenommen, Gemsböcke kämen, wie die Zebras, nur nachts zum Wasser. Das schien nicht zu stimmen. Wir überlegten, ob es sich lohnen würde, dann und wann auch einmal tagsüber bei einer Wasserstelle auf Ansitz zu gehen.

Die Gramadullas

Wir haben nie feststellen können, ob der Name »Gramadulla«, die Bezeichnung für unwegsame, wildzerschluchtete Gegenden, dem Portugiesischen oder einer Eingeborenensprache entlehnt ist. Mir schien es immer ein sehr passender Name. Die nackte Trostlosigkeit düster getürmter, unübersichtlicher Felsmassen und die labyrinthische Wirrnis unzähliger Klüfte und Schluchten scheint mir darin zum Ausdruck zu kommen.

Wir wurden in dieser Unterwelt allmählich heimisch; wir lernten den Verlauf der leicht erreichbaren Wildwechsel, der größeren Schluchten und der Hauptwasserscheiden kennen. Das Unbekannte verlor dadurch nichts von seiner Verlockung. Konnte doch die häßlichste Schlucht eine herrliche Quelle, ein großes Bienennest oder einen Erzgang mit edlen Kristallen bergen. Es war zwar ziemlich unwahrscheinlich, und wir wußten es, aber die Hoffnung blieb.

Wie bedeutungslos können Hunger, Durst und kalte Nächte werden, wenn es gilt, eine wilde, unbekannte Landschaft zu enträtseln! Ja, im Grunde ist es so, daß sich gerade diejenigen Erlebnisse mit gestochener Schärfe dem Geist einprägen, die nur durch den letzten Einsatz des Willens und aller Körperkräfte erkämpft werden konnten.

Wie soll man die Fülle der Bilder in Worte fassen? Ich denke an einen Abend auf dem Südwestplateau. Ungebrochen und tischeben erstreckte sich die blendende Kalkfläche, eine uralte, versteinerte Flußebene, bis zum Horizont. Als an jenem Abend die Sonne sank, traten plötzlich alle Wildwechsel – schmale, flache Rinnen im harten Kalkschutt – als bläuliche Schattenlinien hervor. Von allen Seiten strebten sie den wenigen Pfannen zu, die wie kleine, flache Krater auf dem Plateau lagen. Ein paar knorrige alte Bäume und Büsche machten die Pfannen zu trockenen Oasen in der kahlen Weite.

Welch herrliches Feuer lieferte uns ein großer abgestorbener Witgatbaum! Als wir schon in den Schlafsäcken lagen, jagte der rote Schein das silberne Mondlicht noch in groteskem Koboldtanz an den gewundenen Stämmen und den knorrig verdrehten Ästen vor dem dunklen Nachthimmel auf und ab.

Am folgenden Morgen glich der Sonnenaufgang einer bedrohlichen Feuersbrunst vor einem roten, dunstigen Horizont. Warme Nordwindstöße kamen aus einem graublauen Himmel, der von Stunde zu Stunde schwerer wurde. Er verschluckte die Horizonte und verwischte die Konturen der fernen Berge; am Mittag war selbst der Rotstock nicht mehr zu sehen. Es war wohl so, daß die weite Grassteppe im Norden brannte und daß der Nordwind die feinen Rauchschwaden als bleigrauen Dunst in die Wüste sandte. Endlos zogen sich die Stunden, endlos dehnte sich die kahle, weiße Ebene vor unseren Blicken und floß mit dem milchfarbenen Horizont zusammen. Selbst die Tiere nahmen unwirkliche Formen an. Ein Trupp von Springböcken kreuzte unseren Weg. Gespenstischen Schemen gleich tänzelten sie durch das flimmernde Licht, von heißen Luftschwaden zu dämonischen Traumgestalten verzerrt.

Gegen Abend schien es, als ob der Canyon uns narren wollte; es sah aus, als hätte er sich in heimlichen Schlangenwindungen davongemacht und als könnten wir seine Wasserkolke nie mehr erreichen. Der nackte, felsgerippte Berg, der jenseits liegen mußte, schien zum Greifen nah, und doch vermochten wir keine Spur von dem Einschnitt zu entdecken. Wir waren verwirrt und wurden unruhig. Da, plötzlich war der Felsgrat vor unseren Füßen zu Ende; wir verhielten den Atem und starrten in einen wilden Abgrund, einen bodenlos scheinenden Spalt, der sich vor uns auftat wie eine schwarze Höllenpforte in einem verzauberten Land. Unten in der engen Tiefe sammelten sich schon die Schatten der Nacht. Die letzten Sonnenstrahlen blendeten uns, deshalb vermochten wir zunächst weder den Boden auszumachen noch die Tiefe abzuschätzen; in unsere Entdeckerfreude mischte sich heimliches Grausen.

Und dann sank die Sonne. Sogleich verwandelte sich die Finsternis der Tiefe in märchenhaft blaue Dämmerung, in der ein paar Wasserkolke wie geheimnisvolle Augen schimmerten. Der Canyon war hier zu einem unwahrscheinlich engen Spalt zusammengedrängt; die lotrechten, teilweise überhängenden Wände schienen mit wütenden Axthieben gewaltsam in den alten Kontinent geschlagen. Es schien kaum glaublich, daß hier nur Wasser gewirkt haben sollte.

Am nächsten Tage hatten wir wieder einmal Gelegenheit, die Kletterkunst der Zebras zu bewundern. Wir waren einem ihrer halsbrecherischen Wechsel in die Tiefe gefolgt. Bald verriet uns süßlicher Aasgeruch, daß dieser Weg von den heißen Wüstenflächen zu den kühlen Wassern der Tiefe auch für Tiere nicht ungefährlich war. Der Wechsel führte über eine schmale Felsleiste. Darunter lag, zwischen Felsplatten eingeklemmt, der Kadaver eines halbwüchsigen Zebras. Keulen und Brust waren zum größten Teil aufgefressen worden. Wir entdeckten dicht daneben auf grauer Felsplatte die Spur einer runden Leopardenpfote, in schwarz getrocknetem Blute abgedrückt. War der Leopard dem Zebra auf den Rücken gesprungen und hatte mit ihm zusammen den Sturz über die

Wand gewagt? Oder hatte er die Tiere nur erschreckt, um eins von ihnen zum Absturz zu bringen? Sicherlich haben die Zebras auf diesem Weg zum Wasser schon manchen Blutzoll gezahlt.

Was kann es Herrlicheres geben als kühles, klares Wasser nach einem Marsch durch die Wüste! Bei jedem einzelnen Schluck durchrieselt das Wohlgefühl den ganzen Körper, und alles Ungemach ist vergessen, als sei es nie gewesen. –

Vom Wasser aufblickend, sahen wir den Himmel wie in endloser Ferne, ein schmales Lichtband über düsteren Wänden. Stellenweise waren die überhängenden Felsen kaum zehn Schritt auseinander, das war etwa ein Achtel der Breite, die der Canyon unter dem Karpfenkliff hatte. Wie mochte das Wasser hier tosen und kesseln, wenn die Gewitter des Hochlandes den Fluß in voller Breite zu Tal schickten! Wir fragten uns, wie hoch das braune, sanddurchsetzte Wasser hier in der Enge wohl steigen mochte. Die Antwort fand sich schnell. In über zwanzig Meter Höhe fand sich ein entwurzelter Baumstamm in einer Felsspalte festgekeilt. Eine solche Flut könnte eine tödliche Überraschung sein, da die Wände nur an wenigen Stellen ersteigbar waren.

Von Wand zu Wand reichte ein großer Kolk; dahinter bildeten überhängende Wände ein dunkles Tor, vor dem eine kleine Rizinusstaude ihre leuchtend grünen Blätter in einem Sonnenstrahl breitete, der zwischen den drohenden, dunklen Graten wie durch ein hohes Kirchenfenster herabstieß. Auf schweigenden Schwingen schwebte ein großer, silbergrauer Reiher durch das dunkle Portal. Er leuchtete in dem Sonnenstrahl über dem stillen Wasser, erlosch im Schatten und verschwand lautlos zwischen den getürmten Wänden.

Es wurde ein mühsamer Rückweg durch den losen, tiefen Sand den Canyon aufwärts. Wir zählten abwechselnd unsere Schritte und maßen die Richtungen mit dem Kompaß, um den Verlauf des Canyons später auf der Karte einzeichnen zu können.

Selbst an diesen Wintertagen war die Luft trocken und warm. Der Grad der Trockenheit wurde uns bald auf anschauliche Weise vorgeführt. Von einem Überhang der nördlichen Wand tropfte eine kleine Quelle, salzhaltig wie das meiste Wasser der Wüste. Dort, wo die Tropfen den Fels verließen, hingen, Eiszapfen gleich, zarte Stalaktiten aus weißen Salzkristallen herab. Wo sie im Fallen verspritzten, waren breite Salzstalagmiten säulengleich emporgewachsen. Das kleine Felsbecken, in dem das Wasser sich sammelte, war mit weißen Salzwürfeln angefüllt. Einen Auslauf besaß das Becken nicht, die trockene Luft trank das ganze Wasser der kleinen Quelle.

Unsere Salzvorräte waren nicht mehr allzugroß, deshalb lösten wir mit dem Messer die massiven Säulen vom Fels ab und nahmen sie mit.

Auf welche Weise war diese Gramadulla-Welt entstanden? Auf welche Weise die weißen Kalkbastionen und Tafeln, die gleich einem zerbrochenen Deckel über dieser Unterwelt lagen? Hatte der Fluß in regenreichem Klima in kurzer Zeit dieses tiefe Felsbett gegraben? Oder war es denkbar, daß ihm auch unter dem gegenwärtigen Klima diese Leistung gelang, wenn ihm Jahrhunderttausende zur Verfügung standen? Die Antworten auf diese Fragen fanden sich im Flußbett und in den Felswänden verzeichnet.

Überall, selbst an den engsten Stellen, war das Flußbett mit Sand bedeckt. Die Fluten vermochten deshalb dem Felsbett unter den heutigen Umständen nichts anzuhaben. Der Einschnitt konnte auch nicht in einem Akt erfolgt sein, denn sämtliche Grate bildeten steile Treppen, deren Stufen und Schultern in gleicher Höhe lagen. Da konnte es sich nur um

Reste alter Flußbetten handeln, steinerne Zeugen von Ruhepausen, in denen der Fluß sein Bett ausgeweitet hatte, statt es zu vertiefen. So war der Canyon in vielfachem Wechsel von feuchtem und wüstenhaftem Klima entstanden, während der Kontinent in Jahrmillionen langsam immer höher emporgestiegen war. Aber hier in der Namib war das Klima wohl immer trockener als im Hochland gewesen. Das verrieten die blankgeschliffenen, wasserlosen Fälle der Gramadulla-Schluchten, die mit der Einschneidung des Kuiseb nicht hatten Schritt halten können. Auch das dichte Netzwerk der Schluchten verriet es, denn nur wo der Boden nicht durch Vegetation geschützt ist, kann der seltene Regen solch enggedrängte Talsysteme schaffen.

Und die Kalktafeln? Sie waren zweifellos Reste einer alten versteinerten Flußebene, aufgebaut vom Kuiseb in der Tertiärzeit, als der Kontinent noch nicht so hoch war und der Fluß, mit geringerem Gefälle als heute, nicht die Kraft besaß, sich einzuschneiden.

An den hohen Wänden des Karpfenkliffs lasen wir die Ereignisse wie aus einem Buche ab. An der Basis über den abgehobelten Glimmerschiefern fand sich eine Lage von weißem Kalk mit Schutt und Geröll durchsetzt, Niederschlag eines Steppenklimas, in dem starke Regenzeiten mit langen, heißen Trockenzeiten wechselten, in denen das Grundwasser verdunstend den gelösten Kalk im Boden zurückließ.

Es folgte der mächtige rötliche Sandstein, in den die Winde überall, wie zum Zeichen alter Verwandtschaft, Höhlen geschliffen hatten, bestand der Sandstein doch zum größten Teil aus verschwemmtem Dünensand. Diese lange Wüstenzeit mochte noch trockener als die heutige gewesen sein. Aber auch damals hatten in der weiten Flußebene, die vom Hochland Wasser erhielt, Büsche und Bäume gestanden. In regelmäßigen Zeilen waren ihre versteinten Wurzeln in den Sandstein eingebettet. Jede dieser Zeilen war einmal Landoberfläche gewesen, und ihre vielfältige Folge ließ erkennen, wie sich das weite Tal langsam mit Sand gefüllt hatte. Das mochte Jahrmillionen gedauert haben. Nach dieser Wüstenzeit hatte sich das Klima wieder gebessert. Große Fluten hatten Schottermassen mit riesigen Geröllen ausgebreitet, und als das Klima dann wieder steppenartig wurde, hatte weißer Kalk den Schotter verkittet und war einem festen Deckel gleich über die ganze Landschaft gewachsen.

Soweit stimmten alle Beobachtungen zusammen. Nur eines schien nicht zu passen: ein kraterartiges Gebilde zwischen den Kalktafeln südlich des Canyons. Wir hatten es vom Rotstock aus gesehen und uns immer wieder den Kopf darüber zerbrochen. Die Kalktafel war zwar, an menschlichen Zeiträumen gemessen, uralt, nahm aber in der Erdgeschichte einen sehr jungen Platz ein. Nirgends im südlichen Afrika waren so junge Vulkane bekannt, deshalb war ein vulkanischer Krater hier eigentlich nicht zu vermuten. Aber worum sonst konnte es sich bei dem Gebilde handeln?

Nur ein Besuch konnte dieses Rätsel lösen. Und so fand uns ein Abend im Angesicht »unseres Kraters«, der einen roten Sandsteinrücken wie ein flott aufgekrempelter Hut krönte. Von seiner Kante leuchteten weiße Kalkfelsen. Also konnte es sich nicht um etwas Vulkanisches handeln. Das war enttäuschend für die abenteuernde Neugier, die Haupttriebkraft wissenschaftlicher Forschung, doch es war beruhigend für den einteilenden wissenschaftlichen Geist, der sich seine Schemata nicht gern durch unpassende Entdeckungen durcheinanderbringen läßt. Worum es sich handelte, wußten wir immer noch nicht. Wir erfuhren es auch an diesem Tag nicht mehr, denn die Sonne war untergegangen, als wir in der kleinen Schlucht am Fuße des Kalkkranzes die Rucksäcke und Wassersäcke in den Sand stellten.

Als die ersten Sonnenstrahlen über die langen Felsrippen streiften und die Wände des Rotstocks purpurn und violett aufleuchteten, standen wir auf dem kleinen Felskegel, der sich in der Mitte der Kalkschüssel erhob. Die Schüssel hatte einen Durchmesser von etwa zweihundert Metern. Sie ruhte auf dem roten Sandstein mit den versteinerten Wurzeln. Der zentrale Kegel, auf dem wir standen, bestand ebenfalls aus Sandstein und trug als Kappe einen Rest der Hochkalkplatte. Die Schüssel selbst bestand aus mehreren Lagen von hartem weißem Kalk, von der Erosion zweier Schluchten säuberlich herauspräpariert. Es war kein Zweifel, daß der Sandstein die Kalkschüssel einst völlig umhüllt hatte.

Auf welche Weise konnte eine solche Schüssel entstehen? Vielleicht verriet es uns die feinere Struktur des Gesteins? Wir brauchten nicht lange zu suchen. Wir fanden eine Bank, vollgepackt mit Abdrücken von Schilf und anderen Pflanzenstengeln, und um einige der verkalkten Stengel ringelte sich ein feines Gespinst von gleichfalls versteinerten Schlauchalgen. Schilf und Algen! Das bedeutete offenes Wasser. Die Kalkschüssel war also einst ein kleiner runder, schilfumringter See gewesen. Ein versteinerter See! Ein See in der Wüste? Oder war unsere Ableitung, daß der rote Sandstein einer Wüstenzeit entstammte, falsch? Nun, es gibt auch in heutigen Wüsten Oasen, in denen das Grundwasser offen zutage tritt. Der Sandstein war sicherlich ein ausgezeichneter Wasserträger gewesen, bevor die Schluchten ihn zerschnitten und drainiert hatten; die ganzen Fluten des Hochlandes waren wohl in ihm versickert. Nun wurden auch die Horizonte versteinerter Wurzeln in einer Wüstenablagerung besser verständlich. Die Bäume und Büsche hatten von dem flachen Grundwasser gelebt. – Unser Verständnis für die Entstehung der Landschaft und damit für das Land selbst war wieder ein Stück gewachsen.

Jede Wanderung brachte uns neue Erfahrung, neues Wissen und neues Können ein. So hatten wir einmal einen fast eingetrockneten Kolk ausgefischt. Danach saßen wir, bis über die Haare mit zähem Schlamm verschmiert, an einem schwachen Feuer und schmorten die Karpfen auf einem Rost grüner Zweige. Schon nach einer Viertelstunde waren sie weich, herrlich saftig und schmeckten leicht geräuchert. Welch großartige Entdeckung! Wir hatten die richtige Methode, Fische zu räuchern, gefunden. Sie mußten warm und nicht kalt geräuchert werden. Die Entdeckung war umso wichtiger, als wir bei unseren Wanderungen so viele Kolke gefunden hatten, daß wir meinten, noch ein Jahr von den Karpfen leben zu können. Daß es anders kam, lag einstweilen noch gnädig in der Zukunft verborgen.

Es war nach Tagen, die wir in der Unterwelt verbrachten, jedesmal wie eine Befreiung, in die lichte Weite der Ebene aufzutauchen. Dann stellten wir auf der Plateaukante die Rucksäcke ab und weiteten aufatmend die Brust unter den ersten kühlen Westwindstößen.

Die Luft war jetzt meist von dichtem Dunst wie mit einem Schleier verhängt, die fernen Inselberge blieben unsichtbar. Aber gegen Abend brachte der Westwind häufig klare, kühle Luft von der See herauf. Am Westhorizont erschien dann ein schmaler, klarer Streifen, der zusehends an Höhe und Breite gewann. Die kühle Seeluft trieb wie ein Keil die warme Luft in die Höhe. Mit gestochener Schärfe wurde der Fuß eines fernen Berges in dem klaren Fenster sichtbar; der Gipfel darüber blieb verborgen, wie von einer Tarnkappe verhüllt. Langsam, einem Vorhang gleich, hob sich die dunstige Decke mit scharfer horizontaler Unterkante in die Höhe und gab nacheinander die Inselberge des Westens frei. Ein erstaunliches Schauspiel, das Wechselspiel kontinentaler und ozeanischer Luftmassen sichtbar machend: das Atmen des großen Kontinents. Wir erlebten es noch oft, bis schließlich die ersten Gewitter die Luft vom Dunst der fernen Steppenbrände reinigten.

WÜSTENALLTAG

Der Westwindeinbruch hatte uns wieder kühlere Tage beschert. Wir hatten die Karpfen geräuchert und einen Tag damit zugebracht, die Ergebnisse der Canyonvermessung aufzuzeichnen. Beim Wasserholen hatten wir mit Freude gesehen, daß die Radieschen im neuen Garten schon zu keimen begannen.

Unsere Mägen verlangten nach Abwechslung. Die Kartoffeln waren aufgebraucht, auch die Zwiebeln waren verzehrt, und von den Apfelsinen waren nur noch getrocknete Schalen übrig, mit denen wir unseren morgendlichen Mehlpapp würzten. Seit wir den alten Garten abgeerntet hatten, hatten wir nichts Frisches mehr zu essen bekommen. Wir hatten beide des öfteren häßliche Migräneanfälle, und das ständige Hungergefühl wurden wir auch nach dem Essen nicht los. Wir waren uns klar darüber, daß diese Erscheinungen auf Vitaminmangel zurückzuführen waren. Da konnte nur rohes Fleisch helfen; vielleicht sollten wir zwischendurch auch Blut zu uns nehmen. Alle Raubtiere trinken Blut. Nansen hatte bei seiner Überwinterung im Eismeer Eisbären in Gestalt von Blutpfannkuchen zu sich genommen. Vielleicht konnten wir es zur Abwechslung auch einmal mit dem Wurstmachen versuchen.

Als Hermann bald darauf am großen Südplateauwechsel einen feisten Gemsbock mit Kopfschuß erlegte, brachte er gleich eine Feldflasche voll Blut mit. Wir buken das Blut in der Pfanne mit viel Salz und Pfeffer. Es ging auf wie ein schaumiges Omelett und sättigte so, daß wir den Pfanneninhalt kaum bewältigen konnten. Der geplanten Wurst zuliebe quetschten wir die größeren Därme aus, wuschen und wendeten sie und bewahrten sie in einer Schüssel mit Salzlauge auf.

Und nun feierten wir Schlachtfest in unserer Höhle. Zum Frühstück aßen wir gesottene Zunge und Nieren. Dann begannen wir mit dem Wurstmachen. Wir drehten Waschschüsseln voll Fleisch und auch etwas Fett durch die kleine Mühle und würzten den Teig mit Salz, Pfeffer, Paprika und etwas Zucker. Auf den Zucker hatte mich Hermann aufmerksam gemacht, der immer großes Interesse für kulinarische Dinge zeigte. Im Laufe des Tages aßen wir immer wieder von dem rohen, gutgewürzten Teig. – Es war dann gar nicht so einfach, die Därme mit dem Finger gleichmäßig zu stopfen. Aber als wir uns am Abend zu Leberklößen und Sauerkraut niederließen, blickten wir trotzdem stolz auf die lange Reihe großer und kleiner Würste, die an der Höhlenwand hingen. Zwei Büchsen mit ausgebratenem Fett standen zum Abkühlen auf einem Felsen, und Otto raspelte fröhlich an einem Unterbein herum.

Wir räucherten noch in der Nacht, und zwar scharf, warm und kurz, wie wir es bei den Fischen gelernt hatten. Nach einer Stunde nahmen wir die Würste aus dem Ofen und hängten sie wieder ins Freie, so daß sie bis zum Morgen gut auskühlen konnten. Auch das andere Fleisch mußte schnell verarbeitet werden, denn die Tage waren warm, und es gab viele Schmeißfliegen. Hermann briet deshalb gleich am nächsten Tag das ganze Fleisch an, und ich holte Wasser und Tamariskenstangen und baute mit Hilfe eines alten Moskitonetzes einen fliegensicheren Schrank an die Höhlenwand. Die Schrankfächer verfertigte ich aus den halb verwitterten Brettern einer Proviantkiste, die wir zusammen mit den Resten einer zusammengebrochenen Maultierkarre unter dem Plateau gefunden hatten. Wem die Kiste wohl gehört haben mochte? Einer deutschen Patrouille im Hottentottenkrieg? Einem Prospektor? Uns jedenfalls waren die Reste so wertvoll wie Robinson die Trümmer des gestrandeten Schiffes.

Ein Volk roter Zuckerameisen hatte sich bei uns eingenistet. Sie hatten ein Loch in der Felswand in unserem »Wohnzimmer« und unternahmen von dort aus ihre Raubzüge. Man traf sie überall an, und jede Jam- oder Zuckerbüchse, die nicht ganz fest schloß, war am nächsten Morgen voller Ameisen. Wir spritzten Petroleum in das Loch und versuchten es mit allen möglichen Substanzen zuzustopfen, aber wir wurden der Ameisen nie ganz Herr.

Mehr Spaß machte uns ein Pärchen winziger Mäuse mit Schnurrbärten, die so groß waren wie das ganze Tier, und mit rosigen Ohren. Sie huschten abends umher und suchten nach irgendwelchen Resten, zuweilen saßen sie auch auf dem Steintisch und blickten uns aus großen Augen an. Sie wirkten mit den weiten Pelerinen ihrer seidigen Schnurrhaare wie kleine Zwerge.

Immer gebrach es uns an Holz; wir hatten zuweilen schon mit Zebramist gekocht. Um diesem Übelstand abzuhelfen, beschlossen wir, daß zukünftig jeder von uns von jedem Gang, falls nicht Wasser oder Fleisch zu tragen war, ein Stück Holz mitzubringen hatte.

Die sanitären Anlagen, die nun einmal auch zum primitivsten Haushalt gehören, hatten wir uns unter einem benachbarten Felsüberhang, dessen Dach tagsüber Schatten spendete, eingerichtet. Eine freie Rutschbahn führte von dieser Örtlichkeit in die Tiefe hinab. Die starke Sonne und die trockene Luft sorgten für geruchlose Konservierung, bis zur Verwertung durch die verschiedensten Arten von Mistkäfern, die auch in der Wüste nicht fehlen. Trotzdem war es begreiflich, daß das Wild die nach Mensch und Hund duftende Nachbarschaft der Höhle mied. Ganz selten nur kamen nachts einmal Zebras vorbei, fremde Herden vermutlich, die die neuen Verhältnisse noch nicht kannten und jedesmal ihrer Erregung durch Prusten und Trampeln Luft machten.

Nur eine Klippspringerfamilie ließ sich durch die zweifelhafte Nachbarschaft nicht stören. Sie bestand aus einem Bock und zwei Ricken. Wir hatten sie die »Höhlenklippspringer« getauft. Sie beobachteten uns oft von einer steilen Felsnase aus, wenn wir Wasser holen gingen. Manchmal sahen wir, wie sie an den spärlichen Sträuchern der Felshänge knabberten. Sie waren wie Leute, denen man regelmäßig auf der Straße begegnet und die man kennt, ohne ihre Namen zu wissen. Wir dachten nicht daran, sie zu schießen, und hielten auch Otto davon ab, sie zu jagen.

So begann aus dem fremdartigen Abenteuer, auf das wir uns eingelassen hatten, allmählich schon Alltag zu werden. Wir fühlten uns schon »zu Hause«. Freilich war es ein Alltag, der sich, wie bei Buschmännern und Raubtieren, ständig um Jagd und Beute drehte. Es war deshalb kein kleines Ereignis, daß unsere Wurst gut geraten war. Nur einige der dicksten Würste wurden sauer.

Das Wurstmachen hatte freilich unsere Salzvorräte stark angegriffen. Überhaupt hatten wir unseren Salzbedarf erheblich unterschätzt. Das war an sich nicht schlimm, denn Salz gehört zur Wüste wie Sand und Sonne. Bei der Verwitterung der meisten Steine entstehen Salze. Wird der Regenfall geringer, reichern sie sich im Boden an; salziges Grundwasser und salzige Quellen sind dann die Folgen. Nur ist nicht alles Salz, das man findet, als Kochsalz zu verwenden. Vor allem die Glimmerschiefer liefern immer einen großen Prozentsatz an Bittersalz von häßlichem Geschmack und katastrophal durchschlagender Wirkung. Bittersalz gab es in unserer Gegend genug; verwendbares Salz dagegen hatten wir bisher nur bei den Stalagmiten im Canyon gefunden. Es wurde klar, daß wir eine größere Expedition zur Salzgewinnung unternehmen mußten.

Vor Jahren hatten wir einmal große Salzkrusten und sehr viel Wild bei einer Quelle an den Goagosbergen gesehen. Das war gut und gern fünfzig Kilometer entfernt. Aber warum sollten wir nicht eine Salz- und Jagdexpedition mit dem Auto unternehmen? Wir zögerten lange, denn eine fünfzig Kilometer lange, frische Autospur bedeutete ein Risiko; außerdem führte eine alte Pad an der Quelle vorbei, und auch das war ein wenig sympathischer Gedanke.

Da unsere Gespräche immer um Jagd und Essen kreisten, lag es nahe, daß wir uns in unseren Gedanken auch mit unseren Waffen beschäftigten. So hätten wir aus unserer Schrotflinte gern eine wirksamere Jagdwaffe gemacht. Schließlich kamen wir auf die Idee, aus dem Schrot Kugeln zu gießen. Wir öffneten zwei Patronen, schmolzen die Bleikügelchen in einer Büchse und gossen das Blei in zwei rundliche Löcher im angefeuchteten Sand. Die unregelmäßigen Klumpen verarbeiteten wir dann mit dem Hammer zu schönen Kugeln. Die fertigen Erzeugnisse keilten wir zwischen hartgeklopften Papierklumpen wieder in die Hülsen. Voll Erwartung versuchten wir zwei Probeschüsse auf etwa zwanzig Meter Entfernung, wobei uns ein Brett als Zielscheibe diente. Beide Schüsse trafen, und die Löcher, die sie rissen, waren erfreulich groß. Ich stellte sofort fünf Kugelpatronen nach dem gleichen Muster her.

Hermann begann mittlerweile unter der zunehmenden Eintönigkeit unseres Lebens zu leiden. Seine erste Zuflucht war die schöne Geige, die während all der Monate unberührt in ihrem schäbigen schwarzen Kasten in einer Nische der Felswand geruht hatte. Oft spielte er, auf dem Steintisch sitzend, lange in die stille Nacht hinaus. Die alte Wüste hatte sicherlich nie solche Melodien vernommen. Das hohe Felsdach tönte unter den dunklen, sehnsüchtigen Rhythmen, und es war, als erklänge die Antwort aus der warmen Tiefe der Erde. Tanzend hoben sich die leichten, beschwingten Passagen zu den Sternen empor. Ich lauschte bekümmert, wußte ich doch, daß das schöne Spiel aus einer friedlosen Seele kam.

Am nächsten Tag gab Hermann sich kurz und sarkastisch. In der folgenden Nacht spielte die Geige so lange, daß ich darüber einschlief.

Und dann kam ein Sonntag. Wir erlaubten uns jeder ein Eckchen Schokolade. Plötzlich sah ich, daß Hermann auch dem Hund ein Stück gab, das so groß war wie unser beider Anteil. Er warf mir dabei einen schnellen Blick zu; zweifellos wußte er, daß mich dieses Verhalten irritieren würde; ja es schien ziemlich sicher, daß er es mindestens zum Teil aus diesem Grunde tat. Das war ein gefährliches Zeichen in unserer Einsamkeit. Ich sagte nichts, aber am Abend brachte ich das Gespräch auf die geplante Salzexpedition. Und diesmal blieb es nicht bei den vagen Erörterungen. Die Geige schwieg in dieser Nacht, und am nächsten Morgen rollten wir den Wagen aus seinem Versteck.

Die Quelle am Rande der Wüste

Schon vor Sonnenaufgang tasteten wir uns mit dem Auto vorsichtig über den messerscharfen Kalkschutt der weiten Flächen. Die Luft war frisch und erregend, der Abbruch des Hochlandes leuchtete wie blaue Seide. Über eine rote Sandfläche rollten wir schneller. Wir sahen keinen Grashalm und keine frische Wildspur. Rotem Damast gleich lag der Sand unter den Lichtfluten der Morgensonne. Unsere Wagenräder schnitten, schnellen Scheren gleich, eine scharfe Spur, die noch monatelang sichtbar sein würde. Danach mußten wir ein großes Riviersystem umfahren, dessen jähe Schluchten wie mit scharfen Krallen in die Kalkflächen geschlagen waren. Immer wieder standen wir unerwartet vor den senkrechten Felsrissen, und immer wieder mußten wir weit nach Westen ausbiegen.

Bald begann die heiße Luft über der blendenden Ebene zu flimmern. In einer Senke mit ein paar bis auf den Grund abgenagten Grasstubben erwartete uns eine Zebraherde mit neugierig gespitzten Ohren. Staubaufwirbelnd verschwanden die Tiere, als der Wind ihnen unsere Witterung zutrug.

Bald nachdem die Schluchten umfahren waren, kreuzten wir die alte Pad, eine einfache Fahrspur im Schuttpanzer der Ebene. Sie wies nicht einmal alte Autospuren auf, was uns sehr beruhigte. Jenseits der Pad zielten wir nach dem Nordende der Goagosberge. Wir fuhren über eine wellige Steinfläche, von einer dünnen Decke von Quarz- und Kalkschutt verhüllt. Hier und da sahen wir winzige Stubben alten Grases, alle paar Meilen tauchte ein flaches Sandrivier mit ein paar dürftigen Kameldornbäumen auf.

In einem solchen Sandrivier blieben wir stecken. Wir versuchten zunächst flott zu werden, ohne Luft aus den Reifen zu lassen. Trägheiten dieser Art lohnen sich selten. Alles Schieben und Fluchen half nichts, der Wagen glitt ab und versank seitlich in einer tieferen Sandkuhle, wo er bis zur Achse feststeckte. Es half alles nichts: Wir mußten Luft ablassen, den Wagen mit dem Wagenheber hochwinden und Steine unter die Räder schieben. Bei der ersten Radumdrehung verschwanden die Steine im tiefen, losen Sand. Wir sahen uns gezwungen, das Auto noch einmal hochzuwinden, größere Steine unterzupacken und die Fahrspur eine ganze Strecke voraus regelrecht zu pflastern. Der Sand war heiß, und die Sonne brannte auf unsere gebeugten Rücken. Wir schafften zwei Meter, dann rutschte der Wagen wieder ab. So ging es zwei- oder dreimal. Vor jedem neuen Fahrversuch mußten wir Otto unter dem Wagen hervorjagen. Er verkroch sich immer wieder dorthin, weil es weit und breit die einzige Stelle war, die etwas Schatten spendete.

Es vergingen gut zwei Stunden, bis wir wieder flott waren und die Reifen wieder aufgepumpt hatten. Obwohl wir ausgedörrt und sandüberpudert waren, wagten wir doch nur ein paar kleine Schlucke aus dem Wassersack zu nehmen, wußten wir doch nicht, ob und wann wir trinkbares Wasser finden würden.

Bald danach begannen wir große Wildwechsel zu kreuzen. Nachdem wir einige geschnitten hatten, wurde es deutlich, daß sie alle sternförmig auf eine kleine schwarze Felskuppe zielten. Dort mußte also irgendwo die Quelle sein. Wir behielten die bisherige Richtung noch eine Weile bei, um aus dem Bereich der Pad zu bleiben. Die Schuttflächen waren trostlos kahl, selbst in den Trockentälern war nicht der spärlichste Grashalm zu sehen.

Auf einem großen Wildwechsel, der einer flachen Wasserscheide folgte, zogen sechs Gemsböcke gemächlich dem Wasser zu. Sie trotteten, ohne sich umzusehen, und wir kamen dicht an sie heran, bevor sie das Auto hörten. Dann jagten sie mit wildem Schnauben davon.

Hinter der kleinen schwarzen Kuppe senkte die Fläche sich stärker und wurde steiniger. Dann blickten wir über einen Hang, der mit düster schimmernden Felsplatten wie mit einem Schuppenhemd gepanzert war, in ein nicht sehr tiefes Tal. Wir erblickten drei große, kugelförmige Ebenholzbüsche auf Teppichen von herrlich dunklem Schatten. An einem kleinen blauen Wasserauge zwischen dünnen grauen Tamarisken standen ein paar graziöse Springböcke. Mehrere Strauße, die uns sofort wahrgenommen hatten, strebten mit langen Schritten den Gegenhang hinauf. Dadurch merkten die Springböcke wohl, daß etwas nicht stimmte. In langen, schwebenden Fluchten zogen sie an uns vorbei, dem Westwind entgegen.

Wie plump und unbeholfen kamen wir uns mit unserem Auto vor! Ich mußte einen Weg durch die Felsplatten suchen und hier und da aussteigen und einen großen Block beiseite wälzen, bis wir schließlich unten waren.

Zu den Ebenholzbüschen mit den dunklen Schatten wagten wir uns nicht. Nur wenig unterhalb mußte sich die alte Pad vorbeiziehen. Wir tarnten den Wagen notdürftig zwischen ein paar Tamarisken und gingen dann das Rivier hinab, um die Quellen zu untersuchen. Der Sand ringsum war von Wildspuren völlig zerwühlt. Wo der blanke Fels des Talbodens zutage trat, sickerte das Wasser aus kleinen Spalten und bildete zwischen den grauen Felsbänken mehrere Tümpel.

Jede Quelle hatte ihren eigenen Geschmack. Eine war salzig, eine andere bitter, eine dritte schmeckte fade und schweflig. Das Wasser war überall so schlecht, daß wir nicht zu schlucken wagten. Schließlich fanden wir in dem größten Tümpel, der im ganzen auch nichts taugte, eine Spalte, aus der zwischen tanzenden Sandkörnchen Wasser sprudelte, das nur wenig bitter schmeckte. Hier tranken wir. Wir behielten einen fad-bitteren Geschmack im Mund.

Auf diesem Tümpel trieben viele Vogelfedern. Hier mußte sich ein Schrotschuß auf die Steppenwachteln* lohnen. In der Abenddämmerung erschienen sie hier sicherlich zu Hunderten.

Unterhalb der Quelltümpel waren Sand und Schotter mit Salz verkrustet, und mehrere Felsrinnen und Becken waren mit weißen Salzkrusten verkleidet. Hier war unser Salz! Freilich wußten wir noch nicht, ob es nicht zu viel Bittersalz enthalten würde.

Innerhalb der nächsten paar hundert Meter trat zwischen spärlichen Tamarisken immer wieder Wasser zu Tage; die Wirkung der Verdunstung war deutlich zu spüren. Jeder weiter abwärts gelegene Tümpel wies einen höheren Salzgehalt auf. Die letzten, nahe der Pad, waren mit nahezu konzentrierter Salzlauge gefüllt. Die Pad zeigte nur Wildspuren; sie war einen guten Kilometer von unserem Lagerplatz entfernt.

Als wir zum Auto zurückkamen, war die Sonne untergegangen, und der Westwind wehte so kalt und so heftig, daß wir uns mit Hilfe des großen Segels einen Windschutz am Wagen bauten.

Während Hermann das Abendessen bereitete, ging ich noch einmal zum Wasser, um mein Glück mit den Steppenwachteln zu versuchen. Wir hatten seit dem Morgen nichts mehr gegessen, und meine Beine wollten mir kaum noch gehorchen. Mit einem Felsblock im Rücken hatte ich freie Schußbahn auf das flache Ufer des Tümpels. Kaum saß ich,

* Namaqua-Flughühner.

als ich auch schon den ersten Wachtelruf vernahm. Bald war die Dämmerung von melodischen Wechselrufen und von Flügelsausen erfüllt. Undeutlich sah ich ringsum die taubengroßen Vögel einfallen. Immer neue Schwärme regneten rufend vom Himmel herab. Leises Glucksen verriet die Stellung der einzelnen Völker auf den Sand- und Schotterbänken. Als es am Himmel still geworden war, begann von allen Seiten eine mehr fühl- als sichtbare, von leisem Glucksen begleitete Bewegung zum Wasser. Dann zerbrach die dunkle Wasserfläche in kleine mattschimmernde Wellen, als die ersten Vögel die Oberfläche berührten. Der Donner des Schusses ging in das wilde Aufbrausen vieler hundert Flügel über. Ich sammelte zweiundzwanzig Vögel auf, genug für fünf Mahlzeiten.

Als wir neben dem Auto in unsere Schlafsäcke krochen, blies der Wind immer noch kalt.

Ich erwachte in der Morgendämmerung. Alles schien sonderbar fremd, wie verzaubert. Das Licht war grau und farblos, die Stille nahe und drückend wie in einem Keller. Die felsigen Talhänge waren verschwunden. Die Luft roch feucht und mild, und die Tamarisken waren ungewöhnlich grün und hatten helle Tropfen an jedem Ästchen.

Nebel! Dichter Nebel! Der starke Westwind hatte den Seenebel über die Wüste heraufgerollt. Ich drehte mich Hermanns Lagerstätte zu und traute abermals meinen Augen nicht. Auf dem Kopfkissen lagen zwei große braune, haarige Kugeln. Ich mußte ein paarmal blinzeln, bis mir klar wurde, daß die eine Hermanns dichter Haarschopf, die andere Ottos nicht weniger haarige Kehrseite war. Die vertrauten Gesichter steckten im Schlafsack und kamen erst auf mein lautes Lachen zum Vorschein.

Die Sonne mußte inzwischen aufgegangen sein. Zartes, rosiges Licht drang durch den wattigen Nebel; die unzähligen Tropfen an den Tamarisken glänzten wie irisierende Opalkügelchen. Nach all den Monaten grellen Lichtes zwischen harten Felsen schien es uns, als seien wir urplötzlich in einen freundlicheren, milderen Kontinent versetzt.

Doch wurde die Illusion etwas gestört, als ich beim Zubereiten des Frühstückes entdeckte, daß sich ein Ring großer, frischer Hyänenspuren in vier Schritt Abstand um unsere Schlafplätze zog. Vielleicht war es ein Glück gewesen, daß Otto zu Hermann in den Schlafsack gekrochen war.

Die steigende Sonne verzehrte den Nebel bald. Die Tamarisken wurden wieder grau, und jeder einzelne Tropfen, der von ihren Zweigen auf das Auto heruntergefallen war, verwandelte sich in einen weißen Salzfleck.

Hermann rupfte die Wachteln in einer Felsspalte, wollten wir doch verhindern, daß die Federn sich über die ganze Gegend verbreiteten. Ich schlich zum unteren Rand des Tamariskengebüsches. Da standen die sechs Gemsböcke vom Vortag am Wasser. Ich erkannte sie leicht, weil eines der Tiere ein abgebrochenes Horn hatte. Diesmal brauchte ich sie nicht zu stören.

Kaum waren ihre langen Spieße über den Höhenzug verschwunden, da tauchten an ihrer Stelle sieben nicht weniger lange Straußenhälse auf. Sie waren noch im Anmarsch, als sich von der anderen Seite her eine Springbockherde den Wassertümpeln näherte. Gleich darauf erschien eine weitere Gemsbockherde, und dann begann ein Kommen und Gehen wie auf dem Markt. Ich machte mir nur langsam klar, daß dies offenbar nichts Außergewöhnliches, sondern ein alltäglicher Vorgang war. Es war dies die einzige Quelle, die nicht in einer engen, den Raubtieren günstigen Schlucht lag und die von den weiten Flächen der Namib direkt erreicht werden konnte. Jetzt in der Trockenzeit war dieses Wasser das

Lebenselixier für viele Hunderte schöner Tiere. So bescheiden war hier das Leben: Schuttflächen, auf denen nichts Grünes mehr wuchs, und ein paar Pfützen mit salzigem Wasser. Und doch verriet jede Bewegung der trinkenden Tiere Kraft und triumphierende Schönheit.

Wann würden wir je wieder eine so günstige Gelegenheit zum Beobachten und Photographieren haben? Salz und Jagd konnten auch noch ein paar Tage warten. Aber wenn wir verweilen wollten, mußten wir einen Wohnplatz finden, der uns wenigstens während gewisser Tageszeiten vor der Sonne schützte.

Ein Stückchen oberhalb engten Felsbastionen das Tal ein. Dort fanden wir unter einer überhängenden Felsplatte eine brauchbare Wohnnische. Während wir totes Geäst und niedergebrochene Schalen des Felsdaches beiseite räumten, stiessen wir auf Knochensplitter, winzige scharfe Steinmesser und zahllose weiße Perlen, kunstvoll aus Straußeneierschalen gefertigt. Wir befanden uns auf einem alten Buschmänner-Wohnplatz. Einen besseren Ort für die kleinen Jäger hätte man sich auch kaum denken können. Die wildreiche Quelle war in der Nähe. Von der Höhe des Felsens ließ sich die ganze Talstrecke mit den Quellen überblicken, und von allen Seien führten die Wildwechsel heran, so daß sich bei jeder Windrichtung ein geeigneter Ansitz fand. Wie viele fette Markknochen mochte das kleine Volk hier am Feuer geröstet haben! Wie oft wurden hier nach hungrigen Tagen die faltigen Bäuche mit saftigem Fleisch gefüllt? In den Mondnächten, nach faulen, zufriedenen Tagen, hatten die kleinen Füße dann wohl im silbernen Riviersand zwischen grauen Tamarisken im Rhythmus uralter Tänze gestampft, während die Hyänen in den Felsen heulten. Wer mochte das harmlose Völkchen aus diesem Gebiet vertrieben haben? Weißen Siedlern und Jägern war es hier immer zu unwirtlich gewesen. Vermutlich waren es die Hottentottenkrieger Hendrik Witboois, die auf ihren Raubzügen ins Hereroland dieses Gebiet der Namib oft durchzogen hatten.

Wir schliefen noch einmal neben dem Auto. Otto hatten wir, um ihn vor den Hyänen zu schützen, in die Kabine gesteckt; das Fenster hatten wir offen gelassen. Die Nachtstille wurde immer wieder durch das Stampfen und Schnaufen von Zebraherden, das Jaulen von Schakalen und das scheußliche Meckern von Hyänen zerrissen.

Ich wurde aus einem häßlichen Traum dadurch aufgeweckt, daß mir etwas mit furchtbarer Gewalt auf den Rücken sprang. Mit gellendem Schrei fuhr ich auf, fest überzeugt, im nächsten Augenblick die Zähne einer Hyäne im Nacken zu spüren. Und dann sah ich in die unschuldigen Augen von Otto, der mich verwundert ansah. Er war mir durch das Fenster auf den Rücken gesprungen. Hermann wollte sich ausschütten vor Lachen.

Es folgten Tage, randvoll mit heißer Sonne und phantastischen Erlebnissen ungezähmten Lebens. Wir hatten uns östlich und westlich der Quellen an den Felswänden kleine Steinschanzen gebaut. Vormittags konnten wir bei Ostwind auf der Westseite, nachmittags bei Westwind auf der Ostseite sitzen, die Tiere beobachten und photographieren. Nachts kamen nur Zebras und Raubtiere zum Wasser. Von dem Leoparden, der regelmäßig hier trank, bekamen wir nur die runden Pfotenabdrücke zu Gesicht. Aber im Morgengrauen schlichen zwei scheußliche Hyänen zu den Schlupfwinkeln der tiefer gelegenen Schluchten hinab. Schon bei Sonnenaufgang erschien in der Regel die erste Springbockherde auf der Höhe. Aber zum Wasser herunter kamen die Tiere dann noch nicht. Eine gute Stunde lang standen sie nur umher, gingen ab und zu ein paar langsame Schritte und ließen ihre Blicke immer wieder über das Tal und die Quellen gleiten, vermutlich, um sicher zu sein, daß sich keine größeren Raubtiere mehr in der Nachbarschaft aufhielten. Oft kreuzte um diese Zeit ein Schakal, eifrig schnuppernd, das Tal. Wir dachten zunächst, die Springböcke warteten darauf, daß er verschwinden möchte; später erkannten wir, daß ihnen der Schakal vollkommen gleichgültig war.

Es wurde halb zehn, bis die erste Springbockherde langsam im Gänsemarsch an einer offenen und übersichtlichen Stelle das Tal betrat. Dann verteilten sich die Antilopen sogleich, tranken von verschieden schmeckenden Quellen und konnten sich offenbar nur schwer entschließen, das Wasser wieder zu verlassen, auch wenn ihr Durst gelöscht war.

Gegen zehn Uhr kamen dann die Steppenwachteln, und zwar jedes Volk für sich, nicht, wie in der Abenddämmerung, alle zusammen. Gemsböcke traten auf, einzeln, zu zweit oder in größeren Gruppen, Strauße und neue Springbockherden. Sie alle tranken friedlich nebeneinander und wandelten gemächlich umher. Für uns war es ein einmaliges Erlebnis, alle diese Tiere, die wir fast immer nur auf schneller Flucht erblickt hatten, aus nächster Nähe zu sehen.

Um elf Uhr begann der Hochbetrieb mit kommenden und gehenden Herden an den Talhängen und mit Tieren an allen Wasserstellen. Gegen zwölf Uhr wurde es stiller, und zwischen halb eins und drei sah man nur selten ein Tier am Wasser. Doch einmal zählten wir mittags 156 Strauße an den Tümpeln, eine große, schwarze Masse mit einem Wald schlangengleicher Hälse. Am Nachmittag kamen dann wieder neue Herden, aber nie in solcher Anzahl wie an den Vormittagen. Der Alltag der Tiere hatte seinen geregelten Lauf, von dem feurigen Bogen der Wüstensonne bestimmt.

Es gab auch heitere Überraschungen mancher Art. Wir stellten wieder fest, daß uns die Zebras und Antilopen nicht auszumachen vermochten, wenn wir ganz still saßen, selbst dann nicht, wenn wir nicht getarnt waren. Oft sahen wir staunend und mit klopfendem Herzen, wie ein Gemsbock oder ein Springbock uns aus ein paar Meter Entfernung voll ins Gesicht sah, und immer wieder folgte der Spannung ungläubiges Staunen, wenn das Tier sich ruhig abwandte und weiter zum Wasser ging. Die Strauße verhielten sich anders; ihr Seh- und Erkennungsvermögen grenzte ans Wunderbare.

Wir hatten in unserer Photographierschanze drei schmale, etwa vierzig Zentimeter lange Schlitze gelassen. Als wir am ersten Morgen auf der Lauer saßen, kam schon ziemlich früh ein Straußenhahn mit zwei Hennen den gegenüberliegenden Talhang herab. Er war noch etwa vierhundert Meter weit von uns entfernt, als er plötzlich stehenblieb und zu uns herübersah. Konnte er uns gesehen haben? Eine Bewegung durch die schmalen Schlitze unserer Schanzen vielleicht?

Das wäre auf diese Entfernung kaum mit dem achtfachen Fernglas möglich gewesen. Und selbst wenn er eine Bewegung festgestellt haben sollte, wie konnte er wissen, daß sie nicht von einem Klippdachs oder einer der vielen Felsratten herrührte, die in den Spalten hausten? Vielleicht hatte ihn etwas anderes beunruhigt? Die Hennen blieben stehen, der Hahn ging, ohne näherzukommen, ein Stück am Hang hin und her, und es war kein Zweifel daran, daß er bestrebt war, die Schanze aus verschiedenen Blickwinkeln zu beobachten.

Wir hatten während dieser Inspektion ganz still gesessen, aber der Argwohn des Hahnes blieb; er kam nicht näher. Er ging dann und wann ein paar Schritte und blieb dann wieder stehen, aber er äugte unausgesetzt zu uns herüber. Die Hennen ließen sich schließlich nieder. Wir gaben flüsternd unserem Erstaunen Ausdruck. Aber dies war erst der Auftakt zu einer noch merkwürdigeren Begebenheit.

Etwa eine Stunde später kamen fünf Strauße auf demselben Wildpfad heran. Sie waren weniger aufmerksam, hielten besondere Vorsicht wohl auch für unnötig, da sich viele Springböcke und Gemsböcke am Wasser befanden. Plötzlich vertrat der fremde Hahn ihnen den Weg, wobei er seine Flügel kurz ausbreitete. Es sah wahrhaftig aus, als spreize ein Mensch seine Arme, um andere am Weitergehen zu hindern; eine unmißverständliche Geste. Die Neuankömmlinge hielten und äugten nun auch zu uns herüber. Der Hahn trat wieder zu seinen beiden Hennen, die noch immer im Sand saßen.

Wir sahen uns wortlos an. Diese grotesken Vögel hatten also nicht nur Augen von phantastischer Schärfe, sie besaßen sogar etwas wie ein Verantwortungsgefühl, das sich selbst auf fremde Herden erstreckte. Zum Wasser kamen die Strauße nicht; sie marschierten gegen Mittag ab, ohne getrunken zu haben.

Am Nachmittag erblickten wir abermals eine Straußenherde. Da verkleinerten wir unsere Schlitze. Und nun gingen alle Strauße zum Wasser.

Eines Tages kam der Schakal später als sonst; an den Salzwasserlöchern befand sich bereits eine große Springbockherde. Wir erwarteten, daß der Schakal sich nun langsam heranschleichen würde; er dachte gar nicht daran: Offen und frei lief er auf die Antilopen zu. Und die Springböcke dachten ihrerseits auch nicht daran, nun erschrocken davonzujagen, sie blieben ruhig stehen und wandten nicht einmal die Köpfe, als der Schakal zwischen ihnen hindurchlief wie ein Schäferhund durch eine Schafherde.

Für uns bedeutete das eine neue Erkenntnis. Die Springböcke kannten also keine instinktive Furcht vor dem Raubtier oder dem Raubtiergeruch. Die Tiere kannten einander und wußten genau, was der andere vermochte. Der Schakal, der jeden kranken oder verwundeten Springbock angefallen hätte, wußte, daß er nicht die geringste Aussicht hatte, ein gesundes Tier zu überwältigen. Was aber noch erstaunlicher war: Die Springböcke wußten auch, daß der Schakal erst gar nicht versuchen würde, sie anzugreifen.

Die Entfernung war leider für eine Aufnahme zu groß. Ein paar Tage später gelang es uns dann, Schakal und Gemsbock am selben Wasserloch zu photographieren.

Es gab jeden Tag irgendein besonderes Vorkommnis. Einmal schwebten zehn große weiße Geier von Norden in rascher Folge zum Wasser herab. Hatte vielleicht irgendwo in der Nähe der Leopard nächtlich eine Beute geschlagen? Einmal vermischten sich zwei Springbockherden, als sie nach Sonnenaufgang die übliche Wartezeit am Talhang verbrachten. Da begannen zwei Ramme miteinander zu kämpfen. Sie waren ganz langsam aufeinander zugegangen. Plötzlich krachten die schweren gebogenen Hörner aufeinander. Drei-, viermal hallten die Schläge, die Hörner hakten sich ineinander, und jedes der Tiere versuchte, dem anderen den Kopf nach unten zu drehen. Mühsam nur vermochte der schwächere Bock sich schließlich zu befreien; demütig zog er sich hinter die anderen Tiere zurück.

Ganz anders spielte sich ein Kampf zwischen zwei Gemsbockbullen ab. Der eine hatte Salz geleckt, während der andere herankam. Nur die starre Aufmerksamkeit, mit der er erwartet wurde, ließ erkennen, daß es sich hier um keine freundschaftliche Annäherung handelte. Einen Augenblick standen sie still einander gegenüber. Die langen, gefährlichen Spieße glänzten wie gezückte Schwerter in der Sonne. Dann senkten sich die Köpfe, Stirn drückte sich gegen Stirn. Die starken Nackenmuskeln zuckten, streifende Sonnenstrahlen modellierten die gespannten Keulen. Wir sahen verblüfft zu: Was sollte das heißen? Gebrauchten die wehrhaften Tiere ihre gefährlichen Spieße nicht gegeneinander? Doch, sie taten es. Blitzschnell hatte der rechte Bock seinen Kopf beiseite genommen und versuchte, den Gegner in die Flanke zu stoßen. Der andere parierte ebenso schnell. Er schlug die vorzuckenden Hörner beiseite und stieß seinerseits zu. War das ein Gefecht! Wie auf Mensur hielten die beiden Kämpen ihren Grund. Finte, Stoß, blitzschnelles Parieren folgten einander. Gleich einer Serie peitschender Pistolenschüsse knallten die Spieße gegeneinander. Zehn, fünfzehn Sekunden vergingen, dann standen die beiden plötzlich wieder Stirn gegen Stirn, mit den blasenden Nüstern dicht über dem Boden. Ein neues Gefecht folgte. Sie parierten beide so geschickt, daß es keinem gelang, den anderen zu verletzen. Jetzt begann der rechte Bock anscheinend zu ermüden. Mit einknickenden Hinterbeinen begann er zu weichen. Und dann flüchtete er auch schon in wildem Galopp. Der Sieger folgte ihm ein kurzes Stück mit triumphierend schlagendem Schwanz und gab dann die Verfolgung auf.

Eine andere Szene, bei der wir Mühe hatten, uns das Lachen zu verbeißen: Ein Trupp von etwa dreißig Straußen hatte getrunken. Jetzt standen sie neben dem Wasser auf dem Sand. Einige putzten an ihrem Gefieder, ein paar Hennen hatten sich niedergelassen. Plötzlich traten die Hähne zu einer lockeren kreisförmigen Gruppe zusammen. Einige begannen sich auf ihren prallen weißen Schenkeln zu wiegen, andere folgten ihrem Beispiel. Jetzt verneigten sich zwei Hähne in bedächtigem Rhythmus, die Flügel öffnend und schliessend, voreinander. Immer mehr Bewegung kam in die Vögel, bis sie schließlich alle am Tanz beteiligt waren. Sie wiegten sich hin und her, fächerten mit den Flügeln, wogten mit den Hälsen und zischten aus weit geöffneten Schnäbeln.

Was für ein Ballett! Wippende schwarze Federröckchen über starken weißen Schenkeln, balancierende Arme in zart wehende Federschleier gehüllt; alles erinnerte an Tänzerinnen. Aber an Stelle lachender, von Locken umwirbelter Gesichter schaukelte ein gespenstischer Wald langer Hälse und starrer, nackter Vogelköpfe über dem fast menschlich anmutenden Tanz. Ein lächerliches, groteskes Ballett in heißer Wüstenschlucht, eine surrealistische Pantomime unter gleißender Sonne.

Die Hennen hatten während des Tanzes unbeteiligt dabeigestanden. Als er zu Ende war, marschierte die ganze Gesellschaft im Gänsemarsch langsam davon. – Was aber hatte der groteske Tanz zu bedeuten? Ein Balztanz war es sicherlich nicht gewesen, also war es ein Ausdruck der Lebensfreude, während dreißig Kilometer im Umkreis kein grünes Blättchen wuchs. So stark war hier draußen in gnadenloser Wüste das Leben!

Es gab auch Eigenbrötler unter den Tieren. Wieder einmal befanden sich Strauße am Wasser. Ein verspätetes Zebra war laut trappsend den felsigen Pfad heruntergekommen. Während es gierig trank, kam von der anderen Seite ein einzelner Gemsbockbulle heran. Es war reichlich Platz am Tümpel, und schon oft hatten hier die verschiedensten Tiere friedlich nebeneinander getrunken. Aber der Gemsbock wollte von der Gesellschaft nichts wissen. Er stand einen Augenblick dem Zebra gegenüber, dann schritt er um den Tümpel herum und schwang drohend seine gefährlichen Spieße. Das durstige Zebra warf ihm nur einen kurzen Blick zu, dann trollte es sich und ging zu einer anderen Pfütze.

Der Bulle hatte seine Schnauze schon beinahe im Wasser, da gewahrte er eine Straußenhenne, die sich in der Nähe niedergelassen hatte. Er hob den Kopf und rannte mit gesenkten Hörnern auf den Vogel zu, der, sich schnell erhebend, mit schlagenden Flügeln beiseite torkelte. Die Henne schien indessen nicht sehr beunruhigt, denn schon nach wenigen Schritten blieb sie stehen. Der Bulle blickte herausfordernd in die Runde und entschloß sich dann zu trinken.

Gemsbockkühe und -bullen gingen zu dieser Jahreszeit getrennt. Es mochte sein, daß die Bullen sich entsprechend ihrer Stärke zusammentaten. Jedenfalls bestaunten wir einen Trupp von fünf gewaltigen Bullen, die wir sogleich »Schwergewichtler« tauften. Die Gruppe, anscheinend die stärksten Bullen der ganzen Gegend, war schon von weitem kenntlich; der Leitbulle hatte Hörner, die fast rechtwinklig auseinandergespreizt waren, bei einem anderen standen sie ganz eng zusammen. Was für herrliche Tiere! Aus jeder ihrer Bewegungen sprachen Kraft und Selbstbewußtsein. Die anderen Bullen gingen ihnen aus dem Weg.

Von den »Schwergewichtlern« lernten wir, daß die Gemsböcke in einem vier- bis fünftägigen Turnus zum Wasser kamen. Wir haben keinen von ihnen geschossen; sie waren zu schön.

Morgens kamen die meisten Tiere bei Ostwind von Osten, nachmittags – bei Westwind – kamen sie von Westen. Das widersprach früheren Beobachtungen, nach denen die Tiere mit Vorliebe gegen den Wind weideten und wanderten, eine gut verständliche Gewohnheit, die garantierte, daß der Wind sie warnte, wenn sie sich einer Gefahr näherten. Warum nun dieses gegensätzliche Verhalten beim Besuch des Wassers? Die Erklärung war denkbar einfach. Unsere Gegenwart bildete die Ursache. Eines Nachmittags blickte ich mit dem Glas in die Runde. Tiere kamen und gingen. Auch von Osten näherten sich zwei Gemsbockherden. Sie waren noch an die zwei

Kilometer entfernt, als die vordersten Tiere schreckten. Wie von unsichtbarer Hand herumgerissen, machte die Herde kehrt und preschte davon. Die zweite Herde sah die Flucht und folgte unverzüglich. Unwillkürlich ließ ich das Glas über das Vorfeld schweifen, um zu sehen, was die Tiere erschreckt haben könnte. Aber da war nichts. Sofort war mir die Ursache der Flucht klar: Die Gemsböcke waren in den Wind gelaufen, der über unser Lager strich. Natürlich hatten wir gewußt, daß alle großen Säugetiere feine Nasen haben, aber daß unsere Gegenwart einen ganzen Geländestreifen auf mehrere Kilometer Entfernung zu sperren vermochte, war immerhin bemerkenswert. Die Feststellung war für uns lebenswichtig, mußten wir doch von den Tieren leben, und unsere Pistole erlaubte ja keinen viel weiteren Schuß als ehemals der Giftpfeil der Buschmannjäger.

Wir lernten dadurch, daß wir die Tiere Tag für Tag beobachteten, noch mancherlei. Wir lernten es, ihre jeweilige Stimmung zu erkennen und ihr Vorhaben zu erraten, und zwar einfach aus der Haltung des Kopfes, aus der Art, die Hufe zu setzen, ja aus der geringsten Bewegung von Schwanz und Ohr. Wir wurden vertraut mit dem Wesen und dem Verhalten der Tiere, wie man vertraute Menschen versteht, ohne daß Worte nötig wären.

Unsere Augen waren nicht die einzigen, die das bunte Leben beobachteten. In unsichtbarer Höhe kreisten ohne Unterlaß die großen Aasgeier. Um leben zu können, warteten sie auf den Tod, und ihren scharfen Augen entging nichts. Eines Tages wurden wir eindringlich daran erinnert. Wir hatten einen Springbock geschossen, trugen ihn zum Lager und legten den Kopf unter einen Busch. Als wir nach einer Viertelstunde zurückkamen, war der Kopf verschwunden.

Die Tage vergingen uns wie im Fluge. Alles Leben schien neu, wunderbar und erregend, so ungeheuer war der Gegensatz zwischen der toten, sonnendurchglühten Felsenlandschaft und den schönen, schnellen Bewohnern der Steppe, die, dem vielfältig lauernden Tode trotzend, sich spielend und übermütig ihres Lebens freuten.

Abends leuchtete von unserem Feuer die rote Kohle vom schwarzen Kernholz der Tsawisbüsche. Eine große Eule strich lautlos um die Felsen, ab und zu knirschte der Sand des Riviers unter dem weichen Schritt eines Raubtieres, oder wachsame Augen leuchteten aus dem Dunkel. Immer war uns fremdes Leben nahe, und immer war es von irgendwelcher Bedeutung, so daß für uns schließlich der Begriff des Lebens selbst eine neue Bedeutung gewann.

In unseren Gesprächen kam das zum Ausdruck. Wie wunderbar schien es doch, daß das Leben, dereinst nur im Meere heimisch, sich die unbarmherzige Wüste zu erobern vermochte! Wie eindringlich neu war die Erfahrung, daß die Natur keine Einheit war. Konnte es einen größeren Gegensatz geben als die alte Wüste mit ihren langsam zerbröckelnden Felsen und dem ewig jungen Leben, das hier tagein, tagaus in Freude und Schönheit den unbarmherzigen Gegensätzen der toten Materie trotzte? In dieser alten Landschaft hatten die physikalischen Gesetze von Erde und Weltall seit Jahrmillionen unbeschränkt geherrscht, und all ihr Werk war Zerstörung gewesen. In denselben Jahrmillionen aber hatte sich das Leben, obwohl diesen Gesetzen genauso unterworfen, triumphierend und vielgestaltig entwickelt. Nie war uns das Leben wunderbarer und rätselhafter erschienen als in dieser kargen Schlucht am Rande der Wüste. In dem freundlichen Klima fruchtbarer Länder hat es geschienen, als entwickle sich das Leben in Harmonie mit dem physikalischen und chemischen Geschehen. Jetzt standen wir plötzlich vor der Erkenntnis, daß das Leben dem allgemeinen Ablauf zu trotzen vermochte, daß es eigenwillig emporstrebte, feindlichen Gesetzen zum Trotz, denn ringsum zerstörten planetare, lebensfeindliche Kräfte die harten Felsen des Kontinents, aber über die weiten Flächen tanzten schlanke Antilopen, und ihre silbernen Prunkhaare wehten triumphierend im trockenen Wüstenwind.

Lebende und tote Materie lagen hier so offensichtlich im Streit, und die beseelte Materie verfügte so offensichtlich über Eigenschaften und Fähigkeiten, die weit über alles hinausgingen, was die toten Elemente und ihre unveränderlichen Gesetze vermochten, daß uns die kahle Steppe belebter erschien als ein rauschender Wald.

Wie war es möglich gewesen, daß den Naturwissenschaftlern ein ganzes Jahrhundert lang die Natur als eine harmonische Einheit erscheinen konnte, selbst fast so göttlich, daß sie eines Gottes nicht mehr zu bedürfen schien? Nun, solange das Wort Natur fest mit den grünen Wäldern und den blumigen Wiesen unserer Kindheit verknüpft war, hatte diese Vorstellung ja auch unserem Gefühl entsprochen. Lange Forschungsfahrten in die Wüste mit gefüllten Wasserfässern und Proviantkisten hatten ihr nicht viel anzuhaben vermocht. Erst jetzt, da die Wüste begann, uns zur Heimat zu werden, verdorrte sie langsam.

Aus der neuen Perspektive erschienen fruchtbare Länder nicht mehr als selbstverständliches Geschenk mütterlicher Natur. Wir wußten nun, es waren Länder, die das Leben in Jahrmillionen bitterster Kämpfe unterworfen und durchdrungen hatte. Einst, als das Leben noch auf das Meer beschränkt war, waren alle Kontinente wüst und leer gewesen, eisige Pole, rote Wüsten unter den Wendekreisen und nackter Fels oder trostlose Lehm- und Schotterebenen in den gemäßigten Zonen. Damals waren die feuchten Wüsten dem Leben feindlicher als die trockenen heute.

Mit neuen Augen sahen wir Wüste und Welt. Neue Fragen waren zwischen die funkelnden Sterne geschrieben. Abenteuer des Geistes lockten in den kahlen Bergen und Schluchten. War nicht, was uns hier bewegte, ein erstaunlicher Beweis für die wunderbare Fähigkeit des Lebens, selbst aus dem kärglichsten Boden die Kraft für mehr als das bloße Leben zu gewinnen? Wir durften uns verwandt fühlen mit Tieren und Pflanzen, die der Wüste Freude und Schönheit abrangen. Wir waren nicht mehr einsam in der ungeheuren Weite.

Zwei Wochen waren mittlerweile vergangen. Der salzverkrustete Sand des Riviers trug an vielen Stellen unsere Fußspuren. Es schien uns nicht ratsam, noch länger in der Nähe der alten Pad zu verweilen.

Wir brauchten Salz und Fleisch. Ein Sack voll Salz war schnell zusammengekratzt. Es war kein reines Kochsalz; wir konnten im Augenblick nur vermuten, welche Arten von Bittersalzen dabei waren. Das Fleisch, das wir im Wasser der Quelle kochten, wurde jedenfalls ziegelrot und bekam schneeweiße Häute und Sehnen. Nun, wir würden das Salz eben noch umkristallisieren müssen; geschadet schien es uns bisher nicht zu haben.

Mit den aus Schrot gefertigten Kugeln erlegte ich zwei fette Gemsböcke aus zwanzig Schritt Entfernung. Wir ließen das Fleisch in der Nacht noch auskühlen. In der Morgendämmerung verpackten wir es dann in den Häuten und bedeckten diese noch mit unserem Bettzeug. Aus der ersten Springbockherde, die zum Wasser kam, schossen wir noch einen Bock heraus. Am Mittag waren wir wieder in unserer Höhle.

Arbeit

Ein Berg von Fleisch lag unter Häuten und Bettzeug auf dem Auto, er versprach uns Wochen ohne Hunger. Aber das Fleisch mußte zunächst verarbeitet werden, und zwar so schnell wie möglich. Unter diesen Umständen war nicht daran zu denken, den Wagen wieder in die Autoschlucht zu bringen. Eine notdürftige Tarnung mit der Segelplane und ein paar trockenen Balsambüschen mußte genügen. Bettzeug und Kochgeschirre, dazu über fünf Zentner Fleisch, Knochen und Häute mußten über den fünfhundert Meter langen Felspfad vom Auto zur Höhle getragen werden. Als wir es geschafft hatten, waren unsere Hemden bretthart von Blut und Schweiß, und jeder Platz in der Höhle war mit Fleisch bepackt oder behängt.

Worin sollten wir das viele Rauchfleisch pökeln? Wir hatten nicht genügend leere Benzinkanister. Wir konnten es auch nicht in der Haut pökeln, wie wir es bei dem Bullen gemacht hatten, denn hier fehlte der Sand, in den wir die Haut hätten eingraben können. Wir dachten schon nach einem geeigneten Felsloch Ausschau zu halten, als wir den Tropenkoffer entdeckten, der uns als Tisch diente. Als wir den Inhalt herausnahmen, stellten wir fest, daß der Koffer geplatzt war. Ich lötete ihn, während Hermann das Fleisch zerschnitt und alles Fett in der Waschschüssel sammelte.

Doch wie sollten wir das Fleisch pökeln und räuchern? Das Bullen-Rauchfleisch war zu salzig geraten, trotzdem waren einige Stücke davon verdorben. Jetzt war es viel wärmer und die Gefahr des Schlechtwerdens noch größer. Wir glaubten zu wissen, daß vor allem Lymph- und Blutreste in Gefahr waren, leicht zu verderben. Konnten wir diese verderblichen

Säfte nicht herauspressen, das Fleisch trockenpökeln und mit Steinen beschweren, um es dann kurz und scharf wie Fische zu räuchern? Es wäre freilich schlimm, wenn der Versuch mißriete. Aber versalzenes Rauchfleisch ohne Zukost ließ sich jetzt, da es warm wurde, kaum noch herunterwürgen; es mußte versucht werden. Lagenweise packten wir die schönen roten Muskelstücke in den Blechkasten und streuten nur wenig Salz dazwischen. Auf das Fleisch legten wir Bretter von der gefundenen alten Proviantkiste und beschwerten das Ganze mit Steinen.

Nachdem die Arbeit getan war, mußte noch der Springbock abgezogen und zerlegt werden. Es war dunkel, als wir unsere Betten gemacht hatten; dabei hatten wir noch nicht einmal daran gedacht, die Batterie aus dem Auto zu holen, um zu hören, was inzwischen in der Welt passiert war.

Am nächsten Tag brach die Achse der kleinen Fleischmühle. Die Reparatur nahm fast den ganzen Tag in Anspruch. Hermann briet das Markfett aus und begann, »Oxo« zu kochen, und wir räucherten noch bis Mitternacht. Als wir endlich ins Bett gingen, wußten wir immer noch nicht, was in der Welt vorging.

Am Morgen packten wir die gut ausgekühlten Rauchfleischstücke wieder in den Koffer und beschwerten sie noch einmal mit Steinen. Den ausgepreßten Saft hatten wir weggeschüttet. Wir brachten das Auto in das Versteck und kamen mit der sorgfältig gesicherten Batterie zurück. Nachmittags dickten wir den Fleischextrakt weiter ein. Das ausgekochte Fleisch drehten wir durch die Mühle und trockneten es auf einem Pappkarton. – Wenn man an die kümmerliche Weide der Tiere denkt, war unsere Ausbeute an Fett zweifellos gut. Wir erhielten eineinhalb Büchsen Markfett und etwas über vier Pfund anderes Fett.

Während wir bis tief in die Nacht hinein unsere Räucherarbeit fortsetzten, hörten wir Radio. London berichtete von dem Luftkampf um England, und Berlin schilderte begeistert den Anblick brennender englischer Städte. Würde hier die Entscheidung des Krieges fallen?

Viel näher berührte uns die Frage, wie es im Kuiseb aussehen mochte. War das Wasser weiter gesunken? Lebte unser kleiner Garten noch? Nach dem Frühstück stiegen wir in die Unterwelt hinab. Der Anblick unseres Wasserkolkes verschlug uns fast den Atem. Der Fischteich war nur noch eine schillernde Pfütze, auf der ein paar stinkende, von Fliegen bedeckte Karpfen trieben. Im Trinkwasserkolk war das Wasser so weit zurückgegangen, daß die Grenze, an der der Schotter des Rivierbettes den Fels überlagerte, frei lag. Nur an einer Stelle sickerte noch ein Wasserfaden aus dem Schotter in das tiefere Felsbecken hinab; er war so dünn, daß wir dachten, er müsse jeden Augenblick reißen.

Das war schlimmer, als wir erwartet hatten. Jeden Tag konnte der Wasserzufluß ganz aufhören. Ob es Sinn hatte, in der Nähe einen Brunnen im Kies zu graben? Würden wir etwa gezwungen sein, das Wasser aus einem der größeren, weiter entfernten Kolke zu holen? Und wenn die auch austrockneten? Die dunklen Felswände begannen sich plötzlich gefährlich um uns zu türmen. Unheilvoll lastete die Sonne auf unseren Schultern. Wie oft wurde die Sonne nicht die Mutter des Lebens genannt! Hier in der Wüste war sie es wahrlich nicht.

Im Garten sah es etwas besser aus; das Wasser war hier nur wenig gesunken. Wir konnten sogar ein paar Radieschen ernten. Erfreulich waren zwei Beetreihen mit jungem Karottengrün und mit Mangoldblättern anzusehen; auch zwei zehn Zentimeter hohe Tomatenstauden betrachteten wir liebevoll.

Hermann glaubte außerdem noch drei Tabakkeimlinge entdeckt zu haben. So faßten wir denn wieder etwas Mut und stiegen mit leichterem Herzen zur Höhle hinauf.

Wir mußten nun vor allem versuchen, das mitgebrachte Salz zu reinigen; unsere alten Vorräte gingen zu Ende. Wir gedachten das Salz aufzulösen, die Lösung langsam zu verdampfen und das Kochsalz zu ernten, bevor der Rest der Lösung verdampft war. Das Verdampfen wollten wir der Sonne überlassen.

In der kleinen Schlucht unterhalb der Höhle säuberten wir einen flachen Felskolk. Wir lösten das Salz in einem Benzinkanister auf und seibten die Lauge durch ein Tuch in die Felspfanne. Es ging etwa die Hälfte hinein. Schon am anderen Morgen waren die ersten kleinen Salzwürfel zu sehen, am Morgen darauf war der ganze Boden mit Salz bedeckt. Die Lauge darüber war ölig und brennend bitter. Das herausgelöste Salz klebte von der Bitterlauge. Wir wuschen es ab und waren, nachdem es getrocknet war, mit dem Ergebnis unserer Arbeit recht zufrieden.

Wir hatten überhaupt Grund, zufrieden zu sein. Unsere Höhle war wohnlich. Die langen Girlanden von braunem Rauchfleisch dünkten uns ein köstlicher Schmuck. Im Fliegenschrank standen die Büchsen mit Fett und Fleischextrakt, das Fleischmehl war gut getrocknet, und Otto war unumschränkter Eigentümer eines solchen Haufens von Knochen, daß er es nicht einmal für nötig hielt, einen Teil seiner Schätze zu vergraben.

Spuren im Sand

In der Wüste reicht der Regenfall nie aus, um eine geschlossene Pflanzendecke zu ernähren. Selbst nach einer guten Regenzeit stehen die einzelnen Grasbüschel meterweit auseinander; dazwischen liegen Felsbrocken und loser Sand. Auf dem Sand aber hinterläßt jedes Tier seine charakteristische Spur. Jede sandige Stelle in der Wüste ist eine Schreibtafel des Lebens. Und wer gezwungen ist, hier zu leben, der lernt schnell und ganz von selbst, die Schrift der Hufe, Klauen und Pfoten zu entziffern; bald wird es zur selbstverständlichen Gewohnheit, darauf zu achten. Ab und zu wischt starker Wind die ganze Tafel aus und zieht feine Wellenzeichen darüber. Am nächsten Morgen sind die Ereignisse der Nacht wieder vom Sand abzulesen.

Nicht alle Spuren, auf die man stößt, machen Freude. Es war nicht lange nach der Erforschung des versteinerten Sees, als, auf dem Weg zum Garten, Hermann plötzlich stehenblieb. Er machte ein so entsetztes Gesicht, als läge eine giftige Schlange vor seinem Fuß mit zum Bisse erhobenem Kopf. Und dann sagte er ganz leise: »Eine Kaffernspur«

Ich sah es nun auch: Die Abdrücke nackter Füße, nicht von einem, sondern von drei Menschen, führten in dem weissen Sand talwärts. Waren hier Eingeborene gegangen, die von der Polizei ausgeschickt worden waren, um nach uns zu suchen? Sie mußten unsere Spuren, sie mußten unseren Garten gesehen haben. Wir blickten die Fußabdrücke an, als handle es sich um die Spuren von Kannibalen. Sie stammten von kleinen, schmalen Füßen, also von Hottentotten. Wir wußten, daß am unteren Kuiseb, hinter Walvisbai, Hottentotten wohnten. Vielleicht stammten die drei von einer Farm und waren auf dem Wege zu einem Verwandtenbesuch. Vielleicht befanden sie sich selbst auf der Flucht vor der Polizei. Aber was half uns das? Auch dann würden sie ohne Zweifel weitererzählen, daß hier am Kuiseb Weiße lebten, die sogar einen Garten angelegt hätten. Und bei der Geschwätzigkeit der Eingeborenen würde es nicht lange dauern, bis die Polizei von diesem Gerede erfuhr.

Wir gingen niedergeschlagen weiter. Die Spuren berührten den Garten nicht, sie blieben in der Mitte des Tales. Trotzdem: Der Garten mit seinem Zaun von Anabäumen war schlechterdings nicht zu übersehen, und unsere zahlreichen Fußspuren auch nicht. Die Tomatenstauden machten uns keine Freude mehr. Wir saßen eine ganze Weile stumm im Schatten der Felswand; jeder von uns wußte, was der andere dachte.

»Wir baden vielleicht noch einmal, bevor wir gehen«, sagte Hermann. »Wer weiß, wann wir wieder genug Wasser haben werden.«

Es war ausgesprochen: Wir mußten unseren Wohnplatz aufgeben.

In der Höhle brauten wir uns erst einmal einen tröstenden Kaffee. Während wir ihn tranken, besprachen wir die Lage. Wohin konnten wir gehen? In den wilden Seitenschluchten des Swakoptales mußte es noch die eine oder andere Wasserstelle geben, aber im Swakoptal selbst befanden sich Ansiedlungen; also würden immer wieder Eingeborene auf der Suche nach Vieh oder Honig dort umherstreifen. Der Gaub-Canyon wäre geeignet gewesen, aber der Zugang zu ihm war uns durch den Kuiseb gesperrt. Vielleicht zum Ugab, westlich des Brandberges? Dort gab es zuwenig Wild, auch war es unsicher, ob unser Benzin so weit reichte. Die wildreiche Goagosquelle lag zu exponiert, aber auf der Ostseite der Goagosberge mochte es noch ein paar kleine Wasserquellen geben. Doch die mußten erst einmal gefunden werden, und dann war es unsicher, ob wir mit dem Wagen hinkamen.

Eine wichtige Frage war, wieviel Zeit wir haben würden. Waren die Eingeborenen von der Polizei ausgesandt, dann wurde es höchste Zeit, zu verschwinden. Aber warum waren die Kerle dann nicht umgekehrt, nachdem sie unseren Garten gesehen hatten? Waren sie vielleicht schlau genug gewesen, erst weiter unterhalb aus dem Canyon heraufzusteigen, um unseren Wohnplatz unbemerkt aufspüren zu können? Beobachteten sie uns vielleicht in diesem Augenblick von irgendeinem Versteck aus? Oder waren sie wirklich den Kuiseb weiter hinabgezogen? Dann mochten drei bis vier Wochen vergehen, bis die Polizei etwas erfuhr. Nun, das ließ sich feststellen, wir brauchten ja nur den Spuren eine entsprechende Strecke weit zu folgen. Ich überlegte nicht lange, sondern stülpte den Hut über, steckte mir ein Stück Biltong in die Tasche und begann in großen Sprüngen den Abstieg über die Stufen des Felspfades. Hermann sollte gegen Abend noch einmal eine Last Wasser holen, denn wenn wir wirklich ziehen mußten, brauchten wir einen möglichst großen Vorrat.

Am Garten nahm ich die Spur auf und folgte ihr, so schnell ich in dem losen Sand zu gehen vermochte. Hinter der nächsten großen Kurve gab es einen Aufstieg; dort konnte die Entscheidung fallen. Mit Herzklopfen näherte ich mich der Stelle. Erleichtert sah ich, daß die Spuren in der Mitte des Flußbettes vorbeigingen. Damit war es schon unwahrscheinlich geworden, daß die Hottentotten nach uns gesucht hatten. Aber ich wollte ganz sichergehen. Die Spuren hatten sich seit einiger Zeit nahe an der linken Felswand gehalten. Jetzt führten sie hart an die Wand heran und zu dem feuchten Schlammloch eines ausgetrockneten Kolkes. Hier hatte einer der Eingeborenen auf den Knien gelegen und ein Loch in den Sand gegraben. Offensichtlich hatten sie von dem schlammigen, faulig riechenden Wasser getrunken. Warum, um alles in der Welt? An der rechten Felswand sah ich einen großen Kolk mit gutem Wasser blinken. Ganz plötzlich kam mir die Erleuchtung: Die Kerle waren bei Nacht gegangen! Nun, und wenn sie den Kolk zur Rechten nicht sehen konnten, dann hatten sie sicher auch unseren Garten und unsere Spuren nicht wahrgenommen.

Ich war unendlich erleichtert. Von der Westseite aus stieg ich wieder zum Plateau hinauf; mit freiem Herzen genoß ich die Weite der wilden Landschaft; ich sang sogar. Als ich zur Höhle kam, waren Hermann und Otto noch nicht zurück. Ich lief ihnen mit der freudigen Nachricht entgegen. Hermann kochte zur Feier des Tages einen wundervollen Reispudding, den wir mit sorgfältig abgezähltem Dörrobst aßen.

Ganz sicher fühlten wir uns trotzdem nicht gleich wieder. Unsere Autospur mußte noch lange Zeit sichtbar sein. Wenn eine Polizeipatrouille daraufstieß und ihr folgte, mußte sie uns finden. Wo wir gefahren waren, konnte ein anderes Auto auch durchkommen. Wir diskutierten lange und entwickelten schließlich den Plan zu einer einfachen Autofalle.

Schon vor Sonnenaufgang waren wir mit den Wassersäcken unterwegs. Wir gingen durch die Autoschlucht und maßen am Wagen den genauen Abstand von der Mitte der Vorderräder bis zur Ölwanne unter dem Motor. Dann gab es einen langen Marsch über scharfen Kalkschutt, bis wir zehn bis zwölf Kilometer vom Karpfenkliff entfernt an die ersten sandigen Riviere kamen. Hier war die von uns hinterlassene Spur gut sichtbar. Wir fanden bald die von uns vorgesehene Stelle: einen Rivierdurchgang zwischen Felsbänken, der kein

Abweichen von unserer Spur erlaubte. Der Sand im Rivier war außerdem so locker, daß jeder Fahrer mit Vollgas hindurchbrausen würde. Darauf hatten wir unseren Plan aufgebaut. Dort, wo sich auf der Karpfenkliffseite die Böschung erhob, gruben wir in der Spur des rechten Vorderrades ein Loch. Danach suchten wir uns eine scharfkantige Kalkplatte, die so lang war wie der Abstand vom Rad zur Ölwanne. Es dauerte lange, bis wir eine geeignete Platte fanden. Als wir sie hatten, bauten wir sie so in den Boden ein, daß sie wie eine Schaukel über der Kante des Loches lag; ein Ende schwebte frei darüber. Wenn das Vorderrad eines Autos das freie Ende berührte, würde das andere in die Höhe schlagen und die Ölwanne mit Sicherheit aufreißen. Nach einem solchen Unfall würde sich gewiß niemand auf einer zweifelhaften Autospur weiterbewegen, selbst wenn es ihm gelang, die Reparatur an Ort und Stelle durchzuführen. In steinigem, weglosem Gelände sind Unfälle solcher Art durchaus nicht selten; das Ganze mußte hinterher als bedauerlicher Unfall erscheinen. Um dies noch sicherer zu machen, hatten wir das Loch mit einem trockenen Grasstubben verblendet. Außerdem waren wir während der Arbeit stets nur auf Steine getreten, um keine Spuren zu hinterlassen.

Wir hatten kein sehr gutes Gewissen, als wir unser Werk vollbracht hatten. Wir trösteten uns nur damit, daß ein Autofahrer in Südwestafrika sich immer auf irgendeine Weise zu helfen wissen würde. Außerdem tobte draußen in der Welt ein irrsinniger Krieg; seinetwegen waren wir in die Wüste geflüchtet, und so fühlten wir uns durchaus berechtigt, unseren Abstand von der globalen Hysterie zu verteidigen.

Sommer

Der September war vorüber. Über dem blauen Bergrand des Hochlandes waren zum erstenmal Wolken zu sehen. Ferner Donner hatte, einem herrlichen Versprechen gleich, das trokkene Land durchdröhnt, aber das Versprechen war nicht gehalten worden. Noch einmal jagte der Südwind ein Gespinst eisiger Federwolken über den Himmel. Das Thermometer zeigte an einem Morgen noch einmal knapp vier Grad über Null, und graue Nebelbänke lagen im Westen über den roten Dünen. Aber die Sonne stieg unaufhaltsam, die Schatten wurden tagtäglich kürzer.

Schließlich kam der gefürchtete Tag, da der Zufluß zu unserem Trinkwasserkolk versiegte. Es schien uns zu bitter, das Wasser vom Garten her durch den losen Sand zu schleppen, lieber wollten wir versuchen, einen Brunnen zu graben. Etwa hundert Meter oberhalb des alten Kolkes vermuteten wir auf Grund der Form des Tales einen schottergefüllten Kolk. Dort begannen wir zu graben. Da die oberste Sandschicht sehr lose war, mußten wir einen weiten und tiefen Trichter ausheben, um das Nachrutschen zu verhindern. Darunter stießen wir auf große Blöcke. Eine meterlange Platte mußte umgraben und herausgewuchtet werden. Darunter lag schwarzer, zäher und stinkender Schlamm, aus dem trübes Wasser sickerte, das nach Schwefelwasserstoff roch. Der Schweiß lief uns in Bächen über Stirn und Hals. Wir tranken, da wir völlig ausgedörrt waren, von dem stinkenden Wasser und bekamen Kopfschmerzen. Trotzdem nahmen wir zwei Kannen Wasser mit zur Höhle hinauf, in der Hoffnung, daß das Gas sich beim Stehen oder beim Kochen verflüchtigen würde. Diese Hoffnung erfüllte sich nicht, und am nächsten Morgen sahen wir uns ohne trinkbares Wasser. Es fiel uns ein, daß Holzkohle die Fähigkeit besitzt, Gase zu absorbieren. Aus dem Aschenhaufen am Abhang vor der Höhle suchten wir uns Holzkohlenstückchen heraus, durch die wir das Wasser filterten. Der Gestank milderte sich, aber das Wasser wurde nun salzig. – Schließlich mußten wir uns doch Wasser vom Garten holen.

Später fanden wir in einem ausgetrockneten Kolk in der nächsten großen Kurve unter dünner Schlammschicht sauberen Sand und in nur dreißig Zentimeter Tiefe gutes Wasser.

Nicht nur wir, auch die Zebras suchten nach Wasser. Sie waren uns überlegen, denn sie rochen, wo sich gutes Wasser unter Sand oder Schotter verbarg. Sie brachten es fertig, fast metertiefe Löcher zu graben. In einer Vollmondnacht überraschten wir eine Herde bei der Arbeit. Der Mond stand fast senkrecht über dem Canyon. Die Wände waren Treppen aus nachtdunklen Stufen zwischen silbern gleißenden Kolonnaden aus Glimmerschiefer. Wir gingen gemächlich durch die kühle, schimmernde Nacht.

Plötzlich schlug uns lautes Getöse entgegen. Wir hörten ein Prasseln, Klirren und Stampfen wie von schweren Maschinen; unerklärliche Laute in der stillen Wüstennacht. Wir schraken zusammen und lauschten erregt. Nach einem Augenblick der Ruhe setzte das Getöse wieder ein; wie eine zischende Welle streifte uns das Echo. Ein unheimliches Gefühl beschlich uns, während wir langsam weitergingen.

Hermann nahm die Pistole heraus und stieß eine Kugel in den Lauf. Plötzlich trieb uns eine Staubwolke entgegen, hinter der sich das unheimliche Geschehen verbarg. Wir unterschieden ein unverkennbares Schnauben: Zebras! Es war phantastisch, wie ihr grelles Streifenmuster im Mondlicht verschwamm. Auf eine Entfernung von etwa dreißig Metern vermochten wir sie zu hören, aber nichts von ihnen zu sehen. Erst als wir noch zehn Meter näher herankamen, entdeckten wir sie. Ein großer Hengst stand in einer knietiefen Grube und schlug mit den Vorderhufen in wildem Wirbel in den harten Schotter, daß die Kiesel meterweit spritzten. Neben ihm stand wartend ein zweiter Hengst. Die Stuten und die jüngeren Tiere standen ein paar Schritte entfernt in einer losen Gruppe zusammen. Die beiden großen Hengste lösten sich bei der anstrengenden Arbeit gegenseitig ab.

Wir standen ein paar Minuten schweigend da und sahen zu. Wieder schnaubte ein Tier. Da vermochte Otto, den ich an der Leine hatte, seine Aufregung nicht länger zu meistern. Bei seinem ersten lauten Gebell brach die Szene in einem Chaos von gellendem Gewieher, wildem Prusten, Stolpern, Stampfen und wirbelndem Sand auseinander. –

Ja, es wurde Sommer. Von Tag zu Tag wurde das harte, schrundige Gesicht der Wüste unerbittlicher und grausamer. Schon wurde es schwer, die hohe Sonne zu ertragen. Auch Gemsböcke und Zebras verließen gegen Mittag die heißen Flächen und begaben sich in den Schatten der Felsüberhänge. Erst wenn der Westwind etwas Kühlung brachte, suchten sie wieder ihre trockene, spärliche Weide auf.

Im Garten hatte fast jedes Wachstum aufgehört. Wir ernteten ab und zu noch ein paar Radieschen und ein paar Blätter Mangold, aber Tomaten und Karotten vermochten der Sonnenglut nicht standzuhalten. Dafür entpuppten sich Hermanns »Tabakkeimlinge« als junge, lebensfähige – Anabäume.

Den Ofen hatten wir schon vor einiger Zeit aus unserem »Wohnzimmer« entfernt. Jetzt sahen wir uns gezwungen, die einst zum Schutz gegen den kalten Wind errichtete westliche Schutzmauer noch zu erhöhen, um uns vor der Abendsonne zu schützen. Unser Rauchfleisch trocknete schnell aus; wir pinselten es mit heißgemachtem Fett an, aber es half nicht viel. Auch mit der Jagd hatten wir wenig Glück. Immer wieder geschah es, daß wir Tiere anschossen und dann trotz stundenlanger Verfolgung verloren. Auch hieran trug, wie wir erst viel später lernten, die sengende Sonne nicht zum wenigsten Schuld.

Sehr große Sorge bereitete uns das schnelle Sinken des Wassers in allen Kolken. Sonne und trockener Wind sogen mit gierigen, unsichtbaren Mäulern das Wasser aus. An den sandigen Ufern war der bedrohliche Vorgang wie an einem Pegel verzeichnet. Nachmittags störte der Westwind das Wasser auf, und die kleinen Wellen schnitten eine scharfe Stufe in den Sand. Nachts ließ der sinkende Spiegel einen flachen, glatten Uferstreifen vor der Stufe zurück. So bestand jedes Sandufer aus einer kleinen Treppe, und jede Stufe zeigte den Wasserverlust eines Tages an. Das Wasser sank jeden Tag ein bis zwei Zentimeter, nur die Kolke, denen noch Wasser aus einer größeren Sandfüllung zusickerte, hielten sich besser. Für uns waren die ständig wachsenden Verdunstungstreppen eine beängstigende Warnung, nicht zu sehr auf die bevorstehende Regenzeit zu vertrauen. Was konnte es Unsichereres geben als Regen in der Wüste?

Wir dachten nicht gerne an die Notwendigkeit, unsere Höhle verlassen zu müssen, obwohl wir uns seit dem Auftauchen der Hottentottenspuren nicht mehr ganz sicher fühlten. Den Garten hätten wir sicherlich aufgeben können, so schwer uns das gefallen wäre, aber unsere Fußspuren konnten wir nicht verwischen.

An einem frühen Morgen waren wir bei leichter und kühler Luft unterwegs, um die Schlucht zu erforschen, die, von Nordwesten kommend, zwischen den Goagosbergen und dem Karpfenkliff in den Kuiseb mündete. Bei unserem Abmarsch hatte der Gamsberg noch als scharfe blaue Silhouette vor dem glasklaren Osthimmel gestanden, aber wir hatten kaum die enge Mündung der Autoschlucht passiert, als uns bereits die Sonne überraschte. Sie löste sich gleißend von der östlichen Felswand, streifte unsere Wangen wie mit fieberheißen Händen und begann ihren sengenden Tageslauf.

Trostlos und eintönig lag vor uns das Gerippe der alten Wüste mit seinem Irrgarten wilder Schluchten. Wie mit dem Lineal gezogen, wie Riffeln einer Riesenfeile liefen die Felsrippen über die Hänge. Wo weiße, knotige Quarzgänge die dunklen Wände zerschnitten und die Hänge mit gleißenden weißen Brocken überschütteten, erhöhten sie nur den Eindruck der Öde und Lebensfeindlichkeit. Aber wir wußten, nur in dieser Unterwelt traten die Wasser der Tiefe zutage; in Notzeiten mußte das stolzeste Leben der Oberfläche hinabsteigen, um in der Unterwelt die lebenserhaltenden Quellen zu suchen.

Die düstere Unerbittlichkeit der Landschaft bedrückte uns nicht, marschierten wir doch in das Unbekannte, wo hinter jeder Biegung eine Überraschung auf uns warten konnte. Stunde um Stunde ging es über glattes Geröll oder durch losen Sand; bald begannen die Rucksäcke zu drücken.

Plötzlich hörten wir vor uns ein lautes Fiepen. Unter hoher Wand sahen wir einen grünen Fleck, darüber stand ein Klippspringerpärchen. Bedauerlich, daß wir die Tiere nicht früher gesehen hatten; unsere mitgeführten Vorräte waren nicht sehr groß. Wieder fiepte der Bock, dann schwangen sich beide Tiere in wilden Sprüngen die Wand hinauf. Dort, wo sie eben noch gestanden hatten, kreuzte eine Verwerfung das Tal, und die Wand wies einen Spalt voll rotem zerquetschtem Gestein auf. Ein grünes Polster von wasserliebendem

Palmettogras wuchs hier, darüber sickerte ein Wasserfaden aus einer Kluft, der sich in einer fingerkuppengroßen Vertiefung sammelte. Hier hatten die Klippspringer Wasser geleckt. Wir pflegten winzige Wüstenquellen dieser Art, deren wir schon mehrere gesehen hatten, Bienenquellen zu nennen, da an ihnen vorzugsweise die Bienen tranken.

Der heiße Sand brannte durch die Schuhsohlen hindurch. Wir dachten schon daran, eine Mittagspause einzulegen, als Tamarisken- und Tsawisbüsche in Sicht kamen, die weiter hinten das Tal zu füllen schienen. Und dann stand ich vor einem kleinen überwachsenen Wasserbecken. Das Wasser war warm und sulfatig. Es schmeckte scheußlich. Spuckend ging ich weiter. Die unteren Wasserstellen sind immer die schlechtesten, weil in ihnen die Verdunstung die Salze am stärksten anreichert.

Wie sehr schon der bloße Anblick von Wasser und saftigen Pflanzen in der Wüste belebt! Kleine Vögel zwitscherten. Ein Schwarm schwarzer Stare stob mit blitzenden weißen Flügelbändern davon. Und dann sahen wir auch schon grössere, von hohen Binsen und Palmettogras umgebene Wasserbecken. Lautlos verschwand der Schwanz einer schwarzen Schlange im alten Gestrüpp. Überall sahen wir Fährten von Zebras, Gemsböcken, Klippspringern und Raubtieren. Tauben gurrten.

Leider war alles Wasser bitter, salzig und moderig. Schließlich fanden wir eine Quelle, deren Wasser vielleicht trinkbar war, wenn man sie säuberte. Es schien uns alles in allem kein schlechter Wohnplatz zu sein, wenn es gelänge, das Auto heranzubringen.

In den Mittagsstunden strahlten die grauen Felsen flimmernde Hitze aus; der Sand des Riviers blendete schmerzhaft die Augen. Die Sonne war wie ein heißes Gewicht. Und doch befanden wir uns erst im Oktober, am Anfang der heißen Zeit.

Im Schatten einer vom Rivier ausgehöhlten Felswand zogen wir die klobigen Schuhe aus, dehnten die Füße im weichen Sand, kauten etwas Dörrobst und Trockenfleisch und nahmen ein paar Schlucke aus dem Wassersack. Spuren zeigten, daß sich hier gelegentlich auch Wild unterstellte. Und, wie in allen schattigen Wildstandplätzen, dauerte es auch nicht lange, bis sich einige »Sandpannen« aus dem Sand herauswühlten, um uns zu schröpfen. Diese häßlichen, runden, khakifarbenen Zecken haben eine runzlige, lederartige Haut und gelbe Beine; viele sind so klein, daß man sie kaum wahrnimmt. Ihre Bisse verursachen schwärende und juckende Wunden. In der Regel bemerkt man die kleinen Plagegeister rechtzeitig, außerdem hat der Mensch, im Gegensatz zum Tier, ja Finger, um sie zu entfernen. Und der Schatten war uns in jedem Fall einschließlich der Zecken lieber als die sengende Sonne. Diesmal kamen wir ungeschoren davon. Nicht so am folgenden Mittag, als wir wieder bei der Quelle lagen, nachdem wir festgestellt hatten, daß diese nicht mit dem Auto erreichbar war.

Wir duselten in der Hitze ein wenig ein. Plötzlich fuhr Hermann mit einem leisen Schrei auf und schleuderte eine dicke Sandpanne weg, die sich in seinen Handballen verbissen hatte. Im nächsten Augenblick stand er auf, kratzte sich Arme und Beine und behauptete, die winzigen Fliegen, die uns umschwärmten, hätten ihn ganz zerstochen. Ich wollte ihm gerade erklären, daß diese Fliegen nicht stechen, als ihm schwindlig wurde. Er stützte sich an der Wand und ließ sich auf den Sand gleiten. Seine Haut war höckerig wie vom Nesselfieber; es schien ihn fürchterlich zu jucken. Ich suchte die Sandpanne, die er weggeworfen hatte; sie war blauschwarz geschwollen von altem Blut. Es war klar, daß von diesem zersetzten Blut etwas in die Wunde gekommen war und eine akute Blutvergiftung verursacht hatte. Ich stach die Bißstelle auf und steckte ein großes Kaliumpermanganatkristall in die Wunde, in der Hoffnung, dadurch vielleicht einen Teil des Giftes zu zerstören. Wir führten immer ein kleines Döschen mit diesen Kristallen für den Fall eines Schlangenbisses mit uns.

Die Vergiftung verschlimmerte sich schnell. Hermann klagte über rasende Kopfschmerzen und vermochte fast nichts zu sehen. Seine Schleimhäute waren geschwollen, und er mußte sich erbrechen. Das sah lebensgefährlich aus. Hilflos und verzweifelt betrachtete ich meinen Freund, der stöhnend neben mir im Sand lag. In meiner Wut spießte ich alle Sandpannen, die ich entdecken konnte, mit einem langen Dorn auf.

Nach einer Stunde, als die sinkende Sonne unter die Felswand zu scheinen begann, sah ich mich gezwungen, den fast Erblindeten, der sich nicht mehr allein auf den Füßen halten konnte, über große Felsblöcke hinweg zu einer Höhle zu bringen. Da lag er dann auf einem Bett von Staub und Klippdachsmist, während ihn der Westwind mit heißem gelben Sand überschüttete. Ich saß bedrückt neben ihm, starrte auf das sandige Rivierbett und die trostlosen Felshänge und hatte viel Zeit für trübe Gedanken. Dabei mußte ich noch froh sein, daß uns das Unglück hier bei der Quelle und nicht irgendwo in wasserloser Einöde passiert war. Unser Wasservorrat war zu Ende, und es war nicht abzusehen, wie lange es dauern würde, bis Hermann wieder gehen konnte.

Nun, auch dieser sorgenvolle Nachmittag ging zu Ende. Ich kochte mit dem sulfathaltigen Wasser einen scheußlich schmeckenden Tee. Hermann hatte schrecklichen Durst, vermochte aber nicht einmal Flüssigkeit bei sich zu behalten. Doch am nächsten Morgen ging es ihm besser. Ich schoß am Wasser einen Klippspringer. Als ich ihn abzog, fand ich auf seinem Rücken unter der Haut sieben zentimetergroße, warzige, glasige Dasselfliegenlarven. Sie mußten das zierliche Tier schrecklich gequält haben. Ich mußte viel über die Grausamkeit des Lebens nachdenken. Wo lag ein Sinn in diesem unerbittlichen Spiel?

Hermann konnte am Nachmittag wieder aufstehen. Er meinte, den Heimweg wagen zu können. Ich trug beide Rucksäcke. Wir stiegen eine Seitenschlucht hinauf und mußten viele Pausen einlegen. Erst in der Dunkelheit kamen wir zu Hause an; noch nie war uns unsere Höhle so häuslich und gemütlich vorgekommen.

Diese unsere erste Wassersuchexpedition war der Auftakt für ein furchtbares Trockenjahr, in dem auch im Hochland das Vieh zu Tausenden starb. Hermann war noch ein paar Tage lang schwach auf den Beinen, aber er fühlte sich mehr und mehr in der Wüste heimisch. Abends spielte er nur dann und wann kurz auf der Geige. Dafür zeichnete er tagsüber an der Karte und holte auch seinen Malkasten hervor, um sich an Springböcken und Gemsböcken zu versuchen. Er lächelte. »Meine Steinzeitseele ist hier zu Hause!«

Der erste Regen

Seit sechs Monaten hatten wir keine richtige Wolke mehr am Himmel gesehen, nur gelegentlich ein hohes Gespinst eisiger Zirren. Am 26. Oktober erschienen die ersten Wolken. Sie segelten schnell über der blauen Bergstufe im Osten empor. Schneeweiße Flocken, große watteförmige, silberne Ballen schwammen im tiefblauen Himmel, quollen auf, drehten sich und verwandelten den Wüstenhimmel in eine faszinierende dramatische Bühne. Wir saßen an der Südostecke der Höhlengalerie, staunten und konnten uns nicht sattsehen.

Bald bekamen die größten Wolken dunkle Bäuche, während ihre Ränder wie lichtes Silber schimmerten. Große und kleine tiefschwarze Schatten liefen wie Tuschekleckse über Schluchten, Flächen und Berge. Die ganze Landschaft wurde ein grelles Schachbrett von wandernden Lichtern und Schatten. Das Licht war intensiver und schärfer geworden, reflektiert und vervielfältigt von den silbernen Wolken. In der Höhle ohne Hemd sitzend, bekam ich einen starken Sonnenbrand, nur von dem Licht, das die Wolken ausstrahlten. In langer, schimmernder Prozession kamen sie über das Hochland herauf, die ersten Wolken der Regenzeit, und liefen über uns hinweg in die Namib. Aber schon bald hielt der Westwind sie auf, zerfraß sie die heiße, trockene Luft.

Würde es Regen geben? Alle Arbeit war plötzlich vergessen; Wir schauten, warteten und staunten. Hinter den silbernen Flocken wuchsen gewaltige, leuchtende Türme empor und drückten die Berge zu flachen Hügeln zusammen. Einer stand über dem Gamsberg, ein anderer weiter nördlich über dem Khomashochland. Sie wuchsen und dehnten ihre gleissenden Kuppeln. Schatten stahlen sich von der breiten, dunklen Basis empor und füllten die gerundeten Falten und Nischen. Der Khomasturm wuchs am schnellsten, er breitete sich zu einer drohend leuchtenden Wand aus; dann stieg sein tiefer, samtblauer Schatten über die Berge herab.

Der Westwind hatte sich nach ein paar Stößen wieder gelegt, alles schien mit verhaltenem Atem zu warten. Doch die Wolke kam nicht weiter, wie festgenagelt stand sie über der Bergwand und brütete mit kesselnden, blaudunklen Schatten. Stunden stand sie da, wurde schwarz wie die Nacht und barst gegen Abend mit zuckenden Blitzen, geballter, undurchsichtiger Flut und rollendem Donner. Wo das hintraf, da liefen jetzt die Riviere!

Nach einer halben Stunde erreichte uns ein rasender kalter Fallwind. Die abgekühlte Luft strömte vom Gewitterzentrum ab, peitschte tanzende Staubfahnen in den fahlen Abendhimmel und vertrieb die Schwüle des Tages mit feuchtem, erfrischendem Duft.

Wir wußten, daß die Regenvorstöße in der Namib in der Regel drei bis vier Tage anhalten, und so warteten wir denn am nächsten Tage wieder voller Spannung. Diesmal zogen dichtere Wolken auf; am Nachmittag hingen hier und dort graugoldene Regenvorhänge herab. Warme Strahlenbündel und irisierende Lichtbahnen durchbrachen die Wolken und die bunten Regenschnüre. Zwischen den Vorhängen aber leuchteten märchenhafte Flächenstücke, begrenzt von beschatteten, nachtblauen Bergen.

Klare, herrliche Farben, wechselnde Lichter und brodelnde, vielgestaltige Wolken. Ein Regentag in der Wüste ist so wunderbar, daß man sich nicht daran sattsehen kann. Doch leider waren die bunten Fransen und die schleppenden Gardinen kein richtiger Regen, es waren nur leichte Schauer, zum größten Teil schon verdunstet, bevor sie noch den Boden erreichten.

Gegen Abend hüllte dann eine dunklere Bank die Hakosberge in blaue Schatten. Lange graue Fransen begannen zu fallen. Sie schleppten über die Schluchten und verdeckten mit dichten, gischtigen Strähnen die Berge. Nun regnete es wirklich. Schon traten die Berge wieder mit sonnigen Hängen hervor. Die Gramadullaschluchten versanken in grauem Schwall. Der Regen streifte das Südplateau, unser Jagdgebiet. Das bedeutete Weide und Wild. Wir sprangen in freudiger Erregung auf. Für einen Augenblick war der Rotstock unseren Blicken entzogen. Dann fielen die letzten Strähnen zur Erde, und der Westwind zerfetzte die dünn gewordene Wolke in silberne Fasern. Über dem Rand der Wüste versank eine strahlensprühende Sonne. Perlgraue Wolken mit purpurnen Säumen kämpften mit dem Westwind, im Süden hingen rotgoldene Gardinen vor dem Nauchaser Bergland, und über dem Gamsberg zuckten weiße Blitze aus schwarzer Gewitterwand. Graue Schatten krochen aus den Schluchten herauf und löschten die rosigen Lichter, die graue Dämmerung über dem Gamsberg verdichtete sich zu schwarzer Nacht. Immer noch zuckten einzelne Blitze. Eben war der Berg noch als bläuliche Tafel vor dem schwarzen Himmel zu sehen; plötzlich sprang an seinem Fuße ein Licht auf. Feurige Bänder wanden sich an einem Grat in die Höhe, fächerten auseinander, sprangen von Grat zu Grat und leckten wie Fackeln an der Gipfelplatte empor. Ein Blitz hatte das dürre Gras und Buschwerk entzündet. Der Gamsberg brannte. Angestrahlt von rotem, flackerndem Licht stand die mächtige Tafel in der schwarzen Nacht und leuchtete weit hinaus in die Namib. Lange noch funkelte rote Glut auf den Graten, lange noch loderten einzelne Stellen, dann deckte sternenlose, bläuliche Nacht das Land.

Am dritten Tage siegte der Westwind, und die Sonne errang wieder die Herrschaft. Endlos dehnte sich der heiße, weißblaue Himmel über der dürstenden Wüste. Es hatte geregnet, und wir hatten keinen Tropfen Wasser bekommen.

In den nächsten Tagen erschienen auf allen Wildwechseln frische Fährten. Die Tiere hatten den Regen gerochen und zogen nun zu den wenigen gesegneten Stellen, an denen frisches Gras zu sprießen begann. Wir waren hungrig; seit Tagen hatten wir ohne Mittagessen auskommen müssen. Otto bereute bitter, daß er von seinem Knochenreichtum von der Goagosfahrt nichts vergraben hatte. Eine Hyäne hatte seinen Knochenhaufen verschleppt und verzehrt.

Wir hofften, an einem der Wechsel in der Nähe der Höhle Beute zu finden, aber wir hatten kein Glück; wir kannten die Gewohnheiten des Wildes noch nicht genug. Täglich beobachteten wir mit den Gläsern die zerschluchtete Südseite und den schmalen Regenstrich. Langsam begannen die Tiere sich dort einzustellen. Wir erblickten große Punkte mit hellen Flecken, es konnten Zebras oder Gemsböcke sein. Die kleinen weißen Punkte waren sicher Springböcke. Es wurden ihrer täglich mehr. Am neunten Tag nach dem Regen gingen wir hinüber.

Die Balsambüsche hatten leuchtend grüne, zarte Blätter getrieben, feine Grasbüschel standen zwischen den Kalkbrocken. Eine Winzigkeit Grün, zartes, sprießendes Leben in den grauen und roten Schluchten. Uns kam es herrlich vor.

Wir pirschten lange vergeblich, durch gewundene Schluchten, über heißen roten Dünensand, unter der schartigen Plateaukante entlang und wieder durch verzweigte Felstäler. Wir schossen einen Gemsbock an, bekamen ihn aber nicht. Andere Böcke beschlichen wir vergeblich. Unsere Beine wollten uns schon fast nicht mehr tragen, als es uns schließlich doch noch gelang, einen schönen Springbock zu erwischen.

Er schmeckte uns wunderbar. Die Leber war würzig und süß. Das Tier war im Geschmack gar nicht zu vergleichen mit denen, die wir vorher gehabt hatten; das hatten sieben Tage frischer Weide fertiggebracht.

Das Buschmannswasser

Das Buschmannswasser war der größte Kolk in der Umgebung. Er lag in einer engen Kurve des Canyons vor dem südlichsten Gipfel der Goagoskette, etwa eineinhalb Stunden von der Höhle entfernt. Selbst im November ging uns sein Wasser noch bis an die Brust. Geile Blautabakstauden, Tamarisken und dichte Salvadorabüsche standen an seinem Ufer. Aus einer Sandbank über dem Wasser wehte der Wind zentimetergroße durchbohrte Scheiben von Straußeneierschalen heraus. Es waren Buschmannsperlen. Auf Grund dieses Fundes tauften wir den Kolk »Buschmannswasser«.

Der November wurde ein langer, glutheißer Monat. Die hellen Kalkwände strahlten sengende Hitze aus. Die Gramadullaschluchten glichen heißen Ofenschächten, an Sand und Steinen konnte man sich mittags die Haut verbrennen wie an heißem Metall. Die gewaltige Sonne kletterte schon fast in den Zenit, abends schwang sie ihre feurige Bahn weit nach Südwesten hinüber.

Die kühlen Morgenstunden vergingen nur allzu schnell; später sah man nur ungern hinaus in den hellen Glast, in den flimmernden Raum mit den heißen, grauen Horizonten. Am schlimmsten waren die Tage, an denen ein leichter Wind atemberaubende Luft von den roten, brennenden Dünen herüberbrachte. Wenn dann die Hitze unerträglich werden wollte, wenn die Luft über der Wüste wie von einer Herdplatte zitternd emporstieg, dann kam vom Meer eine kühle, frische Brise herauf, und wir begrüßten aufatmend den belebenden Westwind.

Als der Springbock fast ganz verzehrt war, glaubten wir die heiße Einsamkeit unserer Höhle nicht mehr ertragen zu können. Im Canyon war es zwar noch heißer, trotzdem erschien der fünfzehn Meter lange Wassertümpel mit seinem feuchten Uferrand und dem schmalen Dickicht grüner Pflanzen wie eine verlockende Sommerfrische. Unser »Hotel« war allerdings, den »ländlichen Verhältnissen« entsprechend, denkbar einfach. Zwei große Felsplatten, die ein Bergsturz dachförmig gegeneinander gestellt hatte, gewährten einigen Schutz vor der Sonne und dem sandführenden Wind. Zwei Kuhlen im Sand waren unser »Schlafzimmer mit Blick auf den See«. Drei zum Dreieck gegeneinandergelegte Steine dienten uns als »bürgerliche Küche«. Nun, uns genügte der Komfort vollauf. Wir waren übermütig wie zwei Lausbuben, die zu Beginn ihrer Ferien verbotene Jagd- und Fischzüge planen.

Wir hatten uns ja auch auf ähnliches vorbereitet. Aus langen schwarzen Gemsbockhaaren hatten wir ein paar Dutzend kleiner Schlingen angefertigt, die wir auf einen Stock aufreihten. Den Stock gedachten wir am Rande des Wassers einzugraben. In den aufrecht aus dem Sand herausragenden Schlingen sollten sich die Füße der zum Wasser laufenden Steppenwachteln verfangen. Es war dies an sich durchaus keine Spielerei; wir standen vor der ernsten Notwendigkeit, eine Jagdmethode zu finden, die unsere knappen Munitionsvorräte schonte.

Die Morgenstunden am Wasser waren herrlich. Binsen und Kräuter rochen feucht; alle Büsche saßen voller piepsender, glucksender Vögel. Die Wände warfen noch lange kühle Schatten ins Tal. Auf den Simsen und Zinnen der Wand saß ein Flug Felsentauben. Kleine graue Grasmücken schwirrten zwischen Büschen und Ufer hin und her. Vögel mit doppeltem dunklem Kehlring liefen mit raschen, stoßenden Bewegungen auf und ab und pickten Insekten auf.

Überall, auch in den Büschen, zierliches, emsiges Leben. Vor den schmalen gelben Blütenkelchen des Blautabaks steht ein winziger Nektarinenvogel mit schwirrenden Flügeln und versenkt seinen langen, gebogenen Schnabel in die tiefen Kelche. Sonnenflecken rieseln durch das Laub; eine zierliche Maus sitzt neben einem Binsenbusch und knabbert, während die Schwanzspitze leise zuckt. Am Wasser lärmt ein Schwarm schwarzer Stare. Fast könnte man vergessen, daß man in der Wüste lebt.

Nun, dies war weitgehend Illusion. Und wir saßen auch keineswegs nur zum Schauen im grünen Versteck der kleinen Oase. Wir hofften auf einen durstigen Gemsbock; die Flinte mit einer selbstgefertigten Kugel im Lauf lag griffbereit neben dem Knie. Aber wir warteten vergebens. Kein größeres Tier zeigte sich während des ganzen Tages. Doch wir begannen langsam die Geduld zu lernen, die zu einem Leben in der Wildnis unerläßlich gehört.

Welche Spannung brachte dann die Abenddämmerung, als unsere Schlingen am Wasser standen! Wir saßen in den Büschen, in denen die Moskitos erwacht waren. Wir vergaßen ihre Stiche, als die Wachteln Kopf an Kopf zum Wasser drängten. Hatten die Schlingen die richtige Größe? Würden die Gefangenen sitzenbleiben oder wild aufflattern und alles aufscheuchen? Wir vernahmen ein leises Flattern. Waren das schon Gefangene? Die Vögel drängten immer noch nach vorn. Vielleicht hatten sie alle Schlingen platt getreten? Jetzt hatten alle getrunken; brausend erhob sich der Schwarm. Wir eilten zum Wasser. Die Schlingen waren leer. Wir ließen ein Zündholz aufflammen und stellten fest, daß fünf Schlingen zerrissen waren. Also waren die Gemsbockhaare nicht stark genug für die kräftigen Flügel der Steppenwachteln.

Wir waren sehr enttäuscht, hatten wir uns von den Schlingen doch manche Mahlzeit erhofft. Wenn wir Pferdehaare gehabt hätten, steifgewachsten Zwirn oder dünnen Draht! Nun, jedenfalls hatten wir wieder einmal gelernt, daß wir noch viel zu lernen hatten.

Als Hermann am nächsten Morgen vom Frühstück aufstand, murmelte er: »Pech für die armen Karpfen!«, streifte seine ausgefranste Hose ab und stieg ins Wasser. Ich folgte ihm. Aber die Karpfen hatten zunächst durchaus kein Pech. Wir hatten das Fischnetz ja nicht mit, und also versuchten wir, die Fische mit den Händen zu greifen. Otto unterstützte uns, am Ufer hin und her rennend, mit lautem Gebell, aber das half auch nicht viel: Nach einer Stunde hatten wir einen einzigen kleinen Fisch gefangen. Wir rösteten ihn sofort, aber er mäßigte unseren durch den Aufenthalt im Wasser heftig gestiegenen Hunger nicht im geringsten. Wir debattierten ernsthaft, ob wir Felsentauben mit Schrot schießen sollten. Aber wir mußten uns sagen, daß uns eine Schrotpatrone allenfalls zwei Tauben einbringen würde, am Abend aber ein Dutzend oder mehr Wachteln. Und so ließen wir die Tauben denn unbehelligt.

Der Hunger ließ uns indessen keine Ruhe. Ob man Fische nicht auch spießen konnte? Der Kolk, von einer Bergsturzplatte überragt, schien dafür wie geschaffen. Wir versuchten es zunächst mit angespitzten Tamariskenstangen, aber die Spitzen waren nicht scharf genug. Sie glitten an den ausweichenden Fischen ab. Da kamen wir auf den Gedanken, die Speere mit Stachelschweinstacheln zu bewehren. Wir hatten einen großen Haufen solcher Stacheln in einem Felsloch gefunden. Schnell setzten wir je vier nadelscharfe Stacheln in jeden Speer. Und dann standen wir wieder, nur mit Hüten bekleidet, auf der Felsplatte über dem Tümpel und lauerten auf die Schatten, die sich in dem trüben Wasser bewegten.

Nach einer Weile glückte es. Mein Speer war spritzend eingetaucht, das Wasser stieß ihn langsam aus dem Zentrum der Wellenringe zurück, und siehe da: ein großer Karpfen trieb mit schwachem Schwanzschlagen auf den Wellen. Ich begrüßte ihn mit Freudengeheul und stürzte mich in das Wasser.

Otto war mir gefolgt; in seiner aufgeregten Bemühung, mitzuhelfen, kratzte er mir ein paar lange Striemen über den Rücken. Aber nun kam auch Betrieb in die Sache. Immer wieder zischten die Speere, immer wieder sprangen wir ins Wasser: eine ideale Beschäftigung an einem glühendheißen Tag in der Wüste.

Wir erbeuteten sieben große Karpfen und aßen sie hintereinander auf.

Am Abend brachte uns ein Schrotschuß sechzehn Steppenwachteln ein. Als ich die ausgenommenen Vögel in der Dunkelheit wusch, entstand plötzlich eine unheimliche Bewegung im Wasser. Unsichtbare Mäuler zerrten wie wild an den Vögeln und an meinen Fingern. Es entstand ein so wilder Aufruhr, daß ich Hermann herbeirief. Er kam mit einem roten Feuerbrand, und wir sahen staunend an die fünfzig blutdürstige Frösche, die in zappelnder Traube nach jedem Hautfetzen und Blutklümpchen schnappten und an allem zerrten, was ins Wasser getaucht wurde.

Die sechzehn Wachteln paßten gerade in unseren großen Aluminiumtopf. Wir ließen sie die ganze Nacht in der Asche schmoren, hatten am Morgen ein großartiges Frühstück und beschlossen, den Canyon weiter nach oben, an den Goagosbergen entlang, zu erforschen.

Es wurde eine dreitägige Wanderung. Den Wachteltopf führten wir im Rucksack mit. Es war so heiß, daß wir schon am ersten Mittag erwogen, ob wir nicht umkehren sollten. Aber dann standen wir auf einmal vor einem engen Felsentor, durch das ein Seitencanyon mündete. Das konnte nur der Nausgomab sein, ein großer Nebenfluß des Kuiseb.

Wir traten durch das Felsentor und atmeten plötzlich feuchte, tropische Waschküchenluft. Dann traten wir auf nassen Sand; überall standen Pfützen von braunem Wasser. Es war kein Zweifel: Das Rivier war bei dem letzten Regen abgekommen*. Aber wo war das Wasser geblieben? Warum hatten wir im Kuiseb nichts davon gesehen? Wir gingen zurück und erkannten, daß der lose Sand im Canyon die ganze einen Fuß hohe Flut des Seitenflusses innerhalb von zweihundert Metern geschluckt hatte. Kein Wunder, daß die Kolke so schnell ausgetrocknet waren!

Obwohl das frische Wasser braun und unansehnlich war, begeisterte uns der Anblick, und wir beschlossen, weiterzugehen. Während des Nachmittags schwitzten wir jämmerlich in der feuchten Luft zwischen den engen, hohen Felswänden. Um so trockener und wüstenhafter war dann der folgende Tag, an dem wir eine andere Seitenschlucht, die an den Goagosbergen entlangführte, erforschten. Hier verdunstete der Schweiß schon, ehe er die Haut benetzte; am Abend trugen wir eine regelrechte Salzkruste.

* Das Abkommen eines Rivieres nennt man die plötzliche Flut eines Trokkenflusses nach heftigen Gewittergüssen.

Die Schlucht, die nicht vom Hochland kam und ihr Wasser nur von den seltenen Wüstenregen erhielt, hatte mit der Einschneidung des Hauptcanyons nicht Schritt gehalten. Wir kletterten über trockene Wasserfälle wie über heiße geborstene Treppen und wanden uns durch die Packungen gewaltiger Felsblöcke, bis die Wände niedriger und das Flußbett breiter und flacher wurde. Am frühen Nachmittag, als die Hitze ganz und gar unerträglich wurde, fanden wir dann die »Regenhöhle«. Von einem Felsüberhang tropfte salziges Wasser herab. Wir saßen hinter dem tropfenden Wasser im Schatten der kleinen Höhle, atmeten eine Luft, die durch die Verdunstung herrlich gekühlt war, und sahen den Tropfen zu, die mit Diamantengefunkel durch den Sonnenglast fielen und in kleinen runden Trichtern im Sand versickerten. Der blendende Riviersand war durch einige Tamarisken wie durch eine staubige Gartenhecke verdeckt. Wir fanden es wunderbar und malten uns aus, wie sich hier eine wassergekühlte Wohnung einrichten ließe. Natürlich war das nur ein Phantasiespiel, denn die Stelle war nur zu Fuß erreichbar, und bei einem plötzlichen Abkommen des Riviers hätte man wie eine Ratte ersaufen können. So ungeheuer sind hier die Gegensätze, daß man am selben Tag verdursten oder ertrinken kann.

Die Regenhöhle war die einzige natürliche Klimaanlage, die ich in der Wüste jemals gefunden habe. Überall anderswo wäre sie nur ein trauriges kleines Loch gewesen, hier in der glühenden Schlucht stellte sie einen paradiesischen Flecken dar.

Wir traten nach der Rast nur ungern wieder in die glühende Helle hinaus. Hätten wir gewußt, was der nächste Tag bringen würde, wir hätten wohl noch mehr gezögert.

Es hatte seit Tagen kein starker Wind mehr geweht. Jetzt kam die heiße Luft, die sich in den Dünen gesammelt hatte, in Bewegung und breitete sich sengend über dem Lande aus, das schon heiß genug war. Es war, als habe ein Riese irgendwo im Südwesten eine ungeheure Ofentür aufgestoßen. Der Gluthauch traf uns um die Mittagstunde, und die ersten leichten Windstöße waren so heiß und trocken, daß wir ein paarmal stehenblieben und nach Luft schnappten wie Karpfen, die man ans Ufer geworfen hat. Wir hatten nur noch den einen Gedanken, so schnell wie möglich ans Buschmannswasser zu kommen.

Es waren eineinhalb Stunden zu gehen, und es wurde der heißeste Marsch unserer ganzen Wüstenzeit. Wir mußten uns weit vornüber lehnen, so daß wir, halb fallend, die Füße leichter aus der heißen Umklammerung des lockeren Sandes zu lösen vermochten. Die Luft war so trocken, daß die Augen schmerzten. Otto fiel der Marsch noch schwerer. Er wartete immer hechelnd an einem Schattenfleckchen, wartete, bis wir einen guten Vorsprung hatten, und raste dann an uns vorbei zum nächsten Schatten, wo er seine schmerzenden Pfoten leckte. Er verbrannte sich die Pfoten so schlimm, daß nach Tagen die Haut abging und er eine Woche lang nicht laufen konnte. Wir, Hermann und ich, entdeckten am nächsten Tag, daß unsere Schuhsohlen, erst wenige Tage alt und gut eingefettet, mürbe wie Zunder geworden waren. Wir mußten sie abreißen und durch neue ersetzen.

Endlich leuchtete uns, Kühle verheißend, das Grün der Blautabaksträucher entgegen. Wir gingen erst einmal mit unseren verschwitzten Kleiderfetzen ins Wasser und tranken, als ob wir den ganzen Tümpel leertrinken wollten. Den Nachmittag verbrachten wir größtenteils im Wasser; zum Abendessen spießten wir uns wieder ein paar Karpfen.

Trübe Ahnungen trieben uns am folgenden Tag zu unserem Garten. Hier war alles total verbrannt, obwohl die Pflanzen mit den Wurzeln noch ans Grundwasser reichten. Wir aßen noch ein paar der bleistiftdünnen Karotten, und das sollte das letzte Grün sein, das wir für die Dauer eines Jahres zu sehen bekamen. Dann machten wir die ganze Anlage unkenntlich und begruben damit jede Hoffnung auf Tomaten und Zwiebeln.

In den nächsten Wochen waren wir noch mehrmals am Buschmannswasser. Wir versuchten die Wachteln mit Schlingen aus gewachstem Zwirn zu fangen, aber die Schlingen fielen um, sobald sie im Sand feucht wurden. Wir verfertigten Schlingen aus feinem Kupferdraht von einem elektrischen Kabel, hatten aber auch damit kein Glück, weil die Schlingen zu steif waren, so daß die Vögel ihre Füße herausziehen konnten. Die Karpfen aus dem Buschmannswasser aßen wir noch auf; in allen anderen Kolken waren sie schon eingegangen, verfault oder von Hyänen und Schakalen gefressen. Nach unserer Berechnung hätten sie noch für ein Jahr reichen müssen. Wir ärgerten uns, daß wir nicht mehr von ihnen gegessen hatten.

Höhlenabende

Die Abende waren warm, mild die sternfunkelnden Nächte, herrlich nach den endlosen glutheißen Tagen. Und so saßen wir denn allabendlich lange an dem Steintisch vor unserer Höhle. Unsere Gedanken gingen ohne Hast unter den kreisenden Sternen spazieren. Da die Gedanken aus gleichem Erleben kamen, bedurften wir nur weniger Worte, um uns zu verständigen. Immer wieder beschäftigte uns das Erlebnis, das wir an der wildreichen Quelle gehabt, der ungeheure Gegensatz zwischen den verbrannten Steinfeldern und den herrlich übermütigen Tieren der Steppe. Über beiden kreiste die furchtbare Sonne, über beiden wehte derselbe dörrende Wind, und doch entwickelten sich beide offenbar nach verschiedenen Gesetzen. Für die tote Materie bedeutete die Anpassung fortgesetzten passiven Zerfall, Pflanzen und Tiere aber meisterten dieselben Bedingungen aktiv und strebten triumphierend empor. Welche besonderen Eigenschaften verliehen dem Leben seine augenscheinliche Überlegenheit? Für uns war das Problem so stark mit unseren Lebensumständen verknüpft, daß wir ihm nicht ausweichen konnten. Auch wollte uns scheinen, daß die Naturnähe unseres primitiven Lebens das Problem etwas vereinfacht haben müßte.

»Das Geheimnis muß schon in den Grundeigenschaften des Lebens liegen«, meinte Hermann. »Bei den höheren Fähigkeiten werden die Verhältnisse zu undurchsichtig und kompliziert.«

»Hunger«, sagte ich. Der Gedanke lag immer nahe.

»Nein. Hunger ist ein Gefühl, das verwickelte psychologische Bedingungen hat. «

»Aber Fühlen? Fühlen überhaupt?«

»Vielleicht. Aber was ist Fühlen? Freude, Leid, Hunger, Müdigkeit, Übermut – was ist hier das Gemeinsame? Die Grundlage?«

»Laß uns wirkliche Fälle betrachten«, sagte ich. »Was bedeutet das Erschrecken für einen Springbock, der deine Witterung bekommt?«

»Eine Warnung. Und Durst? Durst ist auch eine Warnung des Körpers, der das Wasser braucht.«

»Aber Freude?«

»Freude in ihrer einfachsten Form besagt wohl, daß Mensch oder Tier sich mit der Umwelt in Harmonie befinden.«

»Besteht vielleicht ein grundsätzlicher Unterschied zwischen positiven und negativen Gefühlen? Oder gibt es einen übergeordneten Begriff, der beide umschließt? Aber damit wären wir wohl wieder beim Anfang.«

»Nicht ganz. Sind Gefühle nicht Urteile, die einem Lebewesen sagen, ob eine Situation günstig oder gefährlich ist? Urteilsfähigkeit wäre damit eine Grundeigenschaft des Lebens.«

»Wirklich eine Grundeigenschaft?«

»Ja. Das Leben zeichnet sich doch durch seine Aktivität vor der nicht lebendigen Natur aus. Schon ein Einzeller kann ungünstigen Bedingungen ausweichen, entweder durch Flucht oder durch Einkapselung. Dazu aber braucht er Gefühle, also Urteilsfähigkeit; wie sollte er sonst wissen, was günstig oder ungünstig ist?«

»Gut. Wenn jedes Fühlen ein Urteil enthält, ist dann nicht der menschliche Verstand mit seiner Urteilsfähigkeit eine Weiterentwicklung, ein Bewußtwerden primitiver, gefühlsmäßiger Urteilsfähigkeit, die allem Leben zukommt? Muß nicht jedes Lebewesen die Entwicklung vom Einzeller aufwärts wiederholen? Warum sollen da nicht auch in den primitivsten Formen schon die Anlagen für die höchsten geistigen Fähigkeiten enthalten sein?«

Hermanns Pfeifenkopf glühte. Unsere Zwergmäuse huschten wie winzige Kobolde zwischen Küche und Steintisch hin und her. »Die Viecher da entwickeln sich jedenfalls zu schnell für unsere kümmerlichen Vorräte«, sagte er. »Bist du dir übrigens klar darüber, daß wir gerade die ganze Darwinsche Theorie von der Entwicklung durch Auslese verleugnet haben? Ersetzt die »natürliche Auslese« nicht die Urteilsfähigkeit, indem sie alles tötet, was nicht mit der Umwelt im Gleichgewicht ist? Ergibt sich nicht ganz passiv und mechanisch eine Anpassung an neue Umstände, wenn bei der Vermehrung einer Art genügend Mutationen auftreten, unter denen die Auslese spielen kann? Daß aber in den Millionen Jahren der Entwicklung auch Millionen Generationen für diesen Prozeß zur Verfügung stehen, ist sicher.«

»Du meinst, die Aktivität sei nur vorgetäuscht? Das hieße, daß bei der Vermehrung einer Art nur genügend Mutationen aufzutreten brauchten, unter denen die Auslese spielen kann, um eine Anpassung ganz passiv und mechanisch zu ergeben. Warum hat dann noch kein Kristall fliegen gelernt?«

»Weil die Veränderungsmöglichkeiten in einem Kristall zu gering sind. Für einen Eiweißkörper mit seiner Vielzahl verschiedener Atome gibt es tausend- oder millionenmal mehr Veränderungsmöglichkeiten. Könnte das nicht der Grundunterschied zwischen Leben und toter Materie sein, der Unterschied, aus dem sich alles andere ergibt?«

»Also eine Frage der Statistik? Und die erblichen Veränderungen kommen doch durch Zufälle, Schädigung durch Strahlung, durch Vergiftung usw. zustande, also eigentlich durch Unglücksfälle. Entwicklung aus Unglück – müßte das nicht eine unglückliche Entwicklung sein?«

»Dreh das Radio auf und behaupte dann, daß die Entwicklung glücklich sei!«

»Das gebe ich zu, aber mit Sarkasmen kommen wir nicht weiter. – Doch warum sollen Gefühle überhaupt entstehen, wenn alles sich automatisch wie eine Dampfmaschine regelt? Das wäre doch ein unnötiger und also unerklärlicher Aufwand.«

»Ein treffendes Argument, aber kein Beweis.«

Es war auch in der Wüste nicht leicht, zu philosophieren. Aber das Thema ließ uns keine Ruhe. Der irrsinnige Krieg hatte für uns den Sinn jeder Entwicklung in Frage gestellt. Und irgendwie schien uns die Lösung der großen Fragen gerade hier in der Wüste greifbar nahe, aber unsichtbar vor der Nase zu tanzen. Immer wieder stießen wir auf Wunder phantastischer Anpassung. Da waren die Gottesanbeterinnen, die mit schlagbereiten Armen ständig auf Beute lauerten. Sie ähnelten täuschend den Zweigen oder Blättern der Büsche, auf denen sie lebten, und sie waren so gut angepaßt, daß man sie nur zufällig einmal entdeckte. Da waren die Heuschrecken – sie hätten eigentlich Steinschrecken heißen sollen –, die die Steine, zwischen denen sie lebten, so gut nachahmten, daß sie nur beim Springen sichtbar wurden. Auf dem Kalkplateau waren sie weiß, zwischen den Schiefern aber graubraun; nie sah man einen weißen auf dunklem Gestein.

Und was sollte man zu den Klippdachsen, den kleinen Verwandten der Nashörner, sagen, die überall in den Felsspalten wohnten und Monate, ja Jahre hindurch ohne Wasser auskommen konnten? Sie hatten zu diesem Zweck einen großen doppelten Blinddarm, in dem alle Feuchtigkeit der Nahrung bis zur äußersten Möglichkeit ausgenützt wurde, und zwar so gut, daß die Tiere nur einmal alle zwei Wochen eine dicke Harnstofflösung von sich gaben, die überall weiße Sintertapeten an den Felsen bildete. Konnte all das wirklich nur ein Spiel des Zufalls sein?

Wir fanden noch keine befriedigende Antwort. Um so mehr beschäftigten uns die Zwergmäuse, die mittlerweile so plump vertraulich wurden, daß sie sich nicht mehr mit den Abfällen begnügten, sondern anfingen, unsere kärglichen Vorräte aufzufressen. Sogar in eine Karte hatten sie ein Loch genagt. Sie sahen so niedlich aus, daß wir sie nicht töten wollten, aber wir sahen uns gezwungen, ihre Bewegungsfreiheit einzuschränken. Aus dem gefundenen Proviantkistenblech bauten wir einen »Mäuseturm«, fast einen Meter hoch. Als Falle diente uns der eiserne Dreibeintopf, als Köder ein paar

Krümel getrockneten Mehlbreis. Der eiserne Deckel wurde mit Hilfe eines Hölzchens hochgehalten, daran wurde ein Faden gebunden. Wir hatten das Ding kaum fünf Minuten aufgestellt, als schon eine Maus darin rumorte. Hermann zog an dem Faden, der Deckel schlug zu, und die Maus war gefangen. Als wir ins Bett gingen, hatte der Mäuseturm schon drei Bewohner.

Am Morgen weckte mich wildes Mäusegetrappel in dem Blech, und ich konnte gerade noch mit lautem Gebrüll verhindern, daß Otto die ganze Gesellschaft ermordete. Dann entdeckte Hermann mit Abscheu, daß in den winzigen rosigen Ohren der Zwerge nicht weniger als drei verschiedene Sorten von Läusen und Milben hausten. Vorsichtig behandelten wir die Öhrchen mit Gewehröl, wobei der große Mäuserich uns entkam. Aber wir fingen ihn schon am Abend wieder, und dann auch noch die beiden restlichen Mitglieder der Mäusefamilie.

Aber es half uns alles nichts. Die Mäuse lernten bald, aus dem Turm herauszuspringen. Dabei brach sich der Mäuserich »Philipp« den Schwanz, so daß er leicht erkennbar war. Wir versuchten ihn auf ein anderes, etwa fünfhundert Meter entferntes Plateauteil zu deportieren. Am Abend war er wieder da. So blieb uns nichts anderes übrig, als sie totzuschlagen. Otto beschnupperte befriedigt die kleinen Leichen, sein Gesicht schien auszudrücken: »Hab ich euch das nicht gleich gesagt?« Die Tage waren lang und glühend; das neue Gras auf dem Südplateau war verbrannt, und unsere Pirschgänge blieben sehr oft vergeblich. Wir wechselten uns jetzt meist von Tag zu Tag ab, damit jeweils einer von uns ausruhen konnte. Wir lernten allmählich Raubtiergeduld.

An einem furchtbaren Tag schoß ich einem Springbock ein Bein ab. Ich verfolgte ihn zwei Stunden, ohne ihn zu bekommen, verwundete einen Gemsbock, der ebenfalls entkam, kam auf dem Heimweg noch auf einen Klippspringer zu Schuß und verlor ihn ebenfalls. Nach all diesen Fehlversuchen hatte ich sieben Schuß Munition vergeudet und brachte nichts als meinen Hunger nach Hause. – Ein anderes Mal, als ich einen Gemsbock kriechend beschlich, hatte ich mir die Knie blutig geschürft. Ich war fast auf Schußweite heran, da knirschte ein Stein, weil ich das blutige Knie zu schnell gehoben hatte. Der Gemsbock entschwand. Zukünftig zogen wir Stücke von alten Strümpfen über die Knie, wenn wir kriechen mußten.

Der Hunger trieb, aller Mißerfolge ungeachtet, immer wieder zu neuen Versuchen. Wir lernten verstehen, warum primitive Jägervölker Geduld, Ausdauer und Selbstbeherrschung in so viel größerem Maße besitzen als zivilisierte Menschen. Wir lernten aber auch, daß die Jagd mit primitiven Waffen die schwerste Kunst ist, mit der man sich seinen Unterhalt erwerben kann.

Raubtieren gleich krochen wir blutdürstig in den einsamen Schluchten umher. Es bestand zweifellos die Gefahr, daß unser Leben in primitiven Stumpfsinn abglitt. Da bildeten unsere Abendgespräche nach geglückter Jagd dann einen gesunden Ausgleich. Wäre es uns nicht gelungen, unsere geistigen Fähigkeiten wachzuhalten, die Einsamkeit hätte uns schließlich wohl vernichtet.

Eines Abends sprachen wir über unsere Gefühle bei der Jagd.

»Ich habe vor Spannung gezittert wie ein Hund, als der Gemsbock langsam näher kam«, bemerkte Hermann. »Erst als ich die Pistole hob, hörte das Zittern auf.«

Dergleichen hatte ich selbst oft erlebt. Wenn man mit hungrigem Magen jagte, befand man sich in ungeheurer

Spannung. Entsprechend groß war die Entspannung, sobald die Beute gesichert war.

Ein andermal, als wir abends beisammen saßen, sagte Hermann: »Kein Wunder, daß die Indianer und Buschmänner alle Arbeit außer der Jagd den Frauen überlassen. Ich könnte jetzt auch mit gutem Gewissen zusehen, wie meine Frau arbeitet, obwohl ich gar nicht müde, sondern nur restlos zufrieden bin.«

»Ich glaube, dieser Wechsel zwischen Spannung und Entspannung fehlt den Menschen in den Städten«, versetzte ich. »Allenfalls schafft aktiver Sport einen kleinen Ausgleich, vor allem gefährlicher Sport: Klettern und Fechten etwa.«

»Richtig. Und wenn das Leben gar zu ereignislos wird, dann beginnen die Menschen hinter jedem politischen Schreihals herzulaufen. Schließlich sind sie noch erleichtert, wenn es Krieg oder Revolution gibt.«

»Ist es zu verwundern? Unsere Vorfahren haben durch Tausende von Generationen so gelebt wie wir jetzt. Die letzten paar hundert Generationen haben den alten Anlagen noch nicht viel anzuhaben vermocht. Im Grunde haben wir alle noch Steinzeitseelen.«

»Du willst sagen: Der moderne Mensch befindet sich nicht im seelischen Gleichgewicht mit seiner Zivilisation. Nun, das stimmt wohl. Ein Buschmann, der in einer Stadt leben müßte, ginge zugrunde. Aber wir können ganz gut noch wie Buschmänner leben.«

Allem Hunger und aller Plage zum Trotz sagte unser Leben uns zu. Wir stellten auch fest, daß uns trotz aller Härte und Grausamkeit ein Gefühl fast kindlicher Unschuld verblieben war, beinahe so, als wäre dies alles mehr Spiel als Ernst. Die Steinzeitseelen-Theorie schien da zur Erklärung nicht ganz zu reichen.

»Ist das vielleicht so, weil wir außerhalb der menschlichen Gesellschaft leben und niemandem wehtun?« fragte ich eines Abends.

»Es gibt keine Gebote, die wir übertreten könnten«, versetzte Hermann ruhig.

»Unschuld des Lebens vor dem ersten Sündenfall. Ohne soziales Leben gibt es keine Gebote. Stimmt das ganz? Otto hatte jedesmal ein schlechtes Gewissen, wenn er am Mäuseturm vorbeischlich, weil wir ihm verboten hatten, Mäuse totzubeißen. Aber würde jede Katze sie nicht trotz des Verbotes seelenruhig gefressen haben?«

»Natürlich. Aber eine Katze ist kein soziales Tier. Die Vorfahren der Hunde dagegen haben in Rudeln gejagt, sie haben gelernt, sich einem Leittier unterzuordnen und ihre eigenen Wünsche zu unterdrücken. Deshalb ist ein Hund erziehbar, eine Katze als Einzelgänger nicht. Unsere Vorfahren, ohne körperliche Waffen, waren für ein Raubtierleben so schlecht ausgerüstet, daß überhaupt nur das Zusammenspiel der Sippe größere Beute einbringen konnte. Zusammenspiel heißt aber Ein- und Unterordnung. Wer dazu unfähig, das heißt unerziehbar ist, verhungert.«

Ich mußte lachen: »Das Gewissen als Ersatz für lange Krallen und Zähne!«

»Warum nicht?« meinte Hermann. »Das Gewissen hat den Menschen so viel Zusammenarbeit ermöglicht, daß heute nacht sicherlich wieder Hunderte oder Tausende von Bomben zerrissen werden. Nein, die Erziehbarkeit hat dem Menschen erst ein Raubtierdasein möglich gemacht, aber sie hat auch die Überwindung dieses Stadiums ermöglicht. Es gibt nicht nur Bomben, sondern auch Kathedralen. Jeder Fortschritt vergrößert die Möglichkeiten, im Guten wie im Bösen.«

»Aber wer sagt dir, was wirklich gut und böse ist, wenn das Gewissen nur ein Produkt der Erziehung ist? Keine der großen Religionen wird das zugeben.«

»Keine Religion hat verhindern können, daß heute nacht einige hundert Männer mit gutem Gewissen Bomben auf Frauen und Kinder werfen. Kann es einen besseren Beweis dafür geben, daß das Gewissen ein soziales Produkt und nichts Absolutes ist? Warum ein Mensch ein schlechtes Gewissen hat, hängt von seiner Erziehung ab. Das Gewissen kann einem Mann gebieten, Blutrache zu üben; es kann einen anderen zu Tode ängstigen, weil er unwissentlich das Gebot übertrat, kein Hasenfleisch zu essen. Ich glaube, es gibt keine Verrücktheit, die nicht schon einmal von einer Religion zu einem Gebot des Gewissens gemacht worden wäre.«

»Trotzdem sind die Gebote der großen Religionen einander erstaunlich ähnlich. Sie müssen also irgendwelchen Grundeigenschaften oder Bedürfnissen der menschlichen Seele entsprechen.«

»Ja, aber welchen? Und wodurch haben sie sich entwickelt? Vielleicht gibt uns unser primitives, vorsoziales Leben einen Schlüssel zu der Frage. Die Religionen haben sich auf der Grundlage eines ähnlichen Lebens entwickelt. Das ganze Gewucher von Religionen, Philosophie und Moral hat die höchstzivilisierten Völker nicht vor diesem selbstmörderischen Krieg bewahrt. Wir müssen das ganze Gestrüpp entfernen, um die Grundlage sichtbar zu machen, wenn sie uns auch kahl und trostlos erscheinen mag wie der Boden der Wüste.«

»Gut! Aber dann fragen wir uns auch, wodurch unser Leben für den primitiven Urzustand nicht typisch ist.«

»Wir sind keine Familie. Auch unsere vormenschlichen Vorfahren haben sicher schon in Familien oder Sippen zusammengelebt.«

»Dann wäre der erste Schritt die Erziehung eines Kindes in so einer ursprünglichen Familie. Die Erziehung bei den Buschmännern wird heute noch nicht viel anders aussehen.«

So tasteten wir uns vorwärts, und jedes Gespräch ergab ein neues Thema für kommende Abende. Immer klarer wurde uns, daß der Mensch nur aus seiner Entwicklung heraus verstanden werden konnte. Sicher war es ein Hauptfehler der Philosophie, daß sie versucht hatte, den Menschen als etwas fertig Gegebenes zu verstehen. Die Religionen hatten dagegen immer betont, daß der Mensch der Entwicklung, der Vervollkommnung bedürfe. War damit nicht indirekt, unbewußt anerkannt, daß er sich entwickelt hatte? War er fertig erschaffen, warum hatte Gott ihn unvollkommen geschaffen? –

Wie geschmolzenes Metall lagen die roten Dünen unter der westlichen Sonne. Endlich versank die strahlende Glut, und milde Nacht stieg aus den Schluchten empor. Wir waren beinahe nackt, hatten uns nur Handtücher um die Hüften geschlungen. Wir zerrissen die Rippen einer schwer erbeuteten Antilope mit gierigen Händen und kauten wie Raubtiere mit haarumwucherten Mäulern. Aber unsere Gedanken waren freier denn je; etwas später sang Hermanns Geige jubelnd hinaus in die dunkle Wüstennacht.

Weihnachtszeit

Seit Monaten hatte sich die Sonne wie ein heißes Verhängnis jeden Tag höher emporgeschwungen. Nun hatte sie den Zenit überschritten, und der Turm unseres Windgenerators warf mittags einen winzigen Schatten nach Norden. Unerbittlich beherrschte das glühende Gestirn vierzehn Stunden lang die

Wüste. Selbst beim Untergang versandte es noch seine sengenden Strahlen. Wir mußten die Westmauer des »Wohnzimmers«, ursprünglich gegen den Wind gebaut, nochmals erhöhen, um in den Abendstunden etwas Schatten zu haben. Unsere Kleider, immer steif von Blut und Schweiß, waren zerrissen, von der Sonne zermürbt, vom Kriechen über scharfe heiße Steinscherben zerfetzt. Wir gaben es schließlich auf, Strümpfe und Hosen zu tragen. Unsere Khakihemden flickten wir mit Lappen, denn sie schützten uns vor der Sonne. Außer Filzhut, Hemd und Schuhen trugen wir nur noch einen Gürtel, an dem ein Tabakbeutel für Taschenmesser und Patronen hing. Die Bärte schnitten wir uns nur gelegentlich mit einer Schere ab. Wir hätten ganz gut als Muster für Vogelscheuchen dienen können. Immerhin bewahrte jeder von uns eine ordentliche Garnitur Kleider und ein paar Rasierklingen für den Fall der Rückkehr in die Zivilisation auf.

Das frische Gras auf dem Südplateau war längst wieder verdorrt, das zugewanderte Wild wieder verschwunden. Was zurückgeblieben war, weidete an den alten, schon mehrfach abgefressenen Grasstubben. Die Wildwechsel kannten wir mittlerweile so gut, daß wir ihnen durch den Irrgarten der Schluchten und Felsgrate ohne Schwierigkeit folgen konnten, selbst wenn bei unseren nächtlichen Pirschgängen kein Mond am Himmel stand.

Aber wir hatten wenig Glück mit der Jagd. Der Hunger quälte uns ständig. Immer wieder geschah es, daß uns angeschossene Tiere entkamen. Wir rätselten stundenlang an der Ursache herum. Einen Grund fanden wir schließlich. Bei Gemsböcken hatten Blattschüsse mit der Pistole fast nie Erfolg. Wir hatten beim Zerlegen der Tiere natürlich unser besonderes Augenmerk auf den Sitz des Herzens gerichtet, aber die Rippen der Gemsböcke waren hart und standen dicht beisammen. Jede Kugel, die eine Rippe traf, wurde abgelenkt und ging dann irgendwo durch die Lungen statt durch das Herz. Die Tiere waren aber unglaublich zäh; ein einfacher Lungenschuß vermochte einem Gemsbock nur selten ernsthaft etwas anzuhaben. Ich beobachtete einmal einen Bock mit einem Lungenschuß sechs Stunden lang. Danach benahm er sich wahrhaftig so vergnügt und bewegte sich so unbehindert wie jedes andere Tier der Herde.

Ein anderes Mal beschlich Hermann einen Gemsbock in einer heißen roten Sandfläche zwischen niedrigen Kalktafeln. Ich hatte Otto an der Leine und beobachtete die Pirsch von weitem mit dem Glas. Hermann hatte keine Deckung. Langsam und sorgfältig sichernd, kroch er über den Sand. Endlich hob er sich auf die Ellenbogen, und gleich darauf peitschte der Schuß. Der Gemsbock warf sich herum, als wäre er von einer unsichtbaren Faust gestoßen worden; im Galopp strebte er einem Paß zwischen zwei Kalktafeln zu. Hermann sprang auf, um ihm nachzusehen. Da erschien, durch den Schuß aufgeschreckt, plötzlich eine ganze Herde von Gemsböcken vor einer Felskluft. Ich zählte acht Tiere und sprang erschrokken auf, denn sie rasten geradewegs auf Hermann zu. Der hatte sich inzwischen wieder gesetzt, aber die Gemsböcke hatten ihn gesehen. Der erste war nur noch etwa dreißig Meter entfernt, er schwenkte etwas ab, und nun umkreisten neun große, wehrhafte Antilopen den Sitzenden.

Hermann drehte sich mit, die Pistole im Kreise herumschwingend. Die Tiere vollendeten gerade wieder einen Umlauf, da – mir krampfte sich vor Schreck das Herz zusammen – schwenkte der Leitbock mit drohend gesenkten Hörnern nach innen ab. Ein Schuß peitschte; der Angreifer fuhr herum und sprang zurück. Ein zweiter Bock senkte die Hörner zum Angriff. Wieder krachte die Pistole, und auch dieses Tier fiel in die Reihe der anderen zurück. Aber sie kreisten noch immer, und bald verließ ein dritter Angreifer den Kreis. Abermals dröhnte ein Schuß. Ich rannte schon, schrie aus vollem Halse, fuchtelte mit den Armen und hatte das Gefühl, nicht vom Fleck zu kommen. Ein vierter Schuß fiel, und dann sahen mich die Tiere. Der Kreis brach auf, und sie jagten davon. Als ich Hermann erreichte, saß er noch immer im Sand, blickte auf das offene Schloß der Pistole und hielt das leere Magazin in der Hand.

Wir bekamen keins von den angeschossenen Tieren. Als Ergebnis langer Überlegung kamen wir zu dem Schluß, daß wir, wenn irgend möglich, nur auf den Kopf zielen durften, und auch da nur auf die paar Quadratzentimeter zwischen Auge und Ohr. Auf der schrägen Stirn glitt die Kugel gar zu leicht ab. Für derart abgezirkelte Schüsse waren fünfzig Meter die äußerste Schußweite. Schweren Herzens verschossen wir noch einmal fünf Kugeln auf eine Scheibe. Sie saßen gut, aber trotzdem gab es auch in der Zukunft immer wieder unerklärliche Mißerfolge.

Tiere zu beschleichen hatten wir gut gelernt. Einfach war es nicht, sich, meist kriechend, auf dem heißen Sand zu bewegen. Wenn es keine gute Deckung gab, durfte man kein Glied rühren, sobald ein Tier auch nur sichernd den Kopf hob. Eine unangenehme Sache, wenn sich spitze Steine in Knie oder Hüfte bohrten oder freche Fliegen in Ohr oder Nase Polka tanzten. Kam man dann zum Schuß, gab es einen Augenblick rasender Spannung, dem abgrundtiefe Enttäuschung folgte, wenn das Tier verwundet davonjagte, anstatt zusammenzubrechen. Die Verfolgung war meist vergeblich. Wir fragten uns immer wieder, warum wir so schlecht schossen. Es wollte uns manchmal erscheinen, als seien Bogen und Giftpfeil der Buschleute sicherere Jagdwaffen als unsere große Pistole. Wir dachten ernsthaft daran, die Kugeln zu vergiften, aber wir kannten kein Rezept für ein tödliches Gift, das nicht zugleich das Fleisch vergiftet hätte, auch erwischten wir in jener Zeit nie eine giftige Schlange, der wir Gift hätten abmelken können. Am Ende gab es immer wieder chronischen Hunger. Es kam so weit, daß wir schließlich nur noch vom Essen sprachen. Und in dieser Situation passierte uns dann auch noch ein Unglück.

Wir hatten uns aus einer vollen Wochenration Mehl ein Brot gebacken; es geriet gut, war kräftig und knusprig. Als wir nachts zu einem Pirschgang aufbrachen und uns jeder zwei jämmerlich dünne Scheiben abschnitten, ließen wir den Blechkasten mit dem Brot versehentlich in der »Küche« stehen. Bei Sonnenuntergang von ergebnisloser Jagd zurückkommend, fanden wir unser schönes Brot grün, schleimig und völlig verdorben. Die Sonne hatte während des ganzen Nachmittags auf den Blechkasten gebrannt. Die Folge war, daß wir unsere Frühstücksration für vierzehn Tage auf die Hälfte herabsetzen mußten. Wir waren so niedergedrückt, daß wir uns zum Trost zwanzig Rosinen genehmigten.

Am nächsten Abend waren wir so hungrig, daß wir am Buschmannswasser zwei Schrotpatronen auf Wachteln verschossen. Glücklich trugen wir in der Dunkelheit einundzwanzig Vögel nach Hause.

Die Weihnachtszeit kam heran, aber uns war nicht sehr weihnachtlich zumute. Und dann wurde uns doch noch ein herrliches Weihnachtsgeschenk zuteil. Am 18. Dezember erschienen weiße Wolkenköpfe über dem Hochland, am 19. liefen zwei Regenschauer über das Südplateau. Und am 20. stand schon mittags ein weißleuchtender Turm mit verheissungsvoll dunklem Bauch hinter den Goagosbergen. Da liessen wir natürlich jede Arbeit liegen. Wir saßen auf dem Plateau, versuchten die Wolken zu hypnotisieren, teilten uns unsere Beobachtungen mit und diskutierten aufgeregt jede neue Entwicklungsphase am Himmel.

Endlich zuckten die ersten Blitze, vor dem Khomashochland ging ein grauer Vorhang nieder. Und dann ging alles sehr schnell. Schon jagte eine Kette grauer Wolkenfetzen über das Land, die Vorreiter des Sturmes. Der Donner wurde lauter. Wir zählten die Zeit zwischen Blitz und Donner: fünfundvierzig Sekunden – etwa fünfzehn Kilometer. Bald waren es nur noch zehn. Dann verschwanden die letzten Sonnenflecken an den Goagosbergen, der Regen löschte die hintersten Gipfel aus, und Grat um Grat verschwand unter den schrägen grauen Pinselstrichen des Gewitters. Kein Zweifel mehr: Der Regen kam!

Ein Brausen und Poltern wie von gewaltiger Brandung rauschte unheimlich aus den Schluchten herauf. Das war der Sturm, der sich an tausend Felsgraten stieß. Das Getöse brandete am Plateau empor, wie mit Fäusten schlug uns kalter Wind ins Gesicht. Und dann drang helleres Rauschen durch das Poltern des Sturmes. In massiven Schwadronen stampfte der Regen über dunkle Schluchten heran. Dicht daneben leuchteten die Flächen und Berge noch immer im harten Sonnenschein.

Unsere Haare wurden prickelnd lebendig, in langen Sprüngen flohen wir vom Plateau. Kaum waren wir unter der Kante, da bannte uns für Sekunden ein blendender, prasselnder, steinsplitternder Strahl. Auf unseren Köpfen zerplatzten die ersten fast haselnußgroßen Tropfen. Wir lachten mit wilden Gesichtern: der erste Regen seit neun Monaten!

Mit einem Handgriff trennten wir die Batterie vom Windmotor, mit zwei Sprüngen zogen wir das Segeltuch über unsere Betten und beschwerten es mit Steinen. Es rauschte wie ein Wasserfall. Schräge graue Strahlen fielen vom Himmel zur Erde. Plötzlich trug jede kleinste Felsrippe einen milchigschimmernden Heiligenschein, erzeugt von den Regentropfen, die auf den Steinen gischtend zerspritzten und auf den heißen Felsen zu feinem Nebel verdampften. Jede Einzelheit trat gegliedert hervor, als habe ein Künstler mit schnellen Strichen heller Kreide die ganze wilde Landschaft ins Relief gehoben. Betörend wallte der Geruch nasser Erde empor. Wir vermochten uns nicht mehr zu beherrschen. Wir rissen uns die speckigen, zerrissenen Hemden vom Leibe und tobten nackt und vor Freude schreiend im prasselnden Wasser über die Felsen.

Da, ein neuer Ton! In jedem Rinnsal gurgelte braunes, erdbeladenes Wasser, und von der hohen Felswand neben der Höhle sprühte ein kleiner Wasserfall.

»Wasser auffangen!« schrie Hermann.

Wir eilten nach Gefäßen. Da lichtete sich schon der Schwall und löste sich in glitzernde Tropfen auf. Für Augenblicke leuchtete noch ein farbensprühender Regenbogen vor den dunkel triefenden Felswänden, dann war es vorbei.

Der ganze Guß hatte vielleicht sieben Minuten gedauert. Wir maßen 13 mm Wasser in einer Blechbüchse. Der letzte schmale Ausläufer des Gewitters hatte uns gerade noch erreicht. Wir schöpften alle Wasserpfützen in der Umgebung leer und füllten alle unsere Gefäße. Wir hatten Wasser für zwei Wochen – ein Weihnachtsgeschenk des Himmels!

Am nächsten Tag kam der Westwind früh, und die Wolken blieben über dem Hochland. Ringsum hatte der kleine Regen schlummerndes Leben erweckt. Schon nach vierundzwanzig Stunden stand das neugekeimte Springbockgras eineinhalb Zentimeter hoch. Nach zwei Tagen war, blickte man flach über den Boden hinweg, ein feiner grüner Schimmer zu erkennen. Die Knospen der Balsambüsche schwollen von Stunde zu Stunde. Am zweiten Tag weideten fünf Springböcke auf dem Plateau. Nach stundenlangem Anschleichen erbeuteten wir ein junges Tier. Schon der erste Napf mit rohem Fleisch vertrieb den nagenden Hunger. Aus den gefüllten Mägen zog herrlicher weihnachtlicher Friede in unsere Seelen. Den ganzen Abend brachten wir damit zu, uns ein Weihnachtsmenü auszudenken.

Brot war für uns eine Seltenheit und eine große Delikatesse. Deshalb wurde Brotbacken bald zu einer heiligen Handlung. Morgens rührte ich den gesäuerten Teig in einer Waschschüssel an und stellte ihn, in Tücher gepackt, zum Aufgehen in die Sonne. Wenn er sich zu wölben begann, wurde er noch einmal geknetet. Unsere Brotform hatten wir aus einem Benzinkanister gefertigt. – Es mußte beizeiten Feuer gemacht werden, denn nur hartes Kameldornholz und das schwarze Kernholz der Tsawisbüsche ergaben Kohlen, die lange genug glühten, um ein großes Brot zu backen. Die Spannung war immer groß, wenn wir nach drei Stunden den heißen Kasten wie einen Schatz aus der Erde hoben. Dann mußte sich ja zeigen, ob das Brot geraten, knusprig gebräunt und nicht verbrannt war.

Hermann wirtschaftete unterdessen mit Büchsen und Pfannen herum. Aus Haferflocken, Kakao, Zucker und Gemsbockfett stellten wir Schokolademakronen her, Marzipankugeln aus geröstetem Mehl und Zucker mit je einer Rosine in der Mitte. Außerdem hatten wir pro Mann und Hund je drei Ecken richtiger Schokolade vorgesehen. Aus Dörrobst und Gelatine sollte ein kunstvoll getürmter Pudding entstehen; leider scheiterte unsere Kunst hier an der mangelnden Standhaftigkeit der Materie. Ganz besondere Liebe verwandte Hermann auf das Brauen einer Erdbeerbowle. Schon am Vortage hatte er vier Eßlöffel Erdbeerjam in Wasser aufgelöst. Leichte Gärung ergab einen spritzigen Geschmack, ein Becher Branntwein (wir besaßen im ganzen nur zwei Flaschen) verlieh dem Getränk die nötige Stärke. Der Duft war so betörend, daß bald ein Dutzend Bienen unser Weihnachtsgetränk summend umkreiste. Da verschob ein Windstoß das Tuch, das Hermann über das Gefäß gebreitet hatte, und wie Sturzbomber stürzten sich die Bienen auf die Öffnung.

Hermann nahm den Kampf mit dem Geschwader auf und erntete dabei mehrere Stiche in Nacken und Arme. Auf seine wenig weihnachtlichen Flüche hin eilten Otto und ich ihm zu Hilfe, wobei ich sofort mit dem nackten Fuß auf eine Biene trat, während eine andere sich auf Ottos Nase tummelte. Trotz dieser neuen Niederlagen gelang es Hermann schließlich, sich mit dem Bowlentopf »planmäßig abzusetzen« und ihn in seinem Bett zu bergen.

Wo, um alles in der Welt, waren die Bienen so plötzlich hergekommen? Es mußte ganz in der Nähe ein Nest geben. Wir begaben uns auf die Suche und fanden es schnell, da die Bienen noch immer suchend hin und her flogen. Das Flugloch befand sich dicht neben der Höhle, etwa zwanzig Meter hoch in der Wand. In all den Monaten hatten wir das nicht bemerkt, obwohl wir solches Verlangen nach Süßigkeiten hatten, daß wir geschworen hätten, Honig auf hundert Meter zu riechen. Nun mußte der Honig bis nach Weihnachten warten, für Honigkuchen kam die Entdeckung ohnehin zu spät. – Was wir noch brauchten, war ein Weihnachtsbäumchen. Ein kleiner Balsambusch sah gar nicht schlecht aus. Aber woher sollten wir Kerzen nehmen? Da fiel uns etwas ein. Standen nicht Buschmannskerzen auf dem Plateau? Die bernsteinfarbenen Wachspanzer, mit denen die Pflanze sich vor Austrocknung schützte, lagen überall zwischen den weissen Kalksteinen. Ich hatte schnell einen Vorrat beisammen und steckte die kleinen Wachsröhrchen auf die Äste des Bäumchens. Hermann hatte aus Silberpapier ein paar Sterne und Monde geschnitten. Ich betrachtete das Werk und sagte: »Nun fehlen nur noch ein paar rote Äpfel.«

»Die kannst du haben«, entgegnete Hermann. Und tatsächlich, als ich von einem kleinen Gang zurückkehrte, hingen leuchtend rote Äpfel am Baum. Ich mußte sehr genau hinsehen, bis ich erkannte, daß es alte, sonnengebleichte Zebraäpfel waren, die Hermann kunstvoll bemalt hatte.

Es wurde Abend, und die Sonne versank, heiß bis zur letzten Minute, hinter dem Horizont der Wüste. Damit wich die Spannung des heißen Tages. Wir aßen unser Festmahl mit Hingabe. Die Buschmannskerzen brannten zwar nur trübe und rußig und verlöschten bei jedem Luftzug, aber die Erdbeerbowle erschien uns über alle Maßen köstlich. Danach saßen wir stumm beieinander. Unsere Gedanken wanderten nach Hause, zu Vater und Mutter, Geschwistern und Freunden, von denen keiner wußte, wo wir uns befanden.

Gleich einem hauchfein gezeichneten Christbaum leuchtete das Tierkreislicht über der Wüste.

Es schien sich um einen großen Bienenschwarm zu handeln. In ununterbrochenem Strom flogen die Bienen mit glasig flimmernden Flügeln vor dem blauen Himmel aus und ein. Wieviel Honig mochte das wohl Nest bergen? Vielleicht fünf, vielleicht acht Pfund? Das Wasser lief uns im Mund zusammen, gerade so wie es Otto ging, wenn ein Messer gewetzt wurde.

Unser Seil war lang genug. Aber wir mußten fast eine halbe Stunde suchen, bis wir zwischen dem losen Geröll des Plateaus eine Felsspalte fanden, wo wir es mit einem Eisenpflock verankern konnten. Ich kleidete mich wie für eine Gletscherfahrt, zog meine einzige lange Khakihose an, dicke Wollsocken, Pullover und Jacke mit zugebundenen Ärmeln und band noch einen Moskitoschleier über den Hut. Ich schwitzte schon heftig, bevor ich noch eine einzige Bewegung gemacht hatte. Mit ziemlich zweifelhaften Gefühlen ließ ich mich hinab. Das Seil lief durch eine Schlinge über meiner Brust, so daß ich im Notfall beide Hände frei hatte. An einer langen Schnur, die ich an meinem Gürtel befestigt hatte, gedachte ich die benötigten Werkzeuge heraufzuziehen.

Als erstes brauchte ich, dicht über dem Flugloch hängend, einen Räuchertopf, einen Aluminiumtopf mit glühender Holzkohle, Buschmannskerzen und Rindenstücken. Im Schutz des Rauches glitt ich bis vor das Loch und trat mit dem rechten Fuß in eine vorbereitete Schlinge. Zahllose vom Rauch benommene Bienen umschwirrten mich und krabbelten auf mir herum, und im Felsen schien ein unheimlicher Motor zu summen. Langsam schob ich einen Arm in das Loch. Auf meiner Hand saßen Bienen, aber sie stachen nicht. Würde ich die kostbaren Waben erreichen?

Ich erreichte sie nicht. In Armestiefe stieß ich gegen den Fels. Von dort aus ging nur ein ganz schmaler Spalt senkrecht nach oben, so eng, daß ich nicht einmal mit dem Finger hineinkam. Und in diesem Spalt vibrierte die Luft vom Schlagen unzähliger Bienenflügel. Hermann schickte mir einen Drahthaken hinauf, aber das Loch war zu eng und die Umbiegung zu scharf. Ich fühlte noch einmal mit dem Finger nach, da schrie Hermann: »Deine Hose brennt!« Ich blickte mich erschrocken um und sah, daß an meinem Hosenbein kleine Flammen züngelten. Eine glühende Kohle war mir in den Hosenaufschlag geglitten. Bei der Hast, mit der ich mich bemühte, das Feuer auszuschlagen, verschob sich der Moskitoschleier, eine Biene stach mich hinter das Ohr, der Räuchertopf kippte um, und Hermann schlug sich bei dem Versuch, dem feurigen Segen zu entgehen, ein Schienbein auf. Wenn jetzt das Seil durchgebrannt wäre – ein Schauer überlief mich bei dem Gedanken. Zitternd kletterte ich wieder auf das Plateau. Mit der Hose war kein Staat mehr zu machen. Im Heeresbericht hätte es wahrscheinlich geheißen: »Das Unternehmen brachte wertvolle Aufschlüsse.«

Glück und Unglück wechselten. Wir begannen das neue Jahr mit einem Pirschgang durch die Sandsteinschluchten unter dem Südplateau. Aber das Wild war nach dem letzten Regenfall abgewandert. Wir erblickten nur wenige frische Spuren und nur einmal, in der Ferne, eine Zebraherde. Immerhin entdeckten wir ein Felsloch mit Regenwasser und beschlossen, noch einen Tag zu bleiben. Wir aßen zum Abendessen und zum Frühstück je eine Stange Biltong und tranken Wasser dazu. Die Nacht verbrachten wir ohne Decken im Sand. Als wir aufbrachen, knurrten unsere Mägen erbärmlich. Am Mittag schleppten wir unsere Füße wie Bleiklötze durch Sand und Felsschutt, ohne bisher ein einziges Tier gesehen zu haben.

Als wir wieder einmal in eine neue Schlucht einbogen, verhielt Hermann, der vorausging, plötzlich den Schritt und streckte die Hand nach hinten; lautlos sanken wir in die Knie. Unter dem nächsten windzernagten Felsüberhang lag wiederkäuend ein Gemsbock. Der Wind stand schlecht. Umgehen konnten wir das Tier nicht, die Wände hingen zu weit über. Hermann beschloß es trotzdem zu versuchen. Einer dreibeinigen Heuschrecke gleich kroch er über das heiße Felsgestein, während ich, Otto an der Leine haltend, wartete. Plötzlich verspürte ich einen Windstoß im Nacken, und im selben Augenblick schrak der Gemsbock auf und strebte in gestrecktem Galopp schräg an uns vorbei; hinter einem flachen Felsbuckel sahen wir ihn verschwinden. Hermann sprang auf einen Block und feuerte zweimal freihändig. Für einen Augenblick sah ich das Tier zwischen zwei Felstürmen; seine Hinterbeine strauchelten, es sah aus, als liefen ihnen die Vorderbeine davon.

In langen Sprüngen jagten wir über die Felsen. Otto riß mich in seinem Bestreben, vorwärtszukommen, fast über die jäh abfallende Wand der nächsten Schlucht. Der Gemsbock hockte unten auf seinen Keulen und schüttelte wild die langen Spieße; offensichtlich konnte er sich nicht mehr erheben. Wahrscheinlich hatte der Schuß das Rückgrat getroffen. Danach war er über die Wand gefallen, und das mochte ihn völlig gelähmt haben. Hermann tötete ihn mit einem schnellen Kopfschuß.

Schon während wir das kostbare Wild zerlegten, aßen wir kleine Stücke von dem warmen, roten Fleisch. Doch wie sollten wir uns ohne Topf oder Pfanne eine Mahlzeit zubereiten?

Wir beschlossen schließlich, die Leber im Dickdarm zu braten. Bald knisterte im Schatten der Felswand ein kleines Feuer. Wir reinigten den Darm und wendeten ihn, zerschnitten die Leber in kleine Stücke, bestreuten sie mit Salz und Pfeffer, steckten sie hinein und banden die dicke Wurst zu. Dann brutzelte sie auf Holzkohlen. Hermann wendete sie voller Hingabe. Nach zwanzig Minuten war die fast armdicke Wurst rundherum knusprig braun. Wir schlachteten sie auf einem sauberen Felsen, führten die ersten Leberstücke mit dem Messer zum Mund und sahen uns mit verklärten Augen an. Wir aßen die ganze Leber in einem Gang und sprachen dann nicht mehr. Wir schliefen, satt und zufrieden, bis die Abendkühle uns weckte. Danach brieten wir uns die Filetstücke nach der gleichen Methode im Rest des Dickdarmes und schliefen wieder ein. Als das erste fahle Licht des neuen Tages die Sterne auslöschte, zogen wir auf einem Wildpfad heimwärts, jeder einen guten Zentner Fleisch auf dem Rücken.

Zahnplomben und Sommerfrische

Im Januar beschrieb die gewaltige Sonne tagein, tagaus ihre glutheiße Bahn, während keine Wolke mit lindem Schatten ihre tödliche Herrschaft erträglicher machte. Die knorrigen Balsambüsche begrünten sich zwar wie junge Birken, und die gepanzerten Buschmannskerzen entfalteten ihre zarten roten Blüten, aber das junge Gras war bald zwischen den heißen Steinen versengt. Unser Weihnachtswasser war verbraucht, wir mußten in den Canyon hinabsteigen, um neues zu holen. Dabei mußten wir, dem sinkenden Wasser folgend, unser Wasserloch weiter vertiefen.

In der nächsten Zeit machten wir wieder manchen vergeblichen Pirschgang, denn das Wild hatte die versengte Weide verlassen. Unser letztes Sohlenleder war auch verbraucht; wir schnitten uns Sohlen aus alten Autoreifen und befestigten sie mit Draht; zukünftig trugen wir für den Fall notwendiger Reparaturen immer etwas Draht in den Rucksäcken.

Dann biß ich mir eines Tages eine große Plombe aus einem Backenzahn; einige Zeit vorher hatte sich Hermann schon eine Goldkrone durchgekaut. Das war ein ernstes Problem. Was sollten wir machen, wenn die Zähne ganz schlecht wurden und die Wurzeln sich entzündeten? Ich überlegte, ob wir uns die Zähne mit der kleinen Kombinationszange ziehen könnten, aber Hermann verzog das Gesicht. Von den Schmerzen ganz abgesehen, liefen wir dabei Gefahr, die hohlen Zähne ganz abzubrechen. Aber womit sollten wir sie plombieren? Hermann hatte eine Idee. Wir hätten doch noch etwas Azeton, meinte er, darin könnten wir ein Stück Zelluloid von einem Film auflösen. Die Materie erhärte schnell und sei nicht in Wasser löslich. Wir überlegten uns die Sache noch einen Tag und unternahmen dann einen Versuch.

Wir lösten in einem Fläschchen etwas Zelluloid, und ich nahm mir zunächst Hermann vor. Mit einer Nadel kratzte ich das Loch unter der Krone so sauber wie möglich aus und stopfte zum Desinfizieren eine Einlage von spiritusgetränkter Watte hinein. Nach zwanzig Minuten zog ich die Watte heraus, trocknete das Loch mit einem heißen Draht und keilte die mit Zelluloidlösung getränkte Watte hinein. Nachdem Hermann eine halbe Stunde mit offenem Mund gesessen hatte, hatte sich die Masse verhärtet. Darauf behandelte Hermann meinen hohlen Zahn nach derselben Methode. Die Plomben gelangen ausgezeichnet; als sie sich nach Jahresfrist lockerten, erneuerten wir sie.

Unsere Hauptarbeit bestand nach wie vor darin, auf mühseligen Pirschgängen unseren Lebensunterhalt zu erwerben. Es war ein Kinderspiel, ein Wild auf hundert Schritt zu beschleichen, aber es erforderte ein ungeheures Maß von Konzentration, und es gehörten auch Ausdauer und Glück dazu, noch fünfzig Schritt näher heranzukommen. Wir waren oft bis zur Verzweiflung müde und enttäuscht. Aber gerade aus der immer wieder besiegten Verzweiflung und aus der Überwindung von Hunger und Durst wuchsen auch Selbstvertrauen und Stärke. Bei alledem wurde uns immer klarer, wie sehr dem zivilisierten Menschen die extreme Bewährung fehlt. Es dämmerte uns, daß nicht zuletzt der unbewußte Wunsch nach Bewährung mörderische Kriege und Revolutionen begünstigen mochte. Wir erkannten den gefährlichen Mangel an Gleichgewicht zwischen den Bedingungen der Zivilisation, die auf ameisenhafter Zusammenarbeit beruhte, und den untergründigen Neigungen zu einem raubtierhaften Leben. Es mochte nicht ausgeschlossen sein, daß unsere Kultur einmal an diesem Widerspruch scheiterte.

Wo es kein Wild gibt, ist auch die größte Ausdauer vergeudet. Jägerleben ist mit Notwendigkeit Nomadenleben. Als der Monat mit glühenden Sonnentagen zu Ende ging, wurde uns klar, daß wir dem Wild folgen mußten.

Hinter den Goagosbergen waren zwei gute Regen gefallen. Wir kannten die genaue Stelle nicht, wir mußten sie suchen. Dabei hatten wir den Buschmännern einen Vorteil voraus: Wir konnten fahren und im Auto so viel Hausrat mitnehmen, wie wir brauchten. Eines Morgens waren wir nach sorgfältiger Vorbereitung unterwegs. Der Weg vom Plateau zu den großen Flächen war uns mittlerweile gut bekannt. An den sandigen Stellen war unsere Autospur von der Salzfahrt noch gut zu erkennen. Ich fuhr mit Freude. Ein unbekanntes Stück Land lockte hinter den blauen Bergen. Was würden uns die nächsten Tage bringen?

Plötzlich erinnerte Hermann mich an die Autofalle. Ich trat vor Schreck so heftig auf die Bremse, daß Otto mit der Nase gegen die Scheibe stieß. An die Falle hatte ich nicht mehr gedacht. Dabei lag sie schon unmittelbar vor uns. Was für ein diabolischer Witz, wenn wir in unsere eigene Grube gefallen wären!

Die Sonne stieg schnell. Bald trieb heiße Luft wie feiner Rauch über die hellen, kahlen Flächen und verzerrte die Silhouetten der Berge zu schwankenden Pyramiden und strauchelnden Säulen. Dann wieder lag sie still und spiegelnd wie blaues Wasser in den Senken, zog sich zurück wie eine lautlose Ebbe und wandelte sich wie auf geheimes Zauberwort wieder in flimmernde, atemberaubende Hitze. Dieses lautlose Spiel von Licht, Luft und Farbe verstärkte den Eindruck grausamer Leere einer toten Landschaft, aus der jedes Leben entfloh. Wir erblickten nicht einen Halm frischen Grases und nicht ein einziges Tier.

Gegen Mittag stolperte unser Wagen über die langen Steinfelder zur Goagos-Quelle hinunter. Nichts regte sich, kein Zebrahuf ertönte auf den Felsen, kein Springbock schnitt den Horizont in langen Fluchten. Hier war auch kein Regen gefallen.

Wir kreuzten das Tal und fuhren über gewellte Geröllfelder nach Nordosten den hohen Bergen zu. Im Norden leuchteten Kuppeln von hellrotem Granit. Die Riviere führten weißen Granitsand mit blitzenden Feldspatkristallen, und lose Säume von knorrigen Kameldornbäumen bezeichneten ihren Lauf. Und dann waren die Flächen plötzlich zu Ende. Wir blickten in eine tiefere Landschaft, die wie ein weiter Trog vor den Bergen lag. Gleich Fingern einer gehöhlten

Hand lagen gewölbte Rücken nebeneinander, dazwischen zahlreiche gewundene Riviere mit jähen Felsrändern. Steile Kuppen reckten neugierige Felshäupter, vermochten aber doch nicht über das Niveau der Namibflächen hinauszusehen. Die Hohlform war ein Beweis dafür, daß der Bergrand schon immer mehr Regen als die Flächen im Westen erhalten hatte. Auch die Vegetation ließ das erkennen, denn die Hänge waren mit Büschen getüpfelt. Hermann nahm das Glas vor die Augen, blickte kurze Zeit hindurch und sagte, mit der Hand deutend: »Da drüben sind alle Büsche grün. Dort hat es geregnet. Ich sehe auch Zebras und Gemsböcke, dahinter im Rivier sind Strauße.«

Wir konnten an dieser Stelle nicht weiter; deshalb kletterten wir auf die Kuppe, um einen Weg zu suchen. Wir fanden einen guten Abstieg ins erste Tal, mußten aber immer wieder Felsblöcke beiseite wälzen und am Rivierrand eine hohe Sandbank abgraben, um durchfahren zu können. Jenseits des Tales wurde das Gelände dann wieder fahrbar. Aber inzwischen war es Abend geworden, und so lagerten wir denn zwischen feinem jungem Springbockgras. Beim Holzsuchen entdeckten wir überall frische Wildfährten. Mit gutem Gewissen kochten wir uns eine doppelte Ration Makkaroni, die wir mit gestampftem Biltong und einer Dose Tomatenpüree würzten.

Leuchtend segelte der Mond über nachtblauen Bergen. Von allen Seiten hörten wir das Jaulen von Schakalen und dann und wann, vom Rande der Flächen, das Geheul Wilder Hunde. Es war wieder Leben um uns herum. Wie ein halbvergessener Traum lag die leere Wüste unter den westlichen Sternen.

In der Morgenfrühe blickten wir in einen tiefdunkelblauen Himmel mit zarten goldenen Wolkenfäden. Die selbst noch unsichtbare Sonne schoß bereits steile Lichtpfeile über die dunklen Bergkämme empor. Otto schnupperte. Wir folgten seinem Blick und sahen auf der Höhe, einem wuchtigen Standbild gleich, einen Gemsbock stehen, der staunend auf unser Lager herunterblickte. – Aber wir brauchten zunächst Wasser. Zu Fuß gingen wir auf Kundschaft. Mit jedem Schritt nach Osten wurden die Grashalme länger, die Blätter der Büsche üppiger. Wir überschritten den nächsten Bergrücken und standen gebannt. Das ganze Tal vor uns wimmelte von weidenden Springböcken.

Es mochten an die drei-, viertausend Tiere sein; unmöglich, auch nur annähernd die genaue Zahl zu schätzen. Atemlos starrten wir auf das graziöse Filigran zierlicher Läufe, auf den tausendfachen Rhythmus geschwungener Rücken und zur Erde gebeugter Nacken, auf das bronzene Leuchten polierter Hörner und auf sonnenwarme Vliese. Die vordersten Tiere hoben die Köpfe, aufmerksame Lauscher wendeten sich uns zu. In unschlüssigen Sprüngen drängten die Böcke zurück. Wie konzentrische Wellen vom Rande eines Weihers breitete die Unruhe sich aus, bis ein verschlungenes Dickicht gebogener Hörner über den gestrafften Leibern stand. Lange Linien schimmernder brauner Rücken glitten über Hang und Rivier. Hier und da bildeten sich Strudel wie in einem Mühlteich nach der Öffnung des Wehres, da und dort blitzten weiße Bäuche wie silberne Fische in einem Netz. Das ganze Tal war nun in Bewegung. Aus dem Gleiten waren lange, rhythmische Fluchten geworden. Einer Sturmflut gleich brandete die Riesenherde über die Hügel, wie silberne Schaumkronen wehten ihre Prunkhaare überall auf den Höhen.

Und dann waren auch die letzten Nachzügler verschwunden; verwundert sahen wir, daß Busch und Fels noch standen. Wir mußten daran denken, was alte Buren zuweilen erzählten: daß Löwen, die in große Springbockzüge gerieten, mitwandern mußten, bis sie vor Erschöpfung liegenblieben. Wenn wir jetzt einen Filmapparat gehabt hätten! Unsere Photoapparate lagen im Auto.

Wir beschlossen uns zu trennen. Hermann sollte das eine, ich das andere Tal nehmen. Wer von uns einen brauchbaren Lagerplatz fand, sollte zum Auto zurückkehren.

Am Nachmittag trafen wir uns wieder und hatten einander viel zu erzählen. Jeder von uns hatte Zebraherden von dreißig und mehr, Gemsbockherden von sechzig Tieren und überall kleine Springbockherden gesehen. Eine paradiesische Ansammlung von Wild auf einem schmalen Strich frischer Weide. Beide Riviere hatten Wasserkolke. Hermann hatte einen gefunden, der mit dem Auto zu erreichen war. Zwischen ein paar Dornbüschen, die am Ufer standen, konnten wir unser Lager aufschlagen. Wir spannten unser großes Segeltuch aus, da die Büsche, vor allem mittags, nur halben Schatten gaben, denn sie stellten dann ihre Blätter senkrecht, um der Sonne möglichst wenig Angriffsflächen zu bieten. Es war ein herrlicher Schlafplatz neben dem kühlen, braunen Wasser, in dem nachts die Sterne schwammen. Wir konnten zu jeder Tages- und Nachtzeit in den Kolk steigen, dessen Wasser uns bis an die Hüften ging. Unser Trinkwasser schöpften wir aus einem Loch, das wir neben dem Tümpel in den Sand gruben.

In der Morgendämmerung ging ich ein Stück rivieraufwärts und fand eine Felswand, unter welcher der Sand mit Salz weiß verkrustet war. Zahlreiche Spuren verrieten, daß die Tiere hierher zum Bracken* kamen. Ich legte mich mit der Pistole auf die Lauer. Es waren noch keine zehn Minuten vergangen, als elf Springböcke im Gänsemarsch das Rivier

* Bracken: salzlecken.

betraten. Der erste verschwand hinter einem Busch, der zweite lief mir ins Visier. Nach dem dröhnenden Schoß waren die Tiere wie fortgeblasen. Hatte ich wieder einmal gefehlt? Nein, hinter einem dichten Binsenbusch schimmerte es weiß. Und dort lag mein Bock mit durchschossenem Herzen und brechenden Augen. Es war noch ein junges Tier, das leicht auf meiner Schulter lag. Hermann schlief noch, als ich zu unserem Lager kam; die Sonne ging gerade auf. Mein Freund staunte nicht wenig, als ich ihm frische gebratene Springbockleber ans Bett brachte.

Schwüle Tage folgten; der Himmel wurde wieder lebendig. Jeden Mittag kamen Wolken über die Berge gesegelt, an jedem Abend trieb der Westwind sie wieder zurück. Wir waren den Streifen guter Weide abgelaufen; er war etwa fünf Kilometer breit und zehn Kilometer lang. Die Strecke würde bald genug kahlgefressen sein. Es kam deshalb alles darauf an, zu wissen, ob, wann und wo Regen zu erwarten war. Immer wieder hielten wir vom Hügel aus Ausschau. Am fünften Tage dröhnte ferner Donner über die Berge, der Westwind blieb aus, die Wolken hingen wie nasse graue Lappen am Himmel, und die Nacht war warm und drückend wie eine Waschküche. Wir ertrugen die Schwüle voll geheimer Hoffnung und wurden nicht enttäuscht. Schon am nächsten Vormittag ging in einer Entfernung von etwa zwanzig oder dreißig Kilometern ein Gewitter nieder. Die Sonne blickte bleich und stechend durch gestaffelte Wolkenfenster. Um zwei Uhr begann es zu regnen und regnete bis vier: herrlicher, gleichmäßig fließender Regen. Wir fingen das von unserem Segel abfließende Wasser auf und füllten vier Flaschen für die Autobatterie. Dann saßen wir unter dem Segel, hörten das Trommeln auf dem ausgespannten Tuch, das Rauschen in den Büschen und das helle Plätschern im Tümpel und waren glücklich. Hermann zeichnete und rauchte, ich schnitzte an dem Schaft für eine kleine Armbrust.

Plötzlich richtete Otto sich auf und starrte auf den Boden. Da hüpften und sprangen mehrere hundert winziger brauner Frösche, sie verließen den Tümpel und strebten hangaufwärts. Was hatte das zu bedeuten? Warum blieben die Frösche nicht im Wasser? Wo wollten sie hin? Wir dachten ein Weilchen darüber nach und vergaßen die Sache dann. Von den Felsen liefen helle Wasserfäden ins Rivier, aber der Regen war nicht heftig genug, um von den Talhängen abzulaufen. Das war bedauerlich; wir hatten gehofft, der Tümpel würde sich noch einmal füllen.

Der Regen verebbte so langsam, wie er begonnen hatte. Hermann entzündete ein Feuer und benützte dazu Holz, das wir im Auto trockengehalten hatten, setzte Teewasser auf und röstete eine Handvoll Haferflocken zur Feier des Regenfestes. Plötzlich übertönte ein ungewöhnliches Brausen das Summen des Kessels, ein Brausen, das schnell anschwoll und näher kam und sich gar nicht nach Wind anhörte. Und da wußten wir es auch schon: Das Rivier kam!

Wir stürmten auf die Felskanzel. Die nächste Rivierstrekke lag noch trocken zwischen den Felsufern, aber das Rauschen näherte sich beängstigend schnell wie ein Schnellzug in einem Tunnel. Unheimlich war dieses mahlende Tosen unter dem stillen, grauen Himmel und angesichts eines sandgefüllten Trockenflusses.

Wir schrien beide gleichzeitig auf. Zwischen den Felsen brandete eine quirlende braune Masse hervor, stieß brüllend mit schmutzigem Gischt gegen die Wand, gewann das gerade Talstück und streckte sich zu schnellerer, gleitend zischender Fahrt. Wir liefen wieder hinunter, um das Eintreffen der Flut aus der Nähe zu sehen. Da schäumte sie schon an der Wand, auf der wir soeben noch gestanden hatten, fiel kurz zurück, bäumte sich mit schaumgestreiftem Nacken und rollte als tosende, meterhohe, wellengerippte Walze mit dreschflegelnden Baumästen und polternden Felsplatten in unseren Kolk. Für einen Augenblick war die wilde Talfahrt gehemmt, dann hob es sich wallend, und wie Schlangenbrut aus einem Nest glitten nach allen Seiten flache, schimmernde Wellen mit quergeripptem, schaumgeflecktem Rücken über die Ufer und sprudelten um unsere Füße. Wir sprangen zurück; das Tosen hielt an. Auf dem Rücken der ersten Flut ritten neue, höhere Wellen wie geduckte, wild schnalzende Reiter heran, und ehe wir es uns versahen, standen wir schon wieder im Wasser.

»Schnell, die Betten!« schrie Hermann, und tatsächlich hatten die Fluten fast unser Lager erreicht. Keinen Augenblick zu früh zerrten und warfen wir Bettzeug, Stühle, Kisten und Geschirr höher zum Berghang hinauf. Es gab ein kurzes, scharfes Zischen, dann hatte das Wasser unser Feuer gelöscht; die Pfanne mit den Haferflocken drehte und neigte sich und verschwand. Ich machte einen Hechtsprung, landete der Länge nach im Wasser und bekam den Stiel der kostbaren Pfanne gerade noch zu fassen. Unser Festtagsgericht trieb mit bunten Fettaugen auf der braunen Suppe davon. Hermann fischte zwischen den Büschen und zog die Luftpumpe aus dem Wasser. Wir sahen uns wortlos an. Was für ein Verhängnis, wenn wir nicht mehr in der Lage gewesen wären, unsere Autoreifen aufzupumpen!

Nachdem das Getöse in der Ferne verklungen war, saßen wir auf unserem Bettzeug und sprachen über das Ereignis. Eine tote Eidechse trieb mit einem Dornenzweig heran. Die Flut war ganz überraschend gekommen, kein Donner, kein Fallwind hatte sie angekündigt. Wieso hatten die Frösche es gewußt? Verließen sie das Wasser immer bei Regen? Gewiß nicht. Drei Tage später erlebten wir abermals ein Gewitter. Kein Frosch verließ den Tümpel, und das Rivier kam nicht. Hatte ein überempfindlicher Sinn die Frösche gewarnt? Wir wußten es nicht, aber die Frösche hatten sich jedenfalls vor der Flut gerettet. Am Abend kehrten sie samt und sonders ins Rivier zurück, und in den folgenden Nächten veranstalteten sie so phantastische Hochzeitskonzerte, daß wir uns die Ohren zustopfen mußten.

In unserem und dem Nachbarrivier waren nun alle Kolke wieder gefüllt, und noch ein paar Tage lang rieselte ein dünnes Band klaren Wassers über Sand und Steine. Es war wunderbar, nach all den Monaten auf dem kahlen Wüstenplateau neben einem Überfluß von Wasser zu leben. Ringsum waren intensivstes Leben und vielfältigstes Wachstum. Die kleinen Holztauben gurrten vom Morgen bis zum Abend; ein Webervogel brachte in einer Woche vier kunstvoll geflochtene Kugelnester unmittelbar über unseren Köpfen an den dünnen Zweigen eines Weißdornbaumes an. Die große Springbockherde sahen wir zwar nicht wieder, aber es gab überall kleine Herden, und wir brauchten nur auf eine Felskuppe zu steigen, um Gemsböcke oder Zebras zu sehen. Natürlich fehlte es auch nicht an Raubtieren. Im Nachbarrivier sahen wir immer wieder die runden Pfotenabdrücke eines Leoparden. Eines Morgens saß er dann in der Dämmerung auf dem Felsen gegenüber dem Lager und verschwand mit einem lautlosen Sprung, als wir uns regten. An einem anderen Morgen traf ich sieben große gefleckte Hyänen, die, ausgeschwärmt wie eine Schützenkette, einen weiten Talkessel durchstreiften. Wehe allem Schwachen und Kranken, das vor ihr Gebiß kam!

Wie gut die Tiere einander kannten! Da hatte beispielsweise ein Strauß ungerührt den Vormarsch der Hyänen beobachtet. Aber kaum sah er meinen Kopf auf einen Kilometer

Entfernung über einem Hügel auftauchen, da suchte er das Weite. Bei einem Gemsbock erlebte ich einmal etwas Ähnliches. Der starke Bulle stand in der Mittagshitze halb schlafend unter einem Kameldornbaum neben einem großen Wasserkolk. Ich pirschte mich in Deckung mit meiner Leica heran. Plötzlich knirschte ein Stein unter meinem Fuß. Drei Hyänen stürmten aus einer Höhle unter dem Felsen heraus; eine von ihnen klatschte bis über die großen runden Ohren ins Wasser. Der Gemsbock drehte mißbilligend den Kopf nach den Störenfrieden. Als er sah, daß sie in sichtlichem Schrecken flohen, suchte er gleichfalls das Weite. Der Gemsbock hatte im Wind der schlafenden Hyänen gestanden; es hatte ihn nicht gestört; er wußte, daß die Hyänen vor seinen langen Spießen Respekt hatten.

Ein anderes Erlebnis mit Hyänen hatte Hermann. Er befand sich mit Otto auf der Pirsch und rastete in der Mittagshitze unter einem Felsüberhang im Rivier. Er hörte ein widerliches Meckern. Otto erhob sich mit gesträubtem Fell. Drei Hyänen kamen langsam das Rivier herauf. Hermann stand auf und machte den Hund fest. Die Hyänen kamen im Gänsemarsch auf ihn zu. Hermann brüllte sie an, sie nahmen keine Notiz davon, sondern näherten sich weiter, starr auf den Hund blickend. Hermann hob die Pistole. Auf fünf, sechs Meter schoß er die vorderste Hyäne durch den häßlichen Kopf. Sie rannte quer über das Rivier und fiel zwischen die Klippen, die beiden anderen jagten davon.

Nach dem neuen Regen wanderten noch mehr Tiere zu. Wir hatten Fleisch im Überfluß und brauchten nicht viel Zeit auf die Jagd zu verschwenden. An einem stahlblauen Morgen saß ich vor Sonnenaufgang in einem Salvadorabusch, vor mir ein tischebenes Rivierbett mit hartem, salzverkrustetem Sand. Ein verspätetes Stachelschwein trippelte vorüber. Ich stieß einen Pfiff aus. Sofort fuhr der Kopf des Tieres schutzsuchend zwischen die Vorderbeine, und der Rücken spreizte sich zu einer starren schwarzweißen Stachelkugel. Da ich mich nicht rührte, rasselte das Stachelschwein bedrohlich mit dem Schwanz und setzte seinen Weg beschleunigt fort.

Als die Sonne heraufkam und ihr goldenes Licht über Berg, Busch und Fels warf, stand plötzlich ein Springbock wie aus der Erde gewachsen im Licht und blickte sich mit stolz erhobenem Kopf und spielenden Ohren um. Andere Springböcke tauchten hinter ihm auf und traten aus dem Schatten des Berges in das sonnenüberflutete Rivier. Es waren wohl an die zwanzig junge Ramme, alle kräftig und glatt, mit starken, gerippten Leiergehörnen. Sie leckten an den salzigen Krusten, gingen hin und her und probierten verschiedene Stellen. Plötzlich gab es einen klatschenden Schlag; zwei Gehörne knallten gegeneinander. Mit gespreizten Beinen standen zwei Ramme da und verteilten wuchtige Schläge, verhakten ihre Hörner und erprobten ihre Kräfte mit Ziehen und Rucken. Das schien ansteckend zu wirken, denn gleich darauf begann ein zweites Paar miteinander zu kämpfen, dann noch ein drittes. Salvengleich hallten die Schläge durch den Morgen, Freudenschüsse übermütigen Lebens! Schließlich kämpften fünf Paare gleichzeitig mit federnden Muskeln und glänzenden Augen. Ebenso plötzlich, wie sie begonnen hatten, endeten die Kämpfe, einträchtig trollte sich die ganze Gesellschaft. Im Himmel aber kreisten die großen Geier und warteten mit scharfen Augen auf den Tod, der ja nicht fehlen darf, wenn das Leben jung und übermütig bleiben soll.

Auch Dunkles und Häßliches fehlte nicht in der Fülle. Hermann und Otto hatten bei bedecktem Himmel einen Spaziergang nach Norden gemacht. Als sie zurückkamen, erzählte Hermann mir eine merkwürdige Geschichte.

Über dem Steinfeld hinter dem Springbockrivier schwärmten Termiten. Fast an jedem Stein saß ein Skorpion oder ein scheußlicher rotgelber Skolopender, und zwar verteilt über eine Fläche von fast einem halben Quadratkilometer. Die Skorpione lauerten, aufgerichtet, mit den Scheren in der Luft, während die Skolopender sich überall suchend herumschlängelten. Es waren ihrer so viele, daß Hermann den Hund auf den Arm nehmen mußte. Die Termiten machten nach dem Regen ihren Hochzeitsflug; für eine kurze Stunde konnten sie ihren finsteren Wohnungen in der Erde entsteigen, um sich auf zarten Flügeln unter dem Himmel zu tummeln, und bei ihrer Rückkehr zur Erde empfing sie tausendfacher giftiger Tod.

Diese Raubinsekten gleichen Tötungsmaschinen. Das mochte damit zusammenhängen, daß sie eine so lange Entwicklungszeit hinter sich haben. Skorpione und Spinnen gab es ja schon lange, ehe es Säugetiere gab. Sie hatten genügend Zeit, sich bis zur Vollkommenheit an eine bestimmte Lebensweise anzupassen. Die Überlegung gab uns viel zu denken. Würden auf die Dauer die maschinellen Hilfsmittel nicht auch die Menschen zu Automaten machen? –Immerhin, der Mensch hatte ein Bewußtsein entwickelt, das es möglich machte, die Gefahr zu erkennen.

Da waren wir wieder bei der Frage der Entwicklung. Nachdem sich die Frösche im Kolk etwas beruhigt hatten, drehten sich unsere abendlichen Gespräche, punktiert von Eulenrufen und dem Jaulen der Schakale, immer wieder um diese Probleme.

Otto und Hermann

Otto und Hermann im Wohnzimmer

Wohnung im Nausgomab

Unter dem Sonnendach

WANDERER

MORINGABAUM

STRAUSSENBALLETT

MARABU BEIM FRÜHSTÜCK

Zebras am Wasserkolk

Gemsböcke und Springbockkitz

GEWITTER IN DER NAMIB

GARAGE IN DER NAMIB

In der Tiefe des Canyons

Trockenzeit

Hermann beim Schmoken

Gespräche über menschliche Entwicklung

Das wilde Jägerleben schien uns wie ein alter Handschuh zu passen. Aus dieser Erkenntnis hatten wir geschlossen, daß der moderne Mensch, grob gesprochen, noch immer eine »Steinzeitseele« besitzt, die sich schlecht mit seiner zivilisierten Lebensweise verträgt. Wie konnte der Widerspruch sich lösen? Das war, angesichts der wachsenden Vernichtungsmöglichkeiten, eine Lebensfrage. Sicher war, daß der Mensch sich entwickelt hatte. Die Stadien, die er durchlaufen hatte, bildeten die Grundlage dessen, was er war und was er werden konnte. Was aber wußten wir von dieser Entwicklung?

Wo sollten wir beginnen? Der Mensch verdankt einen großen Teil seiner Entwicklung seinem Körperbau. Wie hätte er ohne die Greifhand je ein Mensch werden können?

»Wir müssen weit zurückgehen«, sagte Hermann. »Schon die ersten Wirbeltiere hatten fünffingrige Pfoten, und sie krochen vor rund zweihundertfünfzig Millionen Jahren an Land. Das ist eine gute Bestätigung für die Entwicklungsregel, daß primitive, nicht spezialisierte Formen sich am längsten erhalten und die einzigen Ausgangspunkte für weitere Entwicklungen darstellen. Alle vier- und dreizehigen Tiere, die zweihufigen Antilopen und die einhufigen Zebras sind Spezialisationen; sie haben sich in Anpassung an besondere Lebensbedingungen aus fünfzehigen Vorfahren entwickelt und damit ihre weitere Entwicklungsfähigkeit weitgehend eingebüßt.«

»Nun, fast alle Organe des menschlichen Körpers zeigen einen auffälligen Mangel an besonderer Anpassung. Das Gebiß zum Beispiel hat keine vergrößerten Eckzähne wie das von

Raubtieren und Affen, keine zackigen Reiß- oder Nagezähne oder nadelspitze Insektenfresserzähne. Die Zähne des Menschen sind nahezu gleich groß: ein unspezialisiertes Allesfressergebiß. Die Arme zeigen nicht die Verlängerung, zu der überwiegend kletternde Lebensweise führt. Die Nägel taugen nicht zum Klettern oder Graben. Unsere Verdauungsapparatur ist an keine besondere Nahrung angepaßt.«

»Richtig! Nimm weiter den menschlichen Fuß. Er ist ein unspezialisierter Lauffuß. Wäre er für größere Schnelligkeit gedacht, läge das Hauptgewicht nicht auf dem großen Zeh, sondern auf einer der mittleren oder äußeren Zehen. Er ist auch kein Kletterfuß, dazu ist unter anderem die Ferse zu gut ausgebildet. Aber worauf willst du hinaus?«

»Ich möchte neue Gesichtspunkte für die Frage der Abstammung finden. Nach allem, was wir von der Entwicklung der Lebewesen wissen, kann ein einfaches Organ sich nicht aus einem spezialisierten entwickeln, während das Umgekehrte jederzeit möglich ist und geschieht. Ein Arm kann sich zu einem Flügel umbilden, aber aus einem Flügel kann kein Arm mehr werden. Deshalb müssen die Strauße mit zwei Beinen auskommen, obwohl es ihnen bei schnellem Lauf oft schwerfällt, das Gleichgewicht zu halten. Auf den Menschen angewandt, besagt das, daß keiner unserer Vorfahren spezialisiertere Organe gehabt haben kann, als wir sie haben. Demnach gehört nichts in unseren Stammbaum, was den heutigen Menschenaffen ähnlich sieht, kein Geschöpf, das große Eckzähne, Knochenkämme auf dem Schädel, eine lange Schnauze oder einen Greiffuß besaß. Die Folgerung läßt sich auch noch durch ein weiteres Argument stützen. Die Entwicklung eines Embryos wiederholt weitgehend die Entwicklung der Art. Lassen sich doch am menschlichen Embryo in einem gewissen Stadium sogar noch die Kiemenspalten der Fische erkennen, während in keinem Stadium lange Schnauze oder Greiffuß vorkommen.«

»Gut! Es stimmt übrigens auch anders herum. Menschenaffenkinder und -Embryonen haben menschenähnlichere Köpfe als erwachsene Affen. Also müssen die Affen von unspezialisierten, also menschenähnlicheren Vorfahren abstammen. Gibt es irgendwelche Versteinerungen, die in diese Richtung weisen?«

»Ja, die in Südafrika gefundenen Australopithecus-Schädel haben viel mehr mit dem Menschen als mit dem Menschenaffen gemeinsam.«

»Aber nun kommt die große Schwierigkeit. Wir ersetzen unseren Mangel an natürlichen Waffen nur allzu erfolgreich durch Pistolen, Gewehre, Bomben oder Giftgas. Aber wie vermochten unsere Vorfahren zu überleben, bevor sie den Gebrauch von Stöcken oder Steinen entdeckten? Wir haben abgeleitet, daß sie ebenso wenig lange Zähne oder Krallen hatten wie wir, daß sie nicht so schnell laufen konnten wie Hasen oder Springböcke, ja, daß sie nicht einmal so gut klettern konnten wie Affen. Wie konnte so ein Wesen sich ernähren oder verteidigen? Mit bloßen Händen, ohne die Hilfe von Steinsplittern, vermögen wir nicht einmal ein Steinböckchen zu zerlegen; jedes Raubtier, größer als ein Schakal, könnte uns erfolgreich angreifen!«

»Vielleicht ist das Problem gar nicht so schwierig, wie es auf den ersten Blick scheint. Die Paviane beispielsweise leben hier mit Leoparden und Hyänen zusammen und halten sich hauptsächlich auf dem Boden auf. Freilich, die alten Männchen haben Eckzähne, die einen Leoparden neidisch machen könnten. Aber wann kommt es da schon einmal zu einem Kampf? Die Paviane haben Augen, denen kaum etwas entgeht, und sie pflegen jeden Ausflug durch ein ganzes System von Wachtposten und Kundschaftern zu sichern. Das heißt, sie sichern sich im wesentlichen nicht durch ihre natürlichen Waffen, sondern durch ihre Intelligenz, und das in solchem Maße, daß sie sich sogar gegen die weittragenden Gewehre der Farmer zu behaupten wissen. Mit noch etwas mehr Intelligenz vermöchten sie sicherlich sogar ohne ihre Eckzähne auszukommen. Dazu kommt, daß sie sich von allen halbwegs eßbaren Früchten, von Larven, Käfern und Skorpionen nähren. So vermögen sie selbst in dieser kargen Gegend zu leben.«

»Ausgezeichnet! Nun kommen wir weiter. Wahrscheinlich haben unsere menschlichen Vorfahren nie im tropischen Urwald, sondern in der Baumsteppe gelebt. Der Urwald ist ein Bereich, der zur einseitigen Anpassung zwingt, und da entwickeln sich dann eben Gorillas und Orang-Utans. Die Baumsteppe, die für Afrika typische Landschaftsform, ist weder Wald noch Savanne. Sie gewährt kletternden Tieren den Schutz der Bäume, aber sie zwingt immer wieder zum Betreten des Bodens. Das ist also die ideale Umwelt für ein Wesen mit Kletterhänden und Lauffüßen, eine Umwelt, die gar keine besondere Anpassung, das heißt schnelles Laufen oder reines Klettern, zuläßt. Die Klimageschichte aber läßt uns erkennen, daß schon seit Jahrmillionen die größten Teile Afrikas Baumsteppe gewesen sind. Alljährlich gibt es hier auch die großen Grasbrände. Sie haben zur Folge, daß die Tiere die Angst vor dem Feuer weitgehend verlernen.«

»Also hätten wir unsere Vorfahren nun in der Baumsteppe. Wie sind sie dahin gekommen? Woher haben sie ihre überdurchschnittliche Intelligenz?«

»Wir müssen wohl noch weiter zurückdenken. Die Hauptentwicklung der Säugetiere begann etwa vor fünfzig Millionen Jahren. Sie waren damals alle noch sehr klein, die

Vorfahren der Pferde etwa nicht größer als ein Terrier, die der Menschen und Affen allenfalls so groß wie Eichhörnchen. Ich habe einmal bei der Ausgrabung von Versteinerungen aus jener Zeit mitgewirkt. Die Knochen, auf die wir stießen, waren klein und zierlich, und die Unterschiede zwischen den verschiedenen Ordnungen waren erst schwach entwickelt. Die Vorfahren von Menschen und Affen müssen damals hauptsächlich Insektenfresser gewesen sein.«

»Es deutet vieles darauf hin, daß die ersten Säugetiere überhaupt Insektenfresser waren, und daß alle anderen, Raubtiere und Wiederkäuer, Nagetiere, Dickhäuter und so weiter, sich von den Insektenfressern abgezweigt und dabei, entsprechend ihrer Lebensweise, verändert haben. Hilft uns das nun irgendwie weiter?«

»Ich denke schon. Insektenfresser haben sicher hauptsächlich auf Bäumen und Büschen gelebt. Dabei lernt sich der Gebrauch der Vorderfüße, das heißt ihre Verwendung als Greifhände, sehr leicht. Denke nur an Eichhörnchen und Mäuse. Nun, und wenn die Hand erst zum Greifen dient, fehlt die Notwendigkeit zur Entwicklung einer langen Schnauze. Vielleicht waren die gemeinsamen Vorfahren aller Säugetiere kurzschnäuzig. Alle Säugetierembryonen zeigen jedenfalls auffallend menschenähnliche Kopfbildungen. Vielleicht gleicht unsere Kopfform der Urform des Säugetierstammes mehr, als man annehmen sollte, abgesehen von der Grösse. Vielleicht hat sich der Mensch hier, wie auch bei anderen Organen, einen großen Teil seiner Ursprünglichkeit bewahrt.«

»Da fällt mir noch etwas ein. Inwieweit wird die Entwicklung beeinflußt, wenn die Hand anstatt der Schnauze zum Greifen der Nahrung gebraucht wird? Dann muß das Auge doch zum wichtigsten Sinnesorgan werden, wichtiger als der Geruchssinn, das heißt die Augen entwickeln sich auf Kosten der Nase; sie rücken nach vorn. Stereoskopisches Sehen verbessert den Gebrauch der Hände. An Stelle des Riechhirns können die Assoziationszentren ausgebildet werden, und die Weiterentwicklung des Schädels wird nicht durch eine schwere Schnauze und große Kaumuskeln behindert. Und so führt der Gebrauch der Hand unmittelbar zur Entwicklung von Auge und Gehirn, zu den einzigen Spezialisationen des menschlichen Körpers.«

»Einzige Spezialisationen meinst du? Du vergißt den aufrechten Gang. Aber diese Spezialisation dürfte ebenfalls damit zusammenhängen. Wer die Nahrung mit der Hand zum Mund führt, muß sich mehr oder weniger aufrecht hinsetzen; ich erinnere noch einmal an Eichhörnchen und Mäuse. Und wer seine Augen gebraucht, um Feinde zu erkennen, erhebt sich immer so hoch wie eben möglich. Die kleinen Erdhunde setzen sich auch pfeilgerade auf, sobald ihnen etwas verdächtig erscheint. Mit der Entwicklung der Hände zum einzigen Werkzeug und der Augen zum wichtigsten Sinnesorgan muß das Bedürfnis nach aufrechter Haltung zwangsläufig wachsen. Unsere Vorfahren werden sich auch sicherlich immer wieder aufgerichtet haben, wenn sie von einem Baum zum anderen wechselten, besonders wenn hohes Gras zwischen den Bäumen wuchs, das die Sicht behinderte. Rechtzeitiges Erkennen der Gefahr war wichtiger als Schnelligkeit. Auf diese Weise konnte der aufrechte Gang entstehen.«

»Aber doch wohl eben nur unter den Bedingungen der Baumsteppe. Damit scheint sie wirklich die Urheimat des Menschenstammes zu sein.* Für ein wehrloses Klettertier ist sie der ideale Lebensraum. Es ist die einzige Landschaft, in

* Auf dem Kongreß für Vorgeschichte, der 1955 in Livingstone abgehalten wurde, bekannten sich die meisten Forscher zu der Ansicht, daß Afrika die Urheimat der Menschheit sei.

der Aufmerksamkeit und Intelligenz wirklichen Schutz gewähren. In der offenen Savanne schützt Aufmerksamkeit nicht vor einem schnellen Gegner, und im unübersichtlichen Urwald ist sie nur von beschränktem Nutzen.

»Dann wäre der nächste Schritt die Erfindung von Waffen und die Jagd auf größere Tiere. Die Entwicklung der Intelligenz muß dadurch außerordentlich stark gefördert worden sein. Denn nun galt es erst recht, genau zu beobachten, zu planen, andere Tiere zu überlisten. Gleichzeitig gestattete die Fleischnahrung den Vorstoß in alle Gebiete der Erde, so daß neue Umstände den Geist ständig vor neue Aufgaben stellten. Ohne den Übergang zu einem raubtierartigen Jägerleben ist die weitere Entwicklung überhaupt nicht denkbar.«

»Gut. Laß uns zusehen, zu welchen Schlüssen wir bisher kamen. Die Anpassung des menschlichen Körpers an einseitige Lebensbedingungen ist geringer als die aller anderen Tiere. Das heißt, der Mensch hat sich eine Vielseitigkeit bewahrt, die den anderen verlorenging. Es heißt weiter, daß der Mensch auch heute noch der Stammform der Säugetiere, mögen sie auch mausgroß gewesen sein, näher steht als die übrigen Tiere, denn die Stammform muß die Möglichkeiten für die verschiedenen Entwicklungslinien enthalten haben, was nur möglich ist, wenn sie unspezialisiert war. Der Mensch kann sich nur aus unspezialisierten Wesen entwickelt haben, also aus keinem Tier, das dem heutigen Menschenaffen glich. Im Gegenteil, die Menschenaffen können nur Seitenzweige der menschlichen Stammeslinie sein, die durch ihre Anpassung an reines Baumleben in eine Sackgasse gerieten. Der Pavian ist wieder zu einer vielseitigeren Lebensweise zurückgekehrt, aber erst, nachdem er schon Affe geworden war. Fällt dir noch etwas ein?«

»Ich fürchte, nein. Nur eine Abwandlung des weisen Wortes von Ringelnatz: »Die ersten Menschen waren nicht die letzten Affen.« Wir können jetzt feststellen: Die ersten Affen waren nicht die letzten Menschen. Das läßt immerhin einige Hoffnungen für die Zukunft offen.«

Die Nacht war kühl geworden. Mitternächtliche Sternbilder spiegelten sich im dunklen Wasser, Zebrahufe klapperten irgendwo über unsichtbare Steine. Wir krochen zufrieden unter unsere Decken.

Schon die Erlebnisse der nächsten Tage brachten uns im Zusammenhang mit unserem Nachtgespräch mancherlei neue Aufschlüsse. Wir unternahmen einen Ausflug in das Riviersystem vor dem großen Berg. In den Mittagstunden rasteten wir unter einer kleinen Felswand. Fünf Springböcke zogen langsam an uns vorüber. Der Wind war günstig, ich hielt Otto am Boden, und wir saßen ganz still, aber ohne jede Deckung. Die Tiere kamen näher; schließlich war der vorderste Bock nur noch zwanzig Meter entfernt. Er blieb stehen, sah uns an und – weidete ruhig weiter.

»Mangelndes Deutungsvermögen des Gehirns«, flüsterte Hermann.

Das nächste Tier kam heran. Da schlug der aufs äußerste erregte Hund mit der Schwanzspitze gegen einen Stein. Der Bock hob mit einem schrillen Pfiff den Kopf, konnte aber immer noch nicht deuten, was er sah. Er stand wohl eine Minute, immer noch pfeifend und unruhig die Vorderbeine bewegend. Dann wurde es ihm wohl unheimlich, mit einem letzten Pfiff jagte er, von den anderen gefolgt, davon.

Eine halbe Stunde später tauchte eine schwarze Gestalt am Horizont auf. Sie setzte sich aufrecht auf einen Felsen und blickte ins Tal hinab. – Ein Pavian!

Er sah uns sofort und ließ ein dröhnendes »Boua!« ertönen. Augenblicklich tauchten andere Köpfe neben ihm auf und gaben denselben Laut von sich, als sie uns ausgemacht hatten. Wir blieben sitzen, und die Paviane ebenfalls, ihre Aufmerksamkeit durch immer neue Rufe bezeugend. Nach etwa einer halben Stunde hielten sie es vor Neugier nicht mehr aus. Langsam, mit großen Pausen, arbeiteten sie sich den Hang hinab. Sie näherten sich uns nicht direkt, sondern von der Seite, wobei sie sich nie alle gleichzeitig bewegten. Hatte eine Felsgruppe dem Anführer für eine kurze Strecke die Sicht genommen, dann tauchte immer zuerst sein Kopf vorsichtig spähend hinter einem Busch oder einem Felsblock auf. Dabei stellte er sich mehrmals auf die Hinterbeine, um über die Büsche hinwegsehen zu können. Schließlich waren alle neun Tiere in etwa hundert Meter Entfernung auf der anderen Seite des Riviers angekommen. Zu unserem Staunen kletterten sie jetzt in zwei dichte Hackiesbüsche, obwohl diese voll unzähliger scharfer, krummer Dornen saßen. Sie hockten wie schwarze Kobolde steil aufgerichtet in den Ästen und beobachteten uns unausgesetzt. Jede unserer Bewegungen beantworteten sie mit einem lauten »Boua!« Die kleineren Tiere, die keinen Augenblick stillsitzen konnten, versuchten den Laut mit piepsender Stimme zu wiederholen. Ein ganz kleiner Pavian kletterte an seiner Mutter herum, hielt sich aber meist hinter ihrem Rücken verborgen und blickte nur dann und wann unter ihrem Arm hindurch zu uns hinüber, genau so, wie ein Menschenkind, hinter dem Rock der Mutter stehend, einen Fremden betrachtet. Ein Halbwüchsiger versuchte, in Deckung von Felsen und Büschen näher heranzuschleichen. Ein lautes Gebrüll des Anführers holte ihn zurück; er erhielt von der Mutter eine Ohrfeige, die er mit lautem Geschrei quittierte. Ab und zu schnatterten die Alten miteinander wie Frauen bei einem Kaffeeklatsch.

Was hatten uns die Hottentotten doch einmal von den Pavianen erzählt? »Baas«, hatte ein alter Hottentott gesagt,

»Baas, die Paviane können sprechen, aber sie sind zu klug, um es zu tun. Sie wissen: Wenn sie sprechen, müssen sie auch arbeiten.« Und er hatte sichtlich bedauert, daß er sprechen konnte und deshalb Schafe hüten mußte.

Die Neugier der Paviane war noch größer als die unsere; sie machten keine Miene, aufzubrechen. Schließlich standen wir auf und gingen auf sie zu. Sie flohen den Berg hinauf, wobei der Anführer zähnefletschend und mit lautem Gebrüll den Rückzug deckte. –

Das einmal angeschnittene Thema ließ uns keine Ruhe. Eines Abends saßen wir wieder in der Dämmerung zusammen. Fledermäuse huschten in zerhackten Bögen lautlos über Busch und Wasser. Eine silberne Mondsichel stand am Himmel.

»Mich beschäftigt noch immer das Problem der mangelnden Anpassung«, sagte ich. »Wir haben festgestellt, daß dieser Mangel durch gute Augen und durch ein Gehirn, das Gesehenes zu deuten vermag, ausgeglichen wird. Die richtige Deutung ständig wechselnder Bilder ist kein automatisch instinktiver Vorgang. Die Deutung von Farben, Schatten und Formen kann nur durch Erfahrung gelernt werden. Heißt das nicht, daß die erfahrungslosen Jungen eines solchen Wesens völlig hilflos sind und nur im Schutz der Eltern ihre Erfahrungen machen können? Wie aber ist das bei schweifenden Tieren möglich? Ich glaube, die Paviane zeigen es uns. Die Mütter tragen die Kinder, und diese können sich mit den Händen an den Müttern festklammern. Da hätten wir wieder die Hand! Die Kleinen nehmen also von Anfang an an allem Erleben teil. Sie lernen aus dem Verhalten der Eltern, und zwar schon in einem Alter, in dem sie noch ganz unfertig und also bildsam sind. Ein Schakal muß seine Jungen vor der Berührung mit der Umwelt in einer Höhle verbergen, bis sie ein gewisses Maß von Selbständigkeit erreicht haben. Wenn sie am ersten Jagdausflug teilnehmen können, ist der größte Teil des bildsamen Alters schon verlorengegangen, und die mangelnde Erfahrung wurde durch Instinktreaktionen ersetzt, ja, mußte durch sie ersetzt werden. Wie nun, wenn die Lernfähigkeit das Ursprüngliche und die Instinkte nur ein Ersatz für fehlende Lernmöglichkeiten wären und nicht umgekehrt? Vielleicht hat sich der Mensch auch in dieser Beziehung seine Ursprünglichkeit bewahrt, weil er so frühzeitig Hände entwickelte, daß das Verbergen seiner Jungen in Höhlen und Nestern unnötig wurde? Instinkte sind doch meist an spezialisierte Organe gebunden, sorgen für deren sinngemäße Anwendung und sind immer irgendwie auf die Erfahrung der Vorfahren gegründet. Können die Erfahrungen in jeder Generation gefahrlos aufs neue gemacht werden, dann fehlt die Notwendigkeit zur Festlegung von Instinkthandlungen. Dafür wird eine bleibende Lernfähigkeit bewahrt, die auf die Dauer jeder festgelegten Anpassung überlegen ist. Ja, die natürliche Auslese des Lebenskampfes kann gerade die Unreife der Kinder bevorzugen, wenn diese ihre Lebenserfahrung auf dem Rücken der Mütter machen können.«

»Was für ein Monolog!« lachte Hermann. »Aber nicht schlecht! Dazu fällt mir noch etwas ein. Ein Biologe, ich habe den Namen vergessen*, hat zu beweisen versucht, daß viele menschliche Eigentümlichkeiten: das fehlende Haarkleid, Besonderheiten im Bau von Kopf und Becken und anderes mehr, embryonale Eigenschaften seien, das heißt, daß die Entwicklung beim Menschen verzögert, daß er nicht voll entwickelt sei. Das leuchtet vor allem hinsichtlich der mangelnden Behaarung ein. Nun hast du eben abgeleitet, für die

* L. Bolk

menschliche Stammreihe sei eine Geburt im unfertigen Zustand und eine lange Entwicklungszeit kein Nachteil, vielleicht sogar ein Vorteil. Beides ergänzt sich ausgezeichnet. Und noch eins: Verzögerte Fertigentwicklung dürfte auch die Ausreifung von Instinkten, die vielleicht einmal vorhanden waren, unterbunden haben, so daß die Entwicklung noch mehr in die Notwendigkeit des Lernens gedrängt wurde. Dabei konnte sich der plastische Kinderschädel den wachsenden Bedürfnissen des Gehirns leicht anpassen.«

»Diese Ableitung hat nicht nur, sie gründet sich in der buchstäblichen Bedeutung der Worte auf Hand und Fuß. Jetzt brauchen wir nur noch die Entwicklung der Sprache abzuleiten, dann sind wir wahrhaftig von den Insektenfressern zum Menschen gelangt.«

»Nun, das Geschnatter der Paviane stellt nicht einmal die Vorstufe zu einer Unterhaltung dar. Es ist nicht mehr als der Ausdruck für gemeinsame Erregung oder Zufriedenheit, kaum etwas anderes als das Geschnatter der Gänse. Von da aus sehe ich keinen Weg.«

»Dann laß uns weiter unten anfangen. Wann gibt ein Tier einen Laut von sich? Bei Schmerz oder bei Überraschung. Aus Wut, beim Erkennen einer Gefahr.«

»Erkennen! Der Springbock pfiff, der Pavian brüllte »Boua!« Mit jedem Erkennen ist eine Gemütsbewegung verbunden, die aus früherer Erfahrung stammt. Der Ton wird jeweils eine andere Färbung erhalten, je nachdem, ob der Pavian eine Schlange oder einen Leoparden erkennt. Erkennen beruht auf Erinnerung. Die Erinnerung besteht bei einem Tier, das sich auf seine Augen verläßt, vor allem aus Bildern. Tiere einer Herde haben dieselben Erlebnisse. Kann da nicht ein bestimmter Laut bei allen dasselbe Bild ins Gedächtnis rufen? Und sollte hier nicht der Anfang der Wortbildung zu suchen sein?«

»Solange nur der Stoß des Erlebnisses den Laut hervorruft, wie bei den Pavianen, kann man noch nicht von Wort und Sprache reden. Aber bei steigender Intelligenz und Lernfähigkeit ahmen Kinder – im Spiel – immer mehr das Gebaren der Erwachsenen nach und auch deren Laute. Im Spiel sind die Laute dann plötzlich vom Zwang der Erlebnisse befreit und zaubern durch Assoziation doch die ihnen zugeordneten Bilder ins Gedächtnis. Da können befriedigende Bilder durch reine Wiederholung der entsprechenden Laute immer wieder genossen werden. Mit der Gefahr kann – ohne wirkliche Gefahr – gespielt werden. So konnte, mit der Verlängerung der Kindheit, aus kindlichem Spiel die Sprache entstehen.«

»Willkürlich wiederholte Bilder – da haben wir ja schon den Anfang des Denkens! Danach sind Sprache und Denken Zwillinge, die sich Hand in Hand entwickeln. Sobald erst ein gewisser Wortschatz vorhanden ist, lassen sich Bilder frei kombinieren. Noch nicht Erlebtes läßt sich in der Phantasie erleben. Dadurch wird Zukünftiges vorhersehbar. Das Leben umfaßt nicht mehr nur Vergangenheit und Gegenwart wie bei den Tieren, es umfaßt Vergangenheit, Gegenwart und Zukunft. So hat der Mensch mit Sprechen und Denken eine ganze Dimension gewonnen. Es ist wunderbar, was das Leben vermag, wenn ihm eine unbeschwerte Kindheit zur Verfügung steht!«

»Ja, ohne kindliches, von aufmerksamen Müttern behütetes Spiel hätte der Mensch wohl nie das tierische Dasein überwunden. Vielleicht ist auch für die Zukunft das sorglose Spiel der Kinder wichtiger als alle Technik, Kriege und Revolutionen! Wehe jedem Volk, das seine Kinder in die Politik der Erwachsenen zwängt!«

Ein Nachtmarsch und seine Folgen

Mit dem Februar ging für uns die unbeschwerte Zeit zu Ende. Die Wildherden hatten die paar Quadratkilometer grüner Weide abgefressen und verliefen sich. Unbarmherzig trank die Sonne die Wasserkolke leer. Wir hatten einen Pegelstock in unseren Tümpel gesteckt und sahen mit wachsender Besorgnis, daß der Wasserspiegel täglich, an manchen Tagen um dreieinhalb Zentimeter, sank. In dem ganzen Gebiet hatten wir nur eine einzige, winzige und ungenießbare Quelle gefunden. Es blieb uns nichts anderes übrig, als wie alle Jäger dem wandernden Wild zu folgen.

Wir waren uns klar darüber, daß wir weiter landeinwärts ziehen mußten und damit näher heran an das befarmte Gebiet. Damit wuchs die Gefahr der Entdeckung. Wir mußten deshalb eine gut versteckte, schwer zugängliche Wasserstelle finden, und zwar bevor wir zur Höhle zurückkehrten, wo es jetzt vielleicht überhaupt kein Wasser mehr gab.

An einem allzu strahlenden Morgen packten wir unsere Vorräte zusammen, füllten unser Wasserfaß, prüften den Luftdruck der Reifen und trieben den Wagen mit heulendem Motor über die sandigen Riviere aus dem Talkessel hinaus auf die Namibfläche. Helle und Weite und die tückische Schönheit des toten Gesteins und des leblosen Himmels empfingen uns. Schildwachen gleich standen die Inselberge am weiten Horizont, wie immer schien ihre stahlblaue Rüstung lockende Schätze und Abenteuer der Ferne zu hüten. Wir fühlten die starke Lockung und wußten doch, daß hinter dem Horizont nur die Fortsetzung der alten Wüste lag. Froh begrüßten wir die lichtblaue Tafel des Gamsberges, der mit väterlich schützender Gebärde das weite, vielgestaltige Land überragte.

Wir fuhren die gewaltigen Flächen hinunter, kreuzten die alte Pad am Rande der Gramadullas und versteckten den Wagen in einer Schlucht. Im Sand schliefen wir, bis die Sonne verschwunden war. In der Dämmerung der bleichen Mondnacht brachen wir auf und folgten zu Fuß ein paar Kilometer der alten Pad; am Tage hatten wir es nicht gewagt.

Das verbrauchte Licht des hohen Mondes lag wie ein feiner Nebel vor den Sternen, drückte die Berge zu flachen Hügeln zusammen und vermischte Nähe und Ferne. Die Pad schlängelte sich über kahle, felsgerippte Wasserscheiden und tauchte zwischen mattschimmernden Stapeln gewaltiger Glimmerschieferplatten in gähnende Schluchten hinab. Dort war alles kahler Fels, gefährlich neigten sich die Wände über geborstenen Pfeilern. Hier und da wand sich der blattlose Stamm eines Sterkuliabaumes wie ein urweltlicher Drache aus einer Spalte heraus.

Schließlich ging es wieder aufwärts zwischen unübersichtlichen schrägen Felskuppen mit tausend regellosen schwarzen Schatten. Und dann lag zur Linken vor uns ein schrundiger Bergzug.

Gleich hinter diesem Berg begann der Bereich der ersten Farm*. Wir kannten den Farmer, Herrn Siedentopf, und hatten schon mehrmals mit dem Gedanken gespielt, ihn zu besuchen. Die Verlockung, ein anderes menschliches Gesicht zu sehen und zu hören, wie es oben im Lande stand, war groß. Wir hatten schon halb beschlossen, einen Besuch zu wagen, hatten deshalb sogar unsere Reservekleider angezogen. Doch nun fanden wir nicht den Mut. Die Gefahr, durch eingeborene Farmarbeiter der nächsten Polizeipatrouille ver-

* Diese Farm lag damals isoliert, weit von den anderen Farmen entfernt.

raten zu werden, schien uns mit jedem Kilometer, den wir der Farm näher kamen, zu wachsen. (Die Zukunft sollte zeigen, daß diese Furcht voll berechtigt war.) Wir verließen die Pad und folgten einem Wildwechsel nach Süden.

Der Wechsel führte wieder einmal durch einen Paß. Plötzlich polterten Steine vor uns, und schemenhaft wie ein Gespenst kam ein Gemsbock herangejagt. Otto rannte ihm bellend nach. Wir riefen ihn vergeblich; das Gebell verklang zwischen den Felsen. Wir warteten lange. Endlich kam Otto – angekrochen. Er bezog die verdiente Prügel und wurde festgemacht. Nach einiger Zeit merkte ich, daß er nur schwer folgte. Als ich stehenblieb, stand er auch, steif und zitternd. Von der Prügel konnte das nicht kommen. Hermann tastete ihn ab und hielt gleich darauf eine blutige Hand ins Mondlicht.

Otto war von dem Bock gespießt worden. Beim Flackern eines Zündholzes sahen wir den Einstich am Bauch. Auf dem Rücken war unter dem Fell ein schwammiger Bluterguß zu fühlen. Das sah gefährlich aus. Wir dachten an Ottos Mutter, die von einem Gemsbock getötet worden war. Es tat uns sehr leid, daß wir ihn auch noch verhauen hatten. Hermann roch an der Wunde. Därme schienen nicht verletzt zu sein. Das war eine große Beruhigung, aber trotzdem mußten wir zurück. Otto konnte schon nach ein paar hundert Metern nicht mehr laufen, sein linkes Hinterbein schien ganz steif. Hermann nahm ihn auf den Arm, aber das ging schlecht; der Hund war für einen längeren Marsch zu schwer. Wir leerten einen großen Rucksack und packten den Hund so hinein, daß nur der Kopf heraussah. Es mußte ihm sehr schlecht gehen, denn er ließ sich alles mit Lammesgeduld gefallen. Wohin sollten wir nun? Zum Auto? Da konnten wir frühestens bei Sonnenuntergang am Karpfenkliff sein. Siedentopfs Farm konnten wir in fünf bis sechs Stunden erreichen, und der Farmer wußte mit Tieren umzugehen. Wir beschlossen, nun doch die Farm aufzusuchen.

Wir trugen den Hund abwechselnd. Mit langen Pausen gingen wir die ganze Nacht. Während all der Stunden saß Otto mäuschenstill im Rucksack und leckte mir nur dann und wann über Ohr und Hals, wie ein krankes Kind die Hand seiner Mutter streichelt.

Sobald es hell war, untersuchten wir Otto gründlich. Er war nur von einem Horn erwischt worden. Der Stich schien von vorn, unter der Bauchdecke entlang und in die Schenkelmuskeln bis fast zum Knie zu gehen. Otto hatte unwahrscheinliches Glück gehabt. Da die Wunde nicht lebensgefährlich schien, beschlossen wir, nicht gleich zum Haus zu gehen, sondern erst einmal von weitem zu beobachten, was da vor sich ging, damit wir nicht von ungefähr einer Polizeipatrouille in den Weg liefen.

Jetzt, da es hell war, bestand außerdem die Gefahr, daß uns ein Eingeborener sah. Hier konnten überall Hirten mit Schafen im Felde sein, obwohl das Land genau so verbrannt aussah wie weiter draußen. Wir nahmen dann einen Umweg nach Norden, der durch gewelltes Gelände mit zahllosen flachen Tälern führte. Bevor wir eine Höhe überschritten, hielten wir jedesmal in Deckung von Fels oder Busch Ausschau, ob nicht etwa Schafe in der nächsten Senke standen. Wir trafen kein Tier und gelangten schließlich in eine Schlucht des Berges, vor dem das Haus stand.

Ein kleiner Felsüberhang in einem versteckten Winkel bot Schutz vor der Sonne. Wir befreiten Otto aus dem Rucksack und gaben ihm aus einem Hut Wasser zu trinken. Otto hatte Fieber und streckte sich röchelnd zu Hermanns Füßen aus, der sich mühte, die Fliegen von ihm fernzuhalten.

Ich kletterte über die heißen Felsen den Berghang hinauf und schob mich im Schutz eines Balsambusches bäuchlings bis an die Kante heran. Das Gehöft lag unter mir wie ein Spielzeug. Mit seinem blitzenden Wellblechdach krönte es einen Hügel über einem sandigen Rivier mit einem trockenen Damm. Hühner gackerten, ein Hund bellte, ich hörte eine singende Negerstimme und den tönenden Schlag einer Axt. Laute menschlichen Lebens, die das Herz erwärmten. Mit dem Glas konnte ich die Hühner sehen. Unter einem großen Kessel brannte ein Feuer. Und dann ging ein Mensch über den Hof. Ich hätte wahrhaftig nie gedacht, daß es so aufregend sein könnte, einen Menschen zu sehen. Das Herz klopfte mir bis in den Hals. Erst nachdem sich eine Tür hinter dem Menschen geschlossen hatte, konnte ich feststellen, was uns vor allem interessierte: Nein, es stand kein Auto auf dem Hof. Also war wohl auch kein Besuch auf der Farm.

Am Nachmittag löste Hermann mich ab. Er berichtete mir später, ein Mann und eine Frau hätten auf der Veranda gesessen und Kaffee getrunken. Wir warteten bis gegen neun; wir hofften, daß der Haus-Ovambo* dann in seinem Pontok** sein würde. Als wir den Hof erreichten, begrüßte uns ein Dackel, der Zustände bekam, als er den Hund im Rucksack gewahrte. Die Küchentür öffnete sich, und in ihrem Rahmen stand der Ovambo und starrte uns mit offenem Mund an. Wir bemühten uns, so zu tun, als sei es das alltäglichste Ding von der Welt, daß zwei Männer mit einem Hund im Rucksack nachts zu einer abgelegenen Farm kämen.

»Wo ist der Baas?« fragte Hermann.

* Bantustamm, der den Norden von Südwestafrika bewohnt. Verdingen sich gern als Arbeiter auf Farmen, in Ortschaften und Bergwerken. ** Eingeborenenhütte. übertragene Bezeichnung für jede Art primitiver Behausung.

Der Ovambo deutete mit der Hand über die Schulter. Wieder klappte eine Tür, Herr Siedentopf kam mit langen Schritten durch die Küche, stutzte zunächst, erkannte uns dann und sagte: »Na, sowas!«

Dann waren wir in der Stube, und Otto wurde ausgepackt und begutachtet. Er bekam eine Sulfattablette, worauf seine Wunde mit Gewehröl behandelt wurde. Danach saßen wir ziemlich linkisch an einem Tisch mit einer weißen Decke, und Frau Siedentopf brachte uns eine große Platte mit gebackenen Eiern. Hinterher gab es frische Weintrauben. Was für köstliche Dinge es doch auf Erden gab!

Später saßen wir bei einem Glas Rotwein beisammen, erzählten und hörten. Siedentopf fragte nicht viel nach dem Woher und Warum, und wir sprachen selber auch nur das Nötigste. In unsicheren Zeiten ist es immer besser, wenig zu wissen. Wir hörten, daß noch viele Leute interniert worden waren. Es hatte überall wenig geregnet, und der Kuiseb war noch nicht gelaufen. Siedentopf hatte für seine Schafe oben im Land Weide mieten müssen. Eine Polizeipatrouille war wohl erst wieder in zwei Monaten zu erwarten, und der Ovambo würde bald wieder ins Ovamboland zurückgehen.

Wir wollten wieder aufbrechen, bevor es hell wurde, aber das ließ der Farmer nicht zu. Der Hund könne noch nicht laufen, meinte er; wir sollten zunächst einmal ein paar Tage bleiben. Wein und freundliche Gesichter überzeugten uns schnell.

Wir schliefen nachher in richtigen Betten, aber wir schliefen nicht gut. Die Betten waren zu weich, das Zimmer, obwohl alle Fenster und Türen offenstanden, zu eng und zu dumpf. Draußen ging Wind, es störte mich, daß ich ihn nicht fühlte, ich träumte, der Ovambo käme mit einem Polizisten ins Haus.

Nichtsdestoweniger – wir lebten vier Tage im Schlaraffenland. Otto erholte sich schnell. Siedentopf brachte uns dann mit dem Auto bis zur Grenze seiner Farm. Wir schüttelten uns die Hände, und der Wagen rollte davon. Siedentopf sah sich noch einmal um, und wir winkten noch einmal zurück. Der Wagen verschwand hinter einem Hügel und tauchte, schon winzig klein und in eine Staubwolke gehüllt, noch einmal auf. Dann waren wir wieder allein, und das weite, heiße Land schien in Einsamkeit erstarrt.

Wir wandten uns wieder nach Süden den Gramadullas zu, um einen neuen Wohnplatz zu suchen. Und das Glück war uns hold. In der großen Nausgomabschlucht fanden wir eine brauchbare Wasserstelle und in der Nähe auch einen mit dem Auto erreichbaren Wohnplatz.

Es war Nacht, als wir wieder bei unserem Wagen waren. Der noch immer hinkende Otto hatte das letzte Wegstück nur mit Mühe geschafft. Am nächsten Morgen waren wir früh unterwegs. An den Goagosbergen vorbei ging es hinaus in die horizontweiten Flächen. Nirgends war ein Fleckchen Grün zu sehen, nirgends ein Stück Wild. An die Autofalle dachte ich diesmal rechtzeitig. Die blendendhelle Kalkfläche bis hinunter zum Karpfenplateau erschien uns kahler und trostloser denn je. Und doch war es eine Heimkehr für uns, denn wir waren mit Arbeit und Hunger, mit Schweiß und Durst in diese Landschaft hineingewachsen.

In der Höhle fanden wir alles mit dichtem weißem Kalkstaub bedeckt; das Werk der Stürme, die keinen Regen gebracht hatten. Im Canyon sahen wir auf keinem Wechsel eine frische Fährte. Nur die Höhlenklippspringer waren noch da; die fanden als reine Buschfresser für ihre kleinen Körper immer noch genug. Unser Wasserloch war staubtrocken. Unser Urteil war gesprochen: Wir mußten ziehen.

Das Packen machte viel Mühe. Der Windgenerator mußte auseinandergenommen, das Radio in Decken verschnürt werden. Wieviel Zeug wir hatten! Die Holzsimse an der Wand, der Mäuseturm, die getrockneten Felle. Wir ließen kein Brettchen, keinen Stock, kein Stückchen Draht zurück. Der neue Wohnplatz bot keine Höhle, wir mußten uns ein Haus bauen, und dafür brauchten wir alles, was wir besaßen. Zurück blieben nur die Kuhlen, in denen wir geschlafen hatten, die Feuerstelle, der Steintisch, die Wohnzimmerwand, Knochensplitter, ein großer Haufen Asche am Berghang und ein paar Blechbüchsen.

Der Wagen war bis obenhin vollgepackt. Wir warfen noch einen letzten Rundblick vom Plateau hinab, einen Gruß an all die bekannten Landmarken, dann rollten wir wieder vorsichtig über die scharfen, reifenschneidenden Steine der Kalkfläche. Diesmal entfernten wir die Autofalle. Uns vermochte sie nicht mehr zu schützen, und wir wünschten nicht, daß sie jemandem ohne Not gefährlich werden möchte.

HAUSBAU

Da der Fluß im November und im Februar abgekommen war, führte der Wasserkolk am Nausgomab reichlich Wasser. Über den steilen, fünfzig Meter hohen Wänden der Schlucht fanden wir eine kleine rote Fläche, Überreste eines älteren Flußbettes, überragt und umgeben von niederen Felskuppen, die alle mit gleichen Gipfelhöhen ein noch älteres Talniveau repräsentierten. Es war ein gut verschachteltes Versteck. Wir hatten keine weite Aussicht, aber die kleine Fläche gab dem Auge doch etwas Ruhe im Gewirr der Felskuppen. Es war uns auch lieb, daß wir von jeder Höhe aus den Gamsberg sehen konnten

Am Nordrand der Fläche erhob sich eine Kuppe mit einer senkrechten Wand, die eine ideale Rückwand für unser »Haus« abgab. Als Baumaterial fanden wir unzählige graue Glimmerschieferplatten in jeder Größe. Wir schleppten alle brauchbaren Platten heran und bauten rechtwinklig zur Wand vier Mauern. Das ergab drei nach Süden zu offene Räume: Schlafzimmer, Wohnzimmer und Garage. Es war eine schwere Arbeit. Unglaublich viele Steine gingen in so eine Mauer hinein, denn mit den unregelmäßigen Platten mußten wir ziemlich dicke Wände herstellen, wenn sie halten sollten. Als die Mauern schließlich standen, war die Haut unserer Hände abgegriffen von dem rauhen Gestein und schmerzhaft dünn geworden. Für das Dach holten wir uns Stämme von jungen Anabäumen aus der Schlucht. Darüber deckten wir alle unsere Bretter und getrockneten Felle; über das Wohnzimmerdach, in dem sich unsere empfindlichen Sachen, wie Radioapparat, Papier, Zeichenmaterial und Bücher, befanden, breiteten wir außerdem noch das Segeltuch. Zum besonderen Schutz gegen die Sonne häuften wir Reisig und Buschwerk auf das Dach.

Nachdem die größte Arbeit getan war, begannen wir mit der Erforschung der Umgebung. Wir sahen nicht viel Wild, wohl aber die Spuren verwilderter Rinder. Im Nausgomab gab es eine kleine bittere Quelle, und zwar eine halbe Stunde vom Wohnplatz. Mangel an Holz hatten wir nicht, da die kleineren Riviere hier mehr mit Büschen und Bäumen bewachsen waren als die größeren weiter draußen.

An einem schwülen Nachmittag war Hermann allein fortgegangen, während ich den Windgenerator montierte. Er blieb lange fort. In der Dämmerung hörte ich einen Schuß und gleich darauf noch einen zweiten. Ich war etwas beunruhigt. Es war mittlerweile ganz dunkel; der Himmel war sternenlos unter der dünnen Wolkendecke. Endlich vernahm ich stolpernde Schritte, und gleich darauf trat Hermann ans Feuer. Er keuchte und schien außer Atem.

»Was ist los?« fragte ich.

Er bückte sich zum Feuer hinab, legte ein Stückchen glühender Holzkohle auf seine Pfeife, zog ein paarmal und sagte: »Diesmal hätte es mich beinahe erwischt.«

»Was? Ein Leopard?«

»Nein, ein Gemsbock. Aber er liegt.«

Darauf ließ er sich am Feuer nieder und erzählte:

»Ich saß unterhalb des Nonnibusch-Riviers auf einer Kuppe und beobachtete ein paar Löffelhunde*, die im Tal vor ihrem Bau spielten. Als ich mich einmal mit dem Glas umsah, trat ein Gemsbock zwischen zwei Kuppen hervor. Weiter voraus war ein großer Wechsel, den ich teilweise übersehen konnte. Dort mußte der Bock vorbeikommen. Ich kletterte ins Tal hinab und an der jenseitigen Wand wieder hinauf. Als ich den Kopf über die Felskante streckte, war er gerade vorbei. Ich sah sein Hinterteil vor mir, aber ich war vom Laufen so erhitzt und außer Atem, daß der Bock gut vierzig Meter weit weg war, als ich zum Schuß kam. Ich hielt schräg von hinten auf das Blatt. Er brüllte auf, stieg hoch wie ein aufgeschrecktes Pferd, warf sich herum und kam wie der Blitz auf mich zu. Er fegte mit den Hörnern so dicht über den Boden, daß ich kleine Steine wegspritzen sah. An Zielen war gar nicht zu denken; ehe ich mich noch versah, war er schon fast über mir. Ich konnte gerade noch eine Flanke über die Felskante machen und landete auf einem Felsband. Er polterte genau an der Stelle, wo ich gestanden hatte, über die Kante.

* Otocyon

Ich dachte, er würde sich überschlagen und das Genick brechen, aber er stemmte die Vorderbeine rechtzeitig ein und kam glatt hinunter. Das angeschossene Vorderbein war er los; aber er humpelte auf drei Beinen weiter. Er hatte das Tal schon fast überquert, als ich soweit war, noch einmal zu schießen. Ich hielt über den Rücken; er zeichnete und legte sich bald darauf nieder. Ich hätte, da es mittlerweile dämmerig war, ganz herangehen müssen, um ihm den Fangschuß zu geben. Das wagte ich nicht.«

»Und was machen wir? Wenn er schwer verwundet ist, haben ihn bis morgen früh die Hyänen gefressen. Wie sollen wir hinkommen, jetzt, wo es stockdunkel ist?«

»Mit dem Auto. Das Tal ist bis zu der Stelle fahrbar, und es sind höchstens drei Kilometer!«

Wie gut, daß die Batterie noch im Wagen war! Obwohl der schmale Ausschnitt des Scheinwerferlichtes eine uns fast ganz unbekannte Gegend noch unkenntlicher machte, fand Hermann den Platz doch. Es war trotzdem eine wüste Holzerei über Klippen und Büsche. Im Licht unserer Scheinwerfer gaben wir dem Bock den Fangschuß. Dann schliefen wir neben dem Wagen in einer Zebrakuhle. Als sich die Wolken gegen Morgen auflösten, tröpfelte es in unsere Gesichter. Der Rückweg im Morgengrauen war leicht. – Es war dies das einzige Mal, daß wir eine Beute mit dem Wagen holen konnten.

Wir hatten beschlossen, uns Betten zu bauen, und Hermann meinte, das Fell des Gemsbockes käme ihm dafür gerade zurecht. Sobald das Fleisch versorgt war, machten wir uns an die Arbeit. Es war nicht leicht, gerade Stangen für die Rahmen zu finden. Wir mußten lange suchen, bis wir vier starke, einigermaßen gerade Tamariskenstangen hatten. Die kurzen Stücke für Kopf- und Fußenden fanden wir leicht. Wir fügten die Stangen mit Kerben zusammen und banden sie mit nassen Fellstreifen fest. Aus der frischen Gemsbockhaut schnitten wir einen sehr langen Riemen von etwa zwei Finger Breite. Hermann salzte ihn leicht und flocht ihn kunstvoll, kreuzweise und diagonal, über seinen Bettrahmen. Beim Trocknen spannte sich der Riemen und wurde fest wie ein neuer Stahlfederrost. Mein Bett wurde weniger elegant, da der Riemen nur für ein Bett reichte. So bespannte ich meinen Rahmen mit dem Seil, das ich bei dem mißglückten Angriff auf das Bienennest benützt hatte. Dafür konnte ich mein Bett gleich besteigen, während Hermann ein paar Tage warten mußte, bis der Riemen getrocknet war. Wir legten die Rahmen im »Schlafzimmer« auf Steinpfosten, mit den Kopfenden gegen die Bergwand gelehnt. Hermann erweiterte eine kleine Nische über seinem Kopfende für Pfeife und Zündholzschachtel.

Die Einrichtung des »Wohnzimmers« machte weniger Arbeit. Einen waagerechten Sims in der Felswand hatten wir von vornherein als »Wandschrank« vorgesehen. Er nahm die Kiste mit dem Radio und weitere Kisten mit Büchern, Zeichenzeug und Gewürzen auf. Hermann hatte seinen Sitz auf der Westseite, ich den meinen auf der Ostseite. Dazwischen standen, uns als Tisch dienend, der Holzkoffer und eine Benzinkiste. Unser Autositz gab ein großartiges »Sofa« ab.

Wir stellten schon bald fest, daß unsere neue Wohnung längst nicht so windgeschützt lag wie die Höhle im Karpfenplateau. Ost- und Westwind jagten sich hier, an der Grenze zwischen Hochland und Namib, wie übermütige Kinder, die Abschlagen spielen. Nach dem ersten Sturm hatten wir einen ganzen Nachmittag zu tun, die Lücken der Mauern mit kleinen Steinen zu verstopfen. Lehm wäre besser gewesen, aber Steine waren nun einmal das einzige Baumaterial, das uns die Natur zur Verfügung stellte.

Auch beim Kochen mußten wir den Wind berücksichtigen. Man sagt zwar in Südwestafrika, Sand reinige den Magen, aber zwischen den Zähnen ist er nicht sehr angenehm. Wir errichteten deshalb zwei Feuerstellen, einen »Ostwindofen« auf der West- und einen »Westwindofen« auf der Ostseite. Das sparte uns außerdem eine Menge Holz. Die Autoklappe diente uns als Küchentisch. Mehl, Zucker und alle verderblichen Vorräte fanden ihren Platz wieder in der Wagenkabine.

So waren wir denn wieder eingerichtet. Das Wasserholen war hier nicht so mühselig wie am Karpfenplateau. Und doch sehnten wir uns zwischen den engen Felskuppen oft nach den weiten Horizonten der offenen Wüste.

Beginn eines Trockenjahres

Wieder einmal überschritt die Sonne auf ihrem alljährlichen Gang den Äquator nach Norden. Damit ging die Regenzeit unwiderruflich zu Ende. Noch ein- oder zweimal standen abends rote Wolkentürme wie Märchenschlösser über dem blauen Gamsberg. Aber sie brachten uns keinen Regen mehr, nur einmal in einer Nacht gerade so viel, daß uns das Wasser durch das mangelhafte Dach in die Betten tröpfelte, worauf Hermanns Gemsbockriemen fürchterlich zu stinken begannen. Er mußte das Bett aufgeben, bis die aufgeweichte Stelle wieder getrocknet war.

Die Sonne erreichte zwar nicht mehr den Zenit, aber sie war immer noch so heiß, als wolle sie ihren Rückzug mit einem Sperrfeuer glühender Strahlenpfeile decken. Nachmittags strahlte der kahle rote Sand uns soviel Hitze in die »gute Stube«, daß wir das Gefühl hatten, vor einer heißen Herdplatte zu sitzen. Um Abhilfe zu schaffen, errichteten wir vor »Wohn- und Schlafzimmer« eine niedere Mauer. In dem auf diese Weise entstandenen »Vorgarten« stellten wir für die Abendstunden einen großen Steintisch auf. Die Platte war so schwer, daß wir beim Heranschleppen mehrmals in Gefahr kamen, sie auf die Füße zu bekommen.

Infolge der Trockenheit begannen die Büsche schon Ende März ihre Blätter abzuwerfen, und von Tag zu Tag verringerte sich das bißchen Grün in der kargen Felslandschaft. Nur alte, filziggrau verwitterte Grasstubben standen noch hier und da an den Berghängen.

Gemsböcke und Zebras waren trotzdem noch in recht guter Verfassung, ein erstaunliches Zeichen für ihre Anpassungsfähigkeit. Eines Tages traf ich dann, um eine Felsecke biegend, einen Trupp der wilden Rinder. Es waren schwarz und braun gefleckte Kühe und Kälber, die plötzlich in einer Entfernung von rund fünfzig Metern vor mir standen. Sie sahen mich und attackierten mich augenblicklich mit gesenkten Hörnern; ich zog mich schnell auf eine Felskuppe zurück. Unterhalb meines Standortes stürmten sie vorüber. Sie waren in jämmerlichem Zustand, hatten hohle Bäuche und eine schwappende, schlaffe Haut über eckigen Knochen.

Ein paar Tage später fand Hermann eine gerissene Kuh. Eine Wirbelsäule, eine blutige zusammengeknäulte Haut und den zerbissenen Kopf. Ringsum war alles von den Tatzen großer Hyänen zertrampelt. Bis es in sieben oder acht Monaten wieder regnete, würden von diesen Rindern gewiß nur noch die zähesten, schlauesten und wildesten am Leben sein; das Leben am Rande der Wüste traf eine harte und unerbittliche Auslese.

Einmal beobachteten wir an einem Berghang weidende Zebras. Dort standen zwischen den Steinen noch ein paar alte Grasstubben. Die Zebras stießen die Steine mit den Hufen beiseite, faßten die Stubben mit ihren langen Zähnen ganz unten, zogen sie samt den Wurzeln heraus, schüttelten den Sand ab und zermahlten auch die Wurzeln mit ihrem starken Gebiß. Nun wußten wir, warum die Zebras sich so gut hielten. Aber dies war erst der Anfang der Trockenzeit.

Die Umgebung der roten Fläche war der Standort eines kleinen Steinböckchens, das sich durch unsere Gegenwart nicht vertreiben ließ. Tagsüber hielt es sich zwar außer Sicht, aber morgens sahen wir immer seine zierliche Fährte im Sand, oft dicht vor unserem Wohnplatz. Otto setzte ihm in der Dunkelheit oft wütend blaffend nach, aber das Steinböckchen schien das nicht weiter übel zu nehmen. Für seinen kleinen Körper gab es immer noch genug Buschwerk und Feuchtigkeit speichernde Wurzeln. Am Wasser sahen wir seine Spuren nie.

Wir holten nur einmal in der Woche Wasser, gingen dann aber so oft, bis unser Faß voll war. Derjenige von uns, der zuletzt unten war, verwischte dann unsere Spuren zwischen Kolk und Fels. So brauchten wir keine Entdeckung zu befürchten, selbst wenn einmal ein Eingeborener das Rivier herabkommen sollte.

Der Mensch kann in keiner Landschaft heimisch werden, ohne die Landmarken zu benennen. Nur Namen ermöglichen eine schnelle und leichte Verständigung. So hatten wir denn auch eine Menge neuer Namen vergeben. »Ottopaß« hieß der Paß, an dem unser Hund gespießt worden war. »Rinderterrasse« nannten wir eine markante Felstafel, auf der wir mehrfach Rinder gesehen hatten. Weiter gab es einen »Malberg«, dort nämlich, wo Hermann ein Aquarell der zerrissenen Gramadullalandschaft gemalt hatte. »Zitz« hieß schließlich eine kleine Felsspitze auf Grund ihrer Form, und so weiter.

Wir vermißten in dem Labyrinth der Felshügel sehr die Freiheit und Weite des Karpfenplateaus, den grandiosen Ausblick auf endlose Horizonte, der jedes morgendliche Erwachen zu einer Freude gemacht hatte. Bestiegen wir die Bergkette im Norden, so sahen wir die wie ein Modell ausgebreitete Landschaft je nach unserer Stimmung mit verschiedenen Augen. Die Augen der Flüchtlinge sahen den jähen Abbruch des Hochlandes, von dem nur eine einzige schlechte Pad herabführte. Sie sahen zu beiden Seiten den wilden Irrgarten der Felsen und Schluchten, die zahllosen grauen Glimmerschieferrippen, die hellen Quarzschuttrücken und Tausende tuscheschwarzer Schatten. Die Flüchtlinge waren zufrieden; sie wußten, daß nur ein unwahrscheinlicher Zufall sie verraten konnte.

Anders sahen die Augen der Wissenschaftler. Quer durch die Schieferrippen liefen die scharfen Schnitte der Verwerfungen, die Brüche, an denen das spröde Gestein bei der Erdzeitalter dauernden Aufwölbung des Hochlandes zerbrochen war. Zwischen den steilen Bergketten lag das zwanzig Kilometer breite Urtal des Kuiseb, eine ganze Landschaft für sich. Wie mochte der riesenhafte Felstrog entstanden sein? Hatten Gletscher einer uralten Eiszeit ihn ausgehobelt? Hatten heiße, sandbeladene Wüstenwinde ihn ausgeschliffen? Hatte ein Stillstand in der Hebung des Kontinents dem Fluß erlaubt, sein Tal so ungeheuer zu erweitern? Viele Kräfte und manch radikaler Klimawechsel waren sicher nötig gewesen, um eine solche Form in den zähen, kristallinen Fels zu schneiden. Da lagen in dem Urtal die weißen Kalk- und Schotterbastionen, Zeugen eines feuchteren Klimas, Zeugen auch für eine Zeit der Ruhe und des Stillstandes, in der Sand und Schotter sich häufen konnten, weil ein zu geringes Gefälle dem Fluß nicht erlaubte, sie bis ins Meer zu verfrachten. Da waren, wie mit

Messern in das breite Urtal geschnitten, die verschlungenen Canyons und Schluchten, Zeichen erneuter Hebung, verstärkten Gefälles zur Küste. Draußen aber, auf den hellen Namibflächen, ritten die blauen Inselberge, und die gleichmäßige Höhe ihrer Gipfel und Schultern verriet, daß sie nur die letzten Reste einer längst zerstörten höheren Landoberfläche waren. Wie viele Wassertropfen mochten gefallen, wie viele Sandkörner vom Winde entführt worden sein, ehe eine feste Schale des Kontinents bis auf ein paar harte Felspfeiler zerstört und in den Ozean geschüttet war! Während all dieser Äonen aber hatte empfindliches Leben sich zäh behauptet, hatte sich von Generation zu Generation immer wieder verjüngt und zu immer vielgestaltigeren und schöneren Formen entwickelt.

Die Augen der Wissenschaftler, geschult, aus der Vielfalt wenige Gesetze herauszuschälen, erkannten, daß diese ganze reichgegliederte Landschaft aus dem Konflikt zweier Kräftegruppen entstanden war, aus den geheimnisvollen Kräften des Erdinneren, die den mächtigen Kontinent während fünfzig oder hundert Millionen Jahren immer höher emporgehoben hatten, und aus den zerstörenden Kräften von Regen, Sonne und Wind, die, ständig arbeitend, alles Hohe zernagten und aushöhlten, um es schließlich in das erdumspannende Weltmeer zu stürzen. Deutlich stand vor uns die so ganz andere Ordnung des Lebens, dem Regen wie Sonne zu Wachstum und Freude dienen müssen. – Auch die Augen der Wissenschaftler waren zufrieden. Mit Meßgerät und Zeichenstift hielten unsere Hände das Erkannte fest.

Wieder anders sahen die Augen der Jäger, die von diesem Lande leben mußten. Sie sahen die Knoten der Wildwechsel, die bequeme Pässe und Wasserstellen verrieten. Voll böser Ahnung sahen sie das makellose Blau des Himmels und das

Braun und Grau, das rostige Rot und das stechende Weiß eines kahlgebrannten Landes, in dem sich das Leben nur noch mühsam erhielt. Sie sahen die heißen Klippen und die scharfen Schnittflächen, über die hinweg sie das Wild beschleichen mußten, sie sahen das Netz der Schluchten wie geborstene, hitzeverkrümmte Gefäße, aus denen das Lebensblut verronnen und verdampft ist. Es war eine Sicht, die die geübten Muskeln in Abwehr spannte und die Seele mit dem dunklen Trotz wilden Lebens erfüllte.

Zunächst ging es uns und allen Raubtieren gut. Das Wild benahm sich anders als im letzten Jahr. Damals waren die Gemsböcke erst im Juli regelmäßig zu den Wasserstellen gekommen. Jetzt zwang die überjährige, ganz saftlose Weide Gemsböcke und Springböcke schon im April zum Wasser. Zudem waren die Kolke im Kuiseb ausgetrocknet, so daß sich alles an den wenigen anderen Quellen und Wasserlöchern konzentrierte. Auf diese Weise war es leicht, den Tieren aufzulauern; am bequemsten war es für uns an der Bitterquelle. Dreißig Meter darüber befand sich eine kleine Höhle im Felsen, wo wir im Schatten ansitzen und uns die besten Tiere aussuchen konnten. Dann und wann lauerten wir auch an den Wechseln, wollten wir das Wild an der Quelle doch nach Möglichkeit nicht vergrämen. Hier löste sich übrigens auch das Rätsel mit der Pistole. Wenn wir aus dem Schatten der Höhle herausschossen, saßen die Schüsse immer gut; schossen wir auf die gleiche Entfernung, irgendwo in der Sonne sitzend, streuten die Schüsse in übler Weise. Der Lauf schien sich zu verziehen, wenn die Pistole vor dem Schuß in die Sonne gehalten wurde. Wir bandagierten den Lauf mit Pappe und Leukoplast und hatten von da ab eine verläßliche Waffe.

Da wir nicht viel Mühe mit der Jagd hatten, blieb uns Zeit für manche Beobachtung auch des kleinen Lebens. Gleich als wir das erstemal die rote Fläche betreten hatten, waren uns merkwürdige Eindrücke im Sand aufgefallen, Vertiefungen von der Form eines vierblättrigen Kleeblattes, etwa so groß wie der Ring, den man mit Daumen und Zeigefinger bilden kann. Sie lagen manchmal hintereinander wie die Fährten eines Tieres, aber dann war keine Fortsetzung zu sehen, auch wußten wir von keinem Tier mit so merkwürdig gelappten Pfoten.

Wir rieten lange hin und her, und dann verstieg sich Hermann zu der Behauptung: »Das ist die Spur des geflügelten Wunderwatschlers. Der darf sich über Tage nicht sehen lassen, weil die anderen Tiere ihn seiner schlappen Füße wegen auslachen würden. Er nistet in unzugänglichen Felsspalten und nährt sich ausschließlich von Nachtschwalben und Nachtmaren; er kann seiner weichen Füße wegen nie mehr als drei, vier Schritte hintereinander machen.«

Das war zwar keine Erklärung, aber das Ding hatte nun wenigstens einen Namen. Der Wind verwehte die Watschlerspuren, aber am nächsten Tag waren sie immer wieder sichtbar.

In der Nähe unseres Hauses befand sich ein Nest kleiner schwarzer Ameisen. Von ihm aus führten schmale, sorgfältig geglättete Ameisenstraßen sternförmig zu verschiedenen Futterplätzen, vor allem natürlich zu unserer Wohnung. Gleich Menschen in einer Großstadt strömten die Ameisen von Sonnenaufgang bis Sonnenuntergang auf diesen Straßen hin und her. Zu der Masse der kleinen Arbeiter gehörten noch zwei größere Typen von Soldaten, von denen immer einzelne im Strom mitzogen. Der größte Typ war gut dreimal so groß wie ein Arbeiter und hatte einen unwahrscheinlich dicken Kopf mit gewaltigen Beißzangen.

Eines Morgens, als das streifende Sonnenlicht alle Unebenheiten des Sandes scharf ins Relief hob, betrachtete ich ein frisches, klar abgegrenztes Exemplar der Watschlerspur. Da rutschte eine Ameise die kleine Böschung hinab und blieb am Rande des Kleeblattes mit zappelnden Beinen hängen. Ich kniete mich hin, um besser sehen zu können. Die Ameise hing an einem feinen, kaum sichtbaren, offensichtlich klebrigen Filz, der rings um den Rand der Vertiefung lief. Plötzlich bewegte sich der Boden, der Filzrand wölbte sich und wurde langsam nach innen eingestülpt, und die Ameise verschwand verzweifelt strampelnd mit dem Hinterleib voraus. Wir fingen eine andere Ameise und stießen sie in die Vertiefung. Wieder blieb sie kleben, wieder begann sich der Rand einzustülpen. Wir hoben ihn hoch: die ganze Kleeblattform war ein sandbedecktes, filzartiges Gespinst. Sie löste sich aus der Vertiefung, und blitzschnell verschwand etwas in einem schrägen Loch, das sich dort befand, wo bei einem Kleeblatt der Stielansatz gewesen wäre. Wir hoben das Loch mit dem Taschenmesser aus, und zum Vorschein kam eine kleine rote Spinne.

Es war eine erstaunliche Raffinesse. Die Fangmethoden von Spinne und Ameisenlöwe waren hier kombiniert. Die Spinne, die sich offen nicht hätte vor die Zangen der Ameise wagen dürfen, befand sich völlig gedeckt unter dem sandbeladenen Gespinst, bis sie ihr Opfer erledigt hatte. –

Zwischen den Steinen des Berghanges hatten Grasschneidertermiten sich ein Nest gebaut. Sie schnitten alles, was sie an trockenem Gras finden konnten, mit scharfen Zangen in zollange Stücke, die sie in ihren Bau schleppten. Auch sie bevorzugten die Nachbarschaft unseres Hauses, vermutlich, weil wir zum Decken des Daches alte Grasbüschel verwandt hatten, so daß noch viele Grashalme herumlagen. Im Gegensatz zu anderen Termiten arbeiteten die Grasschneider offen und nicht im Schutz von Lehmröhren; an windigen Tagen waren sie sogar tagsüber tätig. Wie alle Termiten hatten sie weiche, weißliche Leiber, nur ihre Köpfe waren chitingepanzert.

Eines Morgens sah ich, von einem Gang zurückkommend, Hermann neben einer Ansammlung von Termiten auf dem Bauch liegen. Er winkte mich heran. »Sieh mal das graue Kügelchen«, sagte er. Er deutete mit einem Halm auf ein Kügelchen, das wie ein Sandkorn aussah, viel kleiner als die zentimetergroßen Termiten.

Ein paar Minuten lang krabbelten die Termiten hin und her und zerschnitten einige Halme. Und dann kam eine ganz dicht bei dem Kügelchen vorbei. Plötzlich hatte die winzige Kugel Beine, sie stieß zwei Schritte vor, schnellte einen langen Rüssel in den weichen Hinterleib der Termite und zog sich ebenso schnell wieder zurück. Die Termite lief noch zwei oder drei Schritte, dann fiel sie zitternd auf die Seite. In dem Augenblick, da sie aufhörte sich zu bewegen, entfaltete der Angreifer wieder seine Beine, kroch langsam heran, bohrte abermals seinen Rüssel in die Termite und begann sie auszusaugen.

Wir beobachteten diese Angriffe noch mehrmals und entdeckten, daß der Termitenmörder eine winzige Spinne war, die ihre Kiefer zu einem harpunenartigen Rüssel umgebaut hatte. Mit tödlicher Sicherheit erledigte sie Termiten, die die Spinne mit einem einzigen Biß ihrer scharfen Kiefern hätten zerdrücken können.

Wie kamen so phantastische Anpassungen zustande? Welche Kräfte ermöglichen dem Leben eine so reiche Entwicklung, während doch sonst alles chemische und physikalische Geschehen zwangsläufig dem Gefälle von höherer zu niederer Energie folgt? Lag das nur in dem verzwickten Bau der Eiweißstoffe begründet? Genügte das Wechselspiel von Mutation und rücksichtsloser Auslese, um die großartige Entfaltung des Lebens zu erklären? Auch wir waren Leben; all dem Leben um uns herum verwandt, standen wir mitten im rohen Lebenskampf. Was befähigte uns, ihn zu führen? In erster Linie doch der Wille. Wille, der dem Schmerz nicht nachgab. Wille, der den müden Körper immer noch einmal vorwärtstrieb. Aber war der Wille nicht nur eine Illusion des Bewußtseins? War er nicht vielleicht nur der Ausdruck für das stärkste chemische Gefälle in unserem Körper? Konnte man bei unbewußt lebenden Tieren von einem Lebenswillen sprechen? Von dieser Seite her schien die Frage nicht lösbar.

Der Lebenskampf spielte ganz offensichtlich eine entscheidende Rolle bei der Entwicklung; er merzte aus, was nicht tauglich war. Zweifellos wurde die Entwicklung dadurch in bestimmte Bahnen gelenkt. Aber war das nicht ein negativer Vorgang? Konnte aus dem Negativen ein Positives entstehen? Hatten wir nicht vor kurzem abgeleitet, daß der Mensch einen guten Teil seiner Entwicklung seiner beschützten, dem Lebenskampf nicht ausgesetzten Kindheit verdankt? Andererseits kannten wir genug Beispiele aus der Entwicklungsgeschichte des Lebens, die zeigten, daß eine Entwicklung, die nicht durch den Kampf um das Dasein gezügelt wird, schnell zu Degeneration und zum Aussterben führt. Widersprüche, wohin wir uns auch wandten!

Was ist eine Mutation? Zufällige Veränderung der Erbanlage. Aber was heißt »zufällig«? Zufall bedeutet in der Regel irgendeinen Unglücksfall. Die beobachteten Mutationen sind ja auch in der Regel schädlich oder unbedeutend. Also wieder ein negativer Vorgang. Können zwei negative Vorgänge eine positive Entwicklung bewirken? Das klingt nicht sehr wahrscheinlich. Aber ergibt nicht in der Mathematik minus mal minus ein Plus? Glich das Problem nicht der bekannten Frage: Wie oft muß man hundert oder zweihundert lose Buchstaben auf den Boden schütten, bis sie sich zu einem sinnvollen Gedicht zusammenfügen?

Die Wahrscheinlichkeitsrechnung besagte, daß das in einigen Milliarden Würfen vorkommen konnte. Entsprechende Zahlen von Lebewesen hatte es natürlich im Laufe der vielen hundert Millionen Jahre der Erdgeschichte gegeben. Andererseits waren nicht nur einige sinnvolle neue Formen entstanden, sondern eine fast unübersehbare Zahl. Aber auch das bewies noch nicht viel, denn die Vererbung betraf ja nicht nur einzelne Bausteine, sie spielte auch mit ganzen Organgruppen und Verhaltungsweisen, sozusagen nicht nur mit Buchstaben, sondern auch mit Worten und Sätzen.

Trotzdem, je mehr wir das Problem betrachteten, desto unwahrscheinlicher erschien die rein mechanische Deutung der Entwicklung. Aber alles blieb eine Frage von Wahrscheinlichkeiten, und wir waren nicht zufrieden. Wir fühlten, es mußte irgendwo eine bessere Lösung geben. In irgendeiner beobachteten Erscheinung des Lebens starrte sie uns ins Gesicht und hielt sich doch höhnisch außer Reichweite. –

Unsere Wohnung wurde immer gemütlicher. Die kahlen Steinwände wurden Stück für Stück mit schön gezeichneten Springbockfellen verkleidet. – Zuweilen wurden uns die Fliegen lästig. Es lagen ja auch immer irgendwelche Fleisch- oder Knochenreste in der Gegend umher, und Otto hatte seinen Freßplatz neben der Garage. Deshalb freuten wir uns, daß sich einige Eidechsen in den dicken Mauern ansiedelten. Als wir sahen, wie putzig so ein Miniaturdrache eine dicke Schmeißfliege schnappte, beschlossen wir, noch mehr von diesen »Haustieren« anzusiedeln. Wir fingen sie in der Nachbarschaft und setzten sie in die Mauerritzen, wo sie sich bald heimisch fühlten. Da gab es zierliche graue Kerlchen mit rotem Schwanz (Eremias), die, wenn sie Umschau hielten, mit den Vorderpfoten in der Luft herumruderten. Leider hatten sie kannibalische Neigungen. Wir sahen einmal, wie eines dieser Tiere eine kleine Eidechse sozusagen mit Haut und Haaren verschlang. Eine andere Art hatte vier braune und graue Längsstreifen auf dem Rücken (Mabuja). Die größte

Gattung, von der wir nur ein einzelnes Exemplar besaßen, trug ein prächtiges bronzenes Schuppenkleid. Wir nannten sie Philipp, weil sich bald herausstellte, daß sie ebenso dreist war wie der Mäuserich in der Karpfenhöhle.

Unter einer Felsplatte über unserem Haus wohnte ein Pärchen der großen bunten Felsenagamen. Diese Echsen waren blau-rot- violett, hatten rötliche Schwänze, waren zwei Spannen lang und zeigten regelrechte Drachengesichter. Sie liefen hochbeinig wie Hunde und konnten unglaubliche Sprünge vollführen. Ich sah einmal, wie eines dieser Tiere aus dem Stand auf einen mehr als meterhohen Felsen sprang. Besonders liebten wir ein paar Geckos, eidechsenähnliche Tierchen mit dicken Koboldköpfen, großen Opalaugen und schimmernden blauen Tupfen. Sie wohnten auch in der Mauer, ließen sich bei Tage aber nur gelegentlich sehen.

Eines Tages kamen wir auf den Gedanken, die Eidechsen zu füttern. Wir fingen Fliegen, rissen ihnen einen Flügel aus und warfen sie in die Nähe der Echsen. Es dauerte gar nicht lange, dann beobachteten diese jede unserer Bewegungen. Wir hielten ihnen die zappelnden Fliegen mit dem Finger hin. Sie machten ein paar schnelle Schritte, und die Fliegen waren verschwunden. Am zweiten Tag pfiffen wir jedesmal, wenn wir ihnen eine Fliege reichten. Am vierten tauchten die Eidechsenköpfe schon in der Mauer auf, wenn wir pfiffen. Wir gingen noch einen Schritt weiter. Wir reichten den Echsen auch tote Fliegen, die sie sonst nie angerührt hätten; sie nahmen sie auch. Da boten wir Philipp, dem größten Exemplar, ein quadratzentimetergroßes Stück Gemsbockleber an. Er verschluckte es, ohne zu zögern. Danach schlief er allerdings drei Tage lang in seinem Versteck.

Mittlerweile hatten sich auch wieder ein paar Zwergmäuse eingestellt. Eine gelbe Schlange fand, daß dies eine nahrhafte Gegend sei, und machte sich ebenfalls in der Mauer heimisch. Wir waren nicht sonderlich entzückt davon, hatten wir doch einmal auf einer Farm gesehen, wie ein von einer solchen Schlange gebissener Hund jämmerlich eingegangen war. Noch weniger sympathisch war uns, daß die Schlange zuweilen mittags bei warmem Wetter auf einem unserer Betten lag. Aber es gelang uns nicht, sie zu fassen. Bei der geringsten Bewegung verschwand sie blitzschnell in der Mauer. Wir versuchten, sie mit Rauch zu vertreiben; auch das mißlang. Sie hatte wohl ein Loch hinten im Berg. Wir konnten uns nicht entschließen, auf sie zu schießen. Für einen Schuß Munition wollten wir Fleisch haben und nicht eine erbärmliche Schlange.

Nach etwa drei Wochen war ich wieder einmal an der Reihe, einen Springbock von der Bitterquelle zu holen. Ich kam gegen Mittag mit meinem Bock zurück – wir hatten mittlerweile längst gelernt, so ein Tier allein zu tragen – und wollte ihn, wie üblich, von meiner Schulter auf den Steintisch gleiten lassen. »Paß doch auf«, fauchte Hermann mich an, »du willst wohl meinen Patienten ganz ins Jenseits befördern?« Ich sah jetzt, daß auf dem Tisch einer unserer schönsten Geckos lag. Er sah aus, als sei er schon tot. Hermann erzählte:

»Ich war beim Malen. Vorn neben der Mauer krochen Termiten umher. Der Gecko kam aus der Mauer heraus und begann die Termiten zu fressen. Ich freute mich, wie es ihm schmeckte. Plötzlich, als ich wieder aufsah, war die Schlange da und gerade dabei, den Gecko zu verschlucken. Bis ich aufgesprungen war, war sie natürlich fort. Ich hatte eine fürchterliche Wut. Ich holte die alte verquollene Schrotpatrone, die nicht mehr in den Lauf paßt, und schabte so viel von der Papierhülse ab, bis sie paßte. Dann legte ich die Flinte entsichert auf den Tisch und malte weiter. Etwa nach einer Stunde sah ich den Schlangenkopf zwischen den Steinen auftauchen. Ich schoß, und nach dem Schuß war von dem Kopf nichts mehr übrig. Der Leib ringelte sich aus der Mauer heraus. Ich riß ihn auf und holte den Gecko heraus. Er schien tot zu sein, aber ich habe ihn doch noch mal gebadet und in die Sonne gelegt. Jetzt kann er sich schon wieder ein bißchen bewegen.«

Es stimmte wahrhaftig. Der Gecko hob ab und zu etwas den Kopf. Am Abend kroch er steifbeinig in die Mauer. Am nächsten Tag war er wieder ganz mobil, aber er war blind. Wir konnten ihm mit dem Finger direkt vor der Nase herumfuchteln, er reagierte nicht. Die Magensäure der Schlange hatte die Hornhaut seiner Augen blindgeätzt. Nach drei Tagen häutete er sich, und da konnte er auch wieder sehen. »Soviel Glück möchte ich auch einmal haben«, meinte Hermann.

Winterbeginn

Abends standen jetzt die leuchtenden Sterne des Orion im Westen über der Namib. Zu Beginn der heißen Periode hatten sie im Osten über dem Hochland gefunkelt. Die Winde folgten fast nur noch dem planetaren Wechsel von Tag und Nacht. Bald nach Sonnenaufgang begann der Ostwind vom Hochland herabzufallen. Gegen Mittag flaute er ab; dann saugte das erwärmte Land den kühleren Westwind in sich hinein. Mit Sonnenuntergang wurde es vollkommen still, und die Nächte gehörten ganz und gar den fernen Gestirnen.

An einem Tag nach einer Reihe besonders warmer Tage legte der Westwind sich nicht, sondern drehte am Abend über Südwesten bis fast auf Süd. Als die Sonne versunken war, verdämmerte das Rot zu einem glasigen, kalten Grün. Nun wußten wir, daß der erste Kaltlufteinbruch begonnen hatte, und suchten unsere Pullover aus den Betten, wo sie in der Matratze Dienst getan hatten. Am folgenden Morgen kam der Ostwind mit Macht. Er heulte und trommelte noch während des ganzen folgenden Tages. Wir unterstrichen das Datum in unserem Wetterbuch, wußten wir doch vom vergangenen Jahr, daß die Kaltlufteinbrüche sich mit großer Regelmäßigkeit in monatlichen Abständen wiederholen würden.

Mittlerweile kamen mehr und mehr Tiere zum Wasser. Selbst Zebras begannen am Tage zu trinken, vermutlich, weil der Anmarsch von den fernen Weideplätzen in einer Nacht nicht zu bewältigen war. Es war immer faszinierend, die verschiedenen Tiere aus nächster Nähe zu beobachten. Immer wieder staunten wir über ihr Unvermögen, uns selbst auf ein paar Meter als Gefahr zu erkennen, wenn wir still saßen. Wie oft hatte mir ein Tier kurz vor dem Schuß ruhig in Auge und Pistolenmündung geblickt, wenn eine kleine Bewegung seine Aufmerksamkeit erregt hatte. Ich erwartete jedesmal Erschrecken und Flucht, aber immer senkte sich der Kopf wieder ruhig zum Wasser oder zu langsamem Weitergehen. Wir hätten gern gewußt, ob die Tiere einen sprungbereiten Leoparden ebensowenig erkannt hätten.

Der Knall eines Schusses erschreckte die Tiere kaum. Wohl warfen sie die Köpfe auf und liefen ein paar Schritte, aber wenn nichts weiter geschah, beruhigten sie sich schnell. An sich war das nicht weiter verwunderlich, da gewiß nur die wenigsten bisher mit dem Knall von Schüssen schlechte Erfahrungen gemacht hatten. Weit merkwürdiger war, daß auch der Tod eines Artgenossen sie nicht beunruhigte. Fiel ein Tier mit Kopfschuß, tranken die anderen ruhig weiter, sobald sie sich wegen des Knalles beruhigt hatten. Sie schienen nicht einmal ein instinktives Bewußtsein des Todes oder seiner Bedeutung zu haben. Natürlich zeigten wir uns nie, solange ein Tier noch in Sicht war, wollten wir ihnen doch die Wasserstelle nicht verleiden.

Ganz anders verhielt sich das Wild, wenn es auch nur die leiseste Witterung bekam. Wir mußten das Rivier kreuzen, um zum Ansitz an der Bitterquelle zu kommen. Wir taten das immer oberhalb der Quelle, da die meisten Tiere von unten kamen. Ich war wieder einmal an der Reihe, etwas zu schießen, als drei Gemsböcke von oben die Schlucht herunterkamen. Der vorderste stutzte. Sobald er an meine Fußspur kam, hob er den Kopf, blickte argwöhnisch umher und ließ seine Ohren spielen. Die anderen merkten an seinem Benehmen, daß die Luft nicht rein war, und schienen nervös und fluchtbereit. Plötzlich gingen sie sämtlich etwa zweihundert Meter zurück und standen abwartend still. Nach etwa zwanzig Minuten unternahmen sie einen neuen Vorstoß; wieder kamen sie bis zu meiner Spur, stutzten und drehten um. Beim nächsten Versuch folgte der Anführer meiner Spur, mit der Nase auf dem Boden wie ein Hund, quer über das Rivier bis zu den Felsen. Dann trat er ein paar Schritte über die Spur hinweg, ging zurück, wartete unschlüssig und wiederholte dieses Spiel mehrmals. Das ganze Gehabe zeigte deutlich den Widerstreit zwischen Vorsicht und Durst.

Die anderen standen abwartend, sie schienen sich auf ihn zu verlassen. Die Vorsicht siegte schließlich. Sie gingen sämtlich bis zu einem Anabaum zurück. Dort im Schatten standen sie noch an die zwei Stunden, dann entfernten sie sich, ohne getrunken zu haben.

Ich hatte, während die Tiere unter dem Baum standen, Zeit, über das Geschehene nachzudenken. Die klassische Erklärung tierischen Verhaltens nur aus Trieben und automatischen Instinktreaktionen reichte nicht aus. Sie hätte in diesem Fall gelautet: Durst treibt zur Quelle – beängstigende Witterung löst Fluchtreaktionen aus – sobald die Witterung nicht mehr wahrgenommen wird, treibt der Durst wieder zum Wasser. – Hier wurde die Witterung zwar als bedrohlich erkannt, aber sie löste keine Flucht aus, sie wurde sofort als Spur erkannt, deren Urheber weit entfernt sein konnte. Die Spur als solche erregte keine Furcht. Der Gemsbock ging sogar einige Male über sie hinaus. Aber sie wurde ganz richtig als eine mögliche Bedrohung der Wasserstelle empfunden und, bewußt oder unbewußt, mit der Gefahr eines Hinterhaltes in Verbindung gebracht. Das war ein so komplizierter Schluß, daß mir schien, er werde weit besser durch bewußte Erfahrung als durch eine unbewußte Koppelung von gefährlich riechenden Spuren und Wasserstellen erklärt. Reiner Instinkt war wohl nur die beunruhigende Wirkung der Witterung. Auch das ganze Soll-ich-, Soll-ich-nicht-Verhalten ließ einen Widerstreit von Gefühlen erkennen, der kaum ganz unbewußt bleiben konnte. Mußte nicht überhaupt ein Widerstreit von Gefühlen ein Bewußtsein erzeugen? Und mußte man schließlich den Verzicht auf das Wasser nicht als Selbstbeherrschung bezeichnen, wenn er einem so deutlichen Widerstreit entsprang?

Jedenfalls, an diesem Tag hatte die Selbstbeherrschung, oder wie immer man es nennen will, einem Gemsbock das Leben gerettet. Ich erlebte später einmal etwas ähnliches mit dem Anführer einer Springbockherde. Der hatte nicht so viel Selbstbeherrschung oder größeren Durst. Er kam nach längerem Zögern doch zum Wasser und wanderte in unseren Kochtopf.

Wir brauchten uns nie zu scheuen, die Abfälle der zerlegten Tiere an der Wasserstelle liegen zu lassen. Sie wurden entweder von den Geiern oder spätestens in der nächsten Nacht von Hyänen oder Schakalen geholt. Zu Hause gehörten natürlich alle Fleischabfälle und vor allem die ganz unteren Beinstücke Otto. Der pflegte sie zu vergraben, bis sie richtig »reif« waren. Dabei achtete er peinlich darauf, daß wir nicht sahen, wo er sie vergrub. Es ging ihm so gut, daß er gar nicht alles bewältigen konnte. Schieres Fleisch verschmähte er überhaupt, er fraß nur noch Knorpel, Knochen und Sehnen.

Nach einem Weilchen entdeckte auch ein Würger, ein braun-weiß gezeichnetes Tier mit einem grausamen kleinen Raubvogelgesicht, daß unsere Behausung eine »nahrhafte Gegend« sei. Er stahl von Ottos Freßplatz kleine Fleischstücke und spießte sie als Vorrat auf die dornenartigen Äste eines Parkinsonia-Busches. Das rührte Otto nicht.

Eines Tages – wir hatten gerade ein Fell zum Trocknen auf dem Sand ausgespannt – kreisten Geier ziemlich niedrig über uns. Wir kamen auf den Gedanken, ihnen auf dem Hausberg regelmäßig Abfälle auszulegen, um sie so weit an uns zu gewöhnen, daß wir sie photographieren könnten. Kaum hatten wir ein paar Stücke ausgelegt und uns wieder ins Haus zurückgezogen, da huschten dunkle Schatten über den Sand, große Schwingen rauschten, und drei Geier entschwebten mit ihrer Beute. Otto sah ihnen mit finsteren Brauen nach.

Am folgenden Tag trugen wir wieder etwas auf den Berg hinauf. Kaum hatten wir die Abfälle niedergelegt, da packte Otto sich so viel, wie er fassen konnte, ins Maul und machte sich damit an den Abstieg. Dabei knurrte er uns alle paar Meter aus dem Mundwinkel heraus an. Er schien ausgesprochen böse. Unten legte er das Fleisch auf seinen Freßplatz, stellte sich, als wir zu lachen begannen, spreizbeinig darüber und begann erst mit dem Schwanz zu wedeln, als wir nicht mehr lachten und auch keine Miene machten, ihm das Fleisch wieder wegzunehmen. Dann folgte er uns ins Haus, ohne von dem Fleisch gefressen zu haben. Otto war so offensichtlich aufgebracht über die Verletzung seiner Rechte, daß wir es nicht mehr übers Herz brachten, den Geiern etwas hinzulegen.

Ein merkwürdig »menschliches« Verhalten, das Otto bei dieser Gelegenheit zeigte. Je länger und enger wir mit den Tieren zusammenlebten, desto klarer wurde es uns, daß die tierische und die menschliche Seele einander recht verwandt sind. Natürlich gab es da immer wieder die uns fremden maschinenartigen Instinktreaktionen. Aber das waren ja nur Anpassungen an bestimmte Lebensbedingungen, die den immer gefährlichen Weg des Lernens durch Erfahrung in bestimmten Fällen unnötig machten oder wesentlich erleichterten. Als Anpassungen an einseitige Lebensweisen konnten die Instinktreaktionen nur etwas Sekundäres sein, das die ursprüngliche anpassungsfähige, vielseitige Seele überwucherte. Dabei wurde aus der Fülle der Möglichkeiten eine einzige auf Kosten der anderen zu maschineller Vollkommenheit entwickelt und im Körperbau festgelegt. Dem Menschen war die Entwicklung in solche Sackgassen erspart geblieben. Was vielleicht einmal davon vorhanden war, war durch die Verlängerung der Kindheit wieder ausgelöscht worden. So blieb die ursprüngliche menschliche Seele in voller Breite entwicklungsfähig, während bei den Tieren die gemeinsame Grundlage zum Vorschein kam, sobald ihre Instinkte nicht mit im Spiel waren.

Eines Tages kam Hermann, der oft mit dem Skizzenbuch unterwegs war, zurück und sagte: »Heute habe ich den Springbock Joseph gesehen.«

»Wieso Joseph?« fragte ich verblüfft.

Hermann lachte: »Weil seine Brüder ihn verstoßen haben.« Und er erzählte:

»Zuerst war eine Springbockherde da. Dann kamen zwei Zebras, dann eine ganze Weile nichts. Schließlich kam ein einzelnes Tier das Rivier herauf. Ich dachte erst an einen Wildhund, aber der Gang paßte nicht dazu. Je näher das Tier kam, desto rätselhafter sah es aus. Schließlich entpuppte es sich als junger Springbock, aber eine Mißgeburt von Springbock. Das Gesicht war fast schwarz, der Brustkorb schief, und außerdem hatte er X-Beine. Er war höchstens ein halbes Jahr alt. Die anderen hatten ihn offensichtlich aus der Herde verstoßen, weil er so fremdartig aussah. Nichtsdestoweniger kam er auf seinen schiefen Beinen tapfer angestapft. Er trank und begann dann zu spielen, ganz für sich allein. Er spritzte im Schlamm umher, bis er gefleckt wie ein Leopard war. Es war ein rührender Anblick, ich hätte etwas dafür gegeben, das Tier streicheln zu können. Da habe ich ihn Joseph getauft. Den würde ich gern zu mir nehmen.«

Es wurde Juni. Der Orion war nicht mehr zu sehen; der Skorpion führte den Sternenreigen der langen kalten Nächte. Als schließlich der monatliche Kaltlufteinbruch kam, saßen wir auch tagsüber in Decken gehüllt. Der Ostwind wehte so regelmäßig, daß unsere Batterie immer gefüllt war. Wir konnten es uns leisten, im Wohnzimmer eine Lampe anzubringen; Hermann verfertigte aus leeren Tabaksbeuteln einen Lampenschirm. So konnten wir abends noch etwas lesen oder schreiben. An zwei Wochenabenden brachte das Radio uns schöne Symphoniekonzerte aus Kapstadt. Wenn wir dazu noch einen Topf mit saftigen Antilopenrippen hatten, behagte uns das Leben nicht schlecht.

An einem Morgen unterbrach Radio Kapstadt die Musik, und der Ansager brachte mit erregter Stimme die Meldung vom Einmarsch deutscher Truppen in Rußland. Wir sahen uns lange an, dann sagte Hermann: »Hitler scheint sich Napoleon zum Vorbild genommen zu haben.«

Von diesem Tage an hörten wir zweimal täglich die Nachrichten. Wir verfolgten den schnellen Vormarsch der Armeen, den Verlauf der großen Schlachten und die ganze hypnotisierende Machtentfaltung der großen Kriegsmaschinerie. Kaum vermochten wir uns dem allgemeinen Taumel zu entziehen, obwohl wir nur zu gut wußten, welches Elend sich hinter den Nachrichten verbarg und mit welch gigantischer Schuldsumme hier die Zukunft der Völker belastet wurde.

Bei uns wurde es mit der Trockenheit immer schlimmer. Das Wasser im Kolk sank langsam, aber unerbittlich. Die Antilopen, die sonst im Winter etwas Fett anzusetzen pflegten, blieben mager. Nur die Zebras machten immer noch einen gesunden Eindruck. Sie sahen so glatt und rund aus, als fehle es ihnen an nichts. Wir versuchten ein Zebra zu schiessen, aber die Kugel glitt an dem harten flachen Pferdeschädel ab. Nach ein paar Augenblicken der Betäubung strampelte das Tier sich wieder hoch und verschwand in einer Staubwolke. Wir versuchten es mit einem jungen Tier und bekamen es auch, aber es hatte kein Fett. Die verwilderten Rinder sahen so jämmerlich aus, daß wir sie unbehelligt ließen.

Im übrigen hatten wir die Jagd jetzt gut organisiert. Vom Hausberg aus vermochten wir den Felsen über dem Ansitz zu überblicken. Hatte einer von uns einen Gemsbock geschossen, breitete er ein weißes Tuch auf dem Felsen aus. Wenn der Zuhausegebliebene den weißen Fleck sah, machte er sich auf den Weg, um beim Schlachten und beim Abtransport der Beute zu helfen.

Es geschahen auch unblutige Dinge in unserer Nachbarschaft. An einem Morgen saß ich vor Sonnenaufgang in der Ansitzhöhle. Ich hörte ein Knirschen im Kies, dann ein lautes Schlappen und Schmatzen. Am Wasser stand eine nachthäßliche Hyäne. Sie leckte sich nach dem Trinken ihre großen Vorderpfoten und trollte sich dann auf dem großen Wechsel, der in der Mitte des Rivierbettes die Schlucht hinabführte. Ich blickte ihr noch nach, als eine andere Bewegung meine Aufmerksamkeit erregte. Ein großer Leopard kam den Wechsel herauf, der Hyäne entgegen. Die Tiere gingen langsam aufeinander zu; keines von ihnen ließ im geringsten merken, daß es das andere sah. Der Leopard hatte das Fell aufgeplustert und sah aus wie ein großer Kater, seine Bewegungen waren fließend und gleitend. Die Hyäne überragte ihn mit ihren hohen Schultern und dem dicken Kopf, der die gewaltigen Kiefer barg. Die Tiere waren sich schon ganz nahe, und noch immer machten sie keine Anstalten, einander auszuweichen. Was würde geschehen?

Da – auf etwa fünf Meter Abstand blieben beide stehen und sahen sich an. Für Sekunden standen sie vollkommen still und schienen einander abzuschätzen. Der Leopard ließ ein leises Knurren hören. Da schob sich die Hyäne, mit dem Hinterteil voran, vom Wechsel hinunter und setzte sich auf die Keulen wie ein Hund. Der Leopard strich mit eleganten Bewegungen vorbei, wie eine große Dame nach siegreichem Wortgefecht mit einer Rivalin. Er kam nicht zum Wasser, sondern stieg an der Nordseite den Felsen hinauf. Die Hyäne blieb sitzen und sah ihm nach, bis er etwa zweihundert Meter weg war, dann machte sie ihrem gekränkten Herzen mit einem langgezogenen Meckern Luft. Der Leopard setzte seinen Weg fort, ohne sich umzusehen.

Der Vorfall war grotesk, karikiert menschlich, und mir kam zum Bewußtsein, wie sehr das »Allzumenschliche« am Menschen in Wirklichkeit das noch »Allzutierische« ist. –

Als Hermann einmal einen Springbock geholt hatte, merkte er zu Hause, daß er seinen Feldstecher in der Ansitzhöhle vergessen hatte. Das war an sich nicht weiter schlimm, wer sollte schon dorthin kommen? Deshalb machte sich Hermann erst drei Tage später auf den Weg, um ihn zu holen. Er blieb lange weg, und als er schließlich kam, zog er wortlos die einzelnen Bestandteile des Glases, Linsen, Okularringe und so weiter, aus der Rucksacktasche und legte sie auf den Tisch. Ich sah ihm verwundert zu, und er erzählte:

»Als ich ins Rivier kam, gewahrte ich die Spuren eines großen Pavians, eines Einzelgängers. Mir schwante nichts Gutes. Und richtig, ich fand seine Spuren auch in der Höhle, und das Glas war weg. Ich begann die Umgebung im weiten Umkreis abzusuchen. Schließlich fand sich zweihundert Meter talabwärts eine Linse auf einem Felsen, und dann, etwas weiter weg, auch die übrigen Teile auf Felsen und Erkern liegend. Alles, was sich schrauben läßt, war auseinandergeschraubt. Das Vieh muß sich stundenlang damit beschäftigt haben. Wahrscheinlich hat der Kerl erst durch das Glas gesehen und dann alles mögliche probiert, bis er etwas fand, das sich drehen ließ. Den Kunstlederbezug hat er abgebissen. Ich habe alles bis auf ein Okular wiedergefunden. Vielleicht trägt der Pavian das jetzt als Monokel.«

Hermann setzte das Glas wieder zusammen, konnte nun aber wegen des fehlenden Okulars nur die eine Hälfte benützen. Das war ziemlich unangenehm, da wir bei der Weitläufigkeit des Geländes die Gläser ständig brauchten.

Etwa zwei Wochen später fand Hermann das fehlende Okular. Von einem Pirschgang nach Hause kommend, erzählte er: »Ich ging zur Quelle hinunter und dachte mit keinem Gedanken an das Okular. Die anderen Teile hatten ja auch alle weiter unten gelegen. Oberhalb des Anabaumes hatte ich plötzlich das unbestimmte Gefühl, ich müßte auf die andere Seite des Riviers hinübergehen. Ich hatte das Rivier noch nicht ganz gekreuzt, als vor mir im Sand etwas aufblitzte. Ich bückte mich, und aus dem Sand heraus lugte – das fehlende Okular. Es war ziemlich zerkratzt, da der Wind vierzehn Tage lang den scharfen Sand darüber geweht hatte, aber es ist in jedem Fall besser als gar keins.«

Was hatte Hermann zu der Stelle hingezogen, wo das Glas lag? War hier eine geheime telepathische Kraft am Werke gewesen? Wir erinnerten uns an die Frösche und dachten an die Fähigkeiten der Brieftauben. Wie fanden diese Tiere über Hunderte von Kilometern zu ihrem Schlag zurück? Mit irgendeinem Richtungssinn war das nicht zu erklären. Was nützt es mir, zu wissen, wo Nord und Süd ist, wenn ich nicht gleichzeitig weiß, wo ich bin? Wie findet ein Seehund durch wechselnde Wind- und Meeresströmungen zu einer einsamen Insel?

Alle diese Fragen, auf die wir keine Antwort wußten, wiesen uns erneut darauf hin, daß jede mechanistische Deutung, jede Deutung, die ein Lebewesen nur als eine komplizierte physikalisch-chemische Maschine auffaßte, unzureichend blieb, nicht nur in bezug auf den Menschen, sondern auf das Leben im allgemeinen. Aber wo war der Beweis für eine dem chemischen und dem physikalischen Geschehen übergeordnete Kraft? Wir packten das Problem bald von dieser, bald von jener Seite an und kamen nicht weiter. Selbstverständlich waren viele erstaunliche Leistungen der Tiere und Pflanzen nur sehr vollkommene chemisch-physikalische Regulierungen, die sich ganz im materiellen Bereich abspielten, und doch hielt uns das Leben am Rande der Wüste tagein, tagaus den Unterschied zwischen Lebewesen und toter Materie vor Augen.

Als wir wieder einmal abends zusammensaßen und in die weltraumstille Nacht blickten, sagte Hermann: »Warum macht die Entwicklungsgeschichte nur wahrscheinlich, daß das Leben nicht rein materiell zu erklären ist? Warum liefert sie uns keinen Beweis dafür?« Er sann einen Augenblick vor sich hin. »Wie nun, wenn alles in dieser Welt wahrscheinlich wäre? Die Vorgänge im Bereich der Atome und Elektronen deuten darauf hin.«

Ich schüttelte den Kopf: »Die Unbestimmtheit atomarer Vorgänge gilt ebenso im Anorganischen wie im Organischen. Beruhte die Entwicklung des Lebens auf den Wahrscheinlichkeitsgesetzen, dann wäre das Leben einem Spieler vergleichbar, der durch Hunderte von Jahrmillionen ständig beim Roulette gewinnt. Aber du fragst richtig: Warum haben wir keinen Beweis gefunden?«

»Vermutlich, weil in der Entwicklung die Zufälligkeit willkürlicher Mutation enthalten ist. Wo Zufall eine Bedingung des Experimentes ist, kannst du kein sicheres Ergebnis erwarten. Ich sehe nicht, wie wir die Zufälle bei der Entwicklung umgehen können, denn sie existieren nun einmal, sie sind im Generationswechsel enthalten. Um von der Wahrscheinlichkeitsrechnung loszukommen, müßte es schon eine Entwicklung ohne Geburt und Tod geben.«

Plötzlich dämmerte mir die Lösung; ich ging eine Weile hinaus in die sternklare Nacht, um meine aufquellenden Gedanken zu sammeln. Als ich zurückkam, rauchte Hermann still vor sich hin. »Schieß los!« sagte er.

»Du sagtest: Wenn es eine Entwicklung ohne Generationswechsel gäbe – «, setzte ich an. »Aber die gibt es doch beim Einzelwesen. Jeder Mensch und jedes Tier entwickelt sich doch im Laufe seines Lebens.«

»Richtig! Aber kannst du beweisen, daß diese Entwicklung nicht rein mechanisch durch die Wechselwirkung von Vererbung und Umwelt bestimmt wird?«

»Ich glaube schon. Es kommt doch immer wieder vor, daß ein Individuum etwas lernt oder tut, was nie einer seiner Vorfahren tat, etwas wirklich Neues. Dazu gehört aber eine Umstellung des Organismus, die nicht erblich bedingt sein kann. Auf die Umstellung kommt es an. Denke an unsere Eidechsen. Sie lernten in drei Tagen, daß Pfeifen Futter bedeutet. Ihre Vorfahren können nur gelernt haben, daß ein Summton die Nähe einer Fliege bedeuten kann. Die neue Verknüpfung der Freßreaktion mit einem Pfeifton ist nur durch eine Umstellung und Erweiterung der ererbten Anlagen möglich. Eine solche Umstellung und Erweiterung ist aber das, was wir Entwicklung nennen, und in diesem Fall ist das doch bestimmt keine Mutation.«

»Ja, solche Umstellungen kommen ständig vor. Einmal hat ein Mensch als erster radfahren gelernt. Dazu mußten Nerven und Muskeln in ganz neuer Zuordnung gebraucht werden, eine Umstellung, die nicht durch Mutation, sondern durch Phantasie und Willen bewirkt wurde. Ein Steinzeitmensch hat einmal als erster mit dem Finger den Umriß einer Antilope in den Sand gezeichnet. Dabei wurde nicht nur ein Körperteil in neuer Weise verwandt, es wurde auch etwas völlig Neues gewollt: eine Abbildung. Nie zuvor hat eine Abbildung auf der Erde existiert, nicht einmal als Begriff. Hier vollzog sich also im Geistigen wie im Materiellen ein Schöpfungsakt. Also ist das Leben nicht nur anpassungsfähig, es kann auch Sinnvolles neu schaffen und schon Vorhandenem neuen Sinn verleihen. Und dazu bedarf es keines Generationswechsels mit Mutationen und keiner natürlichen Auslese durch den Lebenskampf.«

»Das paßt ausgezeichnet zu dem, was wir über die menschliche Entwicklung abgeleitet haben. Wir fanden, daß gerade die Beschirmung der Kinder vor dem Lebenskampf Lernen und Neuentwicklung begünstigen. Wo dagegen eine Tierart einem zu scharfen Lebenskampf unterworfen ist, da entstehen einseitige körperliche Anpassungen und starre Instinktreaktionen, die dann weitere Entwicklungen unmöglich machen. Darwin hat schon recht, wenn er sagt, daß der Lebenskampf mit seiner Auslese für die Anpassungen im Tierreich verantwortlich sei. Da aber die meisten Anpassungen die weitere Entwicklungsfähigkeit beeinträchtigen, ist der Einfluß für das Leben im ganzen negativ. Und das muß man von einer Kraft, die vor allem durch Zerstörung wirkt, ja wohl auch erwarten. Alles einseitig Angepaßte muß schließlich einmal aussterben, weil die Umwelt sich immer wieder verändert. Aber was bedeutet das noch? Es beweist, wie jämmerlich falsch alle Weltanschauungen sind, die Krieg und Grausamkeiten durch Berufung auf den entwicklungsfördernden Einfluß des Lebenskampfes rechtfertigen. Sie fördern schon die Entwicklung, aber sie treiben sie am Ende in Sackgassen, die zum Aussterben führen.«

»Also hatte das Gefühl recht, das sich immer gegen eine solche Auffassung wehrte. Das ist nicht verwunderlich, denn Gefühl ist ein Urteil, das aus der Ganzheit des Lebens gefällt wird, während Verstand und Bewußtsein nur neu erworbene, noch wenig entwickelte Fähigkeiten sind. Extremer Lebenskampf führt in den Schaukasten, in dem die ausgestorbenen Tiere mit den gewaltigen Zähnen, Krallen und Hörnern stehen.«

Am Morgen nach diesem Gespräch saß ich in aller Frühe auf einer Höhe. Der Tag hob sich über die Berge, kühl und makellos wie ein blankes Schwert. Als meine Blicke von den blauen Horizonten zurückkehrten, stand unter mir ein Trupp Gemsböcke auf dem kahlen Rund einer kleinen Fläche. Herrliche wehrhafte Tiere! Das junge Licht modellierte die starken Muskeln, und die langen Spieße glänzten wie blitzend gezogene Schwerter. Der winterliche Morgen schien scharf und klar wie geschliffenes Kristall, und die Stille war das Schweigen einer blanken ehernen Glocke. –

Zu Hause hatte Hermann einen köstlichen Schmarren gebacken, zwar ohne Eier, aber mit Markfett und Rosinen. Heißer Kaffee kräuselte duftende Wölkchen in die kühle Luft, und aus dem Radio drangen die gewaltigen Melodien einer Beethovensymphonie; wir hatten das Gefühl, sie entströmten den wilden Schründen dieses Landes.

Später beschäftigte uns dann wieder das Thema des vorangegangenen Abends. Wir hatten festgestellt, daß das einzelne Tier aus Erfahrung lernen und sich dadurch im Laufe seines Lebens entwickeln konnte, auch ohne Mutation und Auslese. Worauf beruhte diese wunderbare Fähigkeit? Was ist Lernen? Was ist Erfahrung? Mir fiel ein praktisches Beispiel ein: Ich bin durstig, will Wasser trinken und stelle fest, daß das Wasser salzig ist. Das ist eine Erfahrung, ein Erlebnis, das sich einprägt. Mit ihm zugleich das Bild des Wassertümpels mit dem salzverkrusteten Rand. Wenn mir das Erlebnis mehrmals passiert, ziehe ich den Schluß, daß ein salzverkrustetes Becken salziges Wasser bedeutet, und gehe an ihm vorbei, obwohl ich durstig bin. Ich habe aus dem Erlebnis gelernt. – Eine Art Gedächtnis gehört wohl schon zu den Grundeigenschaften des Lebens, besitzen doch selbst Einzeller schon ein gewisses Lernvermögen. Wie aber kommt eine Schlußfolgerung zustande?

Richtet sich nicht jede Schlußfolgerung nach einem Bedürfnis? Etwa nach dem Durst? Gewiß, denn sie kann mit den Bedürfnissen von einem Augenblick zum anderen wechseln. Wasser ist etwas Gutes, wenn ich Durst habe, aber etwas Schlechtes, wenn ich hineinfalle und nicht schwimmen kann. Hängt von solchen Bewertungen, von der Einteilung aller Erlebnisse in »gute« und »schlechte«, nicht von Fall zu Fall ab, was aus ihnen gelernt wird? Also ist Lernen mehr als ein Assoziationsvorgang, das heißt die Verknüpfung von aufeinanderfolgenden Erlebnissen im Gedächtnis, ist es doch aufs engste mit Wertbeziehungen und Werturteilen verknüpft.

Das war eine wichtige Erkenntnis, die das Lernen über alles rein physikalische Geschehen hinaushob, denn gut und schlecht sind keine physikalischen Größen, auch dann nicht, wenn sie sich auf Physikalisches beziehen.

Hiermit ließ sich an frühere Gedanken anknüpfen. Waren wir doch einmal zu dem Schluß gekommen, daß jedes Gefühl, ja schon das einfachste Schmerzempfinden, ein Urteil, eine Bewertung enthielt. Mißt nicht jedes Gefühl ein Erlebnis an einem Bedürfnis, zum Beispiel Enttäuschung über salziges Wasser oder Wohlbefinden im kühlen Schatten einer Felswand? Ja, wird nicht ein Bedürfnis überhaupt erst durch Gefühle bewußt gemacht?

Damit wurde verständlich, warum jedes Bedürfnis ein Werturteil enthalten muß. – Aber stimmt das? Begleitet der Durst nicht zwangsläufig den Wassermangel des Körpers wie das Sausen den Wind? Nein! Das Bedürfnis »Durst« geht weit über den chemisch-physikalischen Vorgang hinaus, es begleitet nicht nur den Wassermangel, sondern verurteilt ihn, ja, es erstrebt einen nicht vorhandenen Zustand und ist damit auf ein Ziel gerichtet. Also sind Bedürfnisse und Gefühle der Ausdruck von Bewertungen des körperlichen und des Umweltgeschehens, zum Beispiel des Wassers und des Wassermangels. Als Bewertungen aber sind sie mehr als nur physikalische oder chemische Erscheinungen, denn Werte sind keine physikalischen Größen. Somit steht das Leben in seinen Werturteilen – im einfachsten Fall Schmerz und Freude – über dem materiellen Geschehen. Deshalb können Lebewesen, sich nach Werten richtend, etwas nicht Vorhandenes erstreben, und deshalb können sie aus Erfahrung lernen.

Wie empfindlich, wie zart und gefährdet ist alles Leben im Vergleich mit den Felsen, Wogen und Winden der Welt! Und doch ist gerade die urteilende Empfindlichkeit das Geheimnis seiner Stärke, und in Schmerz und Freude triumphiert es selbst über die erbarmungslosen Bedingungen der alten Wüste.

Immer mehr Gedanken reihten sich an: War Urteilsfähigkeit nicht eine geistige Eigenschaft? Dann aber wirkte in den Gefühlen, selbst in den einfachsten, eine geistige Kraft. War der Ausdruck »Kraft« hier zu Recht verwandt? Doch wohl, denn ein Gefühl schickt elektrische Impulse durch die Nerven, setzt Muskeln in Bewegung, alles Wirkungen, die nur von Kräften im streng physikalischen Sinne verursacht sein können. Diese Kräfte aber, und das ist das Entscheidende, werden vom Gefühlsurteil gelenkt. Als Werturteil aber ist die Gefühlskraft kein zwangsläufiger Begleiter des materiellen Geschehens. Sie kann ihm ja zuwiderlaufen, kann es bejahen oder verneinen, ist ihm also übergeordnet.

Wie oft hatte ich mich gefragt, ob das vielgestaltige Leben mehr war als ein sonderbarer Zufall im Ablauf der Welt! Nun war der Beweis gefunden: Frei steht das Leben, durch seine Gefühle, über dem Geschehen der toten Welt! Urteilend, aktiv, in ewiger Jugend triumphiert es über den materiellen Ablauf der alternden Welt.

Hier war etwas wahrhaft Wunderbares: eine Kraft, die Werte, etwas nicht Materielles, bestimmte und die mit diesen Werten materielles Geschehen lenkte. Eine Kraft höherer Ordnung, die durch Wertgebung den starren Zwang des physikalischen Ablaufes durchbrach!

Wir vermochten nicht länger stillzusitzen. Barfuß, in zerrissenen, blutverkrusteten Kleiderfetzen, gingen wir mit langen Schritten und gebeugten Köpfen auf und ab. Die Gedanken drängten und ballten sich, wurden in Stichworten herausgestoßen, an unserem Wissen gemessen und entweder angenommen oder verworfen.

Vor uns lag nun die Möglichkeit, die verschiedenen Lebensformen und -erscheinungen zu bewerten. Hatten wir doch plötzlich einen Maßstab für die Bewertung erhalten. Jeder Wert mußte zukünftig an der urteilenden, werteschaffenden Kraft gemessen werden. Lebensformen, die dieser Kraft den größten Spielraum und die größten Entfaltungsmöglichkeiten gaben, würden die lebendigsten und die wertvollsten sein. Lebensformen, erstarrt in maschinenartigen Anpassungen, die wertloseren. Es war auch deutlich, daß die Erfolgreichsten im Lebenskampf nicht notwendig die Wertvollsten zu sein brauchten. Zeigten nicht viele Beispiele in der Geschichte des Lebens, daß gerade die Bestangepaßten, die Größten und Zahlreichsten, die Herren ganzer Erdperioden mit monotoner Regelmäßigkeit ausstarben, so daß die Fahne des Lebens wieder von den kleinen, bescheidenen Unscheinbaren vorangetragen werden mußte, bis auch sie wieder in der Falle allzu erfolgreicher Anpassung umkamen? Standen nicht die Glaskästen in den Museen voll der versteinerten Reste einst machtvoller, wehrhafter ausgestorbener Tierarten? Und – brennende Frage, während das Radio von den mörderischen und selbstmörderischen Kämpfen in Rußland berichtete – war der Mensch der nächste Kandidat für den Schaukasten? – Aber die klare Erkenntnis, daß eine geistige Kraft und nicht nur blinder Zufall die Entwicklung des Lebens lenkte, ließ hoffen, daß auch die Menschheit dem Zwang selbstmörderischer Kriege würde entrinnen können. Konnte es im Jahre 1941 eine schönere Hoffnung geben?

Wir waren erschöpft; unsere Mägen knurrten, wir hatten das Mittagessen vergessen. Unsere nackten Füße hatten zwei parallele Pfade in den roten Sand getreten. Wir aßen ein grosses Stück Gemsbockfleisch, fingen Fliegen für unsere Eidechsen und lasen dann in den schon zehnmal gelesenen Büchern unserer Wüstenbibliothek.

FETTMANGEL

Das Wasser unseres Kolkes sank. Der Sandstreifen zwischen dem Wasser und dem Aufstieg an der Felswand verbreiterte sich gefährlich; unsere Fußspuren ließen sich nicht mehr so verwischen, daß die Wischspur natürlich wirkte. Das war bei der Nähe der Farm gefährlich, denn es konnte wohl geschehen, daß ein Hottentott auf der Suche nach Honig die Schlucht herunterkam. Wenn wir uns sicher fühlen wollten, mußten wir unsere Spuren unsichtbar machen.

Wir schnitzten aus dickem Reifengummi Gemsbock- und Zebrahufe und nagelten sie auf ein Paar alte Halbschuhe, die nie benutzt wurden. An sich ergab das ein sehr unnatürliches Spurenmuster. Aber zwischen den sich überschneidenden Fährten an einer Wasserstelle verschwanden unsere Spuren auf diese Weise vollkommen. Wir benützten nun immer diese Fährtenschuhe, wenn wir Wasser holten.

Unsere Fettvorräte näherten sich dem Ende. Schon seit Wochen hatte kein von uns erbeutetes Tier Fett ergeben, außer allenfalls einer kleinen Menge Markfett. Was sollte in den kommenden Monaten werden, wenn die Tiere noch magerer wurden? Bei unseren Beobachtungen stellten wir fest, daß trächtige Gemsbockkühe weniger mager als andere Tiere waren. Vielleicht hatten sie sich für die Zeit des Säugens Fettvorräte angespeichert.

Drei Tage lauerte ich mit der Schrotflinte und einer selbstangefertigten Kugel an einer von vielen Gemsböcken besuchten Wasserstelle. Immer neue Gruppen von Gemsböcken und Zebras defilierten in zehn bis zwanzig Meter Entfernung an mir vorbei, aber es schien sich kein hochtragendes Tier darunter zu befinden. Endlich näherten sich drei Kühe, von denen eine vorsichtig und schwerfällig durch die Kehren des Felspfades stieg. Lange standen die Tiere, argwöhnisch beobachtend, am Fuße der Wand. Fiel ihnen etwa auf, daß sich zwischen den Wurzeln des Anabaumes, an dem ich saß, etwas verändert hatte? Fliegen krochen mir in Nase und Augen, aber ich regte mich nicht, wohl eine Viertelstunde lang. Dann kamen sie heran, und ich hob langsam die Flinte. Der Schuß dröhnte furchtbar in der Stille. Die Tiere warfen sich wild herum und preschten steineklappernd den Felspfad hinauf. Aber das verwundete Tier kam nicht weit; die durchschossene Schulter machte ihm das Klettern unmöglich. Es blieb stehen, versuchte noch einmal ein paar Schritte und stand dann, sich hilflos umblickend. Die beiden anderen warteten etwas weiter oben, gingen aber schließlich allein weiter.

Ich hatte mich schon gewundert, wieso das getroffene Tier nicht längst gefallen war; die große Kugel riß furchtbare Wunden. Jetzt drehte es sich langsam um und kam mit zitternden Beinen wieder ins Rivier hinab. Da sah ich, daß der Einschuß zu tief saß. Die Kugel war wohl unter dem Herzen durch die Lungenspitzen gegangen. Die Kuh ging rivieraufwärts und stellte sich zwischen zwei Anabäumen in den Schatten.

Es war ein grausames Warten. Ich wagte nicht aufzustehen, da das Tier möglicherweise noch die Kraft besaß, mir zu entkommen, wenn es erschrak. Nach einer langen Stunde legte es sich dann. Ich beobachtete es voller Mitleid und wartete weiter. Ich hätte ihm gern einen Gnadenschuß gegönnt, obwohl wir mit jeder Kugel geizen mußten. Aber es war unmöglich, auf Schußweite heranzukommen, denn die Antilope lag mit dem Rücken gegen den Wind, konnte mich also wittern, falls ich von hinten kam, und sehen, wenn ich mich von vorn oder von der Seite her anschlich. War es Instinkt, was das Tier diese Stellung einnehmen ließ? Oder hatte es durch Erfahrung gelernt, daß es gut war, in die Richtung zu schauen, aus der keine Witterung zu bekommen war?

Mit träge wandernden Schatten, mit dem Summen lästiger Fliegen ging noch eine jämmerliche Stunde hin, dann sanken die langen Hörner endlich in den Sand. Als ich mich vorsichtig näherte, zuckten die Hinterläufe gerade zum letztenmal.

Schon der erste Schnitt durch die Bauchdecke enthüllte herrliche, zuckerweiße Fettzotten. Aber dahinter lag – ein trauriger Anblick – das zierliche Kälbchen – fertig zur Geburt. Das Euter enthielt schon Milch, der Darm war völlig leer. Die Kuh war wohl noch ein letztes Mal vor dem Gebären zum Wasser gegangen.

Ich trank die Milch aus dem Euter und zupfte dann das Fett bis zum kleinsten Knötchen von den Därmen. Als ich mit der ersten Last nach Hause kam, lag auf dem Auto schon eine Gemsbockkeule, und auf dem Tisch ein Zettel. Hermann teilte mir mit, daß er an der Bitterquelle eine fette Kuh geschossen habe, und bat mich zu kommen, um ihm zu helfen. Das war eine schöne Bescherung: So viel hatten wir gar nicht haben wollen! Nun mußte jeder von uns seinen Gemsbock allein nach Hause schaffen. Es war denn auch längst dunkel, als wir, zum Umfallen müde, mit den letzten Lasten bei unserer Behausung ankamen.

Wir freuten uns wie Kinder über den Fettsegen. Zur Feier des Tages beschlossen wir, uns ein Hutzelbrot mit Dörrobst, Zimt und gestampften Nelken zu backen. – Im Laufe der Zeit schossen wir noch zwei oder drei trächtige Gemsbockkühe, kaum war die Wurfzeit vorbei, wurden die säugenden Tiere noch magerer als die anderen.

Einmal um diese Zeit kam ich mit Otto von einem Erkundungsgang in die wüsteren Teile der Gramadullas zurück. Ich war in Gedanken versunken und achtete nicht auf den Hund. Plötzlich hörte ich ein jämmerliches Plärren. Otto hatte ein neugeborenes Kälbchen am Rücken gepackt und schüttelte es. Ich sprang hinzu, um das Tier zu retten, aber es war schon zu spät. Otto, der das Kälbchen unter einem dürftigen Busch gefunden hatte, war zu rauh mit ihm umgegangen. Was würde die Mutterkuh, die wahrscheinlich zum Wasser gegangen war, tun, wenn sie ihr Junges ermordet vorfand? Ich dachte an die nadelspitzen Hörner der Gemsböcke. Ich hatte keine Waffe bei mir. Mit schlechtem Gewissen, Otto mitzerrend, eilte ich davon. Otto konnte natürlich überhaupt nicht begreifen, warum er das Kälbchen nicht fressen durfte.

Allmählich wurde unsere Welt immer trockener und trostloser. Oft fragten wir uns, ob Grausamkeit auch eine Grundeigenschaft des Lebens sei. War das Leben nicht überall der Feind des Lebens? Nun, bei uns war die vermehrte Grausamkeit eine Folge der Trockenheit. Der verschärfte Existenzkampf bedingte die Grausamkeit; wir mußten unsererseits mit Grausamkeit antworten, wenn wir uns nicht selbst aufgeben wollten.

Immer wieder wurde uns bewußt, wie lächerlich unzureichend der Versuch war, die ganze Entwicklung nur durch Auslese im Existenzkampf erklären zu wollen. Wohl ist in feindlicher Umwelt eine Entfaltung ohne Kampf nicht möglich. Aber wäre die Auslese im Kampf die einzige gestaltende Kraft, wie hätte es je ein Streben nach Schönheit, Freundschaft und Frieden geben können: Und dieses Streben – den Bedingungen des Kampfes so entgegengesetzt – gab es schon im Tierreich, nicht erst beim Menschen.

So lebt in Neuguinea ein Vogel, der, wenn er um ein Weibchen wirbt, eine kleine Hütte aus Zweigen baut. Davor ziert er eine Art Vorplatz wie einen Garten mit bunten Blüten, Muscheln und Federn. In diesem Gärtchen tanzt er seinen Balztanz und hebt dabei prunkend seine bunten Schätze mit dem Schnabel empor. Dieser an sich unscheinbare Vogel ist ein Verwandter der Paradiesvögel, die beim Balzflug mit juwelenfunkelndem Gefieder prunken. Das Verlangen nach Schönheit in dieser Vogelfamilie ist also sehr stark entwickelt. Und ist es nicht wunderbar, daß ihr Schönheitssinn auch dem menschlichen Schönheitssinn entspricht?

Auch die Freundschaft hat ihren Platz im Tierreich. Jeder, der mit Tieren umgeht, hat solche uneigennützigen Freundschaften schon erlebt. Wie wären sie denkbar, wenn sich das Leben nur auf harten Konkurrenzkampf aufbaute?

Und Friede? Wie konnte in dieser kampferfüllten Welt auch nur der Begriff entstehen? Wir könnten ebenso fragen: Wie kann ein Hungernder den Begriff Sattheit bilden? Wie kann aus Endlichem der Begriff Unendlichkeit erwachsen? Oder mit anderen Worten: Wie kann Leben etwas nicht Vorhandenes erstreben?

Nun, dieses Wunder ist in der Fähigkeit des Fühlens und Urteilens begründet. Alle gegensätzlichen Begriffspaare wuchsen aus Schmerz und Freude empor. Der Schmerz, dieses Grunderlebnis der Urteilsfähigkeit, trieb zur Suche nach dem nicht Vorhandenen. Das gegensätzliche Urerlebnis: Schmerz und Freude – verlieh dem Leben die Möglichkeit, zu jedem Zustand und jedem Begriff einen gegensätzlichen zu suchen. Diese Erkenntnis leuchtete wie ein funkelnder Edelstein über unserer kargen, düsteren Felsenwelt. Plötzlich war verständlich, warum Leben auch das Unmögliche erstreben konnte, warum Menschen immer wieder in härtester Arbeit nach

Unmöglichem suchten, warum wir selbst trotz grausamsten Lebenskampfes unsere Mitgeschöpfe lieben konnten. Und wie oft hat nicht das Leben das scheinbar Unmögliche in verbissenem Streben dennoch möglich gemacht! Gepriesen seien die Verlachten, die das »Unmögliche« zu erreichen suchen! Sie tragen die Fahne des Lebens, dessen Vorrecht es ist, in das Unendliche zu streben!

Und noch eins wurde uns deutlich: Wo Leben in Instinkten erstarrte, wo es zu einseitigen körperlichen Anpassungen gezwungen wurde, da ging die schöpferische, mit Gegensätzen spielende Urteilsfähigkeit verloren, da wurde das Leben zum Aussterben reif. Das war eine Entwicklung zur Einseitigkeit, eine Degeneration ins Mechanische, verursacht durch zu extremen Lebenskampf.

Und der Mensch? In mühsamem instinktlosem Leben hat er sich Urteils- und Lernfähigkeit bewahrt und weiter entwickelt und ist dadurch dem Tierreich entwachsen. In ihm fand die urteilende Kraft ihre weiteste Ausdrucksmöglichkeit. – Ergab sich aus dieser Erkenntnis ein Maßstab für die Beurteilung menschlicher Einrichtungen und menschlichen Tuns?

Zweifellos! Böse ist alles, was dem Menschen seine Urteilsfähigkeit raubt und ihn zu gleichförmig instinktartigem Verhalten zwingt, führt dieser Weg doch unabwendbar in den Schaukasten zu den ausgestorbenen Mastodonten. Steht nicht unter diesen Einflüssen die Propaganda, die raffinierte Reklame, die Schaustellung der Macht in Paraden und Massenversammlungen an erster Stelle? –

Wir stiegen noch einmal auf den Hausberg. Die Dämmerung hob sich aus den Schluchten heraus. Von der Tafel des Gamsberges verabschiedete der Tag sich mit einem letzten purpurnen Schein. Dann schloß der Abend sein gold-grünes

Fenster im Westen, und wir wußten, daß für das Hochland eine Frostnacht bevorstand. Am Morgen würde das wilde Felsorchester im Oststurm ertönen.

Dicke Luft

In all den Monaten, in denen wir Arbeit und Hunger, Freude und Gedanken miteinander geteilt hatten, war es nie zu einem ernsthaften Zerwürfnis oder auch nur zu wirklich böse gemeinten Worten zwischen Hermann und mir gekommen. Aber nun begannen wir uns gegenseitig auf die Nerven zu fallen. Zunächst waren es nur kleine, der Sache nach völlig unwichtige Sticheleien, mit denen wir einander ärgerten. Eines Morgens sagte Hermann: »Wir müssen ein Dach über dem Vorraum bauen, bevor die Sonne zu heiß wird.«

»Das hat noch lange Zeit«, antwortete ich. »Es ist ja auch unsicher, ob wir überhaupt hier bleiben können. Das Wasser im Kolk hält nicht mehr lange. «

Hermann regte sich auf, und plötzlich bekamen wir uns regelrecht in die Wolle und bedachten uns mit ziemlich kräftigen, wenig schönen Ausdrücken. Hinterher sahen wir uns mit Schafsgesichtern an, aber die Stimmung zwischen uns blieb gespannt.

Wir hatten beide im voraus gewußt, daß dies eines Tages kommen würde. Vor langer Zeit hatten wir einmal darüber gesprochen und beschlossen, daß wir uns in einem solchen Fall für kurze Zeit trennen wollten. Nun, ich nahm die Gelegenheit wahr, ohne viel zu reden. Ich hatte schon lange den Wunsch, einmal an der Krähenquelle Wild zu photographieren. Diesen Plan gedachte ich nun auszuführen.

Ich packte meine Brotration, eine Springbockkeule, etwas Rauchfleisch, ein bißchen Dörrobst und meinen Schlafsack in den Rucksack und zog abends gegen elf los. Im Schein des eben aufgegangenen Mondes folgte ich jahrtausendealten

Wildpfaden durch Berge und Schluchten. Die hohe Nacht war still wie eine Kirche. Vor dem Mond war ein zartes Gespinst von Federwolken, und über den dunklen Schründen hing der Staub der Sturmtage wie feinster silberner Rauch. Die Krähenquelle lag in einer kahlen Schlucht zwischen senkrechten Canyonwänden. Als ich mich nach Stunden über schattenverhüllte Klippenstufen hinabtastete, hörte ich plötzlich ein rasselndes Knurren. Erschrocken lauschte ich mit verhaltenem Atem. Wieder knurrte es. Das konnte nur ein Leopard sein. Ganz langsam und mit äußerster Vorsicht zog ich mich zurück. In einer kleinen Seitenschlucht fand ich einen sandigen Fleck, legte mich hin und schlief bis in den erwachenden Tag. Nach dem kärglichen Frühstück verstaute ich meinen Rucksack unter einer Felsplatte und machte es mir dann auf einer Felsenkanzel über der Quelle bequem. Als ich mein Glas auf die Stelle richtete, an der mich der Leopard erschreckt hatte, gewahrte ich neben kantigem Felsblock ein weiß-schwarzes Streifenmuster und erkannte ein gerissenes Zebrafohlen. Ich hatte den Leoparden wohl bei seiner Mahlzeit gestört. Ich blickte noch durch das Glas, als es sich zwischen den grauen Felsen regte. Zwei Schakale umschlichen, ständig fluchtbereit, den Ort der nächtlichen Tragödie. Mit spitzen Nasen und eingekniffenen Ruten windeten sie nach den blutigen Resten.

Plötzlich stand, wie hingezaubert, fauchend, den Rücken wie einen Bogen gespannt, der Leopard auf dem Felsen; Blitzschnell verschwanden die Schakale im Gewirr der Klippen. Mit einem einzigen mühelosen Sprung landete der Leopard neben seiner Beute. Er beroch das tote Fohlen kurz und trug es dann den Felspfad hinauf. Ich bedauerte sehr, daß die Entfernung zu groß für eine Aufnahme war.

Es blieb eine ganze Weile still; nur ein paar Felsentauben schöpften Wasser. Dann kamen Zebras unbekümmert herangetrappt und füllten die graue Schlucht mit herrlichem Leben. Vielleicht waren sie die ganze Nacht gelaufen, um zum Wasser zu kommen. Nachdem sie ihren Durst gestillt hatten, standen sie still mit gesenkten Köpfen unter der brennenden Sonne. Nur ein einzelnes Fohlen rollte sich im Sand umher. Plötzlich hob der Hengst den Kopf und wieherte schrill. Als hätte sie auf dieses »Stichwort« gewartet, trat eine neue Herde aus der Kulisse einer Seitenschlucht heraus. Der Hengst trat ein paar Schritte vor, und die Neuankömmlinge gingen, ohne ihn zu beachten, zum Wasser. Nur ihr Leithengst näherte sich auf steifen Beinen. Die beiden Hengste umkreisten sich mit hohen Köpfen, breiten Schultern und gewölbten Schweifen. Plötzlich hoben sie sich auf die Hinterbeine und hagelten einander mit den Vorderhufen dröhnende Schläge auf Brust und Schultern. Staub wirbelte auf und verhüllte die getigerten Flanken und Keulen. Dann warfen die Tiere sich wie auf Kommando herum und bearbeiteten sich mit den Hinterhufen, daß die Haare in Büscheln flogen. Der Kampf ging so schnell zu Ende, wie er begonnen hatte. Nachdem der Ehre Genüge geschehen war, ging der eine Hengst ruhig zum Wasser, während der andere seine Herde die Schlucht hinabführte. – Später kamen Gemsböcke und ein Klippspringerpärchen, und mir gelangen einige schöne Aufnahmen.

Gegen Abend schöpfte ich mir Wasser, das süßlich nach Glaubersalz schmeckte, und machte mir aus zusammengesuchtem Holz ein Feuer. Von einer Tamariske schnitt ich mir einen grünen Stock, spießte meine Springbockkeule darauf und steckte ihn neben dem Feuer in den Sand, eben noch außerhalb des Bereiches der Flammen. Während ich den Duft des brutzelnden Fleisches einsog, träumte ich in das lebendige Spiel goldener Flammen und opalisierender Kohlen und drehte ab und zu den Bratstock im knirschenden Sand.

Am Morgen setzte ich mich an einen Wildwechsel auf der felsgerippten Wasserscheide, um Bilder mit anderem Hintergrund zu bekommen. Da ich nicht fand, was ich suchte, begab ich mich schließlich an einen anderen Wechsel, der durch eine nur meterbreite Pforte in einem mannshohen Felskamm führte. Fünfzig Meter von der Pforte entfernt stolperte ich beinahe über einen toten Gemsbock, der mit verdrehtem Kopf und aufgerissener Kehle zwischen den Steinen lag. Das Blut war ausgetrunken, und an den Keulen war gefressen worden; offenbar das Werk eines Leoparden. Es war ein noch nicht ausgewachsener, einjähriger Bulle. Ich wunderte mich dennoch, daß der Leopard sich in den Bereich seiner Spieße gewagt hatte. Und dann sah ich die Spuren an der Pforte. Der Leopard hatte unmittelbar neben dem Wechsel unter den Felsen gelauert und hatte dem Gemsbock beim ersten Sprung die Kehle zerrissen. Es war dies das einzige Mal, daß ich einen von Leoparden gerissenen Gemsbock fand. Da mir die Leber ein verlockendes Abendessen schien, zog ich den Gemsbock in den Schatten des Felsens.

Was der Leopard konnte, mußte mir eigentlich auch gelingen. Der Ostwind wehte stark und gleichmäßig. Ohne jede Tarnung kauerte ich mich in einer Felsnische in der Pforte hin. Ich hatte wohl mehr als eine Stunde gewartet, als eine Herde von siebenundzwanzig Zebras herankam. Hintereinander gingen sie an mir vorüber. Ich rührte, fest gegen den Felsen gelehnt, keinen Finger. Ich hätte sie mit der ausgestreckten Hand berühren, sie mit einem kurzen Speer erstechen können. Ihr strenger Pferdegeruch schlug mir warm ins Gesicht. Ich konnte nicht begreifen, daß ihre klaren, spiegelnden Augen mich nicht erkennen konnten. Als später ein paar Gemsböcke auftauchten, kroch ich weiter zurück, da mir ihre Spieße auf Armlänge denn doch zu bedrohlich erschienen.

Am abendlichen Feuer beschäftigte mich das Erlebnis noch immer. In der Optik der Augen konnte der Fehler nicht liegen. Hätte ich mich bewegt, so hätten sie zweifellos auf einen Kilometer Entfernung erkannt, daß ich kein Gemsbock oder Springbock war. Es mangelte also an der Deutung des Gesehenen. War Deutung nicht Voraussetzung des Erkennens? Und war Deuten nicht auch eine Form des Urteilens?! Plötzlich ward mir die Erkenntnis, daß die Sinnesorgane Organe des Urteilens sind. Daß mit der Entwicklung der Sinne vom einfachen Fühlen zum Schmecken, Riechen, Hören und Sehen die Urteilskraft wuchs und sich differenzierte. Ich erkannte, daß die Sinnesorgane sinnlos waren, wo es an Urteilsfähigkeit gebrach. Die Urteilsfähigkeit aber hatte sich durch die Entwicklung der Sinne an der Umwelt geschärft wie ein Messer an hartem Gestein. Also war die Entwicklung des Lebens zugleich die Entwicklung der urteilenden Kraft, die beim Menschen durch die Fähigkeit bewußten Denkens eine Steigerung in eine völlig neue, höhere Dimension erlangt hatte. Konnte es noch höhere Stufen geben? Es sprach nichts dagegen. – Es schien mir ein herrlicher Gedanke, der die weißen Sterne der Wüstennacht zu melodischem Klingen brachte.

Ich kehrte am vierten Tag nach Hause zurück. Es war wunderbar, die vertrauten Kameraden wieder begrüßen zu können. Hermann und ich drückten uns lachend die Hände, und Otto zog vor Freude die ganze Nase in krause Falten. –

Der Gedanke, daß Anpassung an allzuscharfen Kampf ums Dasein ein sicherer Weg in den Untergang sei, hatte Hermann keine Ruhe gelassen. Er hatte die folgende Kurve des menschlichen Tötungsvermögens gezeichnet:

Während Hunderttausenden von Jahren waren Knüppel und Steinäxte die Waffen der Urzeitmenschen gewesen. Mit ihnen konnte ein Mann auf einmal höchstens einen anderen töten. Während der folgenden zehn- oder zwanzigtausend Jahre vermochten Pfeil und Bogen den Tod auf etwas größere Entfernung zu versenden, aber immer noch konnte mit einem Schuß nur ein Mensch getötet werden. Dann erfanden die Römer Wurfmaschinen, die große Felsblöcke oder bis zu zwanzig Pfeile gleichzeitig schleuderten. Nun vermochte ein Mann gelegentlich fünf oder sechs Menschen auf einmal zu töten. Die Erfindung des Schießpulvers brachte insoweit zunächst keinen wesentlichen »Fortschritt«. Erst in den letzten fünfzig Jahren steigt die Kurve steil. Maschinengewehre und Gasgranaten wurden eingesetzt. Nun vermochten wohl bis zu fünfzig Mann dem einfachen Druck auf einen Abzug zum Opfer zu fallen. Heute fordern Riesenbomben die vielfache Zahl von Opfern.

Wie sollte das weitergehen? Die Kurve wies so steil in die Höhe, daß es vielleicht nur eine Frage von Jahren ist, bis das Leben von Hunderttausenden, ja vielleicht alles Leben der Erde durch die Hand eines einzelnen vernichtet werden kann. Wo die Möglichkeit zu einer solchen Waffe erst gefunden ist, findet sich auch der Mann, der sie bauen läßt, und schließlich der Narr, der sie auslöst. Die Explosion der ersten Atombombe bestätigte schon nach wenigen Jahren die Richtigkeit unserer Gedanken. Wahrlich, die »Vernichtungskurve« schien auf furchtbare Weise die böse Rolle zu bestätigen, die wir dem extremen Kampf ums Dasein zusprachen. Später schlug ich einmal die Bibel nach und fand den Satz, der mir in der Wüste in die Erinnerung gekommen war: »Selig sind die Sanftmütigen, denn sie werden das Erdreich besitzen! « Ich stand ehrfürchtig vor dieser prophetischen Weisheit.

Gab es keine Möglichkeit, die Menschheit vor dem Untergang zu bewahren? Die ausgestorbenen Tierarten waren unbewußt in die Sackgasse der tödlichen Entwicklung gedrängt worden. Im Menschen besaß das Leben zum erstenmal genügend Bewußtsein, um die Gefahr der eigenen Entwicklung erkennen zu können.

Wo aber liegen die Gefahren der menschlichen Entwicklung? In der Wissenschaft? In der Technik? Nein! Alle diese Dinge sind nur neutrale Hilfsmittel gleich Augen und Ohren. Die gefährlichen Anpassungen für den Menschen sind die ins Gigantische wachsenden sozialen und staatlichen Organisationen, die, zum Selbstzweck werdend, durch Erziehung und Propaganda mit gleichsam instinktartiger Macht die Urteilskraft des einzelnen vergewaltigen. Drücken nicht diese Organisationen, jede Entwicklung hindernd, jede höhere Urteilsfähigkeit auf den breiten Durchschnitt zurück und liefern sie dem oft krankhaften Machthunger einzelner aus?

Die primitiven Jäger, nur in kleinen Sippen lebend, zeichnen sich nicht durch waghalsige Tapferkeit aus. Ihr ganzes Leben ist Wagnis genug. Erst durch die faszinierende Machtentfaltung der großen Organisationen, die Macht zur Schau stellen wie die ausgestorbenen Riesenhirsche ihre gewaltigen Geweihe, werden Menschen zu rücksichtsloser Todes- und Vernichtungsbereitschaft erzogen. Dies ist der Weg in den Schaukasten, den schon so viele stolze Tierarten gingen.

Jedes Wachstum, das nicht von einem Wachstum der Urteilskraft begleitet wird, ist vom Übel wie eine sinnlose Krebsgeschwulst. Seit zweitausend Jahren steht das Wort geschrieben: »Was hülfe es dem Menschen, so er die ganze Welt gewönne und nähme doch Schaden an seiner Seele!«

Der Wassertank

Die Erde, auf vorgeschriebener Bahn kreisend, kehrte der Sonne wieder ihre südliche Hälfte entgegen; das Trockenjahr ging seinen furchtbaren, tödlichen Gang. Wir hatten unseren Vorraum überdacht, wofür wir das Astwerk von weither heranschleppten und einen blanken, silbernen Moringastamm als stützende Säule benützten.

Schon seit einem Monat hatte kein Springbock oder Gemsbock auch nur ein Quentchen Fett ergeben; jetzt begann selbst das Fleisch der Tiere ein bläuliches, ungesundes Aussehen anzunehmen.

Als wir eines Abends mit einer Wasserlast vom Kolk zurückkamen, hörten wir plötzlich Otto vom Haus her bellen. Was erregte den Hund so? Hatte ein Eingeborener unsere Wohnung entdeckt? Auf das Schlimmste gefaßt, beschleunigten wir unsere Schritte. Wir entdeckten, als unser Haus in Sicht kam, zunächst nichts Ungewöhnliches. Das Bellen des Hundes kam unverändert gleichmäßig von der Ecke des Hausberges. Und dann sahen wir eine frische Gemsbockspur unmittelbar vor unserer Tür. Wir warfen rasch unsere Lasten ab, und Hermann riß, in Sorge um Otto, die Pistole von der Wand und stieß eine Kugel in den Lauf. Dann rannten wir schon.

Wir hatten nicht erwartet, was wir fanden. Ein struppiger Gemsbock, fast nur noch aus Haut und Knochen bestehend, lag in einer kleinen Rinne. Otto fuhr bellend hin und her, den kraftlosen Hornstößen des Gemsbockes ausweichend. Als er uns sah, sprang er mit erfreutem Schwanzwedeln auf uns zu und kehrte dann mit doppeltem Eifer zu dem Tier zurück. Wir machten der Sache mit einem Kopfschuß ein Ende.

Unsere Freude, auf so einfache Weise zu einem Gemsbock gekommen zu sein, währte nicht lange. Das Fleisch der eingeschrumpften Muskeln war schmutzig gelblich und roch muffig. Als wir sahen, daß selbst Otto es verschmähte, hatten wir zu der vergeudeten Patrone auch noch die Arbeit, den Kadaver außer Riechweite zu schaffen.

Die einzigen Tiere, die immer noch gut aussahen, waren die Zebras. Hermann schoß einen prallen Hengst, verbrauchte aber drei Kugeln dabei. Solchen Munitionsverbrauch konnten wir uns nicht leisten. Wir studierten deshalb beim Zerlegen die Anatomie des Tieres, um eine verletzlichere Stelle zu finden. Das Schulterblatt war schmal, die Rippen breit und mit großen Zwischenräumen, das Herz war sehr groß. Wir merkten uns auf dem Blatt genau die Stelle des Grätenmusters, unter der das Herz lag. Von da ab konnten wir Zebras auf eine Entfernung bis zu sechzig Metern mit Herzschüssen erbeuten.

Die Zebras hatten zwar auch kein Fett mehr, aber ihr Fleisch war nach wie vor saftig. Besonders gut mundete uns Zebra-Gulasch, das wir kurz »Zebrasch« nannten.

Jeden Tag wehten die trockenen Winde über das ausgedörrte Land. Das Wasser in unserem Kolk war im Schotter verschwunden; wir mußten ihm grabend tiefer und tiefer folgen. Das Loch war schließlich so auffällig, daß wir es mit einer Steinplatte verschlossen, die wir mit Sand überschütteten und nur zum Schöpfen öffneten. Das war Tarnung und Schutz gegen Verdunstung zugleich. Trotzdem sank das Wasser weiter, und der Zulauf wurde immer schwächer. In Metertiefe fanden wir im Kies einen kleinen gesprenkelten Frosch, der, aus seinem »Trockenheitsschlaf« erwacht, weiterhin in unserem Brunnen blieb.

Wir waren sehr in Sorge. Es konnte noch Monate dauern, bis das Rivier wieder abkam. Aber mit etwas Glück konnte immerhin schon der nächste Monat, der Oktober, einen Regenguß bringen, der ein paar Pfützen füllte. Hermann meinte, wir müßten einen Behälter haben, in dem wir Wasser für ein, zwei Monate speichern könnten. Alte Benzinfässer hatten wir nicht. Ein Loch zu graben, schien ziemlich sinnlos; wie sollten wir es abdichten? Was konnten wir tun?

Der Gedanke ließ uns nicht mehr los, wir diskutierten ihn von allen Seiten. Sollte es nicht möglich sein, einen Tank aus großen Steinplatten zu bauen? Fünf Platten von der Größe unserer Tischplatte würden einen Kasten ergeben, der Wasser für zwei Monate fassen konnte. Sollte es nicht möglich sein, die acht Kanten abzudichten? Wie, wenn wir es einmal mit nassen Gemsbockriemen versuchten?

Wir beschlossen, den Plan in Angriff zu nehmen. Die Tischplatte konnte als Boden dienen. Wir verwandten einen ganzen Tag darauf, noch vier geeignete Platten zu finden und heranzuschaffen. Dann kam die knifflige Arbeit des Zusammenschlagens und Zusammenpassens.

Es war nicht so schwer, die Platten zu einer rechteckigen Form zu trimmen. Entlang einer gemeißelten Kerbe ließ sich das Gestein mit scharfen Schlägen eines kleinen Hammers gradlinig brechen. Aber nun mußten die Kanten geglättet, mußten Nuten in die beiden Längsplatten und auch in die rauhen Teile der Bodenplatte gemeißelt werden. Wir wechselten uns bei dieser Arbeit ab, mußten den kleinen Meißel, den wir benutzten, aber ein dutzendmal am Tage schärfen. Wir meißelten über eine Woche.

Endlich paßte alles einigermaßen zusammen. Wir legten Gummistreifen, die wir aus einem alten Autoschlauch geschnitten hatten, in die Fugen und umspannten die aufrechtstehenden Seiten mit zwei starken nassen Gemsbockriemen. Die Gummidichtung wurde zu einer Enttäuschung. Der Kasten leckte an mehreren Stellen; wir mußten etwas anderes erfinden. Mit fettem Lehm wäre die Sache leicht zu machen gewesen, aber Lehm bildet sich im Wüstenklima nicht. So verkeilten wir die Fugen mit weichen Holzspänen und Stoffasern. Dann kochten wir geschmolzenen Gummi in altem Motorenöl zu einer zähen Schmiere. Mit diesem Material gelang es uns, die Fugen abzudichten. Wir mußten nun noch verhindern, daß das Wasser den Öl- und Gummigeschmack annahm. Dieses Problem lösten wir, indem wir die Schmiere so lange mit feinstem tonigem Sand bestäubten, bis kein Öl mehr durchzog. Die Konstruktion hatte zwei volle Wochen in Anspruch genommen.

Drei Tage lang schöpften und trugen wir Wasser und füllten den Tank zur Hälfte. Er hielt tatsächlich dicht. Stolz verschlossen wir ihn mit einer Steinplatte zum Schutz gegen Verdunstung. Die Platte ließ ein dreieckiges Schöpfloch frei, das mit einem Tuch verschlossen wurde. Nun konnte der Regen kommen!

Die Flucht

Der Regen kam nicht, es kam etwas ganz anderes.

Unser Tank war kaum acht Tage fertig, als Hermann mit langen Schritten von einem Pirschgang zurückkam.

»Polizei!« sagte er mit verkniffenem Grinsen. »Zwei Autos auf der alten Bay-Pad. Ich glaube, sie suchen nach uns.«

Die Polizisten hatten von einem Hügel aus Umschau gehalten. Es war unwahrscheinlich, daß sie uns auf diese Weise finden würden, aber immerhin wußten wir, daß sie Verdacht gefaßt haben mußten. Nach Jahr und Tag erfuhren wir, daß der Ovambo von der Siedentopfschen Farm nach seiner Rückkehr ins Ovamboland von den zwei Weißen erzählt hatte, die mit einem Hund auf dem Rücken aus der Namib gekommen seien. Eingeborene sind geschwätzig, und so bekam der Eingeborenenkommissar von der Sache zu hören. Er hatte die Meldung dann nach Windhoek gegeben.

Während des ganzen Nachmittages lagen wir auf dem Hausberg, aber wir sahen nichts Verdächtiges mehr. Am folgenden Morgen pirschten wir uns vorsichtig an die Pad heran und sahen, daß die Autospuren zurückführten. Die Gefahr schien gebannt, aber es blieb der unheimliche Gedanke, daß jederzeit neue Suchexpeditionen kommen konnten. Und einmal konnte der Zufall gegen uns spielen. Es war in jedem Fall besser, uns einen abgelegeneren Wohnplatz zu suchen.

Wir waren an der kleinen roten Fläche zwischen den grauen Felshügeln mittlerweile recht heimisch geworden, deshalb waren wir beim Packen ziemlich gedrückter Stimmung. Traurig füllten wir das Wasserfaß und schnitten die Riemen von dem mühsam gebauten Tank los.

Über die Pad wären wir schnell bis an den Rand der Fläche gekommen. Aber wir wagten es nicht, sie zu benützen. Falls kein Regen kam, würden unsere Spuren dort zu lange sichtbar bleiben. Also schnitten wir die Pad, verwischten dort unsere Spuren und arbeiteten uns am Fuß der Berge entlang nach Norden. Der Weg führte über Schutt und Blockfelder, durch heiße Sandriviere und durch Labyrinthe felsgerippter Hänge. Über einen wilden Paß querten wir die Bergkette. Stundenlang mußten wir Steine wälzen. Wir gelangten dann in das verzweigte Schluchtensystem südlich des Kolkrivierlagers, wo wir den Februar verbracht hatten. Die Riviere waren hier tiefer eingeschnitten; es forderte viel Schweiß und Mühe, den Wagen in der zweiten Schlucht zu einem leidlich annehmbaren Lagerplatz unter einem dürftigen Arubaum zu bringen. Als wir es geschafft hatten, war es Abend.

Wie sollten wir in dem unübersichtlichen Irrgarten eine Quelle finden? Nur ein Wildpfad konnte uns zu dem lebenerhaltenden Wasser führen. Aber wie erkennt man unter zahllosen Wechseln den einen, der beim Wasser mündet? Zahllose Pfade verbinden nur die verschiedenen Weideplätze. Noch vor einem Jahr wußten wir es nicht, inzwischen war uns das wilde Land heimatlich vertraut geworden. Wir hatten gelernt, daß ein »Wasserwechsel« die Fährten aller Tierarten trägt, vor allem auch der Raubtiere, während die »Weidewechsel« selten mehr als zwei Arten von Spuren aufweisen. So ließ sich meist nach ein paar hundert Metern entscheiden, ob man einem Wechsel in der richtigen Richtung folgte.

Am nächsten Tag waren wir schon bei Sonnenaufgang unterwegs. Wir gingen getrennt. Ich fand am ersten Tag nur eine winzige, hoffnungslos salzige Quelle, Hermann fand überhaupt nichts. Am zweiten Tag reichte er mir dann seinen Wassersack. Ich trank und fand das Wasser kaum bitter. Hermann meinte, es wäre nicht ganz so gut, wie es jetzt kalt aus dem Sack schmecke, aber es würde wohl gehen.

Die Quelle lag in einem kleinen Talkessel mit Tamarisken und immergrünen Salvadorabüschen. Der Boden war salzverkrustet und weißgrau gebleicht. Das den Fels zermürbende Salz hatte die Wände im Halbkreis zurückgedrängt und unterhöhlt, doch in der Mitte des amphitheaterähnlichen Raumes waren einige scharfe Rippen und Pfeiler wie Bühnenkulissen stehengeblieben. Wasser füllte sickernd vier kleine Becken, und jedes war mit einem besonderen Geschmack ausgezeichnet.

Ein brauchbarer Wohnplatz fand sich in einer kleinen Seitenschlucht, einen Kilometer entfernt. Wir brauchten noch einen halben Tag, um unseren Wagen hinzubringen. Aber dann konnten wir auch aufatmen. Die Stelle war so versteckt gelegen, daß wir uns sicher fühlen konnten. Als wir beim nächsten Gang zum Wasser feststellten, daß Paviane das Quellbecken verschmutzt hatten, nannten wir unseren neuen Wohnplatz »Affenloch«.

Die Sonne brannte so mörderisch, daß wir uns beeilen mußten, ein Dach über den Kopf zu bekommen. Glücklicherweise standen viele abgestorbene Büsche in der Schlucht. Wir konnten deshalb in einem Dornendickicht, das wie eine winzige Stacheldrahtoase in einer Erweiterung der Schlucht stand, ohne Schwierigkeit einen Pontok aus Holzknüppeln bauen. Wir rissen uns die Hände an Dornbüschen blutig und schleppten Holzlasten heran. Der Schweiß rann uns bei der Arbeit in Bächen über Stirn und Nacken und vertrocknete zu salzigen Krusten; wie eine lodernde Fackel brannte die Sonne über unseren Köpfen, und Fels und Sand atmeten giftige Hitze in unsere Gesichter.

Langsam wuchs der Bau. Wir waren so erschöpft, daß wir nur kleine Lasten tragen und höchstens eine Stunde hintereinander arbeiten konnten, denn das Wasser war von unwahrscheinlich »durchschlagender« Wirkung, und es vergingen Wochen, bis unsere Därme sich daran gewöhnt hatten. Da war dann auch unser Haus fertig. Die Wände hatten wir teilweise mit Fellen verkleidet. Zu Hermanns Geburtstag konnten wir den Windgenerator aufstellen. Wir feierten Hauseinweihung und Geburtstag zusammen, aber es war eine Feier mit gemischten Gefühlen. Mit dem Hutzelbrot hatten wir unser letztes Mehl verbacken; auch unser Kaffee war zu Ende. Ich hatte Hermann zwei neue Pfeifenmundstücke geschnitzt, aber auch das war ein höchst zweifelhaftes Geschenk, denn seine Tabakvorräte gingen gleichfalls zur Neige.

HUNGER

Die ersten sehnlichst erwarteten Wolken hoben zögernd weiße Köpfe über die Berge. An zwei Abenden spielte Wetterleuchten im Norden und Osten; danach war der Himmel wieder blank wie tödlicher Stahl, und weit und breit war alles Wild verschwunden. Irgendwo, vielleicht in hundert Kilometer Entfernung, war etwas Regen gefallen, und das hungrige Wild zog gierig dem Wind entgegen, der den Duft nasser Erde trug.

Unsere Lebensmittel gingen unwiderruflich zu Ende; schließlich verblieb uns nur noch ein kleiner Vorrat an Maismehl und Bohnen und ein Sack mit getrocknetem Fleisch. Gewürze hatten wir noch genug. Unsere Tagesrationen wurden erschreckend klein; voller Sorge sahen wir in die nächste Zukunft.

Wieder einmal hockten wir am Wasser und lauerten auf Steppenwachteln. Aber sie kamen hier nur in so kleinen Flügen, daß ein Schuß nicht mehr als vier Vögel, gerade eine Mahlzeit, einbrachte. Das konnten wir uns unmöglich leisten, also verfertigten wir kleine Schnappfallen aus rechteckigen Tabakdosen und starken Gummibändern. Leider brachte dieser Versuch ebensowenig Erfolg wie der frühere mit den Gemsbockhaarschlingen. Wenn wir die Fallen mit feuchtem Sand verblendeten, schnappten sie nicht zu. Benutzten wir trockenen Sand, sahen die Vögel den Unterschied und gingen den Fallen aus dem Wege. Wir versuchten, die

Wachteln mit Schleudern zu schießen, gelangten aber nur zu Zufallstreffern, weil die Vögel sich beim Klatschen des Gummis so schnell erhoben, daß sie längst in der Luft waren, ehe ein Stein sie erreicht haben konnte.

Die kleinen schwarzen Beeren der Salvadorabüsche reiften. Sie trugen über einem harten Kern dünnes Fruchtfleisch mit scharfem, etwas süßlichem Kressegeschmack und waren nicht giftig. Wir hatten die Kerne in der Losung von Vögeln und Pavianen gefunden. Aber sie waren so scharf, daß wir sie nur in ganz kleinen Mengen essen konnten. Schließlich fanden wir, daß der bis zum Anbrennen eingedickte Beerensaft an Schärfe verlor und zu einem herb-süßlichen Sirup wurde. Wir pflückten alle Büsche an der Quellschlucht leer, ernteten drei Benzinkanister voll Beeren und gewannen schließlich zweieinhalb Jambüchsen voll Sirup. Ein Nahrungsmittel war das kaum, aber immerhin verschönte der Saft den nur mit Salzwasser gekochten Mais nicht unbeträchtlich.

Wie im Vorjahr kamen wieder glutheiße Novembertage. Wieder ließ der Backofenhauch aus den Dünen uns nach Luft schnappen, aber diesmal hatten wir keinen Buschmannskolk, um Kühlung zu finden. Wir wurden so schwach, daß wir nur noch kleine Pirschgänge unternehmen konnten. Manchmal wurde uns schon beim Aufstehen schwarz vor den Augen.

Der Hunger ließ den Gedanken eines Besuches bei Siedentopf verlockend erscheinen, aber wenn die Polizei nach uns gesucht hatte, dann hatte sie auch sicher den Eingeborenen auf der Farm eine Belohnung für Auskunft über uns versprochen. Das war zu gefährlich. Aber wie wäre es, wenn wir frech nach Windhoek oder Swakopmund führen und dort einkauften? – Wir waren gerade wieder einmal dabei, die Aussichten abzuwägen, als ein feines, fernes Dröhnen uns aufhorchen ließ. Wir traten vor die Hütte, das Brummen wurde schnell stärker. Das konnte doch kein Auto sein? Ein Flugzeug! In großen Bögen kreiste es über die Berge und Schluchten näher heran. Hermann meinte: »Wenn die uns suchen, werden sie nicht viel Glück haben, die müßten schon Augen haben wie Adler, um in diesem Gewirr von Felsen, Schatten und Schluchten etwas zu erkennen!« Noch ein paar Kreise, dann verschwand die Maschine wieder in Richtung Windhoek. Von einer Fahrt zur Stadt aber redeten wir nun, trotz wachsendem Hunger, nicht so bald wieder.

Einmal brachte Hermann ein Stachelschwein nach Hause. Das reichte für drei Tage; danach empfanden wir den Hunger doppelt bitter. Am Himmel zeigten sich eines Tages auch wieder Wolken, aber es fiel kein Regen. So wurde es Dezember.

Wir konnten nur noch an Essen denken und nur noch vom Essen sprechen. Wenn wir abends vor Hunger nicht einschlafen konnten, malten wir uns aus, was wir alles kochen würden, wenn wir die und die Sachen hätten. Das Thema schien unerschöpflich.

Schließlich, nach endlos scheinender Zeit, zeigten sich wieder einige Fährten auf den Wildwechseln. Aber das Glück schien uns verlassen zu haben. Hermann kam zuerst zum Schuß, aber der Gemsbock lief so munter davon, daß Hermann überzeugt war, gefehlt zu haben, und die Verfolgung bald aufgab. Am anderen Tage sahen wir die Geier kreisen. Wir jagten ihnen doch noch eine Keule ab, die nur einen leichten Hautgout hatte. Wir trugen für Otto auch alle Knochen nach Hause. Und da geschah es, daß Otto seine kleine Bohnenration nur teilweise fraß. Wir beobachteten ihn mit Luchsaugen und teilten uns sofort, was er übriggelassen hatte.

Danach zerschoß ich, am Wasser lauernd, einem Gemsbock mit einer Flintenkugel das Schulterblatt. Der Bock blutete stark, und ich war überzeugt, daß er sich bald hinlegen würde. Ich folgte der Spur einen Kilometer weit, aber das Blut ließ nach, und die Spur war kaum noch zu halten. Schließlich kehrte ich um, um Hermann und Otto zu holen. Otto führte uns sehr eifrig noch einen Kilometer weiter, aber dann war seine Nase so trocken, daß er nicht mehr riechen konnte. Hermann ging zurück und holte Wasser. Darauf ging es noch einmal ein Stück weiter, aber es half nichts mehr. Otto verlor das Interesse, und wir verloren in einem großen Steinfeld die Spur. Der so hoffnungsvoll begonnene Tag endete mit tiefer Niedergeschlagenheit.

Einmal erspähten wir unter einem hohen Felsüberhang das Stück einer Bienenwabe. Wir warfen es mit Steinen herunter. Fünf Zellen enthielten noch ganz auskristallisierten, wohl schon Jahre alten Honig. Wir teilten uns die Zellen, und der Honig schien uns das Köstlichste, was wir jemals gegessen hatten. Bewohnte Bienennester schien es nicht mehr zu geben. Die Trockenheit hatte zu lange gedauert.

Wir hofften, einmal eine fette Puffotter* zu finden, fett genug, um sie in ihrem eigenen Fett braten zu können, aber das blieb eine schöne Phantasie. Ich aß später einmal eine aus Neugier; sie hatte jämmerlich wenig Fleisch.

Oft, wenn ich stundenlang am Wasser oder an einem Wechsel lauerte, glaubte ich das ferne Poltern von Zebrahufen zu vernehmen. Dann packte mich hungrige Erwartung wie eine harte Faust; lautlos zerrannen die Minuten, und schließlich mußte ich erkennen, daß das Knurren meiner eigenen Därme mich genarrt hatte. – Die Tage verschwammen in Hunger, Schwäche und unbarmherzig weißem Licht.

Einmal floh polternd ein Warran**, eine starke, meter-

* Puffotter: träge, dicke Giftschlange. ** Warran: in Südafrika fälschlich Leguan genannt.

lange Echse, vor meinem schlurfenden Schritt. Ich stürzte ihm nach, holte ihn ein und erwischte den Schwanz, als er gerade in einer Felsspalte verschwinden wollte. Ich hielt den dreieckigen, scharfgeschuppten Schwanz mit beiden Händen, aber der Warran hatte sich in der Spalte aufgeblasen und festgekrallt und war weder durch Ziehen noch Rucken auch nur einen Zentimeter zu bewegen. Ich setzte mich mit den Füßen gegen den Felsen, lehnte mich mit gestreckten Armen zurück und wartete so etwa fünf Minuten. Dann zog ich plötzlich mit aller Kraft. Ich gewann einen Zoll, aber den gewann die Echse nach kurzer Zeit wieder zurück, indem sie ihrerseits plötzlich ruckte. Beim nächsten Versuch erreichte ich überhaupt nichts. Ich begann einzusehen, daß ich mit Kraft und Geduld allein keine Aussicht hatte, das vorsintflutliche Muskel- und Nervensystem der großen Echse zu besiegen und das Fleisch zu bekommen, das ich in Händen hielt und nach dem mein Mund wässerte.

Neben mir lag mein »Kirri«, ein starker Stock mit einem runden Wurzelknauf. Es war unmöglich, damit in die Spalte zu schlagen. Die Flinte hatte ich in dreißig Meter Entfernung niedergelegt, als ich die Verfolgung begann. Mit Arm und Messer konnte ich wohl in die Spalte reichen, aber ich hatte dann nur die linke Hand zum Halten, und da ich noch dazu den linken Arm hätte krümmen müssen, würde meine Kraft nicht ausgereicht haben, wenn das Tier ruckte. – Schließlich kam mir ein besserer Gedanke.

Mit der rechten Hand zog ich den Lederriemen aus meinem Schuh und legte ihn als Schlinge um die etwas eingeschnürte Basis des Schwanzes. Das freie Ende wickelte ich um die Mitte des Stockes, bis der quer vor der Spalte lag. Nun hatte ich beide Hände frei. Ich trat noch mit dem Fuß auf das Schwanzende, um das Tier am Schlagen zu hindern.

Dann stieß ich dem Warran das Messer mit scharfem Stoß durch die harte Schuppenhaut in die Brust. Es dauerte noch einmal zehn Minuten, bis die Muskeln so weit erschlafften, daß ich ihn herausziehen konnte.

Der Warran ergab zwei gute Mahlzeiten. Das Fleisch war weiß und fest und schmeckte wie ein Mittelding zwischen Huhn und Fisch. Wenigstens etwas gestärkt, faßten wir den Entschluß, unser Glück an einer anderen kleinen Bitterquelle zu versuchen, die etwa zwei Stunden entfernt war. Sehr langsam gingen wir unter dem halben Mond durch die zweite Hälfte der Nacht, sehr langsam und mit vielen Pausen. Kurz vor Tagesanbruch aßen wir eine doppelte Ration Mais. Für den Fall, daß wir nichts erlegten, mußte diese »Mahlzeit« auch für den Rückweg vorhalten.

Als die Morgendämmerung den schwarzen Spalt der Schlucht zu grauen, noch formlosen Kulissen aufhellte, wuchsen uns im Blickfeld der Gläser die schwarzen Streifen und weißen Bäuche zweier Gemsböcke entgegen. Sie tranken ein paar Schlucke und warteten geduldig, bis das sickernde Wasser den handbreiten Felsspalt wieder füllte.

Hermann versuchte sich heranzupirschen, aber bevor er noch zum Schuß kam, verriet ihn die launisch hin- und herspringende Morgenbrise.

Wir suchten uns Ansitze, Hermann über dem Wasser, ich an einem stark belaufenen Wechsel. Wir saßen den ganzen Tag. Sengend schwang sich die Sonne empor, in den Mittagsstunden stand sie wie festgebannt im Zenit, und schließlich versank sie in ungelöschter Glut über der Namib. Der Tag war mir zur Ewigkeit geworden, aber während der ganzen vierzehn Stunden hatte sich außer ein paar Vögeln am Himmel und Eidechsen nichts in der ausgebrannten Landschaft gezeigt.

Wir hielten Kriegsrat. Dann machte sich Hermann mit Otto auf den Heimweg. Die in der Dämmerung nutzlose Pistole nahm er mit. Ich setzte mich so, daß ich freies Schußfeld auf die Sandfläche am Wasser hatte, auf der die Wachteln einfallen mußten. Da ich noch immer auf einen Gemsbock oder ein Zebra hoffte, lud ich den einen Lauf mit Schrot, den anderen mit einer Kugel. Als die Umrisse verdämmerten, ertönte der Wechselruf der Wachteln, und dann regneten sie aus dem fahlen Himmel herunter auf den Sand. Es wurden ihrer immer mehr. Mein Herz schlug schneller; ein Schuß würde sich lohnen. Jetzt hörte ich das erste Glucksen am Wasser. Ich zielte sorgfältig flach über den Sand. Dröhnend fiel der Schuß. Flügel rauschten. Ich eilte zum Wasser und sah – nichts. Ich starrte auf die Flinte und begriff: Ich hatte den Lauf mit der Kugel abgeschossen.

Für so eine Enttäuschung gibt es keine Worte. Ich hätte mich am liebsten hingelegt und geschlafen. Aber dann wäre ich kaum vor Tag erwacht, und es war ungewiß, ob ich dann in der Hitze den Rückweg geschafft hätte.

Der Weg durch den mondlosen Teil der Nacht, über unwegsame Steinfelder und trügerische Felsstufen war ein böser Traum. Wie ein Bleigewicht schnitt die leichte Flinte in meine Schulter. Meine Füße schleppten zeitweise wie tote Hufe über das rauhe Gestein, dann wieder war es mir, als schwebte ich gefühllos auf finsteren Wolken dahin, bis unsichtbar lauernde Dornenzweige meine Beine zur Erde zurückrissen. Ich mußte mich häufig setzen, aber das Sitzen verschaffte keine Ruhe, und das Aufstehen war eine Qual. Bösen kleinen Augen gleich zwinkerten die Sterne in den warmen Luftschwaden, die von dem heißen Panzer der Wüste aufstiegen. Schließlich erschien ein mißgestalteter gelber Mond über den Bergen und warf verwirrende Schatten vor meine unsicheren Füße.

Als ich in den Pontok stolperte, sagte Hermann, es sei zwei Uhr. Er fragte nichts. Er zog mir die Schuhe aus und flößte mir einen Trank von Salvadorasirup, heißem Wasser und Branntwein ein.

Als ich wieder erwachte, war die Sonne des nächsten Tages schon untergegangen.

Das zweite Weihnachtsfest

Mit dieser Jagdexpedition ging unsere Unglückssträhne Gott sei Dank zu Ende. Zwei Tage später kam Hermann lachend zurück und trug ein großes Stück blutigen Fleisches auf der Schulter. Er hatte einen riesigen Zebrahengst auf achtzig Meter mit der Pistole durchs Herz geschossen.

Wir fielen wie Wölfe über das Fleisch her. Eine große Portion aßen wir gleich roh, dann brieten wir uns auf Holzkohlen saftige Steaks; Fett für die Pfanne hatten wir ja nicht mehr. Wir mußten oft gehen, bis wir alles Fleisch zu Hause hatten; wir waren längst viel zu schwach, um einen Zentner auf den Rücken zu nehmen.

Vier Tage lang arbeiteten wir ununterbrochen, um Rauchfleisch, Biltong und Fleischextrakt herzustellen. Wir aßen jetzt nur noch Fleisch und sparten unseren kleinen Vorrat an Mais und Bohnen.

Der Zulauf der Quelle hatte sich merklich verringert. Als wir eines Tages Wasser holten, hatten Paviane wieder das Quellbecken verschmutzt. Wahrscheinlich taten sie das, um das Wasser für sich zu reservieren, denn der Gestank ist so widerwärtig, daß andere Tiere sich scheuen, solches Wasser zu trinken. Wir versuchten die Quelle zu reinigen, schöpften das Wasser aus und scheuerten das Felsbecken mit Sand und Seife. Als das Wasser wieder nachgelaufen war, stank es trotzdem. Wir mußten das Becken dreimal ausscheuern, bis wir einwandfreies Wasser bekamen. Wir schöpften und schleppten, bis unser Faß gefüllt war. Am nächsten Tag stank das Wasser im Faß trotzdem wieder nach Pavian. Sollten wir es wegschütten? Man entschließt sich in der Wüste nicht leicht, hundert Liter Wasser auszuschütten. Wir beschlossen, unsere seit sechs Monaten nicht gereinigte Wäsche zu waschen. Sie wurde zwar nicht weiß, aber doch bedeutend heller. Als wir dann in unseren frischbezogenen Betten lagen, ließ der Geruch der Wäsche leider auch keinen Zweifel daran, daß wir im Affenloch wohnten. Wir beschlossen, den Pavianen bei der ersten Gelegenheit die Freude an unserer Wasserstelle gründlich zu verderben. Einstweilen fand sich diese Gelegenheit leider nicht.

Plötzlich war es dann Weihnachten. An einen Festschmaus wie im vergangenen Jahr war nicht zu denken, aber wir taten immerhin, was wir konnten. Wir erlaubten uns eine doppelte Ration Mais und machten ihn schmackhafter, indem wir aus den Fasern des längst leeren Zuckersacks noch einen Teelöffel voll Zucker herausklopften. Dann schmolzen wir die schmutzigen Reste all unserer Fettbüchsen aus und bekamen auf diese Weise auch noch zwei Teelöffel Fett zusammen. Es war ranzig, aber uns, die wir zwei Wochen lang nur mageres Zebrafleisch gegessen hatten, schmeckte es wie Nektar.

Hermann machte der Tabakmangel bitter zu schaffen; er wurde launisch und ungenießbar. Ganz kurz nach Weihnachten verkündete er plötzlich: »Ich fahre einkaufen. Wir haben noch genug Benzin.« Gegen die Absicht wäre, besonders nach dem Flugzeugbesuch, allerlei zu äußern gewesen, aber wenn Hermann etwas so kategorisch verkündete, hatte es keinen

Sinn, mit ihm zu streiten. Außerdem reizte auch mich die Aussicht, wieder einmal Brot und Zucker zu essen. Als er dann noch die rhetorische Frage stellte, was werden sollte, wenn der Regen in diesem Jahr wieder ausbliebe, gab ich mich geschlagen, und wir begannen zu planen. Ich schlug vor, zu zweit zu fahren, aber Hermann lehnte ab. Dann müßten wir auch Otto mitnehmen, meinte er, und das wäre zu auffällig.

Wir ventilierten die Frage, wohin Hermann zum Einkaufen fahren sollte. Swakopmund war am nächsten, aber in den Küstenorten wurden die kommenden und gehenden Autos möglicherweise kontrolliert, deshalb entschied Hermann sich für Windhoek.

»In Windhoek können an den Zufahrtstraßen auch Posten stehen«, sagte ich.

Hermann schüttelte den Kopf. »Am Neujahrsmorgen kaum. Da ist alles besoffen. Nur das Nummernschild müssen wir ändern. Jeder Polizist im Lande hat bestimmt unsere Nummer im Kopf.«

Zu wem er eigentlich gehen wollte, fragte ich, da wir doch kein Geld hätten.

»Zu Grossarth«, erwiderte er. »Der wohnt etwas außerhalb. Ich nehme eine Leica mit. Darauf kann er sich immer Geld leihen. Ich lasse meinen Bart stehen, dann kennt mich niemand. Es laufen genug Buren mit Bärten umher.« Hermann schien an alles gedacht zu haben.

Wir setzten die Nummern auf den Schildern um, so daß aus W 1018 die Nummer W 8101 wurde. Damit war es allerdings nicht getan; die Steuermarke an unserer Windschutzscheibe war nicht mehr gültig; die Marken wurden jedes Jahr in einer neuen Farbe ausgegeben. Wir mußten sie auf natürliche und unauffällige Weise unkenntlich machen. Da seit zwei Tagen wieder Wolken über dem Hochland standen, würde es nicht auffallen, wenn ein Wagen schlammverspritzt war. Also rührte ich trockenen Schlamm aus einem Kolk mit Wasser an, und bald darauf war der Wagen und vor allem die Steuermarke höchst naturalistisch verspritzt. – Hermann saß währenddessen vor dem aufgeklappten Visierspiegel des Kompasses und stutzte sein wildes Bartgewucher zu einer etwas zivilisierteren Form zusammen. Darauf zog er seine lange Khakihose und ein sauberes Hemd an, die einzigen Kleidungsstücke, die er heil bewahrt hatte.

Wir machten nicht viele Worte beim Abschied. Die nächste Zukunft schien unsicher und trügerisch wie frisches Eis. Es war am Tage vor Silvester. Das Brummen des Motors verklang in der weiten, wilden Landschaft. Ich war mit Otto allein und konnte nichts anderes tun, als untätig auf einen ungewissen Ausgang des Unternehmens zu warten. Wie gut, daß ich von der Geduld wilder Tiere gelernt hatte! Vor dem fünften Tag konnte Hermann kaum zurück sein. Würde er allein kommen oder von einer Polizeieskorte begleitet?

In der Nacht nach dem dritten Tag hatte sich eine dünne Wolkendecke über die Berge geschoben. Am Vormittag begann es zu tröpfeln. Splitternackt kletterte ich durch das feine Regengesprüh auf die Höhe über der Schlucht, um nach dem Wetter auszusehen. Mein Blick haftete noch an den lebenswichtigen Wolkenwirbeln, als ein feines Summen mein Ohr traf. Mein Herz schlug. Noch wußte ich nicht, ob das Geräusch von einem nahen Insekt oder einem noch fernen Motor herrührte.

Es war kein Insekt. Das Summen schwoll und ebbte im Wechsel der Gänge, im Auf und Ab des weglosen Geländes. ›So früh?‹ dachte ich. Bedeutete es, daß Hermann erwischt worden war? Aber ich konnte nur das Geräusch eines Motors ausmachen, und das klang vertraut. Ich rannte vollends zur Höhe hinauf. Da kam der Wagen auch schon in Sicht, schwankend holperte er heran. Ich lief ihm entgegen und sprang auf das Trittbrett. Otto bellte vor Aufregung und konnte sich gar nicht beruhigen. Hermann brachte den Wagen zum Stehen, nahm die Pfeife aus dem Mund und sagte grinsend:

»Können Sie mir sagen, Herr Adam, wie weit es noch zum Paradies ist? Feigenblätter waren leider ausverkauft, aber vielleicht ist Ihnen mit ein paar frischen Feigen gedient?«

Da wußte ich, daß alles gut gegangen war. Otto saß schon hinten auf dem Wagen und schnupperte an Säcken und Kisten. Ich stieg ein.

»Otto riecht den Speck«, sagte Hermann. Ich atmete schwer.

Zu Hause brachte Hermann mit der grandiosen Geste eines Zauberers, der Sand in Gold verwandelt, eine Tüte mit duftendem Kaffee zum Vorschein. »Einen Mokka, bitte!« sagte er. »Ich habe ihn verdient. Ich bin in der Nacht ohne Licht die Berge hinuntergefahren.«

Ich packte unvorstellbare Herrlichkeiten aus: frische Feigen und Pfirsiche. Mir wurde ganz schwach im Magen, und ich mußte mich setzen. Als der Kaffee auf dem Tisch stand, begann Hermann dann zu erzählen:

»Ich stieß als erstes, gleich hinter dem Langenberg, auf fünf Hyänen, die ein Zebra gerissen hatten. Ringsherum saß ein respektvoller Kreis von einem Dutzend Schakalen. Es war ein tolles Durcheinander von Ohren und Schwänzen, als sie das Auto erblickten. Die nächste Überraschung wurde mir beim Erreichen der Pad. Ich sah ganz frische Autospuren. Das Profil stammte von Firestone-Reifen, wie die Polizei sie an ihren Fordwagen hat. Vor einem Sandrivier waren sie umgekehrt. Nach dem ersten Schrecken war ich froh. Wenn sie gerade vergeblich nach uns gesucht hatten, würden sie so schnell nicht wiederkommen. Ich fuhr deshalb getrost hinterher, achtete aber darauf, daß die Spuren nicht zu einer Farm abbogen und daß ich sie nicht überholte. In der Neujahrsnacht schlief ich in den Bergen vor Windhoek.

Am Neujahrsmorgen begegnete mir ein einziges Auto, und das war doch wahrhaftig der Doppelgänger meiner gefälschten Nummer. Ich erschrak so, daß ich fast gegen einen Baum gefahren wäre. Als ich den Ortseingang erreichte, war ich so erregt und gespannt, daß ich unwillkürlich zu beten begann. Aber es stand kein Posten da, und es war, wie ich erwartet hatte, kein Mensch und kein Auto auf der Straße. Ich fuhr dann gleich zu Grossarth, steckte mir zur Beruhigung eine Pfeife an und klopfte. Er öffnete, sah mich ohne eine Spur des Erkennens an und sagte, mich offensichtlich für einen Buren haltend:

›Kom binne, Meneer!‹

Ich folgte ihm in die Stube, und er fragte, da ich noch immer schwieg: ›Wat kan ek vir u doen?‹

Da rief seine Frau durch die halboffene Küchentür: ›Ist da nicht Dr. Korn? Ich rieche doch seinen Tabak.‹ Grossarth sah mich an und erkannte mich nun.

Natürlich war am Feiertag nichts zu bekommen. Es schien mir zu riskant, bei Grossarth im Hause zu bleiben. Und so fuhr ich denn den Wagen frech und offen unter einen Kameldornbaum, und zwar so gegen einen Dornbusch gedrückt, daß die Steuermarken verdeckt waren. Dort verbrachte ich auch den Tag mit einem Kasten Feigen und Pfirsichen aus Grossarths Garten. Am anderen Morgen besorgte er mir dann die Sachen. Ich fuhr wieder los, begegnete hinter Windhoek keinem Auto mehr und fuhr in der Nacht ohne Licht die

Berge hinab und an den letzten Farmen vorbei. Da mir die Augen fast aus dem Kopf fielen, schlief ich ein paar Stunden, bis es hell wurde.«

Mir war klar, was für eine Leistung an konzentriertester Aufmerksamkeit und blitzschnellem Handeln er vollbracht hatte. Die Bergpad, über Felsstufen kurvend und ausgewaschen über Abgründen hängend, war stellenweise so schmal, daß das Auto nur eine kleine Spanne Spielraum hatte. Ich fragte ihn, ob er beim Abgang von der Pad seine Spur verwischt habe.

»Ich denke, ich habe es noch besser gemacht«, antwortete Hermann. »Ich habe die Spur nicht verwischt, sondern bin auf der Südseite um das Langenbergmassiv herumgefahren, so daß Hin- und Rückspur sich zu einem Kreis schließen. Jetzt kann jemand der Spur folgen. Wenn er dann wieder am Ausgangspunkt ist, kann er sich überlegen, ob der Abgang sich an diesem Zwanzig-Meilen-Kreis oder vielleicht schon vorher irgendwo an der Pad befindet. Die haben nicht soviel Geduld, die ganze Strecke zu Fuß abzusuchen.«

Wir grinsten wie Lausbuben, erklärten den Tag zum posthumen Weihnachtsfest und bestimmten, daß bis zum folgenden Abend jeder soviel und von allen Dingen essen durfte, wie er wollte.

Hermann hatte erfahren, daß es auch oben im Land noch kaum geregnet hatte. In vielen Gebieten waren Schafe und Rinder zu Hunderten verreckt.

Am Abend siegte wieder der Westwind, und die Aussicht auf Regen war wieder zu einer unsicheren Hoffnung geworden.

WÜSTENREGEN

Der Januar ging. Der Februar kam. Tag für Tag regierte die lodernde Sonne. Tagein, tagaus schritt der feurige Tod über das weite Land, schwang seine Sense gleißender Sonnenstrahlen über stählerne Horizonte und hielt Ernte wie der grausame Krieg. Zitternd zog die heiße Luft über die weiten Flächen wie über blanke Herdplatten, und die grauen Gramadullaschluchten gähnten wie heiße Pforten der Hölle. Hyänen und Leoparden hatten leichtes Spiel mit den kraftlos gewordenen Tieren, und unter den wenigen Bäumen lauerten die Sandpannen und Zecken zu Hunderten auf das ermattete Wild.

Am 14. Februar hoben sich dann volle, geballte weiße Wolken über den Bergen empor. Am Abend duckten sie sich noch einmal vor dem Westwind, am 15. segelten sie wie Schlachtverbände hochgetakelter Linienschiffe über unseren Köpfen dahin, und am Abend rollte schwerer, gewichtiger Donner über die Namib. Die feuchten Luftmassen des Indischen Ozeans hatten, über den hohen afrikanischen Kontinent hinweg, in breiter Front den Rand der Wüste erreicht.

Am nächsten Morgen bereiteten wir eine Notwohnung vor, denn das Knüppeldach unseres Pontoks schützte nur vor der Sonne. Etwa vierzig Meter höher am Berghang befand sich zwischen gestürzter Felsplatte und schräger Wand ein langer, schmaler Spalt. Wir errichteten noch eine Steinmauer an der Ostseite und überdachten das Ganze mit unserem Segeltuch, das wir mit Steinen beschwerten. So entstand ein enger, aber wasserdichter Unterschlupf. Alle verderblichen Vorräte lagerten wie immer in der Autokabine. Der Wagen stand sicher unter einer Felswand.

Auf der Höhe sitzend, sahen wir staunend Wolkentürme von nie geahnter Größe über dem Hochland stehen. Schon verdunkelten hier und da tiefblaue Schatten die wilden Schluchten und Grate. Um zwölf Uhr schob sich eine dunkelgraue Wolkenmasse über die Quabisberge. Sie gewann von Minute zu Minute an Fahrt und stürzte dann, sich überschlagend, in die Fläche hinab. Sie bewegte sich rollend, unheimlich, wie eine Wolke schwerer vulkanischer Asche über einem Kraterrand. Dort, wo sie die Fläche berührte, sprangen hohe Staubfahnen auf und jagten wie wirbelnde rote Gespenster in die Namib hinaus. Wir sahen den Staubfahnen noch nach, als die Wolke in grauem Schwall in sich zusammensank, so daß nicht mal ein Nebelfetzchen verblieb. Zugleich ertönte pausenlos trommelnder Donner. Das Ganze hatte vielleicht eine Viertelstunde gedauert. Nach einer Stunde kam dann das große Rivier mit Donnergetöse. Wir rannten hinab. Einem Felssturz gleich walzte die braune, zwei Meter hohe Flutwelle die zähen Büsche nieder; starre Baumstämme schnellten, wie Streichhölzer brechend, hoch in die Luft. Es schien kaum glaublich, daß ein Regen von viertelstündiger Dauer eine solche Flut verursachen konnte.

Die Wolken türmten sich weiter in den Himmel hinein und verlöschten die Sonne. Um drei Uhr wurde es unheimlich finster und still. Unmittelbar östlich vor uns stand ein blauschwarzer Wolkenbogen, in den wir hineinsahen wie in einen dunklen Tunnel. An seinem Rande quirlten kleine Wölkchen wie grauer Schaum; sie verrieten unheimliches Leben hinter dem finsteren Rachen, der sich da lautlos drohend geöffnet hatte. Plötzlich begann der Bogen in gischtigem Schwall zusammenzubrechen; zugleich erklang das pausenlose Donnern, das wir schon am Mittag gehört hatten. Das war unser Glück.

»Schnell! Das trifft uns!«, schrie ich und rannte schon, um das Radio in den Unterschlupf zu bringen.

Es ging dann alles unheimlich schnell. Ein Windstoß wie ein Faustschlag brachte uns zum Taumeln, bog die Dornbüsche zur Erde und warf uns einen kleinen entwurzelten Baum vor die Füße. Als wir zum zweitenmal mit dem Bettzeug liefen, fielen die ersten Tropfen. Beim Rückweg fiel das Wasser so dicht, daß uns kaum Luft zum Atmen blieb. Fahle Blitze zuckten in breiten Bändern quer durch die peitschenden Gischt; unaufhörlich rollte über dem brausenden Wasser der Donner. Schon nach Minuten kam das Wasser in geschlossener Schicht die Talhänge herab und füllte unser Rivier von den Seiten, so daß die Flut von oben in ein volles Bett traf und das Wasser quirlend über die Ufer und in unseren Pontok trieb. Ich sah den kleinen Batteriepontok vor dem Anprall zusammensinken und zog die Batterie noch gerade aus knietiefem Wasser, bevor ihr Standort unkenntlich wurde. Wie besessen liefen wir durch das hüfthohe Wasser. Wir fürchteten, der Pontok könnte brechen, bevor wir noch alles geborgen hätten. Dornzweige trieben gegen unsere nackten Beine. Unvermindert prasselte das Wasser, rollte der Donner. In der Biegung der Schlucht toste ein wilder Wasserfall, und an allen Büschen wuchsen Verhaue von Schwemmholz empor. Ich trat mir unter Wasser einen großen Dorn in den Fuß. Hermann brachte den letzten Hausrat. Dann hockten wir in der Höhle und starrten uns an. Wo war Otto?

Wir schrien durch das Tosen, es regte sich nichts. Wir blickten hinaus und sahen nichts als Wasser. Schließlich fanden wir Otto in der hintersten Ecke hinter der Radiokiste, zitternd und mit angstgeweiteten Augen. Wir lachten befreit.

Bald lichtete sich dann der Schwall und zerteilte sich in weiße Strähnen. Die Strähnen wurden dünner, wehten vorbei, und das Donnerrollen verklang nach Westen zu in der Namib. Gurgelndes Wasser rauschte unter grauem, flatterndem Gewölk. Der Wolkenbruch hatte eine halbe Stunde gedauert. Wir maßen 100 Millimeter*.

Die Nacht wurde dunkel. Von allen Horizonten schlug Wetterleuchten wie Scheinwerferlicht an den Wolken empor, dann ertönte wieder irgendwo im Süden das unheimliche, pausenlose Donnern. Otto drängte sich dicht an Hermann.

Niemals, weder vorher noch nachher, habe ich solchen Donner gehört und solch einen wilden Wolkenbruch erlebt.

Der Bann der Trockenheit war nun gebrochen. Jeden Tag wuchsen die gigantischen Wolkentürme erneut über dem Hochland empor. Sie waren bis zu zehntausend Meter hoch. Wir zählten ihrer zehn bis fünfzehn auf der zweihundert Kilometer langen Front, die wir überblicken konnten. Wie Riesen in schimmernder Rüstung standen sie auf der blauen Walstatt der Berge, mit der das afrikanische Bergland sich gegen die Wüste wehrt. Kaum waren sie aufmarschiert, da begannen die Blitze um ihre dunklen Füße zu zucken; dann traten sie majestätisch mit donnernden Schritten über die Berge herab.

Wir wurden nicht müde, das Schauspiel zu betrachten. Wenn die hohen Türme ihre grauen Fluten im Schein der Blitze entluden, explodierten die runden Kumulusköpfe in den blauen Himmel hinein, breiteten sich in rasender Fahrt zu großen Schirmen aus, die die Sonne verhüllten und schließlich die einzelnen Gewitter zu einer geschlossenen Front vereinigten. Dann stießen gestaffelte Wolkenzüge und Gewitterzungen nach Westen, verfolgten die Sonne über die Namib und erlaubten allenfalls der abendlich scheidenden, ihre abgeregneten Fransenränder zu vergolden.

* Bonn erhält im ganzen Jahr etwa 800 mm.

Es war, als hätte eine gütige Fee ein Zauberwort über ein verwunschenes Land gesprochen. Überall regte sich das niedergetretene, geschundene Leben und erhob sich siegreich in strahlender Jugend. Schon vier Stunden nach dem ersten Regen hatte der Buschtee, dessen kleine Besen braun und vertrocknet zwischen den Felsen standen, zarte grüne Blätterrispen entfaltet. Im Schatten der schrägen Felsrippen entrollten kleine Farne zierliche blaßgrüne Blätter, und schon nach vierundzwanzig Stunden verwandelte die Abendsonne, durch ein rotes Wolkentor brechend, die jungen Spitzen des Springbockgrases in einen hauchfeinen, goldgrünen Flor. Dann hob sich überall brechend die spärliche Erde, jahrzehntealte Samen erwachten, und Keimblätter entfalteten sich im Licht des Tages. Fast über Nacht schmückten sich die Balsambüsche wie junge Birken. Überall begannen zierliche Ranken über den roten Sand zu kriechen, und bald zeigten die ersten Blüten sonnengoldene Gesichter.

Wir legten wieder einen winzigen Garten an. Das Wasser trugen wir aus den randvollen Kolken heran, über denen vom Morgen bis zum Abend die Holztauben gurrten. Unter einem Rindenstück neben dem Auto brütete ein Grasmückenpärchen, in den Flächen fanden wir zwischen Gras und Steinen die gesprenkelten Wachteleier. Auf den Wasserscheiden blinkten die kleinen Wildvleys wie freundliche Augen. In dem lauen Wasser aber wimmelten kleine Schalenkrebse, deren Eier trotz glühender Sonne die Jahre der Trockenheit überlebt hatten.

Da sich das Wild weit hinaus über die großen Flächen verteilt hatte, wurde die Jagd wieder schwierig. Die Antilopen kamen überhaupt nicht mehr zum Wasser; sie fanden in dem grünen Gras genügend Feuchtigkeit. Die Zebras hatten die Wahl zwischen zahllosen Kolken. Wenn wir auch nur ein schlechtes Gewehr gehabt hätten, es wäre uns immer gut gegangen, mit der Pistole kamen wir oft trotz aller Geduld nicht auf Schußweite heran.

Eines Tages kam Hermann erst nach eingebrochener Dunkelheit nach Hause. Er hängte die Pistole an den Pfosten und sagte: »Morgen früh können wir uns einen Gemsbock holen. Ich dachte erst, ich würde ihn heute noch bekommen, aber ein anderer hat bei ihm Wache gehalten.« Und dann erzählte er:

»Den ganzen Vormittag saß ich auf einer Felskuppe und beobachtete die Umgebung. Endlich erschien ein einzelner Gemsbock weidend im Tal. Ich konnte nicht näher als auf achtzig Meter herankommen. Da wagte ich schließlich einen Schuß auf das Blatt. Der Bock lief gegen den Wind den Berg hinauf und stand dann unschlüssig. Ich konnte hinter einer Felsrippe herankriechen, hob den Kopf und sah ihm direkt ins Gesicht. Er starrte mich böse an und kam einen Schritt näher. Ich schoß ihm gegen die Stirn. Er strauchelte kurz und kam dann mit gesenkten Hörnern heran. Ich drückte mich unter die schräge Felskante; er stand oben und forkelte mir mit den Spießen vor der Nase herum. Ich habe mich, glaube ich, in meinem Leben noch nie so klein gemacht. Wenn ihm der über metertiefe Sprung nicht zu schwierig erschienen wäre, hätte es böse ausgesehen. Es kam mir wie eine Ewigkeit vor, bis er schließlich abzog. Als er über die Höhe verschwunden war, folgte ich ihm. Der Gegenhang schien ihm Mühe zu machen, und oben legte er sich hin, den Blick rückwärts gerichtet, den Wind im Rücken. Da war auf keine Weise heranzukommen. Ich sah durch das Glas, daß der Einschuß auf der Stirn etwas tief saß.

Es fiel ihm offenbar schwer, den Kopf hochzuhalten, aber er blieb aufmerksam. Nach einer halben Stunde wendete er sich plötzlich um, stand auf und verschwand, erfreut den Schwanz schwingend, im nächsten Tal. Ich rannte ihm nach und fand Deckung hinter einem Busch. Da sah ich einen zweiten Gemsbockbullen, der in die Senke hinabweidete. Der Verwundete ging zu ihm hin, sie berochen sich kurz, und dann stieg der Angeschossene mühsam ein Stück den Hang hinauf, ließ sich in den Schatten einer Felswand fallen und kümmerte sich um nichts mehr. Ich hätte ihn nun leicht beschleichen können, aber der andere Bulle weidete in den nächsten drei Stunden um ihn herum, nie mehr als fünfzig Meter entfernt. Als der Verwundete einmal aufstöhnte und zusammensackte, ging er hin und stieß ihn ein paarmal mit der Schnauze an, bis er wieder den Kopf hob. Ganz offensichtlich wußte er, daß der andere hilfsbedürftig war. Vielleicht ist das nicht weiter merkwürdig, er hat wahrscheinlich das Blut gerochen. Aber woher wußte der Verwundete, daß der andere nun für ihn aufpassen würde? Und er wußte das! Der Unterschied zwischen der gespannten Aufmerksamkeit vorher und dem völligen Gehenlassen später war nicht zu übersehen. Und beides waren Bullen, die sonst einander durchaus nicht immer freundschaftlich gesinnt sind. –

Die Sache bewegte mich so, daß ich nicht einmal traurig war, daß es dunkel wurde und ich nicht mehr zum Schuß kam. Ich denke, morgen früh wird er tot sein.«

Wir gingen schon vor Sonnenaufgang los. Der Bulle war verschwunden. Das Wundbett zeigte eine kleine Blutlache, wo der Kopf gelegen hatte. Die Spuren der beiden Gemsböcke führten gemeinsam nach Westen. Wir folgten ihnen fast eine Stunde und gaben dann auf, da wir kein weiteres Wundbett mehr fanden. Der Bulle schien in der Nachtkühle wieder zu Kräften gekommen zu sein. – Wir sprachen später noch oft über das merkwürdige Erlebnis, ohne es zu begreifen.

Übrigens hatten auch die großen Raubtiere Schwierigkeiten mit der Jagd. Die Hyänen begannen uns nachts zu belagern; sie hatten es wohl auf Otto abgesehen. Manchmal dauerte das schauerliche Geheul zwei Stunden und länger. Oft sahen wir an den Spuren, daß es sich um fünf bis sechs Bestien gehandelt hatte. Wir machten Otto deshalb an jedem Abend fest. Im übrigen mußten wir die Scheusäler heulen lassen, denn Munition konnten wir nicht auf sie verschwenden.

Die Hyänen fanden auch einige von den Knochen, die Otto vergraben hatte. Es muß ihn sehr geschmerzt haben, denn die Entdeckung des Diebstahls führte zu einer Änderung seines Verhaltens. Er hatte sich bisher immer große Mühe gegeben, uns zu verheimlichen, wo er seine Knochen vergrub. Jetzt brachte er eines Morgens einen Knochen, an dem noch Sand hing, aus einem Versteck heran und vergrub ihn vor unseren Augen in der Küche neben dem Wasserfaß. Gleich darauf holte er noch einen zweiten, den er neben dem Räucherofen vergrub.

Der Hund hatte ganz plötzlich auf Grund neuer Erfahrungen eine Instinkthandlung in einem wesentlichen Punkt abgeändert. Es schien also, daß auch Instinkthandlungen durch Lernen an neue Umstände angepaßt werden konnten und nicht ausschließlich durch Mutation und Auslese. Aber wie war der Hund zu der neuen Handlung gekommen? Auf Grund bewußter Überlegung? Oder durch unbewußte, gefühlsmäßige Schlußfolgerung? Wir wußten hierauf keine Antwort.

In dieser Zeit bemerkten wir eine Änderung in unseren Träumen. Immer häufiger erschienen uns Tiere im Traum, und die Grenze zwischen Mensch und Tier begann sich zu verwischen. Hermann erzählte mir von einem Traum, in dem ihm riesenhafte, gespenstische schwarze Gemsböcke erschienen waren. Ich träumte von einer Hyäne in einem eleganten Salon; in einem anderen Traum verwandelte sich ein Leopard in eine katzenhaft geschmeidige Frau.

An sich schien die Zunahme von Tierträumen leicht verständlich. Drehte sich unser Erleben doch seit fast zwei Jahren um die Tiere, die unsere Nachbarn waren und von denen unser Leben abhing. Die Erklärung brachte außerdem einen weiteren Gedanken: Wie selbstverständlich wären Träume dieser Art, hätten wir von klein auf solch ein Leben geführt! Waren solche Träume vielleicht die Grundlage für die Mythologien und Märchen, die Mensch und Tier vermischen und die sich bei allen Völkern finden? Erwuchsen sie nicht mit Selbstverständlichkeit aus dem Jägerdasein?

Wir erzählten uns am abendlichen Feuer, während die Eulen riefen und die Hyänen umherschlichen, was wir noch an Märchen wußten. Immer waren es da die Tiere der Wildnis, die sich in Menschen verwandeln konnten oder umgekehrt. Wolf und Werwolf! Der Prinz, der in einen bösen Bären verwandelt wurde! Der Hirsch des Hubertus! Reinecke, der schlaue Fuchs! Haustiere spielten nie eine ähnliche Rolle.* Unser Erlebnis hatte uns eine uralte Eigenheit menschlicher Entwicklung verständlich gemacht.

* Geschichten wie die »Bremer Stadtmusikanten« sind späte Erfindungen.

Wir ließen die Gedanken weiterschweifen. Wie kamen Träume zustande? Waren Träume nicht erlebte Bilder, teils willkürlich, teils sinnvoll aneinandergereiht, Wünschen oder Ängsten entsprechend? Bestand das Denken nicht aus ähnlichen Strömen von Bildern und Vorstellungen, nur besser vom Bewußtsein gelenkt?

War ein mehr oder weniger sinnvolles Spiel mit Bildern und Erinnerungen nicht Phantasie? Dann war Phantasie die Grundlage des Träumens und des Denkens, der bewußten und der unbewußten Tätigkeit der Seele. Das Träumen aber bewies, daß auch die unbewußte Phantasie im höchsten Grade sinnvoll sein konnte. Kam es doch vor, daß Träume Aufgaben lösten, um die sich der bewußte Verstand vergeblich bemüht hatte. Das war auch kaum anders zu erwarten, denn auch die Phantasie mußte ja mit den Gefühlen, mit der urteilenden Kraft des Lebens verbunden sein.

Die Fährte führte noch weiter. Besaßen die Bilder und Gefühle des Unbewußten nicht Gewalt über den Körper? Konnte Hypnose nicht Brandblasen verursachen und unbewußte Angst Krankheiten? Primitive Neger starben, wenn sie hörten, daß ein Zauberer sie verhext habe, oder wenn sie eine lächerliche Tabu-Vorschrift verletzt hatten. Andererseits halfen Glaube und Zuversicht selbst schwere Krankheiten zu überwinden. Kein Zweifel: Unbewußte Bilder und Vorstellungen konnten entscheidend auf die Vorgänge des Körpers einwirken.

Die nächste Frage: War unbewußtes Phantasiespiel auf den Menschen beschränkt? Wir brauchten nicht zu überlegen. Wir beobachteten täglich, wie Otto träumte, wie er im Schlaf winselte, hechelte oder mit den Pfoten strampelnd zu laufen versuchte.

Nun hatte uns bisher in bezug auf die Entwicklung des Lebens eine Frage Schwierigkeiten gemacht. Die zufälligen

Mutationen konnten – zu der Auffassung waren wir gekommen – nicht alle Entwicklungen erklären. Andererseits schienen erworbene Eigenschaften und Erlerntes nicht ohne weiteres erblich zu werden. Wie aber konnten gerichtete Mutationen, ohne die viele schnell verlaufene Entwicklungen kaum denkbar waren, zustande kommen? Lag vielleicht in der Phantasie des Unbewußten, die sich in Träumen spiegelte, die Kraft, die gerichtete Mutationen hervorrufen konnte?

Je mehr wir darüber nachdachten, desto wahrscheinlicher wurde uns diese Annahme. Hier war eine Kraft, die Erlebtes sinnvoll verbinden konnte und die zugleich körperliche Vorgänge zu beeinflussen vermochte. Phantasie gab es wohl überall, wo Leben über Erinnerung verfügte. Erinnerungen bedeuten ja immer eine Art von Hoffnungen und Ängsten. Wenn nun eine Tierart unter bestimmten Lebensbedingungen Generationen hindurch immer wieder dieselben Hoffnungen und Ängste durchmachte, konnte damit nicht die unbewußte Phantasie in den Erlebnissen neue Möglichkeiten erkennen und zielgerichtete Mutationen zu ihrer Erreichung verursachen?

Wenn ein Mensch durch Suggestion Brandblasen bekommen kann, soll dann nicht, roh gesagt, der Wunsch zu schweben die Bildung eines Flügels einleiten können? Daß aber solche scheinbar unmöglichen Wünsche im Unbewußten entstehen können, zeigt ja fast jeder Traum.

Hatte nicht die Phantasie schon immer als eine begnadete, schöpferische Kraft gegolten? Vielleicht war sie es in noch größerem Umfang, als wir uns je hatten träumen lassen. Vielleicht hatte sie die Paradiesvögel zur Entwicklung ihres phantastischen Federschmuckes, die Webervögel zum Bau ihrer kunstvoll geflochtenen Kugelnester geführt. Entsprach das nicht viel besser den Tatsachen als die Theorie zufälliger

Mutationen und zerstörender Auslese? Gab es doch tausend Vogelarten, die mit primitiveren Nestern als die Webervögel genauso lebensfähig waren.

Wir sahen uns um: Schön und liebenswert erschien uns das Leben. Jede der kargen Wüste entsprossene Blume schien Bestätigung zu lachen. Die ganze bunte Entfaltung, die der Regen gebracht hatte, ging ebenso weit über die baren Notwendigkeiten der Wüste hinaus, wie unsere Gedanken die Notwendigkeiten unseres primitiven Daseins überstiegen.

Bewirkte die Phantasie nur Schönes? Wohl nicht. Sicherlich spielte sie in allen Erscheinungen des Lebens. Eine stahlblaue Schlupfwespe baute aus Lehm ganze Reihen von Zellen an einem Pfosten unseres Pontoks und schloß Raupen in ihnen ein, die sie mit einem teuflisch sicheren Stich in eine bestimmte Stelle des Nervenstranges gelähmt hatte. Woher kam ihr solch instinktives Wissen über die Verletzlichkeit ihrer Beute? Warum zielte eine Spuckschlange immer auf die Augen des Gegners, die einzige Stelle des Körpers, an der gespritztes Gift wirksam werden konnte? Auslese? Ihre Verwandten, die übrigen Kobraarten, lebten genau so gut ohne diese Fähigkeit.

Wie paßte das alles auf den Menschen? Wir hatten erkannt, daß der Mensch durch die Fähigkeit unbegrenzten Lernens und die Entwicklung des Bewußtseins mehr Freiheit vom Zwang der Umstände erlangt hatte als die übrigen Lebewesen. Dieser Befreiungsprozeß hatte auch die Phantasie betroffen, so daß sie nun mit allen Möglichkeiten spielen konnte, im Guten wie im Bösen.

Was aber war gut und was böse?

Auch auf diese Frage mußte eine Antwort möglich sein, denn leben hieß ja urteilen. Wir hatten auch schon einen wichtigen Schluß aus der Entwicklungsgeschichte des Lebens gezogen: Gut war, was das Vermögen zur Entfaltung bewahrte und förderte, schlecht, was die Entwicklung in Sackgassen zwang, die über kurz oder lang zum Aussterben führten. – Konnte das die ganze Antwort sein?

Besuch im Paradies

Es regnete zwei Wochen lang fast jeden Tag. Danach wurden die Gewitter wieder seltener, und nach drei Wochen war der Regen zu Ende. Es war während dieser Zeit etwa zweimal soviel Regen gefallen, als dem Jahresdurchschnitt der Gegend entsprach. Die weiten Namibflächen waren grün und blumig, so weit das Auge reichte.

Wir wohnten während dieser Zeit in der kleinen, engen Höhle, die wir ihrer Form wegen »Schlafwagen« getauft hatten. Nun sehnten wir uns hinaus in die weite, freundlich gewordene Welt. Schon lange hatte uns der helle Granitdom des Karikasberges gelockt. Dort mußte es jetzt saubere Granitbecken mit offenem Wasser geben.

Zum Greifen nah waren uns die Berge vorgekommen. Dann wurde es ein gediegener Marsch von sechs Stunden über schattenlose Flächen, bis wir den Bergfuß erreichten. Aber es war alles anders als früher.

Über dem Gestein wehten Grasblüten wie silberne Schleier, das Auge wanderte über Blumenfelder, Flächen in gelb, blau und violett. Die kleine Wasserfläche eines Vleys trug einen leuchtend grünen Gürtel winziger Farne und war von Gababüschen umringt, um deren weiße Blütenkelche zierliche Nektarinenvögel schwirrten. Im Grunde der langen Blumenkelche glitzerten Tröpfchen von klarem Nektar. Wir pflückten uns einen Blütenvorrat und saugten ihn im Weitergehen aus.

Wir hoben die Augen zu den weiten Horizonten, sahen zufriedene Wildherden äsen und wußten, bald würden die Zebras wieder fett sein. Springböcke spielten mit übermütigen Sprüngen über dem seidig wehenden Gras. Rosa Granitdome und Kuppeln, hoch in den blauen Himmel gewölbt, waren von den hellen Flächen durch einen Kranz dunkelgrüner Bäume und Büsche geschieden. Eine Pforte öffnete sich zwischen glatten Felspfeilern in der Flanke einer großen Kuppel. Wir traten ein und standen staunend in einem kleinen runden Kessel, geborgen im Schoß steiler Felswände, die ihre Granithärte unter frauenhaft weichen Rundungen verbargen. Das kleine Rund war mit Blumen gefüllt wie eine Frühlingswiese, an seinem Ende leuchtete im Schatten einer kleinen Baumgruppe saftig grünes Gras. Vögel flatterten, und Tauben gurrten. Es war ein kleines Paradies für die kurzen Wochen, die die Feuchtigkeit anhielt. Etwas höher oben in den Felsen fanden wir ein Becken mit Wasser. Unter einem Felsdach nahmen wir Wohnung im Paradies.

In der Nachbarschaft fanden wir eine Stelle mit »Uintjes«, den kleinen zwiebelartigen Knollen einer Grasart. Eine Stunde lang gruben wir nach ihnen, jeder von uns erntete einen kleinen Beutel der Zwiebelchen. Am Abend rösteten wir sie in der Asche und freuten uns an ihrem nußartigen Geschmack.

An der linken Seite des Felsdaches hatte das Wasser eine Rinne gespült. Unter der oberen Sandschicht stießen wir auf Lagen von Kohle und Asche und fanden kunstfertig geschlagene schlanke Steinklingen und Speerspitzen der afrikanischen Mittelsteinzeit, die wohl an die zwanzigtausend Jahre alt sein mochten. Wir untersuchten ähnliche Stellen in der

Nachbarschaft und hatten bald eine stattliche Sammlung auf dem Sand aufgereiht. Die schönsten Stücke zeichneten wir ab, da wir ja nicht viel mitschleppen konnten. Der Kalkgehalt des Sandes verriet uns, daß das Klima zu jener fernen Zeit feuchter gewesen sein mußte als heute. Vielleicht war das Paradies damals immer und nicht nur ausnahmsweise ein idyllisches Fleckchen gewesen.

Wie mochten die Jäger jener Zeit gelebt haben? Wohl kaum viel anders als die heutigen Buschmänner. Kleine Sippen vermutlich, die in einem großen Jagdgebiet, dem Wild folgend, hin und her zogen. Sie verteidigten ihr Gebiet wohl gegen Eindringlinge, hatten aber keinen Grund, besondere kriegerische Fähigkeiten zu entwickeln. Man lebt nicht besser, wenn ein Jagdgebiet eine bestimmte Größe überschreitet, weil man es dann nicht mehr ausnützen kann. Auch lohnt es nicht, einen Jäger seines Besitzes wegen zu überfallen. Speer, Bogen oder Steinmesser vermag sich jeder selbst anzufertigen, und von einem erlegten Wild kann man nur einige Tage leben. Und kein einfacher Jäger, der es schwer genug hat, sich und seine Familie zu ernähren, könnte auf den Gedanken verfallen, sich Sklaven zu halten.

Und wie wuchsen die Kinder heran, in denen ja immer die Zukunft beschlossen liegt? Vor dem Kriege waren wir Buschmannsfamilien in der Kalahari begegnet. Die Kleinen hingen in einem Fell auf dem Rücken ihrer Mütter, die grösseren trotteten nebenher. Sie waren immer bei den Erwachsenen, nahmen an allem teil und hatten nie Grund, sich ausgeschlossen zu fühlen. Als die Erwachsenen am Abend im Mondschein tanzten, stampften daneben zwei winzige Knirpse ihre kleinen Füßchen im gleichen Takt.

Gegenstände, die ein Kind spielend zerstören könnte, gab es nicht. Ein Verbot erklärte sich durch unmittelbare Gefahr oder Not, und auch die magischen und mythischen Vorschriften, vielleicht auf sinngebenden Träumen fußend, wurden zu Selbstverständlichkeiten, da die Sippe sie vorlebte und mit ansprechenden Legenden erklärte.

Die Kinder fühlten sich also nie im Gegensatz zu ihrer Umwelt und zur Welt der Erwachsenen. Sie entwickelten deshalb keine Unarten und keine Zerstörungslust, nie hörte man ein Scheltwort, und nie wurde ein Kind geschlagen.

Konnte – so fragten wir uns – solch harmonische Kindheit Grundlage sein für das Gefühl, daß die Welt von einem ordnenden, vielleicht sogar gütigen Geist gelenkt wird, eine Vorstellung, die sich ja bei den meisten primitiven Völkern zu finden scheint, Wurzel späterer religiöser Entwicklung? Jedenfalls schien es uns kein Wunder, daß diese Lebensordnung sich mehrere hunderttausend Jahre lang erhalten konnte.

Was aber trieb die Entwicklung weiter, über diesen harten, paradiesischen Zustand hinaus? Hermann meinte, während wir am Feuer saßen und der rote Schein der Flammen an den Granitwänden auf und ab huschte: »Es wird der Überfluß gewesen sein, der den Menschen aus dem Paradies vertrieb. In guten Jagdgründen, in Gegenden mit reichlicher Feldkost konnten sich die kleinen Sippen durch Verbesserung ihrer Jagdmethoden zu Volksstämmen vermehren. Da wurde das Jagdgebiet zu klein und mußte gegen den Widerstand der Nachbarn erweitert oder verteidigt werden. Sofort wurden Angriffsgeist und Tapferkeit zu lohnenden Tugenden. Diesem Entwicklungsstadium entsprach etwa die Lebensweise der nordamerikanischen Indianerstämme, als die ersten Weißen kamen.«

»Und wie sehen die Folgen aus? Wie geht die Erziehung zu rücksichtsloser Tapferkeit und Todesverachtung vor sich?«

»Sie ist nicht angeboren. Sie wird den Kindern sorgfältig von klein auf anerzogen. Indianerkinder müssen sich im

Ertragen von Schmerzen und Entbehrungen üben. Sie müssen Mutproben ablegen, und immer werden ihnen heldenhafte Vorfahren als Vorbilder vorgehalten.«

»Das bedeutet aber, daß der Heranwachsende in Konflikte gerät. Die natürliche Neigung, allzu großen Schmerzen und Gefahren aus dem Wege zu gehen, steht im Widerspruch zu der Forderung der Erzieher und der Gemeinschaft. Woher kommt die Kraft, so unangenehme Dinge auf sich zu nehmen?«

»Nun, schätzt nicht jeder Mensch, ja sogar fast jedes höhere Tier Gemeinschaft, Freundschaft und Liebe über alles, wacht sorgfältig darüber, sie nicht zu verlieren, und ist zu allem bereit, was sie erhalten und fördern kann? Denke daran, wie gefährlich eifersüchtig Tiere auf die Liebe eines Herrn oder eines Wärters werden können. Welch unnatürlichen Befehlen gehorcht Otto zum Beispiel, um ein Lob zu bekommen oder einen Tadel zu vermeiden. Ist der Druck des Lebenskampfes nicht allzu stark, dann scheint alles Leben nach Gemeinschaft zu streben, scheint Sinn und Bestätigung in Freundschaft und Hingabe zu suchen. Die Fähigkeit dazu findet sich nicht nur bei Herdentieren, sondern auch – und das ist erstaunlich – bei Raubtieren. Aber woher kommt das Bedürfnis nach Gemeinschaft?«

»Entwickelt es sich nicht aus dem Familienleben, aus der Fürsorge der Eltern für die Kinder, aus dem Spiel der Geschwister, das aus gemeinsamem Erleben Mitleid und Mitfreude erzeugt, die Gefühlsgrundlagen jeder wahren Gemeinschaft? Vielleicht offenbart sich hier ein Streben nach Überwindung derVereinzelung, das seine bisher höchste Stufe in den großen Religionen gefunden hat. Aber bleiben wir zunächst einmal bei dem vorigen Thema: Wie wirkt sich eine so grausame Erziehung auf die Entwicklung des Einzelnen aus?«

»Ich glaube, es zu wissen«, meinte Hermann. »Ich habe als Junge viele Konflikte erlebt. Wenn ein Mensch anders leben soll, als er möchte oder kann, dann hebt dieser Konflikt alle Ängste und Wünsche ins Bewußtsein. Durch seelische Kämpfe werden Bewußtsein und Selbsterkenntnis gestärkt und entwickelt. So dürften die erhöhten Forderungen der Erziehung, ohne die ein Leben in größeren Gemeinschaften nicht möglich ist, sehr zur Entwicklung des menschlichen Geistes beigetragen haben.«

»Laß uns einen Augenblick zurückgreifen. Ich denke, wir können die Entwicklung des menschlichen Bewußtseins jetzt überblicken. Der erste Schritt: die Entwicklung des Auges als Hauptsinnesorgan, führt zur Entwicklung eines Gehirns, das Bilder deuten und aus der Vielfalt das Wesentliche herausschälen kann. Der zweite Schritt: die Entwicklung der Sprache, gestattet die Wiederholung und sogar die Kombination von Erlebnissen in Worten. Da durch Worte hervorgerufene Gefühle keine Handlung erfordern, werden sie Bewußtsein, und ihre Kombination wird Denken. Der dritte Schritt: das Bewußtsein, wächst an dem Konflikt zwischen den Bedürfnissen und Veranlagungen des einzelnen und den Forderungen der Gemeinschaft bis zur Selbsterkenntnis.«

»Das ist die positive Seite. Aber die Erziehungskonflikte haben noch eine Folge. Druck erzeugt Gegendruck. Wem es schwer wurde, den Forderungen der Gesellschaft nachzukommen, der wird leicht unduldsam und versucht zu herrschen, anstatt beherrscht zu werden. Auf diesem Boden wachsen herrschsüchtige, grausame Häuptlinge und Könige oder unduldsame Priester, die die Forderungen an Stamm und Volk erhöhen und den Prozeß noch weitertreiben.«

»Das muß natürlich wiederum auf das Seelenleben des einzelnen und der Gemeinschaft zurückwirken. Wenn ein

Häuptling stirbt, der viele Menschen umbringen ließ, kann es kaum fehlen, daß nach seinem Tode jemand träumt, der Verstorbene habe wieder einmal Befehl zu einer Hinrichtung gegeben. Leidet der Stamm zu gleicher Zeit unter einer Trokkenheit, so sind alle Voraussetzungen für ein Menschenopfer gegeben. So kann zugleich die Vorstellung eines persönlichen Stammesgottes entstehen, der ganz konkrete Wünsche hat und der vor allem immer wieder beschwichtigt werden muß wie ein anspruchsvoller Häuptling. Der Mensch müßte keine Phantasie haben, wenn er auf solcher Grundlage nicht ganze Hierarchien von Gottheiten aufbauen würde. Daß Stammesgötter das Stammesbewußtsein und den Zusammenhalt erhöhen und festigen, ist wohl nur eine Begleiterscheinung, die aber zweifellos die Lebensfähigkeit des Stammes erhöht. So wird der Kampf der Menschen zugleich ein Kampf der Götter. Davon zeugen alle Mythologien. Vielleicht ist der Glaube an vermenschlichte Gottheiten überhaupt eine Entartung, die mehr von der Art der Erziehung und den sozialen Verhältnissen abhängt als von wahren religiösen Gefühlen.«

»Ich würde eher sagen, das religiöse Bedürfnis, das Bedürfnis nach höherem Sinn und höherer Ordnung kann sich nur an wirklichen Zuständen und Erfahrungen entfalten. Dazu gehören Traumerlebnisse ebenso wie auch die Bedürfnisse eines Stammes und seiner Glieder. Ich glaube nicht, daß man auf so tiefer Stufe schon von Entartung sprechen kann, denn gleich dem Bewußtsein muß sich auch das religiöse Gefühl entwickelt haben; man kann den Anfang nicht als Entartung bezeichnen, nur weil er gering ist. Du sagtest vorhin, daß schon das Bedürfnis der Tiere nach Bindungen, die über das Einzelwesen hinausgehen, ein Streben nach höherer Ordnung verrät. Bei weiterer Entfaltung muß solches Streben schließlich alle Lebenserscheinungen umfassen. Da darf es dann nicht wundern, daß dabei auch abstoßende Formen entstehen. Die Entfaltung des Lebens hat Schmetterlinge und Skorpione erzeugt. Warum nicht Religionen der Grausamkeit und der Liebe? Das erstere ist Selbstverständlichkeit in einer kampferfüllten Welt. Das letztere ist das Wunder, verständlich nur aus dem Wunder des Lebens überhaupt, aus seiner Fähigkeit, auf allen Stufen der Entwicklung immer wieder Negatives in Positives, Schlechtes in Gutes zu wandeln. Das Leben ist durch Jahrmillionen in millionenfacher Vereinzelung emporgewachsen. Aber der Lebenswille scheint eine allumfassende Kraft zu sein, die erst im Familienleben der höheren Tiere und nun im Menschen eine umfassendere Ordnung als nächste Stufe der Entfaltung erstrebt.«

Hermann schwieg ein Weilchen und sagte dann noch: »Nur umfassende Liebe kann auf diese höhere Stufe hinaufführen. Nur wenn der Mensch seine Entwicklungsfähigkeit bewahrt, nur wenn er diese höhere Stufe ersteigt, kann ihm der Weg in den Schaukasten erspart bleiben. – Ich möchte wohl einmal Franz von Assisi hier am Rande der Wüste eine Kapelle erbauen.«

Darauf war nichts mehr zu sagen. Wir streckten uns im Sand aus, und unsere Gedanken wanderten noch lange hinaus in die Wüstennacht. –

Die weiten Horizonte lockten uns wie eh und je. Wir beschlossen, sobald wie möglich eine Wanderung nach Westen zu unternehmen, so weit nach Westen, wie es die Wasserverhältnisse erlaubten. Einstweilen interessierte uns auch die Nähe. Wir maßen und zeichneten an den Schultern und Nischen der Berge die Überreste uralter Landformen, auf denen einst gewaltige Dinosaurier gewandelt sein mochten.

Unsere Versuche, noch mehr Uintjesfelder zu entdecken, blieben ohne Erfolg. Dafür fanden wir eine Lilienart, die nicht allzu giftig aussah. Wir rösteten eine Zwiebel und aßen jeder ein kleines Stück davon. Als sich nach ein paar Stunden keine unliebsamen Folgen zeigten, aßen wir noch etwas mehr. Sie schmeckten ausgezeichnet. Wir sammelten uns einen Rucksack voll und bereiteten uns am vierten Abend eine regelrechte Mahlzeit von diesen Zwiebeln.

Am nächsten Morgen klagte Hermann über Leibschmerzen und Mattigkeit; auch ich spürte ein leises Ziehen in den Därmen. Wir beschlossen, so schnell wie möglich nach Hause zurückzukehren. Aber schon nach einer Stunde krümmten wir uns vor Schmerzen und fühlten uns so schlapp, daß wir uns alle zwanzig Minuten hinsetzen mußten. Offenbar enthielten die Zwiebeln doch zu viel Oxalsäure. Wir hatten nur einen Gedanken: nach Hause und Rizinusöl einnehmen!

Wir schafften es schließlich und nahmen sogleich jeder einen großen Löffel des nicht gerade angenehmen Öles. Dann sahen wir uns verblüfft an: es schmeckte gar nicht wie Rizinus, eher wie Salatöl. Wir betrachteten die Flasche: es war zweifellos Rizinusöl. Wir schluckten jeder noch zwei Löffel, und es schmeckte immer noch gut. Obwohl uns die Bäuche wehtaten, mußten wir lachen: an was für Geschmäcker wir uns mittlerweile gewöhnt hatten! »Das hätte mir mal einer als Kind prophezeien sollen«, grinste Hermann. »Und dabei habe ich mir immer etwas auf meinen verfeinerten Geschmack eingebildet. Es hat eben nichts auf dieser Welt Bestand.«

Das Rizinusöl wirkte nicht besonders, aber wir erholten uns trotzdem wieder; nach zwei Tagen verschwand auch die Mattigkeit, und wir ernteten dankbar unsere ersten Radieschen.

Hyänen, Menschenspuren und eine verzauberte Quelle

Die Hyänen belagerten uns immer noch. Sie zerbissen und verschleppten alles, was wir mehr als zehn Meter vom Pontok entfernt liegenließen. Selbst eine Büchse mit Nägeln verschwand spurlos. Die Luftpumpe holten sie sich vom Trittbrett des Autos, als wir unsere Reifen wieder einmal aufgepumpt hatten, um den Gummi elastisch zu halten. Wir fanden sie wieder. Der Griff war zerbissen und der mittlere Teil des Schlauches aufgefressen. Zum Glück hatten wir einen Ersatzschlauch.

Als wir eines Morgens beim Frühstück saßen, stürzte Otto mit wildem Gebell ins Freie. Da saß, keine achtzig Meter von der Hütte entfernt, eine Hyäne und beobachtete interessiert den Hund, der sich zu seinem Glück nicht näher als bis auf zwei Meter an sie heranwagte. Das Vieh trollte sich erst, als ich mich mit einem Knüppel näherte.

Wir fürchteten sehr, daß Otto einmal von den Hyänen erwischt werden könnte. Deshalb schimpften wir ihn jedesmal aus, wenn er allein stromern ging. Natürlich ließ er es trotzdem nicht. Eines Tages sahen wir durch die Lücken im Knüppelwerk des Pontoks, wie er von so einem verbotenen Ausflug zurückkam. Er kam nicht geradewegs zur Tür, sondern schlich im Bogen am Rivier entlang und um den Pontok herum zu seinem Knochenhaufen. Er warf die Knochen ein paar Augenblicke polternd durcheinander, wobei er zu uns herüberschielte, als wollte er sagen: Ich war immer hier bei meinen Knochen. Dann kam er schließlich herein, hatte aber ein so schlechtes Gewissen, daß er den Kopf schief hielt, die

Nase in Falten zog und übertrieben mit dem Schwanz wedelte. Wir lachten laut, und das schien ihn noch verlegener zu machen.

Nach ein paar Tagen wiederholte er das Manöver noch einmal, dann ließ er es, vermutlich, weil er einsah, daß er uns nicht hinters Licht führen konnte. Ich sagte: »Das war doch ein regelrechter Versuch, zu lügen. Und das erfordert doch eine Art logischer Überlegung.«

»Ja«, meinte Hermann, »es ist ein gutes Beispiel dafür, wie Erziehung den Geist entwickelt und die Moral verdirbt.«

Endlich ergab sich für uns die Gelegenheit, einer Hyäne einen Streich zu spielen. Wir hatten aus den Spuren ersehen, daß gelegentlich an den westlichen salzigen Quellbecken noch Zebras tranken. In einer Vollmondnacht legte ich mich mit der Schrotflinte und einer Kugel eigenen Fabrikates auf die Lauer. Ich lag auf einer Felskanzel etwa fünf Meter über dem Rivier. Die Zebras mußten mir hier, wenn sie tranken, ihre Schattenseite zukehren und dadurch für mich sichtbar werden.

Lange kamen keine Zebras. Einmal schwammen ein paar Wolkenfetzen über den hohen Mond. Und dann war ich plötzlich hellwach: Es knirschte etwas im Sand. Ich hörte am Schritt, daß es kein Zebra sein konnte. Tatsächlich kam gleich darauf ein Ungetüm von einer Hyäne das Rivier herauf. Sie folgte dem Winkel der Felswand und stand schließlich genau unter mir, am Felsen herumschnuppernd. Ich nahm einen faustgroßen Stein und warf ihn ihr auf den Rücken. Sie klappte den Rachen auf und ließ ein heiseres »Boch«! ertönen. Dabei stieß sie vor Schreck die Beine auseinander wie ein Frosch, fiel mit dem Bauch flach auf den Sand, flog mit zappelnden Füßen wieder in die Höhe und raste, ohne sich umzusehen, das Rivier hinauf, daß der aufgeworfene Sand wie eine Fahne hinter ihr im Mondlicht stand. Ich lachte dröhnend hinterher.

Zur Quelle kamen wir nur selten, weil dicht beim Pontok noch ein schöner Kolk mit Wasser war. An einem leicht bewölkten Morgen bummelten wir aus irgendeinem Grunde hinüber. Da sahen wir plötzlich vor uns im Sand – eine Menschenspur. Wir erschraken ebenso sehr wie Robinson vor den Spuren der Kannibalen. Hatte die Polizei Neger ausgeschickt, um nach uns zu suchen? Hatten sie vielleicht unser Versteck gefunden? Die Spur war nicht mehr ganz frisch. Mußten wir jetzt jeden Augenblick mit einer Polizeipatrouille rechnen? Oder waren es Klippkaffern* oder Hottentotten gewesen, die sich selbst versteckt hielten?

Vorsichtig auf Steine tretend, um selbst keine Spur zu hinterlassen, folgten wir der Menschenfährte. Bald gesellte sich eine zweite dazu. Sie trennten sich und führten dann wieder zusammen. Dann sahen wir Hundespuren, gewahrten schwarze Blutflecke auf Steinen und standen schließlich vor Fell und Gerippe eines Zebrafohlens. Wir fanden keine Schußwunde in Fell und Kopf. Die Hunde hatten das Tier wohl gestellt, und die Männer hatten ihm den Hals abgeschnitten. Das sah nicht nach Polizei-Eingeborenen aus.

In einer kleinen Höhle über der Quelle fanden wir bald darauf eine Feuerstelle, zwei Schlafstellen und abgenagte, halbverbrannte Knochen. Wir kamen zu dem Schluß, daß es sich wohl um Klippkaffern gehandelt hatte, die nur einen Tag und eine Nacht da gewesen waren. Bei längerem Aufenthalt hätten wir mehr Spuren sehen müssen. Das war beruhigend. Wahrscheinlich hielten die Zebraschlächter sich in den Westschluchten des Khomashochlandes verborgen, und nur der

* Primitiver Negerstamm, früher von Hereros und Hottentotten als Sklaven gehalten.

große Regen hatte sie so weit herausgelockt. Immerhin, sie hatten sicher Verbindung mit Verwandten auf irgendeiner Farm oder im Otjimbingue-Reservat und konnten uns durch ihr Geschwätz verraten, falls sie uns entdeckt hatten. Aber ihre Spuren führten an keiner Stelle in die Nähe unseres Wohnplatzes, und wir waren heilfroh, daß wir bei der Quelle niemals Spuren hinterlassen hatten.

Hermann meinte: »Hätten wir sie bemerkt, dann hätten wir ihnen in der Nacht eine Gespenstervorstellung gegeben, daß sie sich vor Angst die Beine aus dem Leib gelaufen hätten.« Wir dachten über Möglichkeiten dieser Art nach und beschlossen, ihnen, für den Fall, daß sie wiederkommen sollten, die Wasserstelle zu verleiden. Wir besaßen noch ein paar Patronen einer kleinen Pistole, die wir bei Kriegsbeginn abgegeben hatten. Ich nahm das Pulver heraus und füllte es in die Höhlung eines gut getrockneten Gelenkknochens. Ich verschloß die Öffnung fest mit einem Holzpropfen und steckte die Miniaturbombe unter die Asche der Feuerstelle. Wenn dort jemand Feuer entzündete, würde ihm das Kochgefäß schön um die Ohren fliegen. Hermann drückte, sehr künstlerisch und naturalistisch, zwei riesige, über halbmetergroße Abdrücke nackter menschlicher Füße tief in den Sand des Höhlenbodens. Die Fußspuren machten einen unheimlich gespenstischen Eindruck. Die Neger würden bei ihrem Anblick grau vor Schrecken werden.

Damit hielten wir die Wasserstelle für ausreichend verzaubert. Während wir im Affenloch wohnten, wurde die Quelle allerdings nicht mehr besucht; vielleicht hat der Zauber später einmal gewirkt. Wir hofften es damals jedenfalls aufrichtig.

Das zarte Birkengrün der Balsambüsche war dicht und dunkel geworden; ihre Blätter waren so groß, wie wir sie noch nie gesehen hatten. Unzählige schwarzgelb geringelte kleine Raupen krochen auf ihnen umher, die nach und nach Blatt um Blatt verzehrten. Alle drei Arten von Balsambüschen waren von der Plage befallen. Einzelne Büsche waren schon kahl; die Raupen wanderten zu Tausenden, neue Weidegründe suchend, umher; es war vorauszusehen, daß sich bald an keinem Balsambusch auch nur noch ein einziges Blatt befinden würde.

Kleine grüne Hornschrecken, zuerst kaum sichtbar, entwickelten sich zu schwarzen, fünf Zentimeter großen Ungeheuern, die alles fraßen, was ihnen vor die Kiefer kam, selbst ihren eigenen Leib, wenn er verletzt war. Wenn man sie störte, richteten sie ihre langen Fühler auf und zirpten böse. Berührte man sie, gaben sie einen ekligen gelben Saft von sich. Sie krochen in Scharen überall umher; mit Vorliebe besuchten sie uns nachts in den Betten und krabbelten uns mit ihren harten, langen Beinen über Ohren und Nasen.

Diese Lebewesen waren in extremer Anpassung zu zerstörenden Maschinen geworden. Unsere Füße zertraten sie wütend, wo immer sie uns in den Weg kamen. – Wo der Kampf ums Dasein zu äußerster Leistungsfähigkeit zwang, mußten solche Maschinenwesen entstehen. Wäre der Kampf ums Dasein die richtunggebende Kraft, dann müßte sich schließlich alles Leben zu solch unliebenswerten Formen entwickeln, zu Formen, die ganz von bestimmter Nahrung und ganz bestimmten Klima abhängig waren und für die es eine

Weiterentwicklung nicht mehr geben konnte. Kein Zweifel: Äußerste Leistungsfähigkeit war ein gefährliches Ideal. Andererseits erschien es umso wunderbarer, daß das Leben sich zu Güte, Gerechtigkeit und Liebe hatte emporschwingen können, zu Ideen und Handlungen, die über Vereinzelung und Freßgier hinausführten.

Aus dieser Überlegung erwuchs Erkenntnis: Leistungsfähigkeit kann nur fruchtbar sein, wenn sie durch diese vereinenden Prinzipien geleistet wird. Leistungsfähigkeit um ihrer selbst willen ist eine Sackgasse, die letztlich zum Aussterben führen muß. Für den Menschen aber kann es eine Weiterentwicklung nur geben, wenn es ihm gelingt, die Vielfalt des Lebens durch Güte, Gerechtigkeit und Liebe zu höherer Einheit zu führen. –

Die Hyänen waren so unverschämt geworden, daß wir beschlossen, aus Holzknüppeln und Gemsbockriemen eine Falle zu bauen. Da blieben sie plötzlich weg, und zwei Tage später brachte der Wind süßlichen Aasgeruch. Überall in den Flächen lagen Zebras, tot und mit aufgeblähten Bäuchen. Vielleicht war eine Seuche unter ihnen ausgebrochen, vielleicht hatte welkendes Gras sie vergiftet. Jeder Windstoß roch nach Aas; in Scharen kreisten die Geier unter den hohen Wolken, die wieder einmal über das Hochland hinausgewandert waren, und selbst Marabus fanden sich bei der reichlich gedeckten Tafel ein.

Uns zog es jetzt hinaus in die weiten Namibflächen, die das Wild aufgesucht hatte. Wir wollten etwa zwei Wochen umherstreifen, deshalb waren unsere Rucksäcke nicht leicht. Die Nächte wurden auch schon so kalt, daß wir Trainingsanzüge und Schlafsäcke brauchten. Dazu kamen Zeichenbücher, Kompasse, Barometer, Feldstecher, Pistole, Wassersäcke und Wasserkanne und Eßvorräte.

Endlos erstreckten sich die hellen Flächen vor unseren Augen. Verglichen mit den Tieren der Steppe kamen wir jämmerlich langsam voran. Schon am zweiten Tag kreisten Geier über uns, denen es sicher schien, daß wir nicht mehr lange durchhalten würden. Als wir uns zur Mittagsrast unter einem dürftigen Busch niederlegten, kamen sie in großen Spiralen herunter, wendeten uns im Vorbeisegeln ihre nackten Köpfe zu und prüften, ob noch Leben in uns war. Wir machten ihnen lange Nasen, aber das verstanden sie nicht. Otto, der auch keinen Spaß verstand, bellte sie empört an. Als wir weitergingen, flogen sie enttäuscht davon.

Welche Wohltat war es, in der Abenddämmerung ein Granitbecken mit gutem Wasser zu finden! Welch zarte Farben zauberte das Morgenlicht in die fast überirdisch schimmernde Weite! Und doch stand uns ein Tag der Angst bevor.

Ich war mit Otto zu einer kleinen blanken Granitkuppe gegangen, die einer Schildkröte gleich in der Fläche saß. Nach Steinwerkzeugen suchend, blickte ich auf und sah entsetzt, wie Otto über einer giftigen Hornviper stand. Die Schlange bäumte sich auf und schlug Otto ihre Fänge in die Nase, bevor ich ihn zurückreißen konnte. Als ich mit dem Hund zum Lager kam, war Hermann außer Rufweite. Welche Ewigkeit dauerte es, bis er meine Signale gewahrte! Allein konnte ich die Bißstelle nicht aufschneiden. Mit einer für solche Zwecke mitgeführten Rasierklinge gelang schließlich die Operation. Wir steckten rote Permanganatkristalle in die Wunde, und Otto bekam zum Trost ein großes Stück Biltong und ein Eckchen Schokolade.

Wir beobachteten den Hund lange voller Angst und Spannung.

Aber es geschah nichts, er wurde nicht einmal krank. Vielleicht ließ das nur wenig durchblutete Knorpelgewebe der Nase das Gift nur langsam ins Blut gelangen. Vielleicht war Otto auch früher schon mal von kleinen Hornvipern in die Nase gebissen worden und dadurch teilweise immun geworden. –

Worin liegt der Zauber der Wüste? Wir erlebten unvergleichliche Morgen- und Abendstunden, wenn die Flächen bis zu den Horizonten in goldenem Licht schimmerten, wenn der Himmel sich den noch unsichtbaren Sternen entgegenwölbte und die Inselberge mit ihren schattengeschärften Gipfeln an die Reinheit des kristallklaren Gewölbes rührten. – Gipfelstunden in einsamer Höhe über dem einsamen Land! Warum stärkt der Blick über horizontweite leere Sand- und Schuttflächen das Lebensgefühl mehr als die Aussicht über grüne Wiesen und Wälder? Warum wirkt das leblose Spiel von Licht und Farbe und Weite so belebend, befreiend und betörend? Vielleicht deshalb, weil hier jede Begrenzung durch die Ansprüche fremden Lebens fehlt? Weil die Seele einer Fatamorgana grenzenloser Freiheit unterliegt? Jedenfalls: an so weiten Horizonten lockt eine Bergsilhouette wie eine Insel im Ozean.

Die letzte Landmarke im Südwesten war der Barrowberg. Er stand dicht am Kuisebcanyon, viel weiter westlich, als wir jemals gekommen waren. Im Canyon gab es jetzt sicher Wasser. Warum sollten wir den Marsch nicht wagen?

Wie viele Schritte von der Morgendämmerung bis zum Abend! Schritte über immer gleiche flache Wellen von Sand und Schutt, in einer Landschaft, die sich nur in Stunden unmerklich ändert. Gelbes Gras, zunächst noch in großen Büscheln, später nur noch in spärlichen Büschlein zwischen scharfem weißen Schutt. Und nirgends ein Stück Wild weit und breit!

Einmal sprang ein Erdwolf vor uns auf, eine insektenfressende nützliche kleine Hyänenart. Otto jagte hinterher.

Wir hatten Grund, noch lange an diese Jagd und Ottos Sieg zu denken, denn die Erdwölfe verfügen über eine recht leistungsfähige Stinkdrüse. Otto durfte als Frucht seines Sieges am Abend nicht in Hermanns Schlafsack. Aber nach solchen Märschen schläft man schließlich wie ein Klotz, und als Hermann am Morgen erwachte, lag Otto doch neben ihm. Der Schlafsack stank noch eine Woche lang, und Hermann träumte von Zimtgebäck, von stinkendem Schlamm und anderen duftgeschwängerten Dingen.

Einen zweiten Tag verbrachten wir in monotonem Schreiten in dem leblosen Land. Dann näherte sich der Berg. Gegen Mittag sahen wir einen Gürtel häßlicher kleiner Dünen, und dann hatten wir plötzlich frisches Grün vor den Füßen. Noch ein paar Schritte, und die märchenhafte Überraschung, die wir uns immer von den blauen Horizonten versprochen hatten, lag vor uns. Eine weite Senke wie ein riesiger flacher Teller, in der Mitte ein schimmernder See, ein mehrere hundert Meter langes Vley, gefüllt mit windgekräuseltem Wasser. Und rundum, so weit das Auge reichte, weideten, lagen und galoppierten Zebras in Herden jeder Größe. Ungläubig staunend ließen wir uns nieder, zählten einen Sektor unseres Blickfeldes aus und schätzten die sichtbaren Zebras auf etwa dreitausend Stück.

Der Weitermarsch wurde zu einer Art Zirkusschau auf horizontweiter Arena. Unter dem Wind galoppierten die Herden, sobald sie unsere Witterung bekamen, schnaubend, polternd und staubwirbelnd davon. Von der anderen Seite aber kam Herde um Herde neugierig herangetrabt, schräg auf uns zu. Sie schwenkten mit hartem Hufschlag gleich geübten Reiterschwadronen und standen dann wie auf Kommando mit eingestemmten Hufen, dicht gedrängt, und beobachteten uns mit gespitzten Ohren und geblähten Nüstern.

Wenn sie genug gesehen hatten, warfen sie sich wieder herum; meist polterte dann schon die nächste Gruppe heran. Welcher Gegensatz zu der Einsamkeit der letzten Tage! Welch lebendiges Kaleidoskop bewegter Streifenmuster, wehender Schweife, steiler Mähnen und wirbelnder Hufe!

Otto tänzelte, an der Leine gehalten, fast wie ein Pferdchen. Wir hätten gerne ein Zebra geschossen, aber sie kamen nie näher als auf hundert Meter heran, und bei so vielen Tieren war ein Beschleichen auf tischglatter Ebene ganz unmöglich.

Das rote Wasser des Vleys lockte unwiderstehlich zum Bade. Wir fürchteten aber, daß unsere Füße weich und wund werden könnten; trugen wir doch keine Strümpfe in den klobigen, oft geflickten Schuhen.

Eine andere Frage war, ob wir Wasser von hier mitnehmen sollten. Wir hatten noch etwas in der Kanne, und der Berg schien zum Greifen nah. In den Schluchten dort mußte es doch auch Kolke geben. Warum sollten wir uns da unnötig belasten? Wir tranken nur und nahmen kein Wasser mit.

Nun, wir hatten uns mit der Entfernung gründlich verrechnet. Die glatte, baum- und buschlose Fläche bot dem Auge keinen Maßstab. Wir marschierten noch drei Stunden, bis der Rand der Fläche jäh in die wilden Seitenschluchten des Kuisebcanyons abbrach. Da aber hatten wir das Gebiet des letzten Regens hinter uns gelassen und fanden alle Kolke trocken, das Gelände aber so wild, felsstarrend und steil zerschnitten, daß es Mühe machte, ein ebenes Fleckchen zum Schlafen zu finden.

Schließlich – die Sonne war schon hinter die blau zerschrundete Bergwand gesunken – fanden wir in enger Kluft eine kleine Sandbank, die uns gerade Platz bot. Das eine Ende der Sandbank war voll kleiner runder Löcher. Aus solch einem Loch kroch eine kleine braune Biene und flog davon. Wir gruben nach und fanden unter jedem Loch ein Wachstöpfchen, gefüllt mit einer herbsüßen Mischung von Pollen und Honig, Brutzellen einer Erdbiene. Wir lutschten sie sämtlich aus.

Am anderen Morgen bot sich uns vom Berg aus ein phantastischer Rundblick. Im Norden lagen die hellen, ausdruckslosen Flächen, über die wir gekommen waren. Sie brachen unmittelbar vor uns ab und waren von dunklen Schluchten zerrissen. Nach Süden zu dehnte sich eine düstere Gramadullawelt, ein felsstarrender Irrgarten von schwarzen Canyonwänden, gezahnten Graten und gleißenden Schieferrippen. Jenseits rollten rote Dünenkämme heran, Welle hinter Welle, drohend gebäumt, gleich einem horizontweit erstarrten Blutmeer.

Die Felsen waren schon heiß, und wir verspürten Durst, hatte doch jeder von uns zum Frühstück nur einen Schluck Wasser gehabt. Wir mußten einen Weg hinunter in den Canyon finden. Das war nicht leicht. Einer Seitenschlucht zu folgen war unmöglich; wir hatten schon am Abend gesehen, daß sie nach kurzem Lauf zwischen senkrechten Wänden in unheimlichen, unsichtbaren Tiefen verschwanden. So blieb uns nur die Möglichkeit, einer Wasserscheidenrippe zu folgen. Aber würden uns nicht schließlich am stundenweit entfernten Hauptcanyon senkrechte Wände den Abstieg versperren?

Nun, wir hatten lange genug in den Gramadullas gelebt, um Rat wissen. Die Zebras kannten diese wilde Welt seit Jahrtausenden. Wir suchten uns deshalb mit den Gläsern den größten sichtbaren Zebrawechsel aus, der in Richtung des Canyons führte. Wir folgten diesem Wechsel unbeirrbar; wenn er sich teilte, folgten wir dem größeren Ast. Stundenlang ging es über gewölbte Rücken und gerippte Stufen an schmalen Graten entlang, immer tiefer hinab in die heiße Felswildnis. Die Zunge klebte uns vor Durst an den Zähnen. Von dem anfangs so stattlichen Wechsel war schließlich nicht mehr viel übrig, er war aber immer noch erkennbar, und wir hofften inbrünstig, daß er zu einem Abstieg in den Canyon führen möchte. Ungeachtet unseres Durstes nahmen wir uns Zeit, die uralten Flußterrassen einzumessen, die noch als Verebnungen auf den Graten erkennbar waren.

Die Sonne stand schon dicht über dem Horizont, als der Felsgrat auf steiler Wand endete. Unser Blick traf die dunkle, senkrechte Gegenwand, auf der eine Düne in der Abendsonne wie glühendes Eisen leuchtete. Das war der Kuisebcanyon. Zweifelnd blickten wir hinab. Von oben her schien es unmöglich, einen Weg durch die senkrechten, überhängenden, sich verschneidenden Wände zu finden. Aber der Rest unseres Zebrapfades führte kühn auf ein Felsband hinaus, und wir folgten ihm. Er führte uns im Zickzack die Wände hinab. Bald hing der Pfad kaum fußbreit über dem Abgrund, bald drehte er scharf auf winzigem Erker, bald gewann er in meterhohen Stufen einen tieferen Sims. Zweihundert Meter tief stiegen wir in den Felsgrund der Wüste hinab. Unten empfing uns silbernes, betörendes Plätschern, und dann standen wir vor einem herrlich kühlen, kristallklaren Strom, der, wie aus einer Märchenwelt kommend, über Sand und Geröll rieselte.

Wir warfen die Rucksäcke ab und tranken, bis uns der Bauch weh tat. Die Luft war mild und feucht. Wieviel mußte es im Hochland geregnet haben, daß das Wasser noch jetzt, einen Monat später, so lief! Wir schliefen herrlich neben dem rieselnden Bach.

Wir gedachten, den Canyon bis zur Mündung der Gaubschlucht hinaufzugehen. Die Schuhe auf die Rucksäcke geschnallt, patschten wir durch das klare Wasser. Der nasse

Sand quoll uns durch die Zehen – eine köstliche Wohltat nach dem langen Marsch über felsgepanzerte Wüste. Die Morgensonne schickte schon ihre Strahlenfächer durch die Lücken in den getürmten Wänden. Über dem glitzernden Wasser spielten helle Spiegelungen in verwobenen Rokokolinien auf den dunklen Felsmauern auf und ab. An den südlichen Wänden aber leuchtete aus allen Schründen roter Sand wie glühende Lava.

Die Freude währte nicht lange. Bald traten die Wände enger zusammen, und die Kolke wurden tiefer. Schwimmsand schwankte unter unseren Schritten oder saugte uns bis zu den Knien ein. Schließlich gaben wir auf. Nach Norden zu lagen die Gramadullas, nach Süden zu die Dünen. Da wir wußten, daß sie bald vom Canyon zurücktreten würden, wählten wir die Dünen.

Eine phantastische Welt nahm uns auf! Gebirge von rotem Sand, in klaren, geschwungenen Linien, mit messerscharfen Graten und tiefen, samtweichen Mulden. In langen Zungen rutschte der Sand unter unseren Tritten und begann wie die Grundsaite einer Baßgeige vibrierend zu tönen, bis schließlich die ganze Düne unter uns brummte und sang. Mühsam gingen wir durch den losen Sand, freuten uns über die hartgepackten Luvhänge und versanken an den Leeseiten bis zu den Knien im heißen Sand, der unsere Schuhe wie mit Blei beschwerte. Barfuß konnten wir nicht gehen, dafür war der Sand zu heiß.

Selbst die Dünen waren nicht ganz ohne Leben. Kleine Eidechsen huschten über den Sand. Wenn man ihnen zu nahe kam, gab es einen roten Wirbel, und sie waren spurlos verschwunden, sich blitzschnell in den lockeren Sand bohrend. Einmal gerieten wir in einen tiefen runden Windkessel, lose wie der Trichter eines Ameisenlöwen. Als wir uns mit unseren schweren Rucksäcken wieder herausgearbeitet hatten, waren wir atemlos vor Erschöpfung.

Am Nachmittag kam der Westwind. Die ersten Stöße sandten dünne Sandschleier über die gewölbten Hänge, bald aber wehten und quirlten rote Fahnen auf allen Graten. Alle Konturen wurden von einem Sandstrom verwischt, der mit leisem Zischen in geschlossener Decke über die Hänge zog. Bald kam der Sand an den Leehängen ins Gleiten, und in schneller Folge begannen alle Dünen zu summen und zu dröhnen. Nun gingen wir durch eine wahrhaft verwunschene Welt. Die Dünen waren gigantische rote Wellen, stehend und doch bewegt. Rote Schleier flatterten im tiefblauen Himmel, unsere Füße wateten durch rote Flut, und über allem tönte, bis ins Zwerchfell dringend, der tiefe, geisterhafte Baßgeigengesang der windgepeitschten Dünen. – Wir gingen, bis der Wind nach Sonnenuntergang schwächer wurde. Noch beim Einschlafen hörten wir den Sand mit leisem Wispern über uns rieseln.

Der Morgen war windstill. Die Sonne schwang sich strahlend empor und hob die tausendfältigen neuen Wellenmuster, die der Wind auf die Dünen gezeichnet hatte, in scharfes rotgoldenes Relief. Schon hinter dem nächsten Kamm hörten die Dünen dann auf, und wieder dehnten sich weite, leicht gewellte Kalkflächen vor uns. Wir schritten kräftig aus, denn der Gaubcanyon und damit das nächste Wasser waren weit. Otto tänzelte lustig neben uns her.

»Irgendwo vor uns ist Wild«, sagte Hermann. Das Gelände schien gut übersichtlich, deshalb machten wir den Hund nicht fest. Plötzlich öffnete sich vor uns eine flache, mehrere Kilometer weite Mulde, angefüllt mit Gemsböcken, Springböcken und Zebras in großen und kleinen Herden. Bevor wir das Bild noch richtig aufgenommen hatten, raste Otto los und jagte hinter ein paar Springböcken her; er hörte auf keinen Ruf. Die Jagd zog sich in weitem Bogen am Rand der Mulde entlang, geriet zwischen die anderen Wildherden und wurde unseren Blicken bald so weit entzogen, daß wir die Vorgänge nur noch mit den Gläsern wahrnehmen konnten. »Wenn nur nicht so viele Gemsböcke da wären«, flüsterte Hermann. Wir sahen, daß Otto zwei Gemsböcken folgte, die die Springbockherde kreuzten. Wir konnten nichts tun, nur versuchen, die schnellen Tiere nicht aus den Augen zu verlieren. Mein Herz schlug vor Angst um den Hund. Hermann sagte, das Glas vor den Augen: »Ich würde es mir nie verzeihen, wenn sie ihn aufspießten.«

Tatsächlich stellte sich jetzt einer der Gemsböcke mit drohenden Hörnern. Er gab noch einmal zögernd Grund und verschwand dann, Otto auf den Fersen, hinter einer Bodenwelle. Hermann begann zu rennen. Wie unbeholfen wir in dieser endlosen Weite waren! Wir verloren in der Mulde bald den Überblick. Die Rucksäcke hatten wir auf einem kleinen Hügel zurückgelassen. Ringsum standen Wildherden, die uns neugierig beobachteten. Hermann meinte, die Gemsbockhörner hätten sich zuletzt nach links bewegt. Er wandte sich dorthin, während ich geradeaus weiter ging, in der Richtung, in der wir Otto zuletzt gesehen hatten.

Wir sorgten uns entsetzlich um Otto, den treuen Gefährten zweier einsamer Jahre. Die Sorge um einen Menschen, einen Freund hätte kaum größer sein können. Es bestand wenig Hoffnung, ihn lebend zu finden. Und es würde schwer sein, ihn zu entdecken, wenn er irgendwo lag. Ich ging im Zickzack, blieb immer wieder stehen und suchte die Umgebung mit dem Glas ab.

Nach einer Stunde vergeblicher Suche wollte ich die Richtung ändern und betrat doch noch den nächsten Rücken. Da gewahrte ich einen dunklen Punkt auf einem kleinen Kalkplateau. Kein Wild war so dunkel; ich begann zu laufen. Das braune Ding vergrößerte und bewegte sich dann. Es bellte. Es war Otto!

»Otto! Otto!« schrie ich, so laut ich konnte. Otto bellte weiter, aber er kam nicht näher. Ich rannte den Hang hinauf. Da stand er spreizbeinig, Schaum vor dem Maul. Als ich ihn erreichte, rollte er sich auf den Rücken. Er blutete an der linken Seite. Ich sah einen Einstich hinter dem Blatt und erschrak furchtbar. Es sah aus, als hätten seine Kräfte gerade noch gereicht, bis ich kam. Ich nahm ihn auf den Arm und trug ihn zu der Stelle zurück, wo unsere Rucksäcke lagen. Ich schöpfte etwas Hoffnung, da er nicht weiter blutete. Ich bettete ihn auf meinen Schlafsack, wagte aber nicht, ihm Wasser zu geben, bevor wir seine Wunden untersucht hatten.

Hermann kam in Sicht. Ich versuchte ihm zu signalisieren, aber er hielt den Kopf traurig gesenkt und sah nichts. Als er schließlich am Fuß des Hügels auftauchte, schrie ich: »Ich habe Otto! « Er sah auf, sah Otto mit erhobenem Kopf neben mir liegen, und sein Gesicht erhellte sich zu einem großen Lächeln. Er streckte die Hände aus und sagte leise: »Er lebt ja!«

Wir untersuchten sorgfältig die Wunden. Der Einstich hinter dem Blatt war ungefährlich, er ging nur unter der Haut an den Rippen entlang. Die linke Hinterkeule war durchstochen; das konnte auch nicht lebensgefährlich sein. Und siehe da, nachdem er Wasser getrunken hatte, konnte er ganz gut auf drei Beinen laufen. Der Strolch hatte sich nur auf den Rücken fallen lassen, als ich kam, weil er ein schlechtes Gewissen hatte und sich an die Prügel erinnerte, die seinem ersten Gemsbockabenteuer gefolgt waren.

Das Wild hatte sich mittlerweile verzogen. Wir hatten die Gelegenheit, etwas zu schießen, versäumt und waren müde und hungrig. Das Wasser wurde knapp. Also zogen wir weiter. Otto humpelte auf drei Beinen hinterher. Am Abend gelang es Hermann dann, ein junges Zebra zu schießen. Wir konnten uns sattessen, waren aber so weit vom Wasser entfernt, daß wir nicht bleiben konnten. So gingen wir denn noch in der Nacht weiter. Einen Vorrat fertig gerösteter Steaks führten wir, auf einen Stock gespießt, mit. Lange Zeit folgte eine Hyäne dem nahrhaften Duft. Ab und zu hörten wir einen Stein klappern. Wir hielten die Hyänen mit Steinwürfen in angemessener Entfernung.

Auch im Gaubcanyon waren alle Kolke randvoll, und viele waren so tief, daß wir sie umklettern mußten. Der dreibeinige Otto konnte nur schlecht klettern und fiel zweimal von einem schrägen Felssims hinab. Wir versuchten ihm klarzumachen, daß er schwimmen solle, wenn wir kletterten. Nach einigen Versuchen begriff er und paddelte nun lustig durch die Kolke.

Vier Tage waren wir noch unterwegs. An einem Abend fanden wir in einem sandigen Rivierbett nur einen Kolk mit salzigem Wasser. Überhaupt wurden in dem Maße, wie die Verdunstung das Wasser entführte, mehr und mehr Kolke salzig. Wir gruben, ein Stück vom offenen Wasser entfernt, ein Loch in den Sand und stießen auf fast süßes Wasser. Der Wasserstand des guten Wassers war einige Zentimeter höher als der des salzigen. Die Verdunstung verbrauchte das offene Wasser schneller, als frisches Wasser aus dem Sand nachsickern konnte. Die Strömung, durch das Nachsickern verursacht, verhinderte die Vermischung des guten mit dem salzig werdenden Wasser.

Fünfzehn Tage lang waren wir durch schimmernde Weite, über blaue Gipfel und durch die tiefen Canyons der Wüste gezogen. Nun waren wir froh, wieder nach Hause zu kommen.

Was mochte mittlerweile in der Welt geschehen sein? Wir stellten das Radio an und hörten von Rommels geschickter Ausnützung der Wüste. Es ist begreiflich, daß uns, die wir auch in der Wüste lebten, die Nachrichten brennend interessierten.

Das Ende des Pavianhäuptlings

Es war ein Freudentag für uns, als wir das erste fette Zebra erbeuteten. Die üppige Weide begann den Tieren anzuschlagen. Wir hatten einen unbeschreiblichen Fetthunger. Während unsere Gedanken darum kreisten, hatten wir oft daran denken müssen, welche Rolle das Fett bei den Vorstellungen spielte, die die Klippkaffern sich vom Himmel machten: Wenn ein Klippkaffer gestorben ist, wandert er über das steinige Land zum Himmelskral. Der ist von einem Dornbuschverhau umgeben; am Pfosten des Eingangs hängt eine Holzschale, gefüllt mit warmem Fett, und daneben eine Schöpfkelle. Und der Klippkaffer darf, bevor er den Himmel betritt, so viel Fett trinken, wie er mag. Es ist dies das höchste unmittelbare Glück, das die kümmerlich am Wüstenrand lebenden Klippkaffern sich vorzustellen vermögen. Als wir die Legende vor Jahren zum erstenmal hörten, war sie uns wie ein Kuriosum erschienen; jetzt entsprach ihr Inhalt ganz unseren eigenen Gefühlen.

Zwei Tage lang stand der große Eisentopf, mit fetten Rippen gefüllt, ununterbrochen auf den Kohlen. Immer wieder fischten wir uns knusprige Stücke heraus und aßen das warme, etwas tranige Fett mit Löffeln.

Das Wasser in den Kolken ging nun schnell zu Ende oder wurde unbrauchbar salzig. Wir konnten noch einmal ein paar Radieschen und etwas Mangold ernten, dann mußten wir unser Gärtchen aufgeben. Das gute Wasser hatte wieder nicht lange genug vorgehalten, um Tomaten und Karotten zur Reife zu bringen, von Hermanns Tabak ganz zu schweigen.

Das saftige Grün der Balsambüsche war ganz aus dem Landschaftsbild verschwunden. Die schwarzgelben Raupen, die das letzte Blättchen gefressen hatten, krochen zu Hunderttausenden über das Land und die kahlen Granitkuppeln, sie kamen auch in unseren Pontok und in unsere Betten, zu Tausenden starben sie jämmerlich auf dem heißen Sand der Riviere.

Mit der Jagd wurde es nach dem fetten Zebra wieder schlecht. Fast alles Wild war in die weiten, endlosen, wasserlosen Flächen hinausgezogen, in denen wir nicht leben konnten. Wieder pirschten und lauerten wir tage- und nächtelang vergeblich. – Einmal lauerte ich an unserer kleinen Quelle, auf ein Zebra hoffend. Es kam kein Zebra, dafür aber die Pavianhorde. Ich hörte sie schon rufen und schnattern, bevor ich sie sah, und drückte mich tiefer in den Felsspalt, so daß ich völlig gedeckt war. In dieser Spalte hatten wir eine alte verquollene Schrotpatrone versteckt, und zwar genau für diesen Fall, denn wir hatten nicht vergessen, wie die Paviane unsere Wasserstelle verschmutzt hatten.

Zuerst erschien der Anführer auf einem Felsen, ein großes Tier, schon ganz grau auf dem Rücken. Er setzte sich und hielt, sich an den Hüften kratzend, Umschau, wobei er seine Eindrücke durch Grunzen und Plappern bekanntgab. Seine Gefolgschaft erschien erst, als er weiter herunterzuklettern begann. Die Paviane blieben dann beobachtend sitzen, während der Alte allein seinen Weg zum Wasser nahm. Er beugte sich vor und streckte mir dabei sein nacktes, schwieliges Hinterteil entgegen. Ich schoß ihm mit dem Vogelschrot genau darauf. Er fiel mit dem Gesicht in das kleine Quellbecken.

Als er wieder herausstieg, sah ich, daß er hinten gelähmt war. Ein Schrotkügelchen hatte wohl seine Wirbelsäule verletzt. Ich hatte ihn eigentlich nicht töten wollen, aber nun mußte ich es tun. Ich schlug ihm mit einem Schwemmholzknüppel ins Genick. Seine Herde hatte den Vorgang von der Höhe des Felsens aus beobachtet und mit gellenden Entsetzensschreien darauf reagiert. Jetzt flohen die Paviane. Sie kamen nie wieder zu dieser Quelle.

Der Alte war fast so groß wie ein Buschmann. Ich trug ihn abseits in die Felsen. Den Kopf mit dem gewaltigen Gebiß nahm ich mit nach Hause. Otto brachte ich ein Stück Fleisch mit. Der beschnupperte es mit gesträubtem Nackenfell, hielt es aber nicht für genießbar. Der Schädel lag später, nachdem das Fleisch abgekocht worden war, blank und weiß auf unserem Tisch. Der eine Eckzahn war abgebrochen, der Stumpf glatt abgekaut. Der andere gewaltige und spitze Eckzahn stand den Fängen eines Leoparden in nichts nach. Mit scharfer Hinterkante bildete er zusammen mit einem entsprechend scharfkantig abgeschrägten Zahn des Unterkiefers eine vollkommene Schere, ein Zahnpaar, das Waffe und Werkzeug zugleich war. Hermann befühlte den großen Knochenkamm auf dem Schädel, der als Stütze für die starken Kiefernmuskeln diente, und meinte: »Wo eine solche Apparatur vorhanden ist, kann sich der Schädel gar nicht mehr aufwölben und entwickeln. Was für ein gefährliches, machtvolles Gebiß! Kein Wunder, daß ein Leopard sich nicht ohne weiteres an eine Pavianherde heranwagt.«

Machtvoll – das war der richtige Ausdruck. Worin bestand letztlich die Macht? Der weiße Schädel zeigte es klar. Hier bestand die Macht aus einer Anhäufung von Knochen und Zahnbein, einem sinnvollen Einbau von unbelebter Materie in einen lebendigen Körper.

Natürlich war auch das einfachste Lebewesen nicht ohne Materie denkbar. Aber beruhte nicht alle körperliche Macht, alles, was man recht eigentlich Macht nannte, auf einer besonders starken Anhäufung von gefühlloser, unbelebter Substanz? Was verlieh Macht? Die Zähne des Pavians, des Leoparden, des Löwen! Toter Schmelz und totes Zahnbein, hart und gefühllos wie Stein! Scharfe Krallen – gefühlloses Horn! Das Horn des Nashorns, der Panzer des Krokodils, die weiten Schwingen und die grausamen Krallen des Adlers: Horn! Und bei den Insekten? Harte Panzer und Zangen aus hornartigem Chitin, Drüsen, gefüllt mit zerstörendem Gift.

Kein Zweifel: Die Stärke und Macht der Lebewesen beruhte auf dem Gebrauch toter, gefühlloser Materie. Alle erfolgreichen Anpassungen an den Lebenskampf bestanden in Anhäufungen lebloser Substanz. Aber es waren eben auch diese Anpassungen, die zum Aussterben der erfolgreichsten Tierarten geführt hatten. Bestand da ein Zusammenhang?

Uns wollte es so scheinen. Tote, und das hieß ja, urteilslose Materie war aus sich heraus nicht wandlungsfähig. Ja, sie widerstrebte sogar jeder Änderung mit ihrer Festigkeit und Trägheit. Mußte es da nicht für ein Lebewesen um so schwerer sein, sich an Neues anzupassen, je mehr tote Materie es in seinem Körper enthielt? Da die Welt sich aber ständig durch das Altern des Universums ändert, so ist jeder Verlust an Anpassungsfähigkeit ein Todesurteil.

Plötzlich war uns physikalisch verständlich, warum immer die erfolgreichsten Tierarten, die mit den größten Körpern und den längsten Zähnen und Krallen, ausgestorben waren, während gerade das empfindliche, verletzliche Leben anpassungs- und entwicklungsfähig blieb.

»Also bedeutet ständig neue Anpassung auch immer neuen Schmerz«, sagte Hermann. »Das kann auch nicht anders sein. Schmerz ist ja die eine Hälfte der Urteilskraft. Wer sich allzusehr vor Schmerz schützt, der bemerkt die Änderung der Umwelt erst, wenn es zu spät ist.«

Wie aber stand es beim Menschen? Hatte er sich nicht zur höchsten Höhe entwickelt, gerade weil er nicht besonders angepaßt war? Gerade weil er keine langen Zähne, weil er statt gefährlicher Krallen eine feinfühlige Hand besaß, die besser geeignet war, die Natur der Dinge tastend zu erkennen, als sie gewaltsam zu beherrschen?

Und wie war es mit der Macht des Menschen bestellt?

Auch menschliche Macht beruhte auf der Anhäufung und Anwendung toter Materie. Mit den Fäusten allein vermag niemand viele seiner Mitmenschen unter seinen Willen zu zwingen; ungebührliche Macht erfordert heutzutage Stahl, Flugzeuge, Bomben, Zeitungspapier und Druckerschwärze: Materie in Tausenden von Formen. Verlor nicht auch im menschlichen Dasein der Geist schließlich die Herrschaft über die massierte Materie, so daß große Maschinen strengere Herren wurden als die härtesten Fronvögte und die Masse des angehäuften Materials die Völker in immer furchtbarere Kriege zog? War nicht schon die Zeit in Sicht, wo die Anwendung der äußersten Machtmittel zum allgemeinen Untergang führen mußte? Sollte es wirklich das Schicksal der Menschen sein, den tödlichen Weg zu gehen, den alle machtvollen Tierarten vor ihnen gingen?

Die Geschichte schien dafür zu sprechen. Von all den alten, machtvollen Kulturen zeugten nur mehr steinerne Ruinen. Ihre Macht war vergangen wie der Schnee einer Lawine. Was von ihrem Geist blieb, hatten bescheidene Mönche friedlich bewahrt. Jetzt aber wurde die Macht immer umfassender. Mußte da nicht auch der Untergang immer umfassender werden?

Das schienen böse Aussichten. Aber so unabwendbar wie bei den Tieren ist das Schicksal des Menschen nicht. Der Menschheit steht eine Tür in die Zukunft offen. Die Machtmittel des Menschen sind nicht Teile seines Körpers. Er kann sich leichter von ihnen trennen und damit seine Anpassungsfähigkeit zurückgewinnen. Vor allem aber verfügt der Mensch über Selbsterkenntnis, so daß er die Gefahr seiner Entwicklung einzusehen vermag. Aus Einsicht aber ergibt sich, zumindest theoretisch, die Möglichkeit zur Korrektur.

Aber würde der Mensch die offene Tür benützen können? Hatte der Kampf ums Dasein nicht bei ihm, wie bei den Tieren, Triebe gezüchtet, die zur Machtentfaltung drängten, so daß Macht schon um ihrer selbst willen erstrebenswert erschien?

Macht aber kann nie vielseitig sein, sie beruht immer auf der Auslese weniger Eigenschaften und auf der rücksichtslosen Ausnützung der Schwächeren. In der Geschichte des Lebens sind aber die Schwächen von heute schon tausendfach die Stärke von morgen geworden.

Die Macht von heute hat dagegen immer nur die Ruinen von morgen geliefert. Wer könnte wissen, welche Eigenschaften in tausend Jahren vonnöten sind? Nur die Erhaltung aller Eigenschaften, auch der scheinbaren Schwächen, kann sicher in die unsichere Zukunft führen.

Wie aber kann alle Vielgestaltigkeit, wie können vor allem die zukunftsträchtigen Schwächen bewahrt werden? Niemals durch Macht, die immer einseitig wie eine Lawine den Weg in die Tiefe nimmt. Nur eines vermag alles, auch Schwaches zu umfassen und für die Zukunft zu hegen: die Liebe!

Wir sahen uns an. Wieder waren wir zu der Botschaft gelangt, die den Menschen schon vor fast zweitausend Jahren gegeben wurde. Immer deutlicher wurde dem Verstand, was das Gefühl in guten Stunden schon immer gewußt hatte: Nur durch Liebe kann der Mensch die Zukunft gewinnen! Wie hieß doch das Wort? »Und wenn ich alle Geheimnisse und alle Erkenntnis und allen Glauben hätte, also daß ich Berge versetzte, und hätte der Liebe nicht, so wäre ich nichts!«

Genau das hatten wir aus der Geschichte des Lebens abgeleitet. Wie tief mußten Menschen mit dem Urgrund des Lebens verwurzelt sein, um solche Weisheit so schlicht in ihrer Seele zu finden! Wir neigten uns ehrfürchtig vor dem Wunder dieser Offenbarung wie vor den zarten Blumen der Wüste.

Wachtelfang und Vogelspinnen

Wieder einmal waren wir eine Woche lang pirschen gegangen, ohne auch nur von fern ein Stück Wild zu erblicken. Dagegen kamen täglich die Steppenwachteln zum Wasser. Als ich wieder einmal müde und mit leeren Händen nach Hause kam, erklärte ich Hermann, daß es lächerlich sei, keine Methode zu finden, um Wachteln zu fangen. Hermann sah mich nachdenklich an. »Die Italiener fangen Wachteln mit Netzen«, antwortete er; »das haben wir noch nicht versucht.«

Wir überlegten uns die Sache und knüpften dann ein Netz aus schwarzem, gut gewachstem Zwirn. Es wurde fünfzig Zentimeter breit und achtzig Zentimeter lang und würde den ganzen Sandstreifen am kleinen Quellbecken decken. Aber wie sollten wir es aufstellen? Das Netz mußte schnell zuschlagen, da die Wachteln unwahrscheinlich schnell auffliegen konnten. Warum sollten wir es nicht mit Gummibändern versuchen? Wir befestigten das Netz mit den Schmalseiten an zwei runden Stäben. Die wurden mit Gummibändern, aus einem Autoschlauch geschnitten, an zwei Bodenbrettern gespannt. Beim Aufstellen der Falle wurden die Netzstäbe in die Höhe gezogen und mit zwei zugespitzten Stöcken über den Bodenleisten balanciert. Beim kleinsten Ruck glitten die gespitzten Stöcke weg, und das gespannte Gummi ließ das Netz auf den Boden schlagen.

Wir schnitzten, knüpften und probierten anderthalb Tage an dieser Falle. Zum Schluß blieb nur die spannende Frage offen, ob die Wachteln auch unter das Netz laufen würden. Gleich am nächsten Morgen wurde das Netz am Wasser aufgestellt und die Bodenbrettchen gut mit Sand verdeckt. Hermann saß, mit einem langen Faden in der Hand, in der Felsspalte, während ich aus größerer Entfernung beobachtete. Bald ertönte der erste Ruf aus dem Himmel, Schwingen schnitten in sausendem Bogen über das Tal, und ein Völkchen von sieben Wachteln fiel zwanzig Meter vom Wasser entfernt ein. Einige Augenblicke saßen sie noch, dann trippelten sie schnell zum Wasser. Ich vergaß vor Spannung zu atmen.

Da – die erste Wachtel lief, ohne zu zögern, unter das Netz, die zweite folgte, die dritte – jetzt waren ihrer fünf dicht am Netz oder schon darunter. Der Abzugfaden schnellte hoch, das Netz schlug nieder. Flügel brausten mit hartem Schlag schnell empor, und unter dem Netz flatterte und bewegte es sich. Wir sprangen hinzu und holten drei Vögel heraus.

Kaum hatten wir das Netz wieder gestellt, da kam schon das nächste Volk. Diesmal erbeuteten wir zwei Wachteln. Damit ließen wir es einstweilen genug sein, wollten wir doch die Vögel so wenig wie möglich erschrecken. Wir waren in gehobener Stimmung, lachten und schwatzten. Gab es nicht

Wachteln zu Tausenden? Und kamen sie nicht zu jeder Wasserstelle? Wir würden nie wieder richtig zu hungern brauchen, auch wenn das große Wild einmal selten war!

Neben dem Pontok unter den Büschen saß ich dann und rupfte die Vögel. Die dichten, noch warmen Federn trieben in leichtem Luftzug um meine Füße. Plötzlich erschienen hinter dem Stamm eines Busches lange haarige Beine mit langsamen, eckigen Bewegungen. Ein roter, haariger Leib, noch mehr Beine: eine handtellergroße Vogelspinne. Sie griff sich mit den klauenbewehrten Vorderbeinen ein Federbüschel und schlug ihre großen Giftfänge hinein und wiederholte die Bewegung immer wieder, da sie nur auf Federn traf. Ich rief Hermann heran. Während wir zuschauten, erschien eine zweite Vogelspinne und machte sich ebenfalls an einen Federballen. Der warme Vogelgeruch hatte sie wohl aus ihrem Versteck gelockt. Wir töteten die beiden Spinnen, legten wir doch wenig Wert auf die Nachbarschaft dieser häßlichen Gifttiere.

Als wir das nächste Mal Wasser holten, fanden wir im Quellbecken ein Nektarinenvögelchen. Es hatte den Kopf noch über Wasser, konnte aber nicht herausfinden und war schon ganz schwach. Wir fischten es heraus. Es wog trotz seiner Nässe fast nichts auf der Hand, war viel leichter und kleiner als die Vogelspinne. Wir wußten nicht, wo die kleinen Vögel schliefen. Jedenfalls, wenn eine Vogelspinne sie beschlich, hatten sie keine Aussicht zu entkommen. Wir setzten das Nektarinchen in einen Busch zum Trocknen; es tat uns leid, daß das zierliche Geschöpf so scheußliche Feinde hatte.

Der Regen hatte vielerlei Insekten hervorgebracht. Eine spannenlange Stabheuschrecke flatterte auf hauchdünnen, gefleckten Flügeln in unseren Pontok. Sie landete an einem Pfosten, die Flügel legten sich wie seidene Fächer zusammen und verschwanden unter zwei schmalen grauen Flügeldecken; wo eben noch ein Insekt gewesen, schien nur noch ein kleiner, dürrer Zweig zu hängen. Die Nachahmung war so weit getrieben, daß die Heuschrecke sogar Andeutungen kleiner asymmetrischer Dornen auf dem Rücken trug.

Die Entwicklung zu solcher Tarnung war durch Auslese ganz gut zu erklären. Wir beobachteten bald darauf aber, daß bei den Insekten Tarnung nicht nur auf den Körperbau beschränkt zu sein braucht. – Ich saß an einen Felsen gelehnt und beobachtete eine Herde Zebras, an die ich nicht herankommen konnte. Der Hengst stand auf einer Felsnase. Er hatte den Rücken gegen den Wind gekehrt, und seine Herde befand sich vor ihm auf einer kleinen Fläche zwischen den Felskuppen. Die Tiere standen still in der Sonne, eine Stute lag in einer Kuhle, und ihr Fohlen spielte um sie herum. Während ich wartete, landete plötzlich vor mir auf einem kahlen Sandfleck eine etwa fünf Zentimeter große stahlblaue Schlupfwespe. Sie krabbelte kreuz und quer über den Sand und begann dann ein Loch zu graben. Mit den gewinkelten Vorderbeinen griff sie sich ein paar Sandkörner und zog sie, rückwärts laufend, mit, ließ die Sandkörner liegen, schoß wieder vor und kam mit einer neuen Ladung zurück. Das ging so schnell und exakt wie ein abschnurrendes Spielzeug.

Die Schlupfwespe verschwand bald ganz in dem schrägen Loch, und vor dem Eingang wuchs ein Sandkegel empor wie eine Schutthalde vor einem Bergwerk. Nach etwa fünfzehn Minuten flog sie plötzlich davon. Wenig später plumpste sie vom Felsen herab, direkt vor meine Füße; sie hatte eine Heuschrecke zwischen den Vorderbeinen, die gelähmt, aber größer und schwerer als sie selber war. Sie ließ die Heuschrecke erst einmal liegen und begann, auf dem Boden umherkriechend, ihr Loch zu suchen. Sie suchte wohl eine Minute lang. Dann kam sie zurück. Auch die Heuschrecke fand sie nicht gleich. Als sie sie hatte, setzte sie sich auf ihren Rükken und hielt sie mit den Vorderbeinen fest. Und jetzt begriff ich, warum die Schlupfwespen so überlange Hinterbeine haben. Sie reichten auf beiden Seiten der Heuschrecke bis auf den Boden. Mit ihnen laufend, schleppte die Wespe ihre schwere Beute schnurgerade zu dem Loch. Hier ließ sie sie wieder liegen und verschwand in der Erde. Offenbar hatte sie bei der Inspektion festgestellt, daß das Loch noch nicht groß genug war, denn sie begann jetzt wieder Sand und Erdbröckchen herauszuschaffen. Einige Minuten vergingen mit dieser Arbeit, dann packte sie die Heuschrecke wieder und schleppte sie in das Loch. Ich weiß nicht, ob sie ihre Eier schon vorher in ihre Beute gelegt hatte, oder ob das erst jetzt unter der Erde geschah; jedenfalls erschien sie bald wieder und begann das Loch sorgfältig zu füllen.

Soweit hatte ich mich nur gewundert, daß die Schlupfwespe so lange gebraucht hatte, um ihr Loch wiederzufinden. Aber nun vollbrachte sie eine geradezu verblüffende Tarnung. Nachdem das Loch eingeebnet war, blieb ein kleines Häufchen Sand übrig. Diesen Rest verteilte die Schlupfwespe in der Nachbarschaft. Dann schleppte sie drei, vier kleine Steinchen heran und verteilte sie regellos auf der eingeebneten Stelle, die nun wirklich nicht mehr zu erkennen war. Aber auch damit gab sie sich noch nicht zufrieden. Sie grub in einem Umkreis von fünfundzwanzig Zentimetern fünf flache Löcher, die aussahen, als wären sie unvollkommen gefüllt. Erst dann flog sie endgültig davon. Das Ganze hatte etwa eine Stunde gedauert.

War das alles durch Auslese zu erklären? Falls es Feinde gab, die die Brutkammern beraubten, war es klar, daß die Auslese die Nachkommen aller Schlupfwespen vernichten konnte, die ihre Beute schlecht vergruben. Aber wie konnte der Instinkt, die Stelle durch Steinchen und Blindeingänge zu tarnen, überhaupt entstehen? Konnte ein kleines Mehr an Tarnung bei der Auslese überhaupt noch eine Rolle spielen? War vielleicht bei dieser Raffinesse gar nicht die Auslese, sondern die unbewußte Phantasie des Lebens am Werk? Die Phantasie, die immer danach strebt, alle Entwicklungen bis zur äußersten Möglichkeit zu treiben?

Gespräch am Krankenbett

Es war wieder Winter geworden. Die Nächte waren kalt, zuweilen maßen wir am Morgen nur zwei oder drei Grad über Null. Außer der Quelle gab es nur noch eine Wasserstelle in der näheren Umgebung, einen Kolk, der noch vom Regen her Wasser enthielt und der, etwa eine halbe Stunde von unserem Wohnplatz entfernt, im großen Rivier lag. Wir ersahen aus den Spuren, daß dort zuweilen Zebras tranken, und gingen deshalb abwechselnd dort auf Ansitz. Da wir uns in der mondlosen Phase des Monats befanden, gingen wir immer am frühen Morgen, denn in der Nacht waren die Zebras nicht auszumachen. Die Zebras kamen aber offenbar immer bei Nacht. – Wir waren indessen nicht die einzigen, denen durch den Regen draußen in der Wüste der Fleischtopf höher gehängt worden war. Das zeigte ein Erlebnis, das Hermann mit »Old Scarefoot« hatte.

»Old Scarefoot«, zu deutsch ›Narbenfuß‹, war ein großer Leopard. Wir hatten ihn noch nie gesehen, aber wir trafen dann und wann auf seine Spur, die infolge einer tiefen Narbe in einem Fußballen leicht zu erkennen war. Ein Buschmann hätte sicher auch sagen können, an welchem Fuß sich die Narbe befand.

Nach einem empfindlich kühlen Morgen – sechs Grad hatten wir im Wetterbuch notiert – kam Hermann gegen Mittag zurück und sagte: »Ich war heute heilfroh, daß ich Otto nicht bei mir hatte. Ich bin Old Scarefoot begegnet.« Er stopfte sich eine Pfeife und erzählte:

»Ich bog vor Sonnenaufgang, es war aber schon recht hell, um die letzte scharfe Felsecke im Rivier, war dabei, mir eine Pfeife zu stopfen und hatte die Pistole unter den Arm geklemmt, als ich mich plötzlich dem Leoparden gegenübersah. Er kam das Rivier herunter. Die Felsecke hatte uns voreinander gedeckt, bis wir nur noch vier bis fünf Meter auseinander waren. Wir blieben beide stehen und sahen uns an. Ich dachte blitzschnell: Pistole greifen heißt, die Tabakbüchse fallen lassen. Erstens wäre es schade um den Tabak, zweitens spränge mir das Vieh ins Gesicht, bevor ich noch eine Kugel im Lauf hätte. Ich blieb also ruhig stehen und sah ihn weiter an. Da merkte ich, daß er klatschnaß war. Sein Fell klebte, und von seinem Bauch tropfte Wasser. Ich weiß nicht, wie lange wir uns angesehen haben. Wahrscheinlich waren es nur ein paar Sekunden. Der Leopard knurrte leise, ging auf die andere Seite des Riviers und setzte dort langsam seinen Weg fort. Es war, als wollte er sagen: Ich will nicht mit dir anbändeln, du unsympathisches langes Tier, aber Angst vor dir habe ich nicht!

Ich war natürlich neugierig, wieso die große Katze an so einem kalten Morgen naß war. Die Spur – es war Old Scarefoot – kam vom Kolk. Und dort sah ich dann auch, daß er im Wasser gewesen war. Die vier kleinen Wasserschildkröten waren verschwunden. Er muß schon ziemlich hungrig gewesen sein, daß er sich die stinkenden Schildkröten mit ihren zähen Lederpanzern aus dem kalten Wasser fischte. Mir wird jetzt noch schwach, wenn ich an den Hunger des Viehs denke. Vielleicht hätte er mich auch nicht so verächtlich stehen lassen, wenn er nicht so naß gewesen wäre. «

Bald mußte sich nun wieder mehr Wild einstellen. Mit dem Fang von Vögeln konnten wir uns zur Not immer durchbringen. Allerdings mußten wir dazu auch die einen Tagesmarsch entfernten Wasserstellen aufsuchen, um die Wachteln nicht von unserer Quelle zu verscheuchen.

Wir sahen der Zukunft zuversichtlich entgegen. In diesem Jahr würde nach dem guten Regen alles Wild fett werden, und außerdem würde es Straußeneier und Honig geben. Von unseren dreihundert hatten wir immer noch einhundertundzwanzig Schuß Munition. Damit konnten wir noch gut eineinhalb Jahre leben. Pfeil und Bogen würden schließlich auch verwendbar sein, und außerdem hatten wir auch noch Pläne für Fallen entworfen, um auch großes Wild zu fangen. Wir schienen das Leben in der Wildnis gemeistert zu haben und waren guter Dinge.

Da wurde Hermann krank.

Er hatte schon seit einiger Zeit über Rückenschmerzen geklagt. Wir hatten an eine Muskelzerrung oder an Rheumatismus gedacht. Aber die Sache wurde nicht besser, sondern schlimmer. Hermann versuchte es mit Sonnenbädern und mit dem Auflegen von heißen Sandsäcken. Nichts half. Wir kamen schließlich zu dem Schluß, daß es sich um eine durch Vitaminmangel verursachte Nervensache handeln müsse. Wir hatten seit dem Regen zu selten frisches Fleisch gehabt. Vielleicht hätten wir die Wachteln roh essen sollen. Aber dazu hatten wir uns nicht entschließen können; selbst Otto verschmähte rohes Vogelfleisch.

An einem kalten Morgen war Hermann im Bett geblieben. Ich hatte einen Kanister mit glühenden Kohlen in den

Pontok gestellt. Auf den Kohlen schmorten ein paar Wachteln. Blauer Rauch kräuselte sich in den unzähligen Lichtbahnen, die durch die Lücken im Astwerk des Daches fielen. Der ganze Raum war mit warmem, lebendigem Licht durchwebt. Wir unterhielten uns über die Entwicklung der Völker und Staaten. Vielleicht hatte der Ackerbau sich aus dem Totenkult entwickelt? Mußte nicht eine Grabbeigabe von Körnern, wenn sie keimte und wuchs, besonders üppige Pflanzen und reichen Samen ergeben? Hing vielleicht mit dieser Beobachtung zusammen, daß die Fruchtbarkeitszeremonien ackerbauender Völker ursprünglich immer mit Menschen oder Tieropfern verbunden waren?

Wie dem auch sein mochte, Ackerbau und Viehzucht vergrößerten die Sicherheit des Lebens. Aber sie machten auch das Halten von Sklaven lohnend, und Krieg und Disziplin wurden ebenso wichtig und notwendig wie Fleiß. So begann ein Wettstreit der Völker und Kulturen, der das Raubtierhafte in der menschlichen Seele, das sich schon in vormenschlicher Zeit durch den Übergang zur Fleischnahrung entwickelt hatte, weiter verstärkte. Und heute hatte diese Entwicklung so weit geführt, daß der Fortbestand der Menschheit überhaupt bedroht war, da die Raubtiertriebe der Seele, durch heroische Traditionen verstärkt, über ein ständig wachsendes Maß an materieller, technischer Macht verfügten. Diese Entwicklung war logisch und folgerichtig wie die Entwicklung und das Aussterben der gewaltigen, wehrhaften Saurierarten. Denn Macht führt, sich wie eine Lawine ballend, unwiderruflich bergab.

Hermann sagte: »Aber wie war es möglich, daß den Menschen, noch ehe die Gefahr tödlich und leicht erkennbar wurde, verkündet werden konnte: Liebet einander?«

Ich blickte in den Wald von Lichtstrahlen und antwortete: »Das Leid! Sind nicht Freude und Leid der Urmaßstab des Lebens, der einfachste Ausdruck der urteilenden Kraft? Hat sich das Leben nicht zwischen diesen beiden Polen entwickelt, vor dem Leid fliehend und Freude suchend? Ohne den Schmerz, der jeden Fehler empfindlich bestraft, wäre die triumphierende Entwicklung des Lebens durch die feindlichen Jahrmillionen nicht möglich gewesen. Haben nicht Schmerzen gleich Engeln mit Flammenschwertern jeden Vorwärtsschritt der Entwicklung vom winzigen Einzeller zur schnellen Gazelle, zum kühn segelnden Vogel und zum denkenden Menschen begleitet und behütet? Schmerz zwingt zur Abwehr, zur Veränderung, zum Lernen, und es ist gar nicht anders möglich, als daß Leid alle Abwehrkräfte des Körpers und der Seele auf den Plan ruft. Müssen Menschen nicht immer versuchen, leidbringende Zustände zu ändern? Und ist es verwunderlich, wenn da einmal Liebe und Gerechtigkeit an Stelle von Haß und Grausamkeit ersehnt werden? Leben ist es ja gewöhnt, sich in gegensätzlichen Gefühlen und Begriffen zu bewegen.«

»Richtig! Und neben dem unmittelbaren Leid gibt es auch noch das Mitleid. Fremdes Leid kann die Erinnerung an eigenes Leid erwecken. Durch die Phantasie kann sogar nie Erlittenes noch mitempfunden werden. So entsteht Mitleid. Die ersten Ansätze dazu gibt es wohl schon bei manchen Tieren. Wie anders wäre dein Gemsbock dazu gekommen, sich um seinen verwundeten Artgenossen zu kümmern? Leid und Schmerz sind zunächst Erfahrungen des einzelnen, aber auch für die Gemeinschaft sind diese lebenswichtigen Erfahrungen nicht verloren, denn sie kann durch das Mitleid an ihnen teilhaben. Beim einzelnen stärkt Leid die Abwehrkräfte und die Fähigkeit, aus der Erfahrung zu lernen. Das Mitleid überträgt diese Reaktion auf eine größere Gemeinschaft. Die Gemeinschaft ist mehr als der einzelne, und da ist es denn nicht verwunderlich, daß auch die positiven Kräfte, die echtes Mitleid erwecken, eine Erweiterung zeigen: Das Mitleid ruft die Hilfsbereitschaft auf den Plan.«

Hermann sann ein paar Augenblicke vor sich hin und fuhr fort: »Ja, Mitleid und Hilfsbereitschaft gehören zusammen. Wo natürliches Mitleid nicht unterdrückt oder verbogen wird, da findet die Gemeinschaft bald die Mittel, Mißstände und Fehler zu korrigieren, selbst wenn nur eine Minderheit unter ihnen leidet. Das Mitleid ist eine wichtige Grundlage der menschlichen Gesellschaft und hat wohl eine große Rolle bei ihrer Entwicklung gespielt. Jede Weltanschauung, die das verkennt und Mitleid als Gefühlsduselei verschreit, verhindert die rechtzeitige Verbesserung von Übeln, bis aus Ungerechtigkeit und Leid explosive und zerstörerische Kräfte aufbrechen.«

Hermann rauchte still vor sich hin, und dann sagte er:

»Ich glaube, ich kann jetzt meine Frage von vorhin beantworten. Durch Mitleid und Mitgefühl ist der einzelne mit seinen Mitmenschen verbunden und kann an ihrem Leid teilnehmen. Durch diese Verknüpfung können Märtyrer und Heilige das Leid einer Generation, ja das Leid von Generationen erleben und mit aus dem Leid geborenen Lehren einen neuen Weg weisen. – Auf dieser Ebene kann der einzelne mit der Gemeinschaft, ja mit der Menschheit weit enger verbunden sein als durch jede biologische Bindung, denn durch die Überlieferung bleibt das einmalige Leid lebendig und von Generation zu Generation wirksam.

So ist der Tod Christi noch heute wirksam. Ohne sein Leid wäre seine Lehre unter vielen vergessen. Die christliche Lehre gibt der Tatsache vollendeten Ausdruck, daß in der menschlichen Seele die Kräfte der Erneuerung eng mit der Fähigkeit, Leid zu ertragen, verknüpft sind. Leid, Tod und

Auferstehung, Karfreitag und Ostern, liegen dicht beisammen.«

Nach dem letzten Wort war es in unserer lichtdurchfluteten Hütte unendlich still. Mich befiel ein Gedanke: Wir lebten in einer Zeit übermäßigen Leides. Vielleicht war der Ostertag der Erneuerung nicht mehr fern.

Ein Jagdausflug

Hermanns Schmerzen hatten vom Rücken auf die Beine übergegriffen, und er vermochte nur noch mühsam zu gehen. Vielleicht vermochte ihm frische, vitaminreiche Leber zu helfen. Ich beschloß, mein Glück an der Goagosquelle zu versuchen.

Mein Weg führte zunächst durch kleine häßliche Schluchten. Die Hänge, mit losen Steinplatten gepflastert, standen voll Stechgras, dessen stachelige Samen mir in die ausgetretenen Schuhe fielen. Am letzten größeren Rivier fand ich einen Arobaum mit reifen Früchten. Ich pflückte mir eine Handvoll der erbsengroßen Beeren und kaute im Weitergehen das spärliche, herbe Fruchtfleisch von den harten Kernen. Da die Beeren viel Gerbsäure enthielten, durfte ich nur wenig davon essen.

Endlich lagen die öden Schluchten hinter mir, und ich stand am Rand der weiten Namibflächen. Wieder war alles verändert. Das Gras neigte sich, trocken geworden, wie reifes Korn im sanften Wind; es verhüllte wie ein goldener Teppich den Schutt der Wüste. Die Granitdome im Norden standen Inseln gleich in einem silbern schimmernden Meer seidigen Blinkhaargrases. Ich ließ meinen Blick über die

Horizonte schweifen und begrüßte die wohlbekannten Berge wie alte Freunde. Und siehe da, die Flächen waren nicht mehr tot. Feiste Zebras weideten mit Behagen, Springböcke schnellten in hohen Bögen mit übermütig gespreizten Prunkhaaren vom Gold der Flächen in das lichte Blau des Himmels. Das Schönste aber waren die Tierkinder. Kleine Gemsböcke im Schutz der langen, schlanken Spieße ihrer Mütter. Zebrafohlen, die lustig bemaltem Kinderspielzeug glichen. Wieder einmal hatte junges Leben über die alte, grausame Wüste gesiegt.

In den Zebrakuhlen, die nach dem Regen voll Wasser gestanden hatten, lagen jetzt ganze Nester von runden Tsammas-Kürbissen, die wie grüne Ostereier aussahen. Bald würden auch sie gelb werden, und das Wild würde sie fressen. Für uns waren sie leider viel zu bitter.

Ich freute mich des strahlenden Tages. Vorsichtig mühte ich mich, keine Pflanze zu zertreten. Trotzdem durfte ich die Jagd nicht vergessen, denn zu Hause warteten Hermann und Otto. Ich sah voller Freude, daß die Tiere gegen den Ostwind weideten. Es ist dies eine allgemeine Gewohnheit der Steppentiere, ein Instinkt, der die Gefahr von Hinterhalten stark vermindert. Nach ein paar weiteren Tagen mit Ostwind würde die Vorhut bis in die Nähe des Affenloches kommen.

Es war kaum möglich, an eine größere Herde auf Pistolenschußweite heranzukommen. Denn in der Herde weiden fast nie alle Tiere gleichzeitig, und die nicht Weidenden gewahren jede verdächtige Bewegung. Aber es dauerte nicht lange, und die Tiere traten spärlicher auf; bald bemerkte ich einen einzelnen Gemsbockbullen. Er hatte mich noch nicht gesehen. In einer kleinen Senke konnte ich gedeckt noch etwas näher herankommen. Ich zog die Schuhe, die auf den Steinen leicht knirschten, aus, ließ auch Rucksack und Glas zurück und schob mich langsam auf dem Bauch näher. Den Blick starr auf den Gemsbock gerichtet, bewegte ich mich nur, wenn er fraß. Hob er den Kopf, rührte ich keinen Finger mehr. Als ich auf etwa sechzig Meter heran war, schien er den Eindruck zu gewinnen, etwas habe sich in seiner Umgebung verändert. Denn als er jetzt den Kopf hob, drehte er ihn mir zu und starrte mich lange unverwandt an. Ich lag mit klopfendem Herzen vollkommen unbewegt. Schließlich senkte er wieder den Kopf und fraß weiter. Ich war auf fünfzig Meter heran – sollte ich einen Schuß wagen? Wenn ich ihn nur verwundete und er mich annahm, hatte ich in der deckungslosen Fläche keine Aussicht, zu entkommen. Ich ging besser noch näher heran. Und jetzt ging es nur noch spannenweise. Vierzig Meter! Ich wollte noch fünf Schritte weiter bis zu einem niederen Felsblock. Da plötzlich – ich erschrak bis in die Eingeweide – erhob sich laut quarrend eine Trappe, die versteckt im Gras gesessen hatte, und flog mit gekrümmten Schwingen einen sausenden Bogen, ehe sie wieder einfiel. Der Gemsbock schreckte und preschte davon, daß die Kiesel spritzten. Nach etwa fünfzig Metern blieb er stehen, war aber nun sehr aufmerksam. Ich gab auf.

Ich kam dann durch wildloses Gebiet. Mit dem sinkenden Tag hob sich der Horizont der strahlensprühenden Sonne entgegen; die Goagosberge waren nahegerückt. Ihre Füße lagen mit scharfen Schlagschatten Raubtiertatzen gleich in den hellen Flächen; vor der Sonne aber leuchtete das Gras in breiter Bahn wie gesponnenes Silber.

Kurz nach Sonnenuntergang schöpfte ich mir an der Quelle eine Feldflasche voll Wasser. Das Tal lag verlassen, und auch der Sand zeigte nur wenig Wildspuren. Die Weide enthielt immer noch so viel Feuchtigkeit, daß die Antilopen kein Wasser brauchten.

Ich ging zu der kleinen Höhle, in der wir früher schon geschlafen hatten, und suchte mir einen Arm voll Schwemmholz. Bald brannte ein kleines Feuer in der schnell fallenden Dunkelheit. Ich zog meinen Trainingsanzug über und zog ein Häufchen Kohle aus dem Feuer heraus und dicht an meine Schenkel heran. Auf den Kohlen kochte in einem kleinen Aluminiumtopf eine doppelte Ration Mais, mein Abendessen und mein Frühstück zugleich. Ich zerklopfte eine Stange Biltong auf einem Stein und bestreute den Mais mit dem Fleischmehl. Als besondere Leckerei besaß ich noch ein Stückchen geräucherten Nackenspeck vom Zebra. Ich zerschnitt den Speck, der mit seinem leicht tranigen Geschmack an geräucherten Hering erinnerte, in ganz kleine Stückchen, die ich kunstgerecht auf den Mais verteilte. Dann kochte ich mir noch Tee in einer Blechbüchse, für den ich sogar zwei Löffelchen Zucker besaß.

Ich saß sinnend, nährte bedächtig mein Feuer und dachte an Hermann und Otto, meine treuen Kameraden. Was sollte werden, wenn Hermann nicht wieder gesund wurde? Dann mußten wir wohl in das Land der Menschen zurückkehren. Nach der harten Freiheit würde uns die harte Enge des Internierungslagers zuteil werden. Waren diese Jahre dann vergeblich gewesen?

Trotz trüber Gedanken fühlte ich beglückend die Ruhe der hohen, weiten Nacht. In dem fast gotischen Ausschnitt des Höhlendaches leuchtete das Kreuz des Südens über den beiden hellen Zentaurussternen. Ich legte mir Rechenschaft ab und wußte, daß die harte Zeit nicht vergeblich gewesen war. Wir hatten uns ein unwirtliches, wildes, herrliches, noch ganz ursprüngliches Stück Erde zur Heimat gemacht. Wir hatten mit den schönen Tieren der Wildnis gelebt, wie es kaum ein zivilisierter Mensch so vermag. Wir hatten grausam wie Raubtiere gelebt, hatten oft mit blutigen Händen gegessen, aber wir hatten denkend und fühlend gelebt, und der rücksichtslose Kampf ums Dasein hatte uns nicht hart und roh werden lassen; er hatte uns zu Erkenntnissen geführt, die weit über den primitiven Kreis unseres Daseins hinausführten. Wir hatten erkennen gelernt, daß das Leben imstande war, Gutes aus Schlechtem zu gewinnen und aus Gleichgültigem Sinnvolles und Schönes zu gestalten. Wir hatten die Erkenntnis gewonnen, daß in allem Leben eine urteilende Kraft, also eine geistige Kraft wirkt, die sich im Fühlen äußert und die durch das Gefühl alle Erlebnisse beurteilt und bewertet und so bejahend und verneinend den Ablauf der toten Welt durchbricht.

Während die Sterne ihre Energien gleichgültig verstrahlen, während Atome alternd zerfallen, baut das Leben, diese Energien gebrauchend, eine neue, freiere, höhere, von Werten strotzende Welt auf. Das bewies seine Entfaltung, die im Laufe der Erdgeschichte von der Einzelzelle bis zum denkenden, bewußt Werte schaffenden und suchenden Menschen führte. War dies nicht ein übermaterielles, also geistiges, göttliches Geschehen?

Ich sah hinaus in die Nacht. Die große Himmelsuhr des südlichen Kreuzes war ein Stück weitergerückt. Was mochte sich in anderen Sternensystemen entwickeln? Und – noch ein Gedanke kam aus der tiefen Stille – die Entfaltung ging doch von Stufe zu Stufe immer schneller. Würde schließlich vielleicht der ganze tote Kosmos in eine höhere, vom Geist geleitete Welt verwandelt werden? Strebte vielleicht die urteilende göttliche Kraft nach diesem Ziel?

Eines war sicher: Welchem Ziel das Leben auch entgegenwachsen mochte, die Entfaltung war kein automatischer, gesicherter Vorgang wie der physikalische Ablauf der Welt.

Die größere Freiheit des Lebens schloß solche maschinenhafte Sicherheit aus. Die höhere Ordnung wurde durch Unsicherheit, die wählende Tätigkeit durch die Möglichkeit fehlerhafter Wahl erkauft. So war die Entfaltung ein mühsamer, schmerzhafter Vorgang. Wie konnte er anders sein als mühsam – bewegte sich doch die Entwicklung gegen den reißenden Strom des kosmischen Energiegefälles. Und war nicht der Schmerz von Anbeginn das eine Ende des Wertmaßstabes der Gefühle?

So war das Leben ein immerwährender Kampf zwischen zwei entgegengesetzten Gewalten. Ein Kampf des Geistes, der sich mühte, gestaltend Werte zu schaffen, und der dabei überall auf die Trägheit der Materie und die starke Strömung des gleichgültigen physikalischen Geschehens stieß. Hatten die Menschen das nicht schon immer gefühlt? Hatten die großen Religionen es nicht schon immer verkündet? Alle Not des Lebens aber entstand immer wieder daraus, daß der Geist die Materie als Baustoff brauchte, daß er sich mit ihr belasten mußte, wenn er wirken wollte. Leben ist ohne Materie nicht denkbar, so wenig wie eine Mauer ohne Steine. Aber mußten nicht irgendwo im letzten Geist und Materie trotz ihrer gegensätzlichen Haltung zusammengehören? Wie sonst wäre beim Leben ihre innige Verflechtung möglich?

Aus der gegensätzlichen Richtung der geistigen und materiellen Kräfte ergibt sich ein weiteres. Wo immer sich Leben zeitweilige Sicherheit verschafft, indem es sich dem physikalischen Energiegefälle anpaßt, da wird es vom Untergang bedroht. Leben kann nur im Wechsel, nur in bewahrter Empfindlichkeit Bestand haben. Jede vollkommene Anpassung ist Anpassung an den Tod.

In der immerwährenden Auseinandersetzung mit der toten Welt hat sich das Leben als Ganzes herrlich behauptet und siegreich entfaltet. Aber immer wieder ist es die Tragik einzelner Wesen und einzelner Arten, in die kosmischen Strudel gerissen zu werden und in ihnen zu vergehen.

Solches Unglück ist nicht Gottes Fügung. Kein Gott schickt Erdbeben oder Lawinen, tödliche Bakterien oder unglückliche Erbanlagen. Aber göttlich ist die Fähigkeit, aus dem Schmerz immer wieder zu lernen und aus dem Leid Hoffnung zu schöpfen. Der Schmerz ist das eine Ende des Wertmaßstabes, darum ist allem Leben auferlegt, immer wieder Leid zu ertragen. Aber das Einzelunglück ist Zufall, um den sich nicht mit Gott hadern läßt. Hiob, der Unglück über Unglück ertrug, ohne zu hadern, wurde nicht umsonst der »getreue Knecht Gottes« genannt. Und der Mensch, das zwiespältigste und leidreichste unter den Wesen der Erde, hat sich nicht umsonst am höchsten entwickelt.

Die Nacht wurde kühl. Ich hielt meine Hände an das Feuer; zwischen den Kohlen pulsierte irisierende Glut. Die Ruhe der tiefen Wüstennacht senkte sich in meine Seele, denn mir schien, ich könnte mit dieser Erkenntnis nie ganz verzweifeln. Ich holte neues Holz herbei, ließ die Flammen noch einmal höher lodern und meine Gedanken weiter schweifen. Noch einmal dachte ich dem Ursprung nach, soweit er erkennbar war. Am Anbeginn des Lebens stand das Fühlen, Ausdruck der urteilenden Kraft. Das war erkennbar, aber – wie alle Grundlagen der Welt, wie die Tatsache, daß es Atome und Elektronen gab – nicht erklärbar. Wie aber konnte aus dem urteilenden Fühlen die ganze weitgestaffelte Rangordnung der geistigen Werte emporwachsen?

Welches ist der erste Schritt vom Fühlen zu höheren Werten? Doch wohl die Erinnerung, die es gestattet, aus Erlebtem Nutzen zu ziehen. Damit verlängert sich der Maßstab des Gefühls von der Gegenwart in die Vergangenheit. Und nicht nur in die Vergangenheit. Aus der Erinnerung entstehen auch Angst und Hoffnung für die Zukunft. Aus der Erinnerung, daß Besseres möglich ist als die Gegenwart, schöpft das Leben die Kraft, ewig hoffend vorwärtszuschreiten. Ja, diese Urerfahrung läßt das Leben mit keinem erreichten Zustand zufrieden sein, läßt es immer noch ein Besseres, ein Höheres erstreben und so an einer Leiter von Werten emporklettern.

Wie geht die Entwicklung von hier aus weiter? – Im steten Kampf mit der Umwelt schärft sich das Gefühl, und es entstehen Gesicht und Gehör, Tastgefühl und Geruch. Aus unbestimmtem Erinnern wird scharfes Erkennen. Nun kann der Geist zwischen den organisch bewahrten Erinnerungen und Kenntnissen hin und her wandern und kann sie zu Neuem, noch nie Dagewesenem zusammenfügen und so, phantasievoll spielend, neue Welten erschaffen. Beim Menschen endlich wächst aus dem Gefühl das Bewußtsein und damit gleichzeitig aus der Phantasie das Denken hervor. Und siehe, mit Hilfe der Erinnerung läßt sich die Zukunft wenigstens teilweise vorhersehen, läßt die Entwicklung sich bewußt lenken. Wieder hat sich die Pforte in eine neue Dimension geöffnet.

Ist das die höchst mögliche Stufe? Es gibt für eine solche Annahme keinen Grund, denn die Möglichkeiten zu einer höheren Stufe lassen sich von der jeweils tieferen aus nie überblicken. Schon in der überblickbaren Entwicklung aber scheint der Gewinn des Lebens unübersehbar groß.

Licht und Schatten tanzender Flammen spielten an der Höhlenwand auf und ab. Noch ein Gedanke wollte ans Licht.

Das Leben war auf einer Treppe von Werten emporgestiegen. Das war nur möglich, weil das Leben den Maßstab des Fühlens besitzt, der jedes Ereignis bewertet. Das eine Ende des Maßstabes ist der Schmerz, das andere die Freude.

Und nun löste sich mir das uralte Rätsel, warum die Welt des Lebens immer voll Schmerz und Leid und Verfehlung sein muß. Das lag in der Entwicklung zu Höherem beschlossen, denn diese bedurfte des Maßstabes, dessen eines Ende das Leid war. Also sind das Leid und – im menschlich bewußten Bereich – auch das Böse lebenswichtige Erfahrungen. Die Entwicklung ist ohne sie nicht denkbar und verlangt doch, daß sie abgelehnt und bekämpft werden.

Erlösende Erkenntnis, die doch nicht die Verflechtung löst! Erkenntnis, die Leiden und Kämpfen lehrt, ohne zu hadern und zu hassen. Denn die, die da leiden und sich in Schuld verstricken, sind unserer Liebe wert, denn ihnen wurde zuteil, die bösen, aber notwendigen Erfahrungen zu machen.

Leben war auf einer Treppe von Werten emporgestiegen. Verlor da nicht jede erreichte Stufe an Wert? Ja, mußte da nicht das Erreichte mit den Füßen zurückgestoßen werden, wenn das Höhere bezwungen werden sollte? Bei dem Raubtierleben des primitiven Menschen waren Wildheit und Angriffslust wertvolle Eigenschaften gewesen. Auf der nächsten Stufe, im organisierten Gemeinschaftsleben, bei der Verfügung über ungeheure technische Machtmittel, wurden eben diese Eigenschaften zu einer tödlichen Gefahr. Alles Leben aber trug einen großen Teil seiner Vergangenheit mit sich, in den Erbanlagen materiell festgelegt. So konnte Leben beim Ringen um höhere Werte zwiespältig werden. Die Unruhe des Zwiespaltes aber trieb immer wieder zu neuen Anstrengungen. – So hatte sich ja wohl aus dem Zwiespalt das menschliche Bewußtsein entwickelt.

Raubtierhaftes Leben bei hoher Intelligenz hatte starke egoistische Wesen erzeugt. Aber der Mensch war nie Raubtier genug, um dem Leoparden gleich als Einzelgänger leben zu können. Die Sippe erwies sich als lebensfähiger denn die

Familie; so entstand ein immer engeres Gemeinschaftsleben. Dabei war die menschliche Gemeinschaft eine Vereinigung verschiedenartiger Individuen mit verschiedenartigen Anlagen und Wünschen. Etwas ganz anderes als die im strengen Wortsinn erbgleichen Gemeinschaften der Insekten. – Darum ist die höhere, weil Vielfältigeres umfassende menschliche Gemeinschaft nur möglich, wenn der einzelne sich den Bedürfnissen der Gemeinschaft anpaßt, wenn er erzogen wird.

Jede Erziehung erzeugt einen Zwiespalt zwischen Sollen und Wollen. Durch diesen Zwiespalt lernt der einzelne erkennen, daß er von den anderen verschieden ist, eben ein einzelner. So entsteht das Ich-Bewußtsein, und mit dem Bewußtsein wird ein neuer Maßstab gewonnen, der außer Schmerz und Freude auch noch die beunruhigende Skala »Gut und Böse« enthält. Denn nun kann der einzelne bewußt die Gebote der Gemeinschaft übertreten oder sie verantwortlich handelnd respektieren.

Dies ist Menschwerdung. Aber es ist auch der Verlust des tierischen Paradieses der Verantwortungslosigkeit. Und mit dieser Austreibung aus dem Paradies entsteht die Not der Vereinzelung und die Sehnsucht, in einer schirmenden Gemeinschaft der Unsicherheit des Alleinseins zu entgehen.

Der Weg zu dieser höheren Stufe ist schon gewiesen: Nur die Ehrfurcht vor allem Leben kann fremden Möglichkeiten gerecht werden, und nur die Liebe kann Verschiedenartiges und Fremdes verstehend und behütend umfassen.

Wer hätte diesen Weg weisen sollen, wenn nicht der »Sohn des Menschen«, der als Mensch die Not erlebte und dadurch den neuen Maßstab errang?

Der Maßstab für unsere Zeit ist gegeben; unser Gefühl hat ihn anerkannt. Wer sich mit Geringerem begnügt, wer mit dem unteren Ende des Maßstabes zufrieden sein will, der treibt hilflos ohne Ziel. Gegen ihn erhebt sich die eigene, nach Entfaltung drängende Seele und verwirrt sein Dasein mit kümmerlichen Ersatzmaßstäben und seelischen Krankheiten. Sind nicht die Neurosen die Last einer Zeit, die ihren Maßstab verloren hat?

Ein kalter Wind zerrte spitze gelbe Flämmchen aus den Kohlen. Ich trat hinaus unter den gewaltigen Bogen der Milchstraße.

Das Bewußtsein hatte dem Menschen schwere Verantwortung, Verantwortung für die zukünftige Entwicklung, aufgebürdet. Wie konnte der einzelne hoffen, diese schwere Aufgabe zu bestehen? Trug er nicht unabwägbare Schwäche aus Vererbung und Erziehung, aus Unglück und Krankheit in sich? Mußten diese Schwächen seine Urteilsfähigkeit nicht immer beeinflussen und verzerren? Wer konnte da wagen, Verantwortung auf sich zu nehmen?

Aber Verantwortung war unser Los. Da konnte nur eines vor tödlichen Fehlern bewahren: Jedes Urteil mußte gemildert werden durch die strenge Erkenntnis, daß keinem Menschen ein endgültiges Urteil zusteht, und über jeder Tat mußte die Erkenntnis stehen, daß Ehrgeiz und Selbsterhöhung mit Sicherheit alle Schwächen und alle Einseitigkeiten in den Vordergrund bringen. Daraus aber ergibt sich das Gebot, in Liebe und Bescheidenheit zu handeln.

Auch dieser Weg ist uns schon gewiesen. Heilige Männer sind ihn wieder und wieder gegangen, und alle hohe Weisheit der Menschheit wurde in Bescheidenheit und demütigem Gebet errungen.

Zebras wieherten irgendwo in der weiten Nacht. Ich dachte an Franz von Assisi, der demütig genug gewesen war, auch in den Tieren seine Brüder zu sehen.

Die Sternenuhr war weit vorgerückt. Ich kratzte mir eine Kuhle in den Klippdachsmist der Höhle, schob mir den Rucksack unter den Kopf und schlief ein. – Während der Nacht hörte ich einmal durch den leichten Schlaf der Wildnis den Schritt eines Raubtieres im Rivier. Ich drehte mich um und freute mich über die Nähe fremden Lebens.

Als ich in der kalten, grauen Morgendämmerung zum Ansitz ging, stand eine Wildhündin ich der Nähe der Quelle und bellte mich heiser an. Es war wohl ihr Schritt gewesen, den ich in der Nacht gehört hatte. Wahrscheinlich hatte sie Junge irgendwo in der Nähe.

In den Morgenstunden sah ich nur Vögel. Dann ging ein einzelner Springbock an der Quelle vorbei. Ich erlegte ihn mit einem glücklichen Schuß. Ich aß ein Stück von dem rohen Fleisch und ging dann mit dem schweren Tier auf dem Rücken nach Hause, wo Hermann und Otto meiner warteten.

Von der Freiheit der Wüste ins Gefängnis

Die frische Leber und das frische Fleisch halfen Hermann nicht. Wie wir vorhergesehen hatten, fanden sich bald mehr und mehr Tiere in unserer Nachbarschaft ein. Eines Morgens erwachte ich von einem Schuß. Gleich darauf kam Hermann im Schlafanzug hereingehumpelt und sagte, wieder ins Bett kriechend: »Er liegt gleich auf der anderen Seite des Riviers.«

Er hatte ein Zebra dicht beim Pontok gehört und es mit einem sicheren Herzschuß getötet. Ich schoß pirschend einen Gemsbock und in einer Vollmondnacht am Wasser ein Zebra. Unsere Fettbüchsen füllten sich, unsere Vorräte an Rauchfleisch und Biltong wuchsen. Ich hatte viel Arbeit, denn Hermann konnte kaum noch gehen und nichts Schweres heben und tragen.

Wir hofften, daß vollkommene Ruhe und reichlich Ernährung mit rohem Fleisch ihm Genesung bringen könnten. Er brachte den letzten Monat fast ganz im Bett zu, zeichnete Steinwerkzeuge ab und malte mehrere schöne Aquarelle. Aber es half nichts, sein Körper war nicht mehr imstande, den Vitaminmangel aufzuholen. Es kamen Tage, wo die Schmerzen vom Rücken aus auch in Kopf und Nacken zogen. Wir entschlossen uns, unser Abenteuer zu beenden.

Ich richtete das Auto. Danach mußte ich noch zwei Stunden lang an unserer aus der Schlucht herausführenden Pad arbeiten, in die der Regen halbmetertiefe Rillen gerissen hatte. Am folgenden Tag fuhr ich Hermann hinauf. Vor Windhoek sprachen wir bei einem bekannten Farmer vor, um uns über die allgemeine Lage zu unterrichten. Die Frau des Farmers war erkrankt, und er wollte sie gerade ins Krankenhaus bringen. Ich übergab ihm Hermann. Wir vereinbarten, daß er sich dann bei der Polizei melden lassen sollte.

Ich selbst konnte mich noch nicht entschließen, meine wilde, freie Wüstenheimat aufzugeben. Ich fuhr wieder zurück, legte eine Ringspur, verwischte den Abgang und wartete dann mit Otto, was weiter geschehen würde.

Am Abend des zweiten Tages kam die Polizei, mich zu holen. Sie kamen sieben Mann hoch mit zwei Autos und waren schwer bewaffnet. Freunde hatten Hermann davon überzeugt, daß ich nicht allein bleiben könnte. Darauf hatte er unseren Wohnplatz beschrieben.

Epilog

Wir waren zwei Tage im Gefängnis. Darauf bekamen wir ein Zimmer in der Isolierstation des Krankenhauses angewiesen. Hermann wurden einige starke Vitamin B-Spritzen verabreicht, die ihn schnell wieder herstellten.

Die Polizisten hatten, als sie mich holten, nicht genügend Wasser bei sich; sie mußten sich mit Wasser aus unserer Quelle versorgen. Die von mir mit Schadenfreude erwartete Wirkung ließ nichts zu wünschen übrig. Noch nach vierzehn Tagen sagte einer von ihnen zu mir voller Anerkennung: »Mann, wenn ich nur an das Wasser denke, muß ich schon laufen.«

Wir konnten uns lange nicht an richtige Kleidung gewöhnen. Als es nach zwei Wochen zu einer Gerichtsverhandlung kam und wir in Halbschuhen den kurzen Weg zum Magistratsgericht gegangen waren, taten uns die Füße so weh, daß wir während der Verhandlung heimlich die Schuhe unter den Stühlen abstreiften.

Wir wurden wegen einer ganzen Reihe von Vergehen verurteilt. Wir hatten die Änderung unseres Wohnsitzes nicht gemeldet, hatten keine Hunde- und keine Autosteuer bezahlt, hatten ein Radiogerät nicht abgegeben, hatten verbotenerweise Waffen besessen und ohne Jagdschein Wild geschossen. Es hätte eine recht böse Sache werden können, aber der amtierende Magistrat hatte Verständnis für unser Abenteuer. So kamen wir mit einer kleinen Strafe davon. Das Geld zu ihrer Bezahlung lieh uns ein Freund.

Auch die Regierung zeigte Verständnis. Wir wurden nicht interniert. Kurz vor Beendigung des Krieges traten wir in den Dienst der Regierung und suchten als Geologen nach Bohrstellen für die Wassererschließung des weiten, trockenen, menschenarmen Landes. Unsere in der Wildnis erworbenen Kenntnisse verhalfen vielen wasserlosen Farmen zu Wasser und verwandelten dadurch unbenutzbare Wildnis in wertvolles Weideland.

Hermann verunglückte 1946 tödlich mit dem Auto. Er liegt auf dem Friedhof in Windhoek begraben.

Otto lebte noch einige Jahre. Er wurde alt und schwerhörig, besonders wenn ihm etwas nicht paßte, und verschwand eines Tages spurlos.

Südwestafrika entwickelt sich schnell. Eine neue Generation, für die das vorhandene Farmland nicht mehr reichte, wuchs heran. Für die Namib kamen gute Jahre mit reichlichem Regen. Der Ostrand der Namib, in Trockenjahren Wüste, wurde dadurch zur Grassteppe. Da konnte es nicht ausbleiben, daß sich Farmer mit Schafen in einem Teil des Gebietes ansiedelten, in dem wir gehaust hatten. Es wurde sogar in der Nähe des Karpfenkliffs eine Straße durch den

Kuiseb-Canyon gebaut, die durch die Wüste hinunter nach Walvisbai führt. Die Gemsböcke, deren Fleisch am besten schmeckt, sind recht selten geworden. Die Zebras werden, wo sie sich zeigen, erschossen oder angeschossen und den Hyänen überlassen. Wohl nie wieder wird ein Mensch in dieser Gegend eine Herde von viertausend Springböcken zu sehen bekommen.

Nachwort

Leser meines Buches drückten in den letzten Jahren immer wieder ihr Erstaunen darüber aus, daß es für gebildete moderne Menschen möglich gewesen ist, ein solches Leben zu führen. Wir waren uns jedoch bewußt, daß Millionen von Menschen unfreiwillig viel Schlimmeres erdulden mußten. Als wir 1935 in ein Land kamen, das die Endphase seiner harten Pionierzeit erlebte, hatten wir außerdem das Glück, ohne es zu merken, in dieser Phase eine nicht ganz unbedeutende Rolle zu spielen. Es gab damals noch viel Pionierwissen und Improvisationsvermögen im Lande, von dem sich Namibiareisende, die oft nur zu landschaftlichen Höhepunkten gefahren werden und Anekdoten zu hören bekommen, aber auch jetzt heranwachsende Namibier, die keine Großväter mehr haben, kaum ein Bild machen können. Es würde mich freuen, wenn es mir auf den folgenden Seiten gelänge, das Staunen über unsere Leistung zu mäßigen und das Verständnis für Namibia und seine Bewohner zu wecken. Dazu greife ich auf meine Erinnerungen an die ersten Monate und Jahre im Land und die Erzählungen von Bekannten und Freunden, deren Erlebnisse die Zeit bis zur Jahrhundertwende umfaßten, zurück.

Wir landeten im August 1935 in Walvisbay. Damals herrschten in dem weiten Land noch weitgehend die Bedingungen, Gewohnheiten und Ansichten der Pionierzeit. Walvisbay war und ist noch immer der einzige für größere Schiffe brauchbare Hafen an der fast 1500 km langen Küste zwischen der Wasserwüste des Südatlantiks und der Namibwüste. Obwohl im Bereich des Wendekreises des Steinbocks gelegen, findet sich an dieser Küste keine Palme, ja kein einziger Baum. Dafür übertönt oft Möwengekreisch die vom

Südwestwind angetriebene Brandung, denn das kalte antarktische Auftriebswasser ist reich an Lebewesen jeder Größe. Große Schwärme von Makrelen ziehen zahllose Kormorane an, zu denen sich auch Pelikane gesellen. Jedes noch so kleine Felsinselchen ist dicht mit den Vögeln und ihren Nestern besetzt und mit ihrem Kot, dem wertvollen Guano-Dünger, überkrustet.

In der kalten Jahreszeit Namibias sind die Temperaturen regional stark unterschiedlich. Während an der Küste und oft bis weit ins Landesinnere Nebelwände die Mehrzahl der Nächte empfindlich kalt und feucht werden lassen, stürzen Fallwinde, dem Föhn ähnlich, über die bis zu 2000 m hohe Randstufe des Hochlandes herab, erreichen – wo immer solcher vorhanden ist – Sand aufwirbelnd die Küste mit Sturmstärke und kämmen die anrollende Brandung seewärts um. Die Menschen stöhnen unter Temperaturen von bis zu 45°C, dichten Fenster und Türen mit feuchten Säcken ab. Das Ende der Pionierzeit hat an diesem planetaren Klimaablauf nichts geändert.

Die Pionierzeit reichte mit einigen ihrer charakteristischen Auswirkungen noch bis in die 50er Jahre hinein. Für den deutschen Teil der Bevölkerung begann sie, nachdem 1870 die Europäer, die Afrika schon vorher größtenteils unter sich aufgeteilt hatten, dem Wunsche Deutschlands nach Kolonien in einer Konferenz nachkamen.

Es entstand ein Land, wo es vorher nur eine Vielzahl von Stämmen mit teilweise sehr verschiedenen Sprachen gab, die von Legenden, Märchen und Vorstellungen geprägt waren. Es war ein großes Land mit weiten Horizonten und hohen Himmeln und sehr wenigen Menschen. Seit der Mitte des vergangenen Jahrhunderts hatten bis dahin vielleicht einige Hundert Weiße in diesem Gebiet gelebt. Es waren ein paar

Missionarsfamilien der Rheinischen Mission, von deren Nachkommen noch heute einige im Lande leben. Die Zahl der Jäger vergrößerte sich vor allem durch den Zuzug von Buren aus dem Gebiet südlich des Oranje. Sie brachten Kenntnisse mit, die auch für die aus Deutschland einströmenden Kolonisten von Bedeutung waren.

Als wir 1935 in Walvisbay an Land gingen, erlebten wir das Ende der Pionierzeit. Die Kämpfe des ersten Weltkrieges waren in Deutsch-Südwest-Afrika schon 1915 durch die Besetzung des Landes durch eine hundertfach überlegene Armee der Union von Südafrika beendet worden. Schon vor dem Krieg gab es Telegraph und Telefon, Automobile und kleine Flugzeuge im Land. Der Transfer von Morsezeichen erforderte jedoch Kabel oder starke Sender, die wiederum elektrischen Strom brauchten, und Telefone kamen nicht ohne Masten und Drähte aus. Zwischen Windhoek und den Siedlungen des Landes jedoch fehlten diese fast völlig. Als 1914 Morsetelegramme die sich überstürzenden Nachrichten von der Kriegserklärung Deutschlands an Rußland, Frankreich und England rund um die Erde trugen, blieb der Äther zwischen Windhoek und den anderen kleinen Schutztruppenstandorten still, obwohl Windhoek mit der Großfunkstation Nauen in Deutschland bei Potsdam und einigen Schiffen in Verbindung stand. Es war aber Vorsorge getroffen worden: Über Heliographenstationen, deren Spiegel aufeinander eingestellt waren, konnten am Tage mit Sonnenlicht, bei Nacht mit starken Acetylenlampen Morsetexte gesendet werden. Stationen auf hohen Bergen überbrückten große Distanzen. Für die Verbindung nach Keetmanshoop lag die Hauptstation auf dem Brukkaros (Fellhose), der Ruine eines 80 Millionen Jahre alten Vulkanes, der das umliegende Gelände um 500 m überragt. Das aus umherliegenden Steinplatten aufgesetzte Gemäuer der Hauptstation war unverfugt. Wasser mußte aus einer Quelle weit unterhalb von Hottentotten heraufgetragen werden. Als der Heliographist die Nachricht vom Kriegsausbruch an eine Station nahe Keetmanshoop morste, bekam er die Antwort: »Du blödes ..., bist wieder besoffen!«. Erst nach etwa zwölf Stunden nahm dieser die Nachricht ernst.

Auch der Versuch im Nordwesten des Landes eine Telefonleitung zwischen Outjo und der etwa 200 km entfernten letzten Polizeistation Kamaniab zu legen mißlang noch nach dem Zweiten Weltkrieg kläglich. Ein Farmer, der für sein gutes Jägerlatein bekannt war, berichtete, er sei mit seinem Wagen langsam einem verliebten Elefantenbullen gefolgt, der die Straße entlang schritt, an jedem Telegraphenmasten die Porzellanisolatoren abpflückte und in die Dornbüsche warf: »Sie liebt mich, sie liebt mich nicht, sie ...«. Die Giraffen sahen die Drähte, gegen die sie häufig liefen, wohl nicht.

In bezug auf den Straßenbau ging die Pionierzeit erst 1949 zu Ende, als große Straßenhobel aus Amerika eingeführt wurden. Bis zur Mitte der 50er Jahre gab es im ganzen Land nur zwei kleine Brücken. In guten Regenperioden, wenn in kurzen Abständen hochaufgetürmte Gewitterwolken von Osten heranzogen und plötzlich viele Trockenflüsse Wasser führten, versperrte vor allem das unpassierbare Swakop-Rivier mehrere Tage lang den Zugang nach Walvisbay und Swakopmund und zum Norden des Landes. Man fuhr dann eben möglichst nicht »auf Pad«. Man richtete sich auf das Übernachten im Wagen oder unter einer aufgespannten Segelplane ein. In solchen Situationen herrschte gute Laune, gerade weil es regnete. Es sammelten sich oft mehrere Wagen, von denen jeder gute Verpflegung mitführte: »Braaivleis« zum Grillen, leckere Zutaten und natürlich Getränke. Es war warm. Höschen oder Badehose genügten. Man watete in die braune Flut, beobachtete ihr Fallen und Steigen, tauschte Neuigkeiten und Leckereien aus.

Hatte es in den drei vorangegangenen Wochen geregnet, hielt vielleicht ein Erfahrener Ausschau nach hohen, spitzen Termitenbauten, an deren Fuß dann tellergroße Pilze wuchsen, die gebraten oder in Milch gekocht den besten hiesigen Pilzen ebenbürtig sind.

Walvisbay, Hafengerüche, Gang in die kleine Stadt, Häuser auf Pfählen wegen der Überschwemmungen durch den Kuiseb, der in diesem Buch eine wichtige Rolle spielt; Kaufen von Schwarzbrot und Speck, ein Genuß nach 5 Wochen verfeinerter Schiffskost.

Am und auf dem Schiff großer Betrieb. Ein Kran hievt unsere zwei Gefährte, den Chevrolet Touring Car (Modell 1929) und einen Anhänger, aus seinem tiefen Bauch, setzt sie auf den Kai. Den Anhänger gab es 1935 noch nicht zu kaufen. Wir hatten ihn mit Hilfe des sehr guten Instituts-Mechanikers im Hof des Institutes nach eigenen Plänen aus einem Hinterachsaggregat (Achse, Federn, Räder) desselben Chevroletmodels, das Hermann sehr billig auf einem Autofriedhof in Köln gekauft hatte, konstruiert. Es konnte als fahrbares Ersatzteillager gebraucht werden und trug einen geräumigen verschließbaren Eisenblechkasten. Mit diesem Gefährt, von einem Kommilitonen mit Kreide mit afrikanischen Motiven, Palmen und Löwen buntverziert, waren wir nach Helmstedt kutschiert zum Abschied von Hermanns Eltern, deren Hausarzt übrigens vor dem ersten Weltkrieg Militärarzt (Schnelltöter) in Südwestafrika gewesen war.

Wir fuhren ohne einen bestimmten Forschungsauftrag nach Süd-West-Afrika. Prof. Cloos hatte uns gesagt, daß das große Land noch so wenig erforscht sei, daß wir wohl bald ein wissenschaftlich lohnendes Thema finden würden. Er meldete mich zu einer Besprechung mit Dr. Lotz im Preussischen Geologischen Landesamt in Berlin an. Dr. Lotz war nach der Entdeckung der Diamanten bei Lüderitzbucht im Jahr 1908 dorthin geschickt worden, um diese Lagerstätte zu begutachten, hatte aber auch Reisen in andere Teile dieses Landes gemacht. Ich bekam gute Ratschläge für das Fahren im Sand, und er empfahl mir, das Naukluftgebirge anzusehen, wo er einzigartige Strukturen gesehen habe.

Wir hatten also weder einen bestimmten Auftrag noch bekamen wir von irgendeiner staatlichen oder offiziellen Stelle auch nur einen einzigen Pfennig. Das war uns recht. Wir würden unsere eigenen Herren sein in einem weiten, aufregend schönen Land und könnten nicht »gleichgeschaltet« werden.

Auf dem Kai in Hamburg hatten wir die Ausmaße der Gefährte verkleinert, das Verdeck des Chevrolets zurückgeklappt, die Windschutzscheibe umgelegt, die Räder abgenommen, diese und die Räder des Anhängers und vieles andere in dessen Kasten gepackt. Schiffsfracht wurde nach Kubikfuß berechnet. Für die ganze Fracht wurden uns 25 Pfund berechnet.

Auf dem Kai in Walvisbay halfen uns drei Reisebekannte bei der Montage. Es wurde Mittag als wir in den Ort fahren konnten; mit dem Ostwind hatte auch das Sandtreiben eingesetzt. Wir holten Informationen ein. – Erster Rat: Wir sollten die Gefährte mit der Bahn nach Swakopmund schicken, hätte 2 Pfund gekostet. Unsere Reifen seien zu schmal, zu abgefahren und zu hart. Das wußten wir, wir wollten uns in Swakopmund neue kaufen und uns ausführlicher beraten lassen.

Wir fuhren durch den Kuiseb. Ausfahrt aus dem Ort über niedrigen Wall aus Kies und Sand zum Schutz vor Überflutungen, dann nur noch wagenbreite Fahrspur, etwa 20 cm eingetieft in verfestigtem Sand, gefüllt mit Flugsand, sich durch niedrige kleine Dünen ostwärts windend. Es ist kein Weg, nur eine ausgefahrene Piste. Es herrscht leichtes Sandtreiben. Wir bleiben an der Böschung eines flachen Dünchens stecken; die Hinterräder drehen durch; Allradantrieb wurde erst während des Krieges konstruiert. Wir haben einen Flaschenzug für Handbedienung dabei. Ich fahre den Wagen ohne Anhänger über den Kamm des Dünchens; zusammen holen wir mit dem Flaschenzug den Anhänger nach. Wenig später stecken wir in besonders stark eingeschnittener Piste wieder fest, diesmal ernsthafter. Wir wollen Bahnen eines breiten, festen Textiltreibriemens unter die Räder legen, als lautes Motorengeräusch das Herannahen eines Lastwagens von vorn ahnen läßt. Ich renne zur nächsten Kurve, um den Fahrer zu warnen, dieser kommt in Sicht, hält aber nicht, beschleunigt. Was ist, wenn wir Kopf an Kopf stehen?

Kurz vor unserem Gefährt, der Motor heult auf, reißt er das Steuer gegen die Böschung, die Stoßstange prallt in die Sandbank, Sand spritzt über das Führerhaus hinweg über schwarze Gesichter auf der Ladefläche des Dreitonners, die Hinterräder drehen einen Augenblick durch, dann ist er oben, überfährt zwei junge Tamarisken, hält in der Piste hinter uns. Wir erklären dem Fahrer, der sich als Herr Gabler vorstellt, daß wir neu im Land sind. Er baut kuisebaufwärts bei Rooibank einen neuen Brunnen für Walvisbay. Er wird uns von starken Ovambos anschieben lassen, wenn der Wagen in Fahrt ist: »*Keep going and don't feel sorry for the car!*« Das war der zweite Rat! Wir kommen ein gutes Stück weiter, bleiben jedoch erneut in ganz losem Sand stecken, und der Motor springt nicht mehr an: Übernachten in unserem Klepperzelt. Motor am Morgen schnell in Ordnung gebracht. Herr Gabler mit den Ovambos stößt erneut auf uns, diesmal steckte auch er fest. Wir brauchten dann mehr als vier Stunden, um die drei Wagen mit Motor und viel Menschenschweiß aus dem Dünengebiet auf die harte Namibfläche zu bringen, die durch eine hohe Dünenkette von der Küste getrennt ist. Nach dieser Übung hatten wir keine Schwierigkeiten mit der Durchquerung des Swakop Rivieres und einer Sandstrecke (auf ihr steht jetzt der »Martin Luther«), fuhren müde durch das Städtchen zum Strand und schlugen dort unser Zelt auf.

Am nächsten Morgen: Nebel. Es rief uns jemand an, der Gemeindediener wollte Campgebühr kassieren! Das schien uns grotesk. Wir hatten einen Empfehlungsbrief von Professor Cloos an Bürgermeister Woker. Der lachte. Wir hatten ausgerechnet auf einem kleinen Stückchen Strand genächtigt, das – nicht markiert – für seltene Camper reserviert war.

Wir kauften bei Hans Kries, einem jungen, im Land geborenen Autohändler und Werkstattbesitzer, geeignete Reifen und erlebten die große Gastfreundschaft, die dünnbesiedelte Länder auszeichnet.

Er lud uns zum Mittagessen ein, zu wundervoll zarten Springbocksteaks und für den nächsten Tag zur Mitfahrt in seinem Lastwagen zu der 90 km entfernten großen Salzpfanne von Cap Cross und seiner riesigen Bärenrobben-Kolonie. Natürlich war auch diese Piste unbefestigt, sieht man von der Durchfahrt durch das breite Sandbett des Omaruru Rivieres, das mit Robbenfellen belegt war, ab. Bleibende Eindrücke. Es wurde eine Freundschaft fürs Leben.

Die Strecke zur Hauptstadt ist abermals nur ein Pad ohne Dünen auf grobem, steinigen Wüstenboden und Granitsand. Nur wenige Kilometer von der Küste entfernt führt die Pad steil auf 1100 m ü. d. M., zu steil für die Bahn, die sich an die Flanke der Swakop-Schlucht hält. Unser Motor beginnt zu stottern. Hans Kries' Warnung, der Anhänger sei zu schwer und der Motor nicht elastisch genug für den Luftdruckabfall, veranlaßt uns dazu, in Usakos Bahnstation, einem kleinen Ort mit Werkstatt, den Motor neu einstellen zu lassen. Im Norden ragen die hohen Steilwände des Erongo-Gebirges, Karibib, empor. Die Gegend jenseits des kleinen Ortes enttäuscht uns: die Rinderfarmen sind mit Stahldraht eingezäunt, die breiten Tore müssen von Hand geöffnet werden, Farmhäuser sind nicht zu sehen. Dornbusch und Baumsteppe, viel Gras und mit Granitsand gefüllte Reviere beherrschen das Landschaftsbild. Okahandja, eine Bahnstation mit kurzer Geschäftsstraße taucht vor uns auf. Ein breites nach Süden führendes Hochtal wird von den nach Süden ansteigenden Bergen flankiert. Eine Pad kreuzt ein Feld, niedere von Büschen und Gras bewachsene Dünen, loser Sand. Wir passieren ein Auto, das feststeckt. Endlich Windhoek: die ugemachte Pad mündet unvermittelt in die Hauptgeschäftsstraße, Kaiserstraße (auch »Storesstraße« genannt). Am Südende liegt ein größerer »Ausspannplatz« mit mächtigem Tränktrog; überall weißer Kalkstaub. Früher stand am Rande des Platzes ein Pfosten zum Anpflocken der Pferde.

Der Bergrücken auf dem das koloniale Regierungsgebäude (Tintenpalast) und in 1700 m über NN die Meteorologische Station liegen, fällt nach Osten über Glimmerschiefer-Felsen, zwischen denen Dornbüsche und Aloen stehen, in das Kleinwindhoeker Tal ab. Mehrere Gebäude, die ebenfalls auf dem Bergrücken gelegen ursprünglich zu einer kleinen Festung gehörten, werden als deutschsprachige Regierungsschule genutzt. Wir hatten die Erlaubnis erhalten, uns in einem grösseren leeren Raum der Schule, in dem ein, später zwei Bettgestelle und eine Waschgelegenheit untergebracht waren, aufzuhalten. Neben dem Gebäude gab es eine Toilette der Marke

»Plumpsklo«. Da es – auch nicht in Deutschland – keine praktischen Campingbetten zu kaufen gab, schliefen wir noch jahrelang auf einer auf der Erde ausgebreiteten Plane.

Als wir begannen auszuladen, kam der Meteorologe der Station, Erich Zelle. Er lud uns zum Kaffee ein. Sein Vater war Gymnasialdirektor in Berlin gewesen. Zelle wohnte mit seiner Frau und einer kleinen Tochter neben der Station. Er hatte nicht studiert, hatte viele naturwissenschaftliche Interessen und Kenntnisse, war kurz nach der Jahrhundertwende nach Südwest gekommen. Er hatte wohl »nicht gut getan«. Manchen Adligen ging es damals ebenso; es waren nicht die schlechtesten Pioniere. – Was hatten wir zunächst vor? Wir brauchten einen leichteren Kasten für unseren Anhänger. Zelle wußte, daß die Höhere Deutsche Privatschule (HPS) eine gut ausgestattete Werkstatt und einen guten Handwerkslehrer besaß. Inspektor für deutschsprachige Schulen war Dr. Frey. Er stammte aus einem Dorf nahe Freiburg i. Br., meiner Heimatstadt. Der Handwerkslehrer und einige ältere Schüler bauten uns einen hölzernen, offenen Kasten, der mit einem Segeltuch überspannt wurde.

Unser erstes Ziel ist das Naukluft-Gebirge südwestlich von Windhoek, einem Gebirgsstock ungefähr von der Größe des Harzes. Wir fahren durch das Bastert-Gebiet, ein großes Stück Land, das diese Mischlinge aus holländischen Siedlern und Hottentotten dem Stamm der Witboois abgekauft hatten schon ehe Südwest deutsch wurde. Rehoboth, Hauptort des Gebietes, Kirche, Missionsstation, Polizei, Magistrat. Von da an führt uns unsere Pad nach Südwesten: rechterhand steigt die Gebirgswand empor. Wir lagern früh, Hermann kocht, ich ersteige einen Vorberg und sehe Strukturen, die an nordalpine erinnern.

Am nächsten Morgen kommen wir bald nach Büllsport. Der Besitzer, Rudolf Strey, der aus Berlin stammt, und dessen Frau Hanna im Lande geboren ist, hat zwei kleine Mädchen: Helga und Ille. Wir werden zum Essen eingeladen, natürlich dürfen wir auf der Farm lagern, solange wir wollen. Es sollte fast ein Jahr werden und eine Freundschaft fürs Leben.

Das Farmhaus bestand aus einer kurzen Reihe von Räumen. Es lag in der Aue des Tsondap Rivieres, das aus der Fläche kommend in das Gebirge hineinlief, es durchschnitt, um dann auf der Westseite in die Namibflächen auszutreten.

Ein Lagerplatz? – Strey brachte uns zu der Ruine einer kleinen deutschen Polizeistation, die etwa 2 km vom Haus entfernt in einer Seitenschlucht des Tsondap lag. Von der Ruine waren noch fensterlose Mauern aus ungebrannten Lehmziegeln übrig. Aber der Platz war von einem niedrigen Mäuerchen umgeben und bot Raum für Zelt und Wagen. Wasser mußte aus einem Quellteich, etwa 200 Meter schluchtaufwärts geschöpft werden.

Wir begannen uns einzurichten und aßen bei Streys zu Abend.

Wasser, das Hauptproblem des Landes. Es hatte sich herumgesprochen, daß Streys interessanten Besuch hatten. Das »Buschtelefon« funktionierte tadellos mit den üblichen Übertreibungen. Für einen Sonntagnachmittag hatte sich Herr Breiting von der Farm Gamis per Boten angemeldet. Er war ein einflußreicher Mann. Die deutsche Farmerschaft sei sehr beunruhigt durch einen Artikel in der »Allgemeinen Windhoeker Zeitung« von dem Breslauer Geographen Prof. Obst. Dieser hatte Südwest zwei Jahre vor uns besucht, als das Land unter dem grausamen Griff der Weltdepression und einer Serie von sehr schlechten Regenzeiten litt. Er war auch unter Führung von Strey auf dem Naukluft-Plateau gewesen. Er behaupetete, die Farmwirtschaft hätte in Südwest keine Zukunft, weil die rasche Einschneidung der Täler, die geringen Grundwasserreserven ausbluten lassen würde. Die Farmerschaft befürchtete, daß Deutschland seinen Anspruch auf die Kolonie aufgeben und die Unterstützung der deutschsprachigen Südwester einstellen könnte.

Wir hatten, obwohl wir vom Land weit weniger gesehen hatten als Obst, erkannt, daß seine Behauptung ganz falsch war. Die Täler vertieften sich nicht, sie waren Transportwege für Schutt und Sand, die in den Bergen von der Verwitterung erzeugt wurden.

Wir erwähnten dies, und Herr Breitung bat uns, eine entsprechende Entgegnung für die »Allgemeine« zu schreiben.

Das taten wir, und Obst, der keine guten Argumente hatte, beschwerte sich beim deutschen Kultusminister Rust. Der war berüchtigt für den Ausspruch: »Wenn ich das Wort Kultur höre, entsichere ich meinen Revolver«. Er ließ Prof. Cloos nach Berlin kommen, machte ihm Vorhaltungen. Wenn deutsche Wissenschaftler sich im Ausland stritten, schade dies dem deutschen Ansehen, er drohte mit Entzug der deutschen Staatsbürgerschaft. Auf diese Weise wurde damals Wissenschaft gemacht!? Cloos hatte im Ausland einen sehr guten Namen. Er fand es wohl nicht schwer, Rust über die Notwendigkeit vom Streit zwischen Forschern aufzuklären. Kampf gegen Wassernot wurde unsere Hauptaufgabe, als 1938 unser kleines Vermögen zu Ende ging. Zuerst gelang es uns, auf ein paar als wasserlos bekannten Farmen Stellen zu finden, an denen dann Bohrlöcher Erfolge brachten. Dann bewahrten wir Windhoek vor schwerer Wassernot. Sein Wasserbedarf war stark angestiegen, so daß die Bohrlöcher bei den heißen Quellen nicht mehr ausreichten. Ich mietete eine Piper Club

Maschine, ließ mich mit ihr eine Stunde über das Stadtgebiet fliegen und photographierte mit unseren Leica-Kameras vielversprechend aussehende Verwerfungen, die wir dann zu Fuß genauer untersuchten. Später überzeugte ich durch ein Memorandum und einen Vortrag die Administration, daß es für die zukünftige Entwicklung des Landes vorteilhaft wäre, das ganze Land aus der Luft photographieren zu lassen.

Es gelang mir, in dem schlimmen Trockenjahr 1946 Tausende von Karakulschafen durch eine Bohrkampagne zu retten und dabei die Struktur des artesischen Beckens in der Kalahari und den Ursprung seines Wassers aufzuklären.

Enge Zusammenarbeit und persönliche Freundschaft mit den Dammbauingenieuren bewahrten das Land vor mancher Fehlentscheidung und führten mich in all seine Teile.

Zurückschauend kann ich sagen, daß neben meiner Heimatstadt Freiburg mit dem Südschwarzwald auch Südwest-Afrika-Namibia zu einer lieben Heimat geworden ist.

Göttingen, Februar 1996

Nachwort zur Neuauflage 1984

Mehr als 40 Jahre sind vergangen, seit der Erzähler die Grausamkeit und Schönheit der Wüste täglich erlebte, seit er und sein Freund über die Entwicklung des Lebens auf der Erde nachdachten und über die Fähigkeiten, die es Lebewesen ermöglichten, aus feindlichen Bedingungen Schönheit und Freude zu gewinnen. Die Nachrichten von dem sinnlos grausamen Kriegsgeschehen hatten uns gezwungen, auch die menschliche Entwicklung in die Überlegungen einzubeziehen: wunderbar die Fähigkeit von Lebewesen, sich lernend an neue Umstände und Möglichkeiten anzupassen; wunderbar die Steigerung der Lernfähigkeit bis zum bewußten, kritischen Denken beim Menschen, furchtbar sein Mißbrauch dieser Fähigkeit zu gegenseitiger Vernichtung!

Seither ist vieles, was damals rätselhaft war, durch überraschende Fortschritte aller Naturwissenschaften verstehbar geworden. Einiges davon:

- Der für uns beobachtbare Kosmos scheint seine noch andauernde, rasante Entwicklung vor etwa 15 Milliarden Jahren in einer ungeheuren Energie-Explosion begonnen zu haben.
- Unser Sonnensystem entstand vor 4 1/2 Milliarden Jahren aus einer kosmischen Wolke von Gas und Sterntrümmern.
- In unserem Sonnensystem ist entwicklungsfähiges Leben nur auf der Erde entstanden. Auf den anderen Planeten waren die Bedingungen zu ungünstig.
- Die vulkanischen Schmelzen, die zur ersten Erdkruste erstarrten, und die Gase, die die erste Wasser- und Gashülle bildeten, enthielten alle Stoffe, die Lebewesen für ihren Aufbau brauchen. Wo diese Elemente in warmem Wasser gelöst sind (z.B. an untermeerischen Vulkanen), bedarf es

nur der Zufuhr von Energie durch die Ultraviolettstrahlung der Sonne, damit sich diese Elemente, nach den Gesetzen der Chemie, zu vielfältigen organischen Molekülen zusammenfügen. Das haben Laboratoriumsversuche gezeigt. Das war noch kein Leben, wohl aber eine notwendige Voraussetzung für seine Entstehung. So entstanden, sicher an unzähligen Stellen, immer wieder warme »Suppen«, in denen sich, in Abhängigkeit von chemischen Konzentrationen, Wärmeunterschieden und Sonnendurchstrahlung, vielfältige organische Moleküle bildeten und wieder zerfielen.

– Die Möglichkeit des nächsten Schrittes, die Bildung von organischen Großmolekülen ist von dem Nobelpreisträger Manfred Eigen theoretisch erforscht und verständlich dargestellt worden. (»Die Entstehung des Lebens«, Zeitschrift Natur, Nr. 3, 1983, S. 68-77). Seine mit Computerprogrammen durchgespielten Modellexperimente haben gezeigt, daß unter den chemisch-physikalischen Bedingungen solcher »Suppen« Riesenmoleküle entstehen können, deren Bildung und Stabilität gegenüber ähnlichen Molekülen statistisch begünstigt sind.

Es findet also ein Ausleseprozeß statt, der eine verbesserte Anpassung an bestimmte Eigenschaften der Umgebung bewirkt und durchaus der Darwinschen Natürlichen Auslese vergleichbar ist, und das auf einer Stufe, auf der von Leben noch keine Rede sein kann.

Bevor von Leben gesprochen werden kann, muß sich die Fähigkeit zur Vermehrung entwickeln. Auch das ist nach den von Eigen entdeckten Regeln möglich. Kein stichhaltiges, wissenschaftliches Argument spricht dagegen, daß die vier vermehrungsfähigen Aminosäuren, welche die chemischen »Buchstaben« der Erbinstruktionen aller irdischen Lebewesen bilden, entsprechend diesen chemisch-physikalischen Regeln entstanden sind.

- Mit der Entstehung dieser beliebig kombinierbaren chemischen »Buchstaben« entstand Leben, das, sich vermehrend, erfolgreiche Eigenschaften vererben konnte.
- Die neuen Erkenntnisse führen zu folgenden Schlüssen: 1) Komplexe organische Moleküle können sich ohne die Aktivität von Lebewesen bilden. 2) Leben ist durch »Selbstorganisation« aus nicht-lebendigen Substanzen entstanden. 3) Es gibt keine scharfe Grenze zwischen belebter und unbelebter Materie. 4) Alle irdischen Lebewesen sind miteinander verwandt und stammen von einer primitiven Urform ab, denn alle Erbinstruktionen, gleichviel ob es sich um Bakterien, Blumen, Schmetterlinge, Känguruhs oder Menschen handelt, sind mit denselben vier Aminosäure-»Buchstaben« (dem »genetischen Code«) geschrieben.

Angesichts der Erkenntnis, daß sich aus Energie, durch »Selbstorganisation«, Elemente gebildet haben und aus diesen Lebewesen, erhebt sich die Frage, ob der Begriff »Schöpfung« noch auf unsere Welt angewendet werden kann. Das ist, nach Hoimar von Ditfurth (1981), durchaus möglich, wenn man annimmt, daß die Schöpfung mit dem Urknall begann und sich seither weiter entwickelt.

Unser gemeinsamer Ahn-Organismus scheint früh in der Erdgeschichte entstanden zu sein, denn schon in den ältesten bekannten Gesteinen hat sich vor 3,8 Milliarden Jahren kohliges Material gebildet, wahrscheinlich aus abgestorbenen Bakterien und aus einzelligen Algen, die schon die Fähigkeit erworben hatten, Sonnenlicht zur Photosynthese zu benutzen. Für die Entwicklung der Lebewesen zu ihrer heutigen

Vielfalt und gegenseitigen Abhängigkeiten standen also mehr als 3 1/2 Milliarden Jahre zur Verfügung.

Vor 40 Jahren, in der Namib, hatten wir gezweifelt, ob die Darwinsche Auslese allein diese wunderbare Vielfalt erklären konnte, selbst wenn so lange Zeiten zur Verfügung standen. Dieser Zweifel entsprang der paläontologisch gesicherten Erkenntnis, daß sich viele Fähigkeiten, die auf einer äußerst präzisen Zusammenarbeit mehrerer Organe, Nerven, Hormone usw. beruhen, in erdgeschichtlich kurzen Zeiten entwickelt haben, in Zeiten, die zu kurz waren, um solche Präzision durch eine Natürliche Auslese an zufälligen Änderungen von Erbanlagen (Mutationen) erreichen zu können.

Dieses Problem ist durch die Verhaltensforschung gelöst worden. Ausgang für die Überlegungen bildet die Tatsache der Entwicklung (Evolution). Durch diese haben sich die Lebewesen kontinuierlich immer besser an ihre Umwelten (z.B. Luft, Wasser, Sonnenstrahlung, Jahreszeiten, Beute- und Feindverhalten) angepaßt, so daß in ihrem Körperbau und ihren Verhaltensweisen eine unbewußte Kenntnis vieler Eigenschaften und Gesetzmäßigkeiten ihrer Umwelten enthalten ist.

Die Entsprechung geht so weit, daß aus dem Bau eines Auges die physikalischen Gesetze der Optik abgeleitet werden können. Konrad Lorenz hat es prägnant formuliert: »Die Evolution ist ein Erkenntnis gewinnender Vorgang«. Diesen treibt die Natürliche Auslese voran, ohne daß dabei eine unserem Verstand ähnliche Funktion im Spiel ist. Das Prinzip ist einleuchtend, erklärt aber die oben angesprochenen raschen Entwicklungsschritte nicht befriedigend. Zu deren Verständnis muß noch eine weitere Seite dieses Erkenntnisgewinns betrachtet werden.

Wir kennen sehr rasche erbliche Veränderungen von komplexen Funktionen. Wir bewirken solche selbst bei der

Züchtung von Pflanzen und Tieren durch gezielte Zuchtwahl. Wie gehen wir dabei vor? Wenn der Milchertrag von Kühen gesteigert werden soll, suchen wir *nicht* nach zufälligen erblichen Änderungen (Mutationen) von Hormonen und Enzymen, welche bei der Milchbildung eine Rolle spielen, wir suchen vielmehr zur Weiterzucht Kühe aus, die überdurchschnittlich viel Milch geben. Wir lassen also bei dieser komplexen Funktion die vielen, durch vielfältige Rückkoppelungen miteinander verbundenen Untersysteme außer Acht und selektieren nur nach der übergeordneten Fähigkeit, dem Obersystem »Milchertrag«. Daß wir mit dieser Methode so rasche und erstaunliche Erfolge haben, beweist, daß Lebewesen hierarchisch organisiert sind, daß ihre Obersysteme das Zusammenspiel der Untersysteme (Muskeln, Hormone, u.s.w.) kontrollieren.

Wie kommen solche hierarchische Organisationen zustande? Natürlich unter dem Zwang der Natürlichen Auslese: Wenn zur Fortpflanzung mehr Milch von Vorteil ist, dann werden für diesen »Zweck« nachteilige Mutationen in den Hormonen und Enzymen die Fortpflanzungschance vermindern, während positive Erbänderungen Aussicht haben, an die Nachkommen vererbt zu werden.

Übergeordnete »zweckdienliche« Systeme sind auch die verschiedenen Verhaltensweisen (Aktivitäten) der Lebewesen: Nahrungssuche, Fortpflanzung, soziales Verhalten usw. In ihren Dienst können die unterschiedlichsten Körperfunktionen in den unterschied- lichsten Kombinationen gestellt werden. Wie können sich solche, den ganzen Organismus steuernde Verhaltensweisen entwickeln?

Rupert Riedl (1979; 1982) hat erkannt und ausführlich dargelegt, daß die in den Erbanlagen gespeicherte, im Laufe von 3 $^1/_2$ Mrd. Jahren gewonnene und erprobte »Erkenntnis«

auch unbewußte »Erwartungen« enthält, entweder in die Konstanz bestimmter Eigenschaften der Umwelt (z.B. die Tragfähigkeit des Wassers) oder die Wiederholbarkeit von Ereignisketten (z.B. die Abfolge der Jahreszeiten oder das Verhalten anderer Lebewesen). So »erwartet« der Vogel, der ein Nest baut, wenn die Tage länger werden, daß es bald reichlich Insekten geben wird. Solche Verhaltensweisen nehmen zukünftige Bedürfnisse vorweg und sind deshalb, ganz im Sinne unseres Sprachgebrauchs »zweckvoll«. Wo immer die Natürliche Auslese derartige »Erwartungsaktivitäten« begünstigt, sind ebenso rasche erbliche Veränderungen möglich, wie sie von uns bei der Zuchtwahl (Milchertrag; Windhund) erreicht werden. Änderungen des Verhaltens können auf diese Weise zweckmäßig aufeinander abgestimmte Umgestaltungen des Körpers und vieler Funktionen nach sich ziehen, so bei der Erwerbung der Flugfähigkeit oder beim Übergang vom Landleben zum Leben im Wasser. Beides ist im Laufe der Erdgeschichte oft, in geologisch kurzen Zeiten, von Angehörigen sehr verschiedener Ordnungen erfolgreich bewerkstelligt worden.

Die Erkenntnis, daß das Verhalten der Lebewesen, also ihre Aktivität, der Natürlichen Auslese eine zweckvolle Richtung zu geben vermag, bedeutet einen entscheidenden Fortschritt für unser Verständnis der Lebensentwicklung, denn bei den Verhaltensweisen spielen nicht nur die Erbanlagen eine Rolle, sondern auch das Lernvermögen des einzelnen Individuums. In sozialen Verbänden kann das bessere Lernvermögen eines Einzeltieres den Lebenserfolg der ganzen Sippe verbessern. Es kann den Anlaß zur Erschließung neuer Nahrungsquellen und/oder Lebensräume geben, die dann durch veränderte Anforderungen die Entwicklung in eine neue Richtung drängen. Auch Lernen durch Nachahmung kann zu rascher Verbreitung neuer Verhaltensweisen beitragen. Solche Fälle sind von Verhaltensforschern beobachtet worden.

Das Problem rascher, zweckmäßiger Entwicklungsschritte ist durch Riedl gelöst worden. Seine Ergebnisse lassen sich kurz, wie folgt, zusammenfassen: Lebewesen sind hierarchisch organisiert. Die Spitze der Hierarchie wird von zweckmäßigen Verhaltenssystemen gebildet. Änderungen dieser Systeme können sowohl durch Mutationen als auch durch nichtvererbliches, individuelles Lernen bewirkt werden. Solche Änderungen im Verhalten ziehen zweckmäßige Änderungen der Gesamtorganisation nach sich. Verhaltensänderungen können auf diese Weise gerichtete Entwicklungen einleiten, über deren Erfolg entscheidet dann wieder die Natürliche Auslese.

Bei jeder Art von Lernen spielen Ausleseprozesse eine entscheidende Rolle, z.B. für das Lernen der Eidechse, die wir auf Pfeiftöne dressiert hatten.

Auch die Fortschritte unserer wissenschaftlichen Erkenntnis werden durch Erproben und Verwerfen von Hypothesen gewonnen. Das geschieht zwar im bewußten Denken, aber auch dazu liefern ererbte Denkgewohnheiten und intuitives, aus dem Unterbewußtsein aufquellendes Erfassen von Zusammenhängen entscheidende Beiträge. Das gilt erst recht für alles künstlerische Schaffen. Die Übergänge zwischen diesen Arten des Erkenntnisgewinns sind fließend.

Das bewußte menschliche Denken dürfte sich Hand in Hand mit der Sprache entwickelt haben. Die Entwicklung sprachlicher Logik, die ein Merkmal aller Sprachen ist, hat wohl zwei Hauptwurzeln: 1. die logische Struktur ererbter, unbewußter Denkmuster; 2. die Notwendigkeit, immer unmißverständlichere Ausdrucksweisen zu finden. Lange Sequenzen verbesserter Mißverständnisse haben die Sprachen zu Meisterwerken der Logik gemacht.

Für sozial lebende Sippen war jede Verbesserung der Verständigung von großem Vorteil, deshalb wird die Natürliche Auslese die Entwicklung von Sprache und Denken und damit das Wachstum der entsprechenden Partien des Gehirns stark begünstigt haben. Dieser Prozeß begann relativ spät in der menschlichen Entwicklung. Skelettfunde in Äthiopien zeigen, daß dort vor etwa $3^1/_2$ Millionen Jahren Vormenschen in größeren Sippen lebten. Diese hatten, obwohl schon aufrecht gehend, noch kleine Schädel, deren primitiv vorspringende Mundpartie noch nicht für ein nennenswertes Sprachvermögen spricht. Daß sie in unsere Vorfahrenreihe gehören, steht außer Zweifel. Diese Funde zeigen, daß eine grundlegende Änderung des Verhaltens (aufrechter Gang) der Entwicklung von Sprache und Gehirn voranging.

Was bedeuten die großen Fortschritte in der Kenntnis und Deutung der Entwicklung des irdischen Lebens für unser Selbstverständnis?

Vor allem, daß wir weit weniger klug sind, als wir uns einbilden. Große Bereiche unseres Denk- und Vorstellungsvermögens sind von langen vormenschlichen und noch längeren tierischen Vorfahrenreihen ererbt (K. Lorenz). Diese Teile unserer geistigen Fähigkeiten haben sich als Entscheidungshilfen im Kampf ums Überleben gebildet. Da diese Entwicklung von der Natürlichen Auslese gesteuert wurde, kam es nicht auf die absolute Richtigkeit der Umwelterfahrung an. Es kam nur darauf an, daß die Entscheidungen einen statistischen Vorteil verschaffen (Rupert Riedl). Nicht Wahrheit war gefragt, sondern statistischer Erfolg! Durch diese Art von Auslese entstand »gesunder Menschenverstand«. Dieser taugt deshalb weder zum Verständnis atomarer noch kosmischer Größenordnungen. Er taugt auch nur sehr beschränkt zur Entscheidungsfindung in vielfach rückgekoppelten politisch-sozioökonomisch-industriellen Gesellschaftssystemen oder zum Verständnis ähnlich komplexer ökologischer Zusammenhänge. In solchen vernetzten Systemen (F. Vester, 1983) kommt es zu vielfachen Verstärkungs- und Abschwächungseffekten, so daß die Erwartungen unseres »gesunden Menschenverstandes« praktisch nie aufgehen.

Unter solchen Bedingungen ist Bescheidenheit und Rückkopplung durch ständige Selbstkritik gefragt und nicht die aggressive Selbstsicherheit, die erfolgreiche Führer urzeitlicher Horden auszeichnete, und die auch heute noch ein Merkmal der meisten Politiker und Vertreter von Interessenverbänden ist.

Wie ist es zur Bildung moderner Gesellschaftssysteme gekommen? Nicht durch freiwillige Absprache, sondern wie in jedem ökologischen System durch konfliktreiche, schrittweise Anpassungen verschiedener Interessengruppen an dynamische, fließende, labile Gleichgewichtszustände. Große, langfristig stabile Kulturen sind nur unter dem integrierenden Einfluß übergreifender religiöser oder ideeller Vorstellungen entstanden. In dem jahrtausendelangen Konkurrenzkampf der Völker und Kulturen hat starker Glaube meist einen entscheidenden Vorteil verschafft. Kein Wunder, daß die erbarmungslosesten Kriege um Glaubensfragen geführt wurden und werden.

Ist das alles, was sich vom Gesichtspunkt der Entwicklungsgeschichte aus, über die unentwegte, opferbereite Suche der Menschen nach einem sinnvollen Verstehen dieser Welt sagen läßt? Wohl kaum: Unser bewußter Verstand hat sich als äußerst vielseitige Waffe im Kampf ums Überleben entwickelt, nicht zur Erfassung letzter Wahrheiten. Woher dann das bis zur Selbstaufgabe gehende Verlangen nach solchen? Aber, spiegeln nicht die Organe und Fähigkeiten aller Lebewesen gewisse reale Eigenschaften der Welt, wenn auch ungenau? Beweist nicht die Existenz von Augen, daß es Licht gibt auf der Erde (K. Lorenz, 1973)? Könnte deshalb nicht das starke Verlangen nach Sinngebung, das alle menschlichen Tätigkeiten und Wünsche beeinflußt, bedeuten, daß Sinngehalte zum Geschehen in der Welt gehören, auch wenn unser Verstand sie nicht erfassen kann. Nichts berechtigt uns dazu, unserem aus dem Unterbewußtsein aufsteigenden intensiven Verlangen nach Sinn jeden Bezug zur Wirklichkeit abzustreiten. Ein Vogel weiß auch nicht, warum er die Flügel bewegt. Vielleicht zeigen sich in unserem Suchen die ersten stolpernden Versuche, eine höhere Entwicklungsstufe zu erklimmen. H. von Ditfurth hat diesen hoffnungsvollen Gedanken geäußert.

Zur Zeit allerdings sind alle Kulturen und sozialen Systeme in zunehmendem Maße bedroht von:

- der zu raschen Vermehrung der Menschheit, deren natürliche Vermehrungsrate durch die medizinische Entwicklung aus dem Gleichgewicht gebracht wurde;
- der zu raschen technologischen Entwicklung, die das ererbte psychologische Anpassungsvermögen des Menschen überfordert;
- der angeborenen Neigung, Erfolge zu maximieren, ohne die Folgen zu bedenken. Eine sich beschleunigende Zerstörung unserer Umwelt ist das Ergebnis;
- der weitgehend ererbten Neigung, den Zusammenhalt von Gruppen (jeder Größenordnung) durch die Schaffung von Feindbildern zu verstärken und Konflikte dann gewaltsam auszutragen;
- der Neigung (wohl eine Abart der Tendenz zu Maximierungen), gesellschaftliche Strukturen mit Gewalt zu stabi-

lisieren. Solche Versuche verhindern friedliche Anpassungen und sind letztlich immer zum Scheitern verurteilt, weil lebende Systeme (das sind auch soziale Systeme einschließlich ihrer Technologien) nur in fließenden, vielfach miteinander vernetzten Gleichgewichten lebensfähig sind (F. Vester, 1983).

Die gegenwärtigen und kommenden Krisen und Katastrophen sind letztlich das Ergebnis menschlicher Überheblichkeit, die sich zutraut, alles tun zu dürfen, was der menschliche Verstand ausheckt. Wenn es nicht zu tödlichen Katastrophen für unsere Zivilisation, vielleicht sogar für die ganze Menschheit kommen soll, dann muß gelernt werden, daß

- der menschliche Verstand durchaus kein vollkommenes Instrument ist;
- er sich im Laufe von einigen Millionen Jahren zur Bewältigung von Umweltbedingungen und den Anforderungen des Zusammenlebens in kleinen Gruppen entwickelt hat, Anforderungen, die sich radikal von denen unterscheiden, die in den letzten 150 Jahren mit der Industrialisierung entstanden sind;
- viele ererbte und durch Tradition vermittelte Denkgewohnheiten und Verhaltensweisen, die sich alle unter früheren Bedingungen bewährt hatten, heute zu gefährlichen Fallstricken geworden sind;
- wir deshalb unsere Entwicklungsgeschichte kennen müssen, um zu verstehen, wo unsere Anlagen und liebgewordenen Traditionen uns in die Irre führen;
- es bei rückgekoppelten Systemen keine einfachen Lösungen gibt, und daß deshalb unsere primitive, für Politiker so bequeme Neigung, für jedes Übel einen Schuldigen zu suchen, falsch ist.

Wir sind alle überfordert.
Wir brauchen Nachsicht miteinander.

Vor 40 Jahren, während des grausamen Krieges, erschien uns die größte Gefahr von den kriegerischen Neigungen und der ideologischen Indoktrinierbarkeit der Menschen zu drohen. Die technische Entwicklung hat diese Gefahr noch vergrößert. Dazu sind seither noch die mindestens ebenso großen Gefahren durch die Bevölkerungsexplosion und die Umweltzerstörung gekommen.

Es gibt aber auch eine positive Entwicklung. Diese besteht in der raschen Verbreitung der Kenntnis von den Gefahren, die unsere biologische und kulturelle Entwicklung uns vermacht hat, und in der zunehmenden Einsicht, daß wir unserem Handeln Beschränkungen auferlegen müssen, wenn das in $3^1/_2$ Milliarden Jahren entstandene ökologische System, das unsere Lebensgrundlage bildet, nicht zusammenbrechen soll. Für die Verbreitung dieser Einsichten sorgen viele Bücher und wachsende Zahlen von Aufsätzen und Diskussionen in vielen Zeitungen, Zeitschriften und Fernsehsendungen.

Wir brauchen noch nicht zu resignieren.
Wir sind Nachkommen von Überlebenskünstlern.

Für Leser, die tiefer in diese Fragen eindringen möchten, schlage ich folgende Veröffentlichungen vor:

DITFURTH, Hoimar von, (1976): *Der Geist fiel nicht vom Himmel. Die Evolution unseres Bewußtseins.* Hoffmann und Campe, Hamburg.
(1981): *Wir sind nicht nur von dieser Welt.* Hoffmann und Campe, Hamburg.
EIGEN, Manfred, (1983): Entstehung des Lebens. Zeitschrift Natur Nr. 3, S. 68-77.
LORENZ, Konrad, (1973): *Die Rückseite des Spiegels.* Piper & Co., München.
RIEDL, Rupert, (1976): *Die Strategie der Genesis.* Piper & Co., München.
(1979): *Biologie der Erkenntnis.* Verlag Paul Parey, Berlin, Hamburg.
(1982): *Evolution und Erkenntnis.* Piper & Co. Verlag, München. (Nicht leicht zu lesen.)
VESTER, F. (1983): *Unsere Welt – ein vernetztes System,* DTV 10118.

Henno Martin, Windhoek 1984

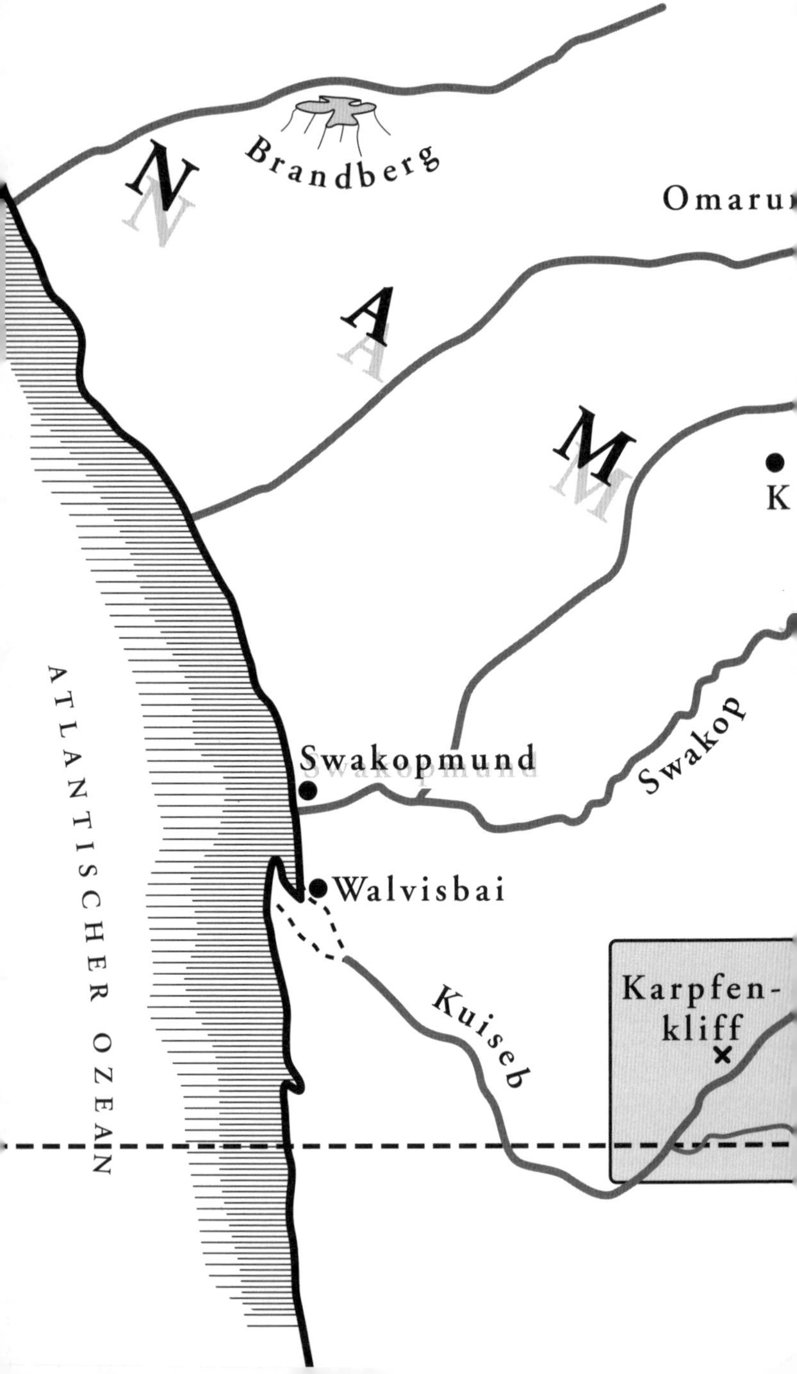

N
A
M
Brandberg
Omaru
K
ATLANTISCHER OZEAN
Swakopmund
Swakop
Walvisbai
Kuiseb
Karpfen-
kliff

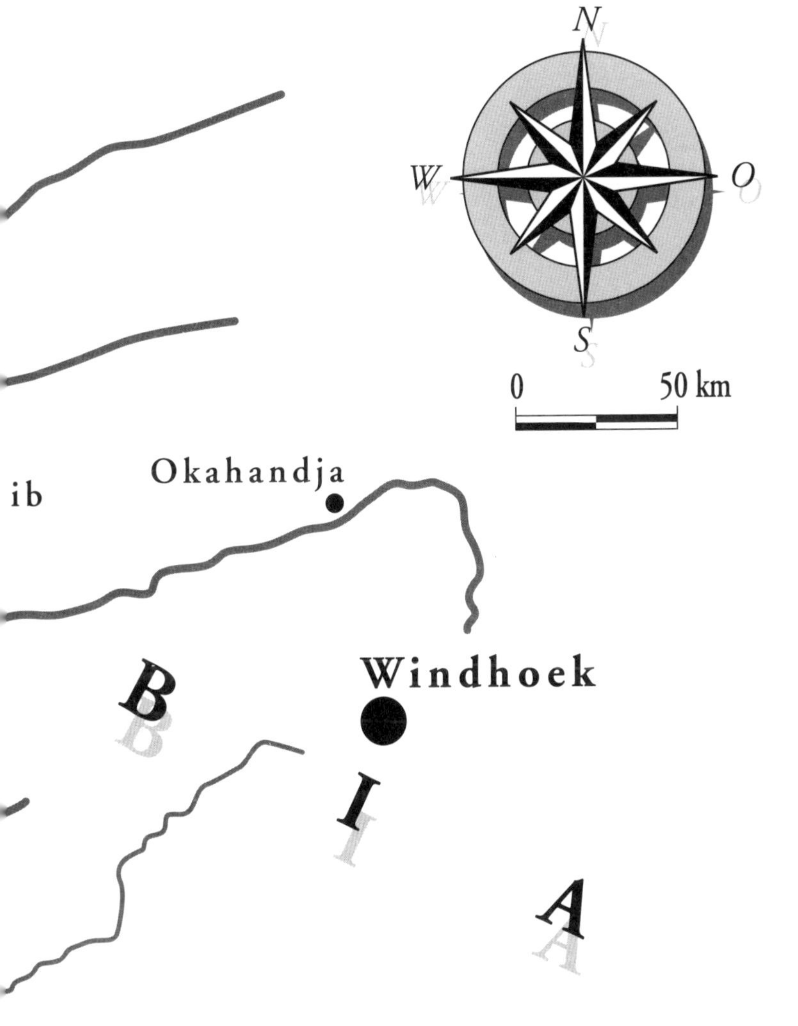
N
W
O
S
0
50 km
ib
Okahandja
B
Windhoek
I
A
Wendekreis des Steinbocks